U0165491

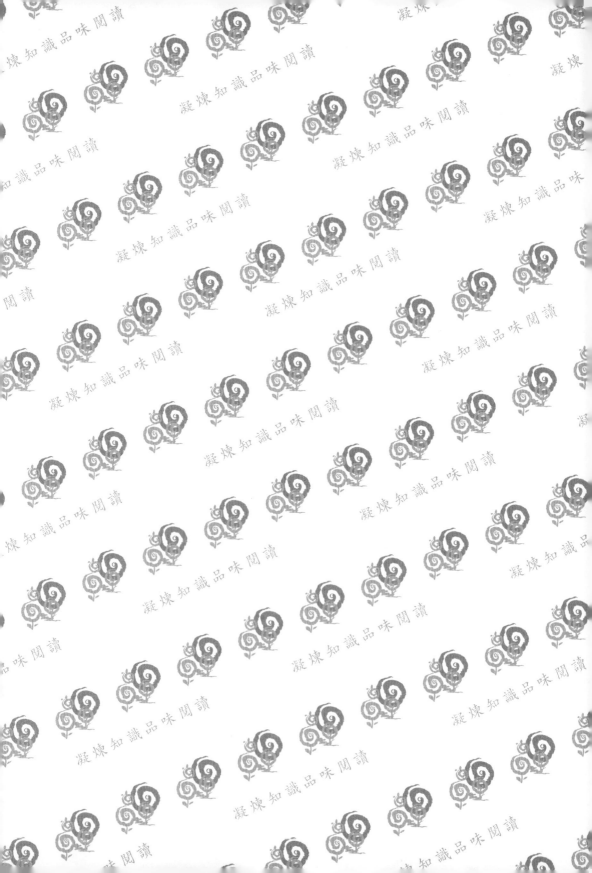

當代犯罪預防與警政策略

孫義雄／著

增修二版

長期監禁
特殊嚇阻
情境預防
一般嚇阻
社會控制
自我控制

五南圖書出版公司 印行

推薦序

　　民國69年7月，我在警大獲得碩士學位。恩師蔡德輝教授時任警大犯罪防治系系主任，推薦我留校擔任講師。除了講授犯罪學之外，也開了社會學與犯罪心理學課程。我自知沒有足夠的知識底蘊，惴惴不安，課前的準備時間很多，但上課狀況並不理想。聽眾是否凝神專注，足以說明一切。我對於彼時課堂上的學生，迄今都心懷歉疚。孫義雄那時正在警大就讀，只是幸運沒有成了我的白老鼠。我曾經擔任過他的導師，帶過暑假的實習，這是我們最初的結識。

　　義雄是柔道保送生，曾在日本講道館受訓，大學時期在臺灣柔道圈已經赫赫有名，稱霸很多年，難逢敵手，後來獲選奧運柔道國手。任何一個領域的佼佼者都有堅忍不拔的毅力，都必須投入極大的心血與時間；頂尖的運動選手更是如此，沒有絲毫的僥倖。

　　民國81年夏，我獲得慕尼黑大學法學博士學位，回到警大執教。義雄在實務機關服務數年之後，也回到母校擔任隊職官。我們開始更多的接觸。他頻繁地旁聽各種課程，包括我的刑事政策，反覆地聽。我總看到他晚飯後在校園或操場漫步，邊走邊聽英文。他已經在醞釀自己的學術潛能，目的是考取警大犯罪防治研究所碩士班。他後來如願進了碩士班，沒有人感到意外。

　　民國86年夏，我轉去成功大學法律學研究所任教，同時在警大兼博士班的刑法專題研究這門課。如果記憶無誤，義雄也來旁聽。五年後，我從成大轉到東吳大學法學院任教，義雄已經在警大防治所攻讀博士。這對於柔道保送生是至為艱辛的旅程，而且史無前例。他必須對於專業學科有系統性的理解，學習社會科學研究法，研究統計學，深入量化與質性的研究，以備撰寫博士論文。果然，他的博士論文使用了相當細緻的質性研究。黃富源教授與我，是他的博士論文共同指導老師。

　　義雄就讀博士班期間，得到獎助去了美國馬里蘭大學研究刑事司法，也出國參加國際學術研討會以英文發表論文。他的學術能量已經漸漸有了規模。經過嚴謹的思辨與撰寫，終於通過了嚴格的論文審查，取得博士學位。之後，他轉入教職，全心投入學術，論文與專書陸續問世。他在柔道圈的影響力也持續擴大，慢慢晉升為柔道七段，並且獲得國際A級的柔道裁判，可以在最重要的

世界盃錦標賽執法。至於國內的大型柔道賽事擔任裁判長，則不在話下。

我看到他在學術上的成就，與有榮焉。東吳大學法律系的碩士論文口試，如果是相關的研究主題，我邀請義雄來擔任口試老師。他都非常仔細的提出論文的缺失，同時指出可以改善之道。我也推薦他到東吳大學法律系，講授犯罪學這門選修課。法律系的課業壓力很大，如果不是與律師考試相關，同學的選課意願不高。義雄在東吳開課好幾年，一年比一年受到學生的歡迎。這些都顯示他的學術底蘊非常紮實，有了很好的口碑。

我知道義雄經常在警大的研究室苦讀與寫作，夜宿大崗山。他把當年柔道的淬鍊歷程拿來學術耕耘，這裡成為他的講道館。

義雄的近作《當代犯罪預防與警政策略》，結構嚴謹，構思縝密，必然經過長久的醞釀，這是快筆所不能成就。書成之後，受到警界的重視，也得到學術圈的好評。將近兩年，義雄又增加了幾個新章，讓全書內容更為完備。

義雄的文字極為清晰，非常流暢。這一點，不少學術論著都忽略了。我猜測，義雄多年來勤於揣摩好的篇章，所以才能有如此優美的文字表現。我很樂於為讀者推薦這本好書，也樂於向讀者介紹這個不凡經歷的斜槓人生。

祝福一切有緣的讀者。

林東茂

2023年1月5日

增修版序

本書自2021年元月1日初版迄今已逾兩年，這段期間收到許多警界同仁評價不錯的迴響，並榮獲警察學術研究基金會推薦為警察學術優良著作，本書續於2022年8月印製了初版二刷。

據警界同仁回饋告知，本書除了對有心參加考試、進修的同仁很有參考價值外，對非參加考試的警界同仁，在實務工作上亦頗有參考價值。

就警察實務工作者而言，本書很適合放在手邊當參考手冊。同仁無需精讀，只要先看過目錄，知道有哪些可用的犯罪預防或警政策略即可；當工作上需要用到相關策略時，再翻書參考運用，馬上可發揮現學現用的功效。

由於犯罪預防是綜合了犯罪學對犯罪之描述、解釋、預測等研究、探討成果的實踐，故在增修版中，於「犯罪預防篇」的開頭，增加了「犯罪之概念及犯罪現象之測量」和「犯罪觀點論、成因及處理」等兩章。

有讀者建議在介紹犯罪預防策略的概念之外，希望也能提供一些犯罪被害預防的具體做法，故在「犯罪預防篇」中，除了「情境犯罪預防與三級犯罪預防策略」外，也補充了「財產犯罪被害預防」與「人身安全被害預防」兩章。

在初版的「警政策略篇」中，介紹了當前我國警界持續推動、運用，具有實踐性的「專業化警政」、「社區警政」、「問題導向警政」、「第三方警政」及「電腦統計警政」等警政策略。

增修版中，除了將「專業化警政」的用語，依據英文原文修改為「標準模式警政」之外，另加入了「情資主導警政」及「循證警政」兩章。

「情資主導警政」是汲取了前述各警政策略的優點，並加入了獨特的情資蒐集、整理、分析、歸納架構，展現出另一種風貌的警政策略，也是目前歐美警察學界密集探討，並加以推行的創新警政策略。

「循證警政」則不是實際處理治安相關問題的警政策略，而是一種以科學證據及科學方法，透過嚴謹的評鑑過程，驗證相關警政策略及警政作為是否有效的一種另類警政策略；循證警政也為各種創新警政策略，訂出了以證據為基礎、合乎科學法則的評鑑標準。

恩師林東茂特聘教授，是學貫犯罪學及刑事法學的大師，自我就讀大學迄今，一直是義雄生命中的貴人。林老師在閱覽過本書的初版之後，建議可以在序中加上我的柔道七段、柔術榮譽七段、奧運國手、國際世界裁判與擔任過幾個重要國際賽事裁判長等柔道背景；認為這些柔道上的表現與成就，需要極其堅韌的毅力，而這種形而上的精神，與學術上需要的精神，沒什麼兩樣，甚至需要更多的毅力！

　　文武不歧，從「一介武夫」到成為「文武雙全」的歷程，我的體會是無論運動或學術，都需要有長期的準備和衝刺，更需要決心和毅力，這轉換的過程，我只是將平日花在練習上的時間和心力改成投注在讀書上，以閱讀代替體能訓練，將動作的練習改成問題的思考而已。

　　增修版中，也針對初版中發現的錯漏字進行修改，希望能更精確地呈現完整的內容。由初版到增修版，非常感謝五南圖書公司劉靜芬副總編輯協助處理出版相關事宜，以及林佳瑩編輯幫忙校對及提供修正意見。

　　謝謝盧子晴小姐及趙德甫先生兩位碩士幫忙製作本書一些相關圖案，並提供封面圖案設計及修改意見。而本書得以完成及增修，家中夫人羅雅容的督導、鞭策，以及年輕人孫朗宸隨時提供建議，功不可沒。

孫義雄　謹識
2023年2月
桃園大崗誠園研究大樓

序文

　　個人自進入大學，大一接觸犯罪學課程開始，從犯罪防治系、警政研究所犯罪防治組，到取得犯罪學博士學位，悠遊於犯罪學領域匆匆已逾四十年；而在警察大學各系所及推廣中心、國立空中大學、東吳大學及台北體育學院等各大學教授犯罪學相關課程，迄今也已三十餘年。

　　為充實犯罪學領域的知能，個人曾經赴美國馬里蘭大學刑事司法及犯罪學系擔任訪問學者，也兩度受邀擔任美國聖休士頓州立大學刑事司法學院訪問教授；教學、研究生涯，持續在精研致思犯罪學相關議題，尤其著重在以犯罪預防為核心的警政治安管理層面。

　　專任警察大學行政管理系、研究所教職之後，個人開始負責行政管理系、所的核心課程，也是警察行政管理特考科目之一的「警察組織」；研究的重心尤其聚焦在研機析理各類型警政策略，以及探討其延伸出的警政規劃與執行之相關議題。

　　各個學門共同的特性都是在進行描述、解釋、預測、控制的工作，目的都是要提升人類生活品質；犯罪學在做的是描述犯罪現象、解釋犯罪原因、預測犯罪可能性，進而透過犯罪預防控制犯罪發生，減少民眾的被害恐懼，以達到提升社會生活品質的目的。

　　詳實的犯罪現象描述，是解釋犯罪原因的基礎，而結合兩者進行深入的剖析，才能做出精確的犯罪預測；有了精確的犯罪預測，就可以研擬應對的犯罪預防策略，並從諸策略中粹選出一個最妥適的犯罪預防策略，以防控犯罪的發生。

　　犯罪預防是綜合了描述、解釋、預測的研究探討成果，透過對熱門的犯罪人、事、時、地、物的分析，進而達到預防犯罪發生，保障社會安全的目的。而透過犯罪預防以達成維護社會治安的任務，也是當代各警政策略中的重要取向。

　　我國警察法第2條律定的「維、保、防、促」警察四大任務，簡言之就是要保障社會安全；而警政策略就是警察組織為達成警察的任務，所採用的具有影響力之決策與行動。所以犯罪預防是警政策略最基本，最重要的核心工作；犯罪預防策略，也是當代各警政策略依循的重要原理原則。

本書得以順利付梓出版，要感謝我隔壁研究室柯雨瑞教授的建議，五南圖書公司劉靜芬副總編輯的協調聯繫，幫忙規劃出版時程；也要感謝法政編輯室的林佳瑩編輯，除了幫忙仔細校對之外，也一併處理內容編輯等相關事宜，謹申謝忱！

孫義雄　謹識
2021年元月
桃園大崗誠園研究大樓

目　錄

第一篇

犯罪預防

第一章　犯罪之概念及犯罪現象之測量

　　所謂犯罪預防，乃是運用一些特定的方法避免犯罪及被害事件的發生；做好犯罪預防工作是犯罪相關學門研究的目的，犯罪預防亦是犯罪研究成果的實踐。此外，犯罪預防同時也是由政府專責處理犯罪及犯罪人之各個機構，組合而成的刑事司法體系的重要議題，當然也是個人被害預防的重要參考。

　　做好犯罪預防工作，可以節省大量刑事司法體系的負擔，讓刑事司法體系的資源得到更有效率的善用。對個人而言，犯罪預防就是個人的被害預防，個人能掌握被害預防的要訣，在社會上可以更安全、更自在的活動。而犯罪預防的標的是犯罪，要談預防犯罪首先須要釐清犯罪的概念，清楚的界定什麼是犯罪，才能確認所要預防的對象是什麼。

第一節　「犯罪」的概念

　　犯罪的概念可以從原始社會的犯罪談起，古老原始社會雖然開始用符號溝通，但尚未發展出複雜的文字系統，也沒有所謂「犯罪」的概念；但人類群居之後，基於追求自我利益和需求的滿足，在資源有限的狀況之下，就可能會做出一些會造成別人或團體損害的行為。卓布金（1989）認為，現在「犯罪」的概念，在原始人類社會中，是以「復仇」（revenge）和「禁忌」（taboo）之概念存在（許春金，2017）。

　　「復仇」是個人的權益遭受侵害時，以一己之力或借助自己所屬的群體幫忙討回公道，但「復仇」有很強烈的情緒成分在內，所以在要討回公道的時候，往往給予對方的損害超出自己所遭受的損失。也由於有強烈的情緒，「復仇」往往會採用過於激烈的手段，而「被復仇」的一方，就會採用更強烈的手段作為回應。在冤冤相報的激烈情緒反應之下，常常會一發不可收拾，導致自己或對方的群體被集體消滅。

　　「禁忌」是某一些行為侵犯到群體的權益，或者嚴重違犯群體固有的觀念，致使群體的所有成員都認為有必要加以處罰，或令其贖罪，並嚇阻他人

不得再犯；在「殺雞儆猴」的嚇阻前提之下，有時候會對僅僅造成輕微損失的行為，給予非常殘酷、嚴厲的刑罰。

　　無論是「復仇」或「禁忌」，為避免「復仇」造成過度激烈的反應，或讓「禁忌」產生不公平、不一致的處罰，因此就需要有群體中讓人信服的人士，出面定奪賠償的額度及懲罰的程度。透過這種機制，在文字發明前的早期人類社會，賠償及懲罰的原則就靠口耳相傳流傳下來。

　　在文字發明之後，人類社會也進入了人口大量聚居的部落、城邦或國家，人類亦開始重視「生命」、「領土」、「財產」及「權力」等所有權的重要性，此時更需要有約束、控制人們行為的規範，因此便將這些約定成俗的複雜規範加以整理，形諸文字而為「成文法律」，違反這些「成文法」的行為則被視為犯罪，「犯罪」的概念於焉誕生。

　　犯罪的概念是在有了成文法之後才開始有較為明確的概念，西方社會在17、18世紀啟蒙運動之後，強調以人的理性思維推論、分析、整理所有萬事萬物的規則；成文法也透過理性的思維辯證，讓法律的結構更為嚴謹，對行為的描述更為明確、精準，法律的結構也更加系統化了。隨著法學概念的演進，逐漸對規範行為的法律加以分類，發展出民法、行政法、刑法、憲法等幾個規範行為的法律系統。

　　民法主要在處理債權、物權、親屬關係等個人間的私人法律關係，是規範私人糾紛的私法。民法規範的行為基本上對社會整體秩序沒有太大的影響，法律效果著重在恢復原狀或損害賠償；行政法是特別適用於公共行政之公法，是政府機關為達成行政上的特定目的，對於違反行政法上義務的對象所賦予之裁罰規定，適用的對象包括自然人與法人。其法律效果為罰鍰、沒入，以及限制或禁止行為、剝奪或消滅資格或權利、影響名譽及警告性等不利處分。

　　必須要釐清的是，違犯民法及行政法這兩種法律都不是犯罪，只有違反刑法的行為才會被視為犯罪。刑法係規定「犯罪類型及其法律效果」，亦即規定了犯罪行為的法律要件，及應如何科處刑罰或保安處分之刑事實體法。刑法的概念包括主要的刑事實體法——普通刑法、附屬刑法與特別刑法（林東茂，2016）。

　　特別刑法規定的條文都很少，主要是將普通刑法已經規定的事項，重複規定在一個獨立的法典。主要的特別刑法包括規模最龐大的特別刑法——陸

海空軍刑法，以及貪污治罪條例、槍砲彈藥刀械管制條例、組織犯罪防制條例等，各種以「條例」命名的特別刑法（林東茂，2016）。

附屬刑法是指法律內容有刑罰規定的條文，但法律本身並非屬於刑法的領域。附屬刑法在名稱上沒有刑法兩個字，例如洗錢防制法、著作權法、公平交易法、證券交易法、專利法、商標法、民用航空法、公司法、破產法、藥事法等，這些法規裡面，分別隱藏了一些有刑罰後果的制裁規定（林東茂，2016）。

刑法也是一種法益保護法，對侵害到法律保護的利益之行為，以政府的權力給予刑罰的處罰。而法益是指法律上所保護的重要利益，例如生命、身體、健康、人身自由、名譽、財產等個人法益，以及泛稱為超個人法益的社會法益、國家法益；原因是這些法益一旦受到干擾或侵犯，就有可能對個人或社會生活產生重大影響（王皇玉，2022）。

憲法是國家的根本大法，擁有最高位階的法律權力。憲法通常會規定一個國家的制度、公民的基本權利和義務等；憲法和全國的法律、法規構成一個金字塔，塔頂上面的尖端是憲法，具有最高權威和最大效力，其下是經立法機關通過的法規，接著是由行政機關頒布的法規，最底層則是依據法規頒布的行政命令。由於憲法是制定所有法令的依據，任何法令不得和憲法相牴觸（維基百科，2022）。

犯罪是立法機構所禁止，刑罰附著於上的行為（許春金，2017），主要是指違反刑法構成要件之描述的行為，故高仰止（2007）認為「犯罪乃責任能力之人，於無違法阻卻事由時，基於故意或過失，所為之違反法律，侵害法益，應受刑罰制裁之不法行為」。林山田（2008）則主張犯罪有三個基本特徵：具有嚴重的社會危害性、刑事違法性、應受刑罰處罰性。

以上三位學者對犯罪的描述，都提及犯罪會有刑罰懲罰的痛苦後果，認為刑罰的痛苦是嚇阻人們不敢犯罪的重要原因。我國目前刑罰的種類可區分為主刑及從刑兩類，主刑指得以獨立科處之刑罰，有死刑、無期徒刑、有期徒刑、拘役、罰金，從刑指附隨主刑科處之刑罰，目前從刑僅剩褫奪公權一種。

我國對於犯罪行為的反應主要有兩類手段，除了刑罰以外，另還有保安處分。保安處分是基於社會防衛的觀點，於必要時以刑罰以外的方式消弭犯罪人危險性，避免再度對社會造成損害。我國目前的保安處分有刑法第 86

條至第 99 條的感化教育（三年以下）、監護處分（五年以下）、禁戒處分（一年以下）、強制工作（三年以下）、強制治療（治癒為止）、保護管束（三年以下）與驅逐出境等七種。

我國刑罰中的從刑，除了沒收以外，原本還有追徵、追繳及抵償的規定，但在民國 104 年中華民國刑法修正時，認為沒收為刑罰及保安處分以外之法律效果，具有獨立性，故刪除從刑中沒收的規定，另新增第五章之一「沒收」一章，並將追徵、追繳及抵償的規定，統一以追徵為替代執行方式。

第二節　犯罪的探討範疇

最早期出現成文法的時候，將所有會造成他人或社會損害的行為都視為犯罪，但當時犯罪的概念相對模糊，而且經常會隨著掌權者之喜惡而有所變遷；同樣的行為也會因為人、事、時、地、物的不同，而被認定為犯罪或不是犯罪；被認定是犯了罪，判處的刑罰之輕重也漫無標準。

從不成文法的年代開始，許多對法學有興趣的哲學家，就持續在探討法的一些原理原則，也探討對違反法律的行為應如何對應；到了 18 世紀啟蒙運動年代，Beccaria（Lesare Beccaria, 1738-1794）發表了《犯罪與刑罰》（*Tratta to dei delitti e elle pene*）論文集，將歷代哲學家探討、提出的法學及刑罰的原理原則加以彙整，並對當時歐洲各國的刑事司法制度大加抨擊，此書出版後在歐洲社會引起了很大的迴響（孫義雄，1998a、1998b）。

《犯罪與刑罰》一書被譽為刑法學的聖經，更是第一本有系統探討犯罪與刑罰的著作，書中確立了「罪刑法定原則」及「罪刑均衡原則」等刑事法的兩大支柱，故 Beccaria 也被稱為是刑事法學的鼻祖。在此書中同時也主張應該對當時的刑罰及司法制度加以改革，認為法律及刑罰均須基於理性及人權。此對刑罰的人道主義改革貢獻甚大，也導致歐洲各國司法制度革新，促使各國逐漸由「人治」改為「法治」（Jones, 1986）。

《犯罪與刑罰》書中，整理了歷代哲學家經過推理思辨提出的處理犯罪之原理原則及具體作為建議，認為刑事司法過程應向較合理、較合邏輯的方向改進。故除了「罪刑法定原則」及「罪刑均衡原則」之外，亦提出了「刑止一身」、「法律之前人人平等」、「懲罰應明確、迅速、嚴厲」等對犯罪

懲罰的原理原則。

　　書中也提出「公開審理，反對祕密審判」、「採用陪審制」、「廢止拷打等刑訊」、「懲罰的確定性而非嚴屬性才能嚇阻犯罪」、「懲罰的後果其痛苦應超過犯罪行為所帶來的利益」、「對輕微違法者，監禁比鞭刑等身體刑更為適當」等對處理犯罪具體作為的建議（孫義雄，1998a、1998b；Jones, 1986）。

　　16 世紀之後，法律逐漸從其他社會規範中獨立出，自成一套社會控制的系統。隨著社會分工的多樣化，法律的規範也日趨複雜，慢慢分化出憲法、刑法、行政法、民法等法律系統。其中與犯罪最具相關性的是刑法，只有違反刑法規定，且具有罪責之刑事不法行為才稱為犯罪，違反行政、民法規定的行為，則是稱為行政不法或民事不法。

　　刑法以侵害法益為規範的範圍，只有違反刑事法令的行為才會被視為犯罪，故要探討犯罪，當然就必須以法定的犯罪為探討核心，犯罪的定義才能聚焦。但法律定義的犯罪嚴守證據法則的要求，只要找不到證據，或是證據不足，乃至證據來源違反證據法則，在保障人權及程序正義的前提之下，雖明知有犯罪行為，但仍不能將之定罪。

　　加上對犯罪行為人責任能力的要求，儘管符合刑法分則構成要件的該當，也沒有違法阻卻事由，但在刑法學上用以判斷行為人是否成立犯罪的犯罪三階理論（Third Order Theory Of Criminal；德文 Dreistufentheorie），有一些不法行為（同時滿足構成要件該當性和具備違法性的行為，稱為不法行為），會因為無責任能力或其他因素（如原因自由行為等），而在第三階段罪責的階段，不被視為犯罪。

　　此外，有一些雖然已經造成他人或社會的損害，但由於刑法沒有處罰這些行為的規定，所以不被視為犯罪，成為所謂的待刑罰化的犯罪行為。加上許多犯罪都是由損失輕微的偏差行為逐漸惡化而來，所以由犯罪預防觀點探討的犯罪範疇，不能侷限於嚴格法律定義的犯罪，也要探討偏差行為（deviant behavior）裡面比較嚴重（造成他人或社會的損害）的部分。

　　法定犯罪和偏差行為在概念上有許多重疊的部分，但還是有其差異存在。其一是偏差行為的範疇比較廣泛，法定犯罪的範圍相較之下小了很多；此外，偏差行為是偏離「社會規範」（social norms）的行為，從讓人覺得奇特、感覺到違反價值觀或違反道德，到可以明確確定是邪惡的行為，都是屬

於偏差行為的範疇。

　　而法定犯罪則必須是符合刑法構成要件的描述，沒有阻卻違法事由，且行為人須具有責任能力的行為才是犯罪，其要求符合的條件比較嚴格。兩者相較之下，可以明顯看出並非所有的犯罪都是偏差行為，也不是所有的偏差行為都是犯罪，兩者的差別可以圖 1-1 中明顯的區分出來。

犯罪（crime）　　　　　偏差行為（deviant behavior）

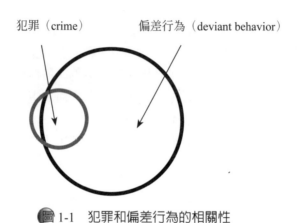

圖 1-1　犯罪和偏差行為的相關性

　　法定犯罪有可能變成偏差行為，偏差行為也有可能轉換為法定犯罪，涉及這種轉換機制的就是「犯罪化」（criminalization）和「除罪化」（de-criminalization）。犯罪化是指將一個有侵害到法益、造成他人或社會損害的偏差行為，透過立法程序而變成為犯罪的過程；除罪化則是一種犯罪行為經過仔細的檢視後，發現已無侵害法益，透過立法程序而不再認定為犯罪，成為僅是偏差行為，甚至不是偏差行為的過程。犯罪化和除罪化是刑事政策非常關注的兩項重要議題（許春金，2017）。

　　基於犯罪預防之標的——「犯罪」——的探討範疇，除了法定犯罪以外，也須包括較嚴重的偏差行為，所以犯罪的功能性概念以「嚴重的社會侵害性」（侵害各種法益，造成他人或社會的損失或有可能造成損失的危險性）為標準，區分出犯罪預防探討之犯罪的範疇，認為探討的範疇應包括以下四大部分（如圖 1-2）（黃富源、范國勇、張平吾，2012）：

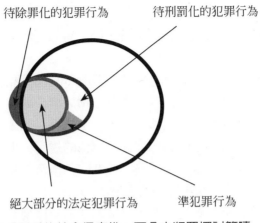

待除罪化的犯罪行為　　　　待刑罰化的犯罪行為

絕大部分的法定犯罪行為　　準犯罪行為

圖 1-2　以「嚴重的社會侵害性」區分之犯罪探討範疇

（一）**絕大部分的法定犯罪行為**：有侵害到法益、造成他人或社會損害的犯罪，本就是探討的核心。

（二）**待除罪化的犯罪行為**：犯罪行為經過仔細的檢視，發現並無侵害法益，則應該透過立法程序將之除罪化。（一）和（二）組合起來，就是目前所有的法定犯罪。

（三）**待刑罰化的犯罪行為**：隨著社會型態的變遷以及科技的進步，會出現一些立法時未設想到，但是會侵害到法益、造成他人或社會損害的行為態樣。這時候就必須探討是否須要以刑法加以規範，將之視為犯罪；並須探討要規範到什麼程度，給予何種刑罰才能符合罪刑均衡的要求，並且能達到預防犯罪的目的。

（四）**準犯罪行為**：準犯罪行為是比較特殊的行為態樣，包括下列四項：

1. 因心智狀態而不罰的行為：基於兒童心智尚未發展健全，還無法做出正確的行為判斷，故視為無責任能力。我國刑法第 18 條明定：「未滿十四歲人之行為，不罰。」這類行為雖然法律規定不罰，但仍然有造成他人或社會的損失，固有必要探討如何預防這類行為的發生。

2. 因精神狀態而不罰的行為：心神喪失的人已無意識外在環境的能力，自無法期待他們對自己的行為負責，我國刑法第 19 條明定：「行為時因精神障礙或其他心智缺陷，致不能辨識其行為違法或欠

缺依其辨識而行為之能力者，不罰。」雖然法律規定不罰，但仍然有造成他人或社會的損失，固亦有必要探討如何預防這類行為的發生。

3. 因損害輕微而不罰的行為：基於「可罰的違法性」及「社會相當性」之法律精神，對一些符合刑法構成要件的犯罪行為，由於造成的法益侵害程度極為輕微，基於刑法謙抑思想，故微罪不舉，視為非犯罪，美國和中國對竊盜都有類似的規定。但這些行為在造成的損害上往往只是量上的差異，行為的動機常是類似的，所以有必要加以探討，預防這類行為的再發生。

4. 曝險少年的虞犯行為：俗諺說「細漢偷挽匏，大漢偷牽牛」，研究指出，今日的少年犯可能就是明日的成年犯，加上許多犯罪行為常是輕微偏差行為轉化而來，故法律對少年的虞犯行為就特別注意。我國少年事件處理法對 12 歲以上 18 歲未滿之少年，有規範曝險少年之規定，列舉了三種[1]（108 年 6 月法律修改之前原規定有七種）虞犯行為。對這些有可能會轉化為犯罪的行為，自然有必要加以探討並預防。

第三節　測量犯罪的方法

精確的描述是認識一個概念或現象的基礎，犯罪預防的標的是犯罪，了解犯罪的概念及其探討範疇之後，接著有必要了解社會的犯罪現象及其分布；對社會犯罪的人、事、時、地、物等概況有了清楚的了解之後，才能接續探究出犯罪的成因，再聚焦處理犯罪成因，進行犯罪預防的工作。

要清楚了解社會的犯罪概況，就必須借助精準的犯罪測量工具，才能夠確實的測量社會的犯罪現象，所以本節接著介紹測量犯罪的方法。當前有三種測量犯罪的方法，分別為官方犯罪統計（official crime statistics）、自陳報告問卷調查法（self-reported crime surveys），以及犯罪被害調查（crime victimization surveys）。

1　1.無正當理由經常攜帶危險器械；2.有施用毒品或迷幻物品之行為而尚未觸犯刑罰法律；3.有預備犯罪或犯罪未遂而為法所不罰之行為。

壹、官方犯罪統計

　　三種測量犯罪方法中，最容易取得、也最方便使用的犯罪測量方法是官方犯罪統計資料，它也是一種目前使用最廣泛的犯罪測量方法。官方統計是指由政府單位整理、發布的資料，一般而言，是指由警察、檢察機關、司法機關，以及矯正機關等刑事司法機關所彙集、整理、登錄的犯罪統計資料。

　　官方犯罪統計資料的優點除了容易取得、方便使用之外，其資料內容豐富齊全且長期蒐集。透過各政府機關的詳細分析，能呈現社會階層、性別、族群、年齡，以及各類型犯罪的特性，並能顯示整體犯罪趨勢及各犯罪類型之消長。對於了解罪質嚴重的重大犯罪而言，官方犯罪統計能夠提供詳實精確的資料。

　　美國最重要也最常用的官方犯罪統計資料，是聯邦調查局（Federal Bureau of Investigation, FBI）每年出版的「統一犯罪報告」（Uniform Crime Report, UCR），其中彙整全美國約 1 萬 4,000 個地方警察機構，向聯邦調查局提供記錄到的犯罪資料，內容主要包括了八種指標犯罪（index crime），用來測量全美國整體犯罪或犯罪率之變化。

　　「統一犯罪報告」的指標犯罪，包括暴力犯罪的故意殺人（murder and nonnegligent manslaughter）、強制性交（forcible rape）、強盜（robbery）、重傷害（aggravated assault）、縱火（arson），財產犯罪的一般竊盜（larceny-theft）、侵入竊盜（burglary）及機動車輛竊盜（motor-vehicle theft）等八種（許春金，2017）。

　　我國最常用的官方犯罪統計資料，主要是刑事警察局每年出版的「中華民國刑案統計」，以及法務部出版的「犯罪狀況及其分析」。惟研究人員必須注意兩本書呈現資料的差異性，「中華民國刑案統計」統計的是刑案發生率；「犯罪狀況及其分析」則會呈現刑案發生率、起訴率、犯罪率及監禁率等統計資料。

　　「中華民國刑案統計」的最早版本是民國 48 年由臺灣省警務處刑事警察大隊創編的「臺灣省犯罪統計」，民國 62 年更名為「臺灣刑案統計」，改由警政署刑事警察局編印，民國 87 年納入金門、連江兩縣的刑案統計資料，因而更名為「臺閩刑案統計」，民國 95 年時再度更名為「中華民國刑

案統計」（內政部警政署刑事警察局，2022）。

法務部自民國 62 年起，每年彙整刑事司法機關製作的犯罪統計數據，編印《犯罪狀況及其分析》乙書，除了描述性分析，並進行重要犯罪議題研究。民國 102 年「法務部司法官學院」成立「犯罪防治研究中心」後，自民國 103 年開始透過專案委託研究及舉辦學術發表會，精進研究品質與參與層面，以提升學術研究內涵、逐步接軌國際。自民國 107 年起，「犯罪狀況及其分析」改為由「犯罪防治研究中心」專責整理出版（法務部司法官學院，2021）。

官方犯罪統計基本上是犯罪率及犯罪人口率的方式呈現，犯罪率（刑案發生率、起訴率、監禁率）或犯罪人口率是以每 10 萬人中的發生件數或犯罪人口數的方式呈現；以發生件數（起訴數、監禁數）或犯罪人口數為分子，兩者皆以年中人口數為分母，再乘 10 萬。計算出來的數字，即為該年的犯罪率（刑案發生率、起訴率、監禁率）或犯罪人口率。

$$\frac{犯罪件數}{年中人口數} \times 100,000 = 犯罪率 \qquad \frac{犯罪件數}{年中人口數} \times 100,000 = 犯罪人口率$$

圖 1-3 犯罪率及犯罪人口率的計算方式

利用官方犯罪統計時，必須注意其缺點與限制，官方犯罪統計資料最大的缺點是犯罪黑數（dark figure of crime）的問題。犯罪黑數又稱犯罪未知數，是指已經發生，但由於種種因素未被發現，或被發現但未報案，甚或是已報案但未為官方登錄，因而未在犯罪統計上出現的犯罪數。與犯罪黑數相似的另外一個名詞是犯罪灰數（grey figure of crime），犯罪灰數指實際上已發生之犯罪案件，而且官方統計也登載了，但是未破案者。

由於犯罪黑數及犯罪灰數（兩者合稱為廣義的犯罪黑數）的存在，官方所獲知的犯罪遠低於已發生之犯罪，而警察所破獲之犯罪又低於所獲知之犯罪；加上犯罪黑數會隨各犯罪類型而有所差異，因此就會使官方犯罪統計的資料失真，無法呈現犯罪現象的真實樣貌。為了彌補官方犯罪統計之廣義犯罪黑數的缺點，犯罪研究者因此開始積極尋找其他的犯罪測量方法。

其次，政府刑事政策的改變，或警察機關執法和記錄的方式的改變，也都有可能影響官方統計的分布狀況，例如民國 84 年警政署開始實施報案三

聯單制，導致臺灣地區的刑案統計數字於民國 84、85 年大幅上升。另外警察機關為了配合上級政策，爭取良好績效，可能會有匿報、大案報小案和小案報大案的情形發生；此外，無論移送到法院之審理結果如何，均會列入警方原本犯罪類型紀錄中，也會扭曲官方犯罪統計的內容，是官方犯罪統計的第三種缺陷（許春金，2017）。

貳、自陳報告問卷調查

由於官方犯罪統計有犯罪黑數，以及上列的缺點，許多犯罪研究者嘗試尋找其他的犯罪測量方法，以彌補官方犯罪統計的缺點。由於所有的犯罪都一定會有犯罪人，因此思考由犯罪人著手，希望能藉由犯罪人來了解犯罪現象的真實狀況，1940 年代之後，有許多研究者開始利用自陳報告問卷調查法測量犯罪現象（許春金，2017）。

自陳報告問卷調查法是針對特定的研究對象，在告知保證為其保守調查內容之祕密的情況下，請研究對象將其包括未被發覺的所有犯罪行為誠實回答；運用此一方法的基本假設是，由於是匿名調查，身分由於受到保障，加上研究前保證保守調查內容相關之祕密，會讓研究對象沒有心理負擔，能卸下心防，誠實回答自己過去的犯罪和偏差行為。

俟調查研究完成之後，再以調查研究的結果與官方的犯罪統計資料相互比較，認為透過這種方式，就可以呈現出犯罪黑數的數量，被認為是可以估計犯罪黑數的良好方式。此方法在早期 1940 年代開始被使用時，起初是以犯罪人為研究調查對象，到了 1950 年代之後，開始加入了對非犯罪人的調查，然後逐漸變成以在學的青少年為調查研究的對象（許春金，2017）。

目前自陳報告問卷調查法大部分是針對學校或輔育院中的青少年進行，原因是至高中為止都是義務教育，學生大多都必須上學，因此對青少年較容易實施調查，而且在學校對學生進行調查，學生會比較樂於配合；此外到學校對學生實施問卷調查，可以在很短的時間蒐集到上千名以上學生的資料，容易在統計上呈現有意義的結果。

利用自陳報告問卷調查法的優點有（許春金，2017）：

（一）可估計犯罪黑數的多寡，彌補官方犯罪統計資料之不足。

（二）可蒐集犯罪者的人格特性、價值觀、態度、人生觀等相當重要的

資料。

（三）能估量犯罪行為的趨向和程度。

（四）能估量特定區域內犯罪和偏差行為的分布狀況及嚴重程度。

（五）了解犯罪（或偏差行為）行為在上、中、下各階層間之分布是否有差異存在。

（六）透過對犯罪行為和個人特性的相關性分析，可以據以測試及建構理論（許春金，2017）。

　　利用自陳報告問卷調查法蒐集資料雖然有諸多優點，但也有一些缺點，首先是信度與效度的問題。信度（reliability）與效度（validity）兩個名詞源自統計學，信度原指觀察分數與真實分數的相關程度，在此則是指研究結果的真實性；雖然自陳報告基於匿名假設，保證會保守調查內容之祕密，不會舉發，但研究對象是否就會誠實告知其參與犯罪與偏差行為的程度，無法確定，仍可能會有隱匿不報或以少報多。

　　在統計學中，效度原指概念的定義和操作化定義間契合的程度，在此則是指研究工具是否能真正測量到所要測量的概念。犯罪測量的目的，是要測量犯罪及其相關現象，而目前大部分的自陳報告是以青少年為對象，其問卷調查內容大部分為較輕微的偏差行為，再將研究結果綜合起來，成為「偏差行為指標」。但偏差行為和犯罪在概念上是不同的，不應將輕微的偏差行為直接用來推論造成損害比較嚴重的犯罪（許春金，2017）。

　　最後，則是研究對象代表性的問題，自陳報告問卷調查法要蒐集的資料是犯罪相關資訊，但較有問題的學生則不是經常曠課缺席，就是中輟；真正具有代表性（曾經犯過罪或有較多偏差行為）的青少年，不容易成為被調查受測的對象，而接受調查研究的學生，往往是不具代表性的乖乖牌。

參、犯罪被害調查

　　為了處理官方犯罪統計所帶來的犯罪黑數等問題，研究人員首先想到從犯罪人著手，但是自陳報告問卷調查法又有信度、效度及代表性等問題，犯罪研究人員因此又想到多數犯罪事件都會有被害者，可以由犯罪事件的另一造——被害者著手。認為被害者應該沒有說謊的必要，所以透過對被害者的調查，應該可以呈現社會的犯罪真實現象。

　　犯罪被害調查是先從一般民眾中抽樣，再對選取的樣本進行問卷調查或訪談，以了解他們在某一特定期間是否曾經被害，以及他們的經驗。期望透過被害經驗的調查以測量犯罪的本質與數量，同時也希望藉此可以了解被害者的特性，以及導致被害的各種因素。一般而言，犯罪被害者調查所呈現的犯罪數量，會比官方犯罪統計的數量來得高。

　　目前國際上最具代表性，而且影響深遠的犯罪被害調查，是美國司法統計局（Bureau of Justice Statistics）每年所做的國家犯罪被害調查（National Criminal Victimization Survey, NCVS）。美國總統執法與司法委員會在 1966 年和 1967 年分別舉辦了 3 次犯罪被害調查先導研究，並在 1967 年首次由司法統計局舉辦第一次的全國性被害調查。目前美國每年的犯罪被害調查樣本，大約訪談 6 萬戶家庭內滿 12 歲以上的全部家庭成員，訪談的完成率大約為 95%（許春金，2017；黃蘭媖，2006）。

　　英國則是在 1982 年由內政部（Home Office）主導下，進行首次的犯罪被害調查（British Crime Survey, BCS），調查的對象為 15 歲以上民眾，總共抽取了 1 萬個樣本。BCS 目前是使用影音視訊輔助的個別當面訪談法，或由訪談員攜帶手提電腦到受訪者家中進行訪談，並現場輸入回答內容（黃蘭媖，2006）。

　　利用犯罪被害者調查法的優點有：

（一）可以彌補官方犯罪統計及自陳報告問卷調查兩種犯罪測量方法的不足。所獲致的犯罪資料，較接近犯真實的罪狀況與犯罪數量，可以有效的彌補犯罪黑數的問題。

（二）提供資料豐富的被害資訊，有助於了解被害者的痛苦及其他感受。

（三）了解被害者特性、被害者之情境等導致被害的各種因素，可以及早進行犯罪預防。

（四）了解犯罪被害的民眾未向警方報案的原因。

（五）了解那些被社會忽略的族群或地區民眾的被害情狀。

　　但利用犯罪被害調查法也有下列的一些缺點（許春金，2017）：

（一）犯罪被害調查法最大的缺點是調查之犯罪類型有限。首先是如殺人犯罪等被害者已不存在之犯罪無法加以調查；其次一些共同參與的犯罪，如貪污、賄賂、期約賄選等。一些賭博、藥物濫用、性交易等無被害犯罪，都無法進行犯罪被害調查。

（二）犯罪被害訊息主要來自被害者對犯罪的解釋，但一般民眾對法律構成要件的了解有限，犯罪類型無法被正確歸類，例如扒竊的被害者，調查時可能填寫為搶劫；也可能非犯罪事件被民眾誤認為是犯罪被害，例如停路邊的車輛，車窗被惡作劇破壞，車主卻以為是有人要竊車等。這些因素都會導致調查的資料不正確。

（三）被害者可能會遺忘而短報，尤其是損失輕微的被害事件；有些被害者調查時也可能故意多報，例如自己或親人有被害經驗而沒被重視，也可能會登錄在被害調查期間以外的被害經驗，例如調查過去半年內的被害經驗，被害者有可能將幾年內的被害經驗都列入。

第四節　臺灣地區犯罪分布狀況

犯罪測量的目的是要了解犯罪現象的實際狀況，以作進一步解釋、預測、控制等犯罪預防的基礎。本節依據「110 年中華民國刑案統計」的資料，呈現臺灣地區民國 110 年的犯罪狀況及其分布。民國 110 年臺灣地區刑案類型的前四名分別為公共危險罪（20.6%）、毒品犯罪（16.95%）、竊盜犯罪（15.91%）、詐欺罪（8.22%）。

自民國 100 年之後，臺灣地區刑案類型都以公共危險罪、毒品犯罪、竊盜犯罪、詐欺罪為前四大犯罪類型，每年發生率最高的犯罪類型順序會有變動，但始終是這四大類居前四名。其中以公共危險罪及詐欺罪這兩類，排名居前四名是我國特有的現象。

警察機關受理刑案發生件數則以臺北市為最多（27,259 件），新北市次之（25,179 件），臺南市第三（19,553 件），高雄市第四（18,986 件），臺中市第五（18,946 件），桃園市第六（16,137 件）；發生件數最少的以連江縣為最少（125 件），金門縣次之（801 件），澎湖縣第三（1,137 件），臺東縣第四（1,903 件），嘉義市第五（2,853 件），新竹市第六（3,358 件）。

六個直轄市的刑案發生率，剛好是臺灣地區犯罪發生最多的前六名，其中以北部三個直轄市分居一、二、六名，南部兩個直轄市居三、四名；離島的連江縣、金門縣及澎湖縣為刑案發生率最少的三個縣，臺東縣刑案發生率居倒數第四位。

　　110 年的刑案發生率，符合臺灣地區長期以來的刑案發生分布的情況；雖然犯罪率之地區分布每年皆有變化，但大致上刑案發生地區分布可歸納為：本島多於離島、城市多於鄉下、西部多於東部、北部多於南部等四個特性。主要是因為都市地區刑案發生率較高，而城鄉間之刑案發生率差異相當明顯。

第二章　犯罪觀點論、成因及處理

第一節　對犯罪的認知觀點──由描述到解釋

第一章著重在描述犯罪及犯罪現象，探討了犯罪的概念，以及犯罪學探討的範疇等，主要聚焦在以法律的相關規範為核心，著重在探討違反法律等規範的犯罪行為。但自古迄今，對犯罪的概念尚有許多從不同視角出發，形成了見解不同的犯罪觀點；各個觀點也基於各自對「什麼是犯罪」（what）的描述，延伸發展出各自對「為什麼會犯罪」（why）的犯罪成因詮釋，要了解犯罪預防的標的──犯罪，有必要對各個相關犯罪觀點有所認識。

首先，對應社會學之父 Comte（Comte Auguste, 1798-1857）所認為的：人類對外在世界認知的發展，可以劃分成神學階段、哲學階段、科學階段等三個階段；人類對犯罪認知最早出現的神魔說、自由意志說及決定論等三個觀點，正好呼應了 Comte 所提出的這三個認知發展階段。

壹、神魔說

神魔說對應神學階段，在原始社會人類對事物的解釋中，神和魔扮演很重要的角色；歐洲等西方社會在 4 到 13 世紀，被稱為黑暗時代；在此階段，認為人類是上帝的子民，人民的一切所做所為都必須依循神的意思，為神付出與貢獻，凡事皆以神的意旨來解釋。由於人類對神的崇敬，在此時期對於一些無法解釋的自然現象及人類的行為，包括人為什麼會犯罪，都認為與「另一世界」（即神與魔）有關。

神魔說的觀點認為一個人會犯罪，乃因現實世界以外的神或邪魔力量作用的結果，有可能是得罪了神，也有可能是被魔鬼附身。因此，該時期認為，人們會違反規範不外二種原因：神的譴責或魔鬼附身。當時為了解決人類的偏差行為，認為只要被神原諒或將魔鬼驅除，便能回復原有的生活。

所以對犯罪行為處理的方法是神蹟及驅魔；以神蹟顯示獲得神的原諒，或透過驅魔將附身的魔鬼驅離。無論是神蹟或驅魔，都是以折磨的方式進

行。神蹟有些是透過宗教界人士或靈媒與神溝通，以某些正常狀態下不可能發生的事件證明神的原諒，例如競技場上與猛獸搏鬥，能夠將猛獸殺死，就是有神蹟出現了。

驅魔則是藉由火燒或烙印等各種激烈手段將魔鬼驅除，認為這一些折磨會給人們帶來痛苦，由於犯罪是魔鬼附在人的身上導致，所以若被附身的人痛苦，魔鬼同樣也會感覺痛苦；人若能順利通過種種折磨，代表驅魔成功，但若死亡則代表魔鬼不願意放過他。在西方中古時期，為了驅魔常常就將違反規範的人在火柱上燒死，這種做法到 17 世紀的歐洲還很常見（許春金，2017）。

貳、自由意志說

自由意志說對應哲學階段，此一觀點是犯罪學古典學派的思想核心，是古典學派對犯罪及其原因所採用的觀點。歐洲社會在 14 到 16 世紀出現了文藝復興運動（Renaissance）後，不再凡事皆以神的意旨為依歸，開始重視個人的成就；接著進而發展出了人文主義（Humanism），一切以人為本位，強調個人的重要和對人性的重視，肯定人存在的價值和尊嚴，人自身開始成為思考理解的對象，開始重視人的理性。

到了 17、18 世紀歐洲出現啟蒙運動（Enlightenment）的思潮，這段期間又稱為理性時代（Age of Reason）。理性時代崇拜理性，強調人之所以高於萬物，是因為人特有的理性；認為社會有放諸四海而皆準的規則，而人類的理性是至高無上的，透過理性思維可以掌握所有事物的原理原則；也相信人類透過理性的發展，以邏輯推論得到的知識，可以解決人類遇到的所有問題。

由於人是理性的，有足夠的智慧能夠了解事物的相對關係，故人有自由意志（free will）決定做或不做什麼行為。而人性是趨樂避苦的，行為的動機是追求利益、快樂，避免損失、痛苦，認為人之所以會犯罪，是因為覺得犯罪划得來，犯罪所得到的利益會超過犯罪付出的代價。在人是理性、自由意志、趨樂避苦的前提下，要讓人不想犯罪，就必須以懲罰的痛苦超過犯罪所得的利益，以預防犯罪。

以人是理性為前提的自由意志說，是法治社會秩序的基礎，由於人是理

性的，會畏懼國家刑罰所帶來的痛苦，而選擇不從事犯罪行為。也由於人是具有自由意志的觀點，「罪刑法定原則」及「罪刑均衡原則」才能發揮嚇阻的預防效用，並進而導出懲罰要發揮效用的迅速、嚴厲、確實之快、狠、準原則。

　　綜言之，自由意志說認為法律是大家共同同意的生活規範，透過立法程序把大家的價值觀法典化，將大家共同看不慣的行為，透過國家權力給予處罰，所以違反法律的行為就是犯罪；反之，法律沒有規定要處罰的行為就不是犯罪。自由意志說是採取法律和價值一致觀點的犯罪定義，這也是大多數人對犯罪所持有的觀點（許春金，2017）。

參、決定論

　　決定論對應科學階段，其觀點是犯罪學實證學派對犯罪原因所採用的觀點，18 世紀末到 19 世紀，歐洲出現了工業革命（Industrial Revolution），工業革命的最大特色是以機器生產取代了人力和獸力，而機器的發明是利用科學方法研究的成果。這個時期，自然科學利用科學的實驗、觀察等方法提出證據，在人類知識上獲得很大的進步，但也以證據推翻了許多人類理性思考所認定的現象。因此 Comte 便建議將自然科學所使用的科學方法，運用在社會科學的研究上，並將這種方式稱為實證（positive）。

　　加上 Darwin（Charles Darwin, 1809-1882）之「物競天擇、適者生存」的進化論（evolution theory）理論，否定了理性的崇高性，認為人只是對地球這個環境適應比較好的一種生物，理性只是人類直立後腦容量擴大，加上語言及文字的發明後的產物，並不是至高無上的，人類不能完全依賴理性行事。此外，科學方法的使用，也點出了許多理性所推論出之認知的盲點，顯示了人的理性是有限度的。

　　以義大利醫生 Lombroso（Cesare Lombroso, 1835-1909）為主要代表的許多研究者，以觀察、統計等方法，發現人類的行為會受到生理、心理、社會、氣候、環境等各種內外因素的影響，並非自由意志所能完全決定；而各種導致犯罪的因素，可以用科學方法發現，並且能以證據加以證明。這種認為犯罪是因為自由意志以外的其他因素所決定的觀點，被稱為決定論（determinism）。

　　決定論的觀點認為預防犯罪必須去除這些導致犯罪的外在因素，需要先利用科學方法找出導致犯罪的原因，在有足夠的證據確認是真正的犯罪原因之後，針對生理、心理因素所造成的犯罪，給予適合的治療。針對個體以外的氣候、環境等因素，則必須矯正、改變或去除這些外帶的因素。綜言之，決定論採用的犯罪預防方式，合稱為矯治，藉由矯正、治療等方式，讓身、心、社會等各方面恢復正常。

肆、衝突觀

　　Marx（Karl Marx, 1818-1883）的階級鬥爭史觀帶出的衝突觀（conflict view）在 19 世紀末提出，但卻在 20 世紀引發風潮。衝突觀研究犯罪的觀點也由強調趨樂避苦的理性、探求犯罪原因的決定論，轉而討論犯罪的定義形成，探究犯罪的標準是如何被界定出來的，嘗試闡述形成犯罪定義的運作機制。

　　衝突觀認為犯罪就是影響有錢（經濟團體）、有權（政治團體）者之利益的行為；主張社會是由許多團體所組成，擁有足夠政治和經濟力量的團體會利用刑事司法維護自己的利益。刑事法因此被看成是有權和有錢者保障自己利益的一個工具；犯罪因此是有權和有錢者為維護自己利益而將低階層者某些行為犯罪化的體現。犯罪也是團體間利益衝突的產物，認為社會和政治的衝突是犯罪定義的根源，典型的例子如「竊鉤者誅，竊國者侯」的古諺（許春金，2017）。

伍、互動觀

　　犯罪的互動觀（interaction view）觀點源自於社會學的符號互動理論（Symbolic Interaction Theory），同樣是在闡述形成犯罪定義的運作機制，認為犯罪獨立於絕對的道德律，並沒有本質性的犯罪存在，犯罪是一種「社會建構」（social construction），是被社會上有權力的人所建構出來的。

　　互動觀又可以區分為巨觀（macrocosm）和微觀（microcosm）兩個層面。巨觀的互動觀觀點和衝突觀類似，認為犯罪的定義是社會上有權的上階層以其特有的影響力，將他們的意識型態，強加於受其權利影響的人身上。這群

社會上有權的人，或可稱為「衛道人士」，可以影響立法及刑事司法，將他們看不慣的行為界定為犯罪，犯罪的定義是被上階層的「衛道人士」建構的。

巨觀的互動觀和衝突觀之差別在於，衝突觀強調擁是有權力的團體，利用政治和經濟的影響力維護本身的利益，較傾向於社會經濟及政治導向；巨觀的互動觀則是上階層強迫中、下階層的民眾接受他們所主張的道德觀或意識型態，著重在價值觀面向。巨觀互動觀的觀點，可以以「君子之德風，小人之德草，草上之風，必偃」的概念加以理解。

微觀的互動觀非常重視個體和個體互動的反應，首先認為人非聖賢，每個人都有可能會犯錯；犯了錯不一定會被發現，被發現了也不一定會被追究，在這兩種狀況下，犯錯的人並並不會自認是犯罪人，別人也不會認定他是犯罪人。唯有犯的錯被發現而且被追究的人，才會被視為是犯罪人。

因此當一個人犯了錯而且被發現時，有權力處罰犯錯行為的人，要不要追究，以及決定處罰的輕重就很重要；這決定涉及到兩人當下的互動，這個人是否會被視為犯罪人，也在當下的互動中產生。所以微觀互動觀定義的犯罪，是犯錯被發現，而且被追究的行為，犯罪的定義是被握有貼上犯罪標籤權利的個人建構的。和此觀點相關的犯罪標籤理論一度在美國風行，也帶動了美國司法轉向處遇運動的發展（孫義雄，1992）。

陸、變形蟲模式

變形蟲模式強調犯罪定義的相對性，認為不同的社會，在不同的時間裡，對同樣的行為，會有不同的定義，在這時（地）是犯罪的行為，在其他時（地）可能不是犯罪；犯罪定義的輪廓是多變的，所以從刑事立法的觀點而言，犯罪是沒有絕對標準的，會隨時空情況而變動，只能以當時當地的社會價值觀為判定的基準。

再從刑事司法體系的角度觀之，從第一線接觸犯罪，到審判定罪科刑或宣判無罪，警察、檢察官、法院等三個刑事司法的副體系，對犯的定義也可能會不同。在法院的副體系內，不同審判層級的法官，對犯罪的定罪科刑或是否為犯罪的見解也會有不同。再次說明了犯罪的定義，在同一刑事司法體系內，也是沒有絕對標準的（許春金，2017）。

這一種犯罪定義幾乎沒有標準的情況，就像變形蟲外形隨時在改變一

樣,所以可以用變形蟲模式來形容犯罪定義的相對性,但犯罪是犯罪預防的標的,若無法精確描述什麼是犯罪,就更談不上要如何預防了。不過我們可以發現,變形蟲是一種單細胞生物,雖然外形一直在改變,但本體的細胞核一定存在,是不會改變的。

由此模式來看犯罪的定義,可以發現雖然犯罪的定義會因為時空而有所不同,但有一些犯罪在任何時空都被定義為犯罪;再進一步分析,這些在任何時空都被定義為犯罪的行為,就是法哲學所描述的本質惡(malum in se),而會因為時空而有所不同犯罪定義的行為,符合法哲學描述的禁止惡(malum Prohibitum)。

本質惡轉換為犯罪研究的用語稱為本質性犯罪,指那些不管在任何時間,任何地方都會被視為犯罪的行為,如殺人、強盜、搶劫、縱火等行為;禁止惡如性交易、賭博等,指那些會因為時空而有所不同犯罪定義的行為。犯罪預防的最核心,應該就是預防那些本質性犯罪,所以有必要分析這一些本質性犯罪的共通特性。

仔細探討分析這一些本質性犯罪,可以發現他們共同的特性是會造成損害,遭受損害的對像有可能是他人、團體、社會或國家;再回頭觀察禁止性犯罪,會發現這一些行為可能只是在當時當地被認為會造成損害,換了時空就不會被當作犯罪了。透過探討、分析,可以得出以下的結論:「犯罪就是會造成損害的行為,遭到損害的對象可能是個人,也可能是群體。」

由變形蟲模式導出了犯罪是會造成損害之行為的定義,因此犯罪的功能性概念依此定義,將研究探討的犯罪範圍,限縮為「造成嚴重的社會侵害性的行為」,界定出犯罪預防探討之犯罪的四大範疇,此部分在第一章第二節有詳細的介紹。

第二節 解釋犯罪成因的理論

對犯罪的概念及定義有了正確、清晰的了解之後,在進行犯罪預防之前有一個重要的工作,就是對犯罪原因的解釋;對犯罪原因的解釋是犯罪學研究的核心,犯罪學將一組組有系統解釋犯罪的概念組織起來,稱為犯罪學理論。理論必須是一組邏輯貫穿、推論嚴謹的論述,同時要經得起真實現象的

驗證。上一節神魔論的犯罪定義，推論出以另一世界的神魔解釋犯罪原因，則稱不上為理論。

除了聚焦在探討犯罪定義之建構的衝突犯罪學、批判犯罪學之外，解釋犯罪原因的犯罪學理論傳統上區分為古典學派及實證學派，近年來又將與環境和機會相關的理論，由傳統的理論架構中抽離出來，形成了環境犯罪學。本節著重在概略介紹解釋犯罪原因的古典學派、實證學派及環境犯罪學。

最早出現的犯罪學理論，是在 18 世紀啟蒙運動年代萌生的古典學派，以理性、自由意志及趨樂避苦的人性觀解釋犯罪原因，Beccaria（Cesare Beccaria, 1738-1794）及 Bentham（Jeremy Bentham, 1748-1832）為其代表人物；古典學派的理念被廣為接受之後，在落實為法律條文時，為了排除執行上的障礙，修正了自由意志的人性觀，並加入了責任能力的概念，成為新古典學派。

在 19 世紀實證學派出現，古典學派一度被視為落伍的理念，但到了 20 世紀末期，犯罪學研究者又再度肯定古典學派理念的可貴，並形塑出了現代新古典學派；現代新古典學派對古典學派的理性及趨樂避苦兩個人性觀略作修正及精緻化，成為理性選擇理論，並加入了結合環境、機會因素，解釋犯罪原因的日常活動理論。整體的古典學派理論體系，在本書第三、四、五章，會有詳細的闡述。

19 世紀受到工業革命的刺激，加上 Darwin 進化論及 Comte 提出的實證概念，以 Lombroso、Ferri（Enrico Ferri, 1856-1929）、Garofalo（Rafaele Garofalo, 1852-1934）等犯罪學三聖為代表的實證學派於焉誕生；其中犯罪生理學由 Lombroso 代表、犯罪心理學由 Garofalo 代表、犯罪社會學則由 Ferri 代表。

犯罪生理學的基本假設是結構決定功能，認為犯罪的原因是個體生理功能的影響所造成的，著重在研究身體外表特徵（如生來犯罪人）、基因（如同卵、異卵雙胞胎之研究）、自主神經系統（如交感、副交感神經系統）、生化因素（如環境污染物）與犯罪的相關性。由於研究犯罪生理學需要醫學知識的專業背景，所以有能力進行犯罪生理學研究的人較少。

犯罪心理學，顧名思義，著重在研究導致犯罪的心理因素，主要是由社會心理學和病態心理學的相關理論組成。如社會心理學的認知理論、社會學習理論、道德發展理論、心理社會發展論；病態心理學以精神分析論為核

心，探討潛意識、本我、缺陷超我、防禦機轉、反社會性人格、人格發展的口腔期、肛門期、性器崇拜期等各階段對犯罪的影響。由於心理學的犯罪心理學概念，與犯罪學的犯罪心理學概念不同，所以專門研究犯罪心理學的學者也不普遍。

較被廣泛研究，而且經常用來解釋社會犯罪現象的理論是犯罪社會學。有別於著重在解釋個體犯罪原因的犯罪生理學與犯罪心理學，犯罪社會學理論著重在解釋群體的犯罪原因。犯罪社會學依其研究面向及對人性假設的不同，又可區分為控制理論、副文化理論及緊張理論三大流派（許春金，2017）。

控制理論假設人性是自利（追求自我利益）的，都有犯罪的自然傾向，認為人之所以不會犯罪，是受到內、外在的一些力量控制的結果，有關控制理論在第三章第四節有詳細的介紹。副文化理論認為犯罪是學習來的，對人性持白板論，認為近朱者赤，近墨者黑，常接觸有利於犯罪定義的副文化，會影響人傾向於用犯罪的方式解決問題。

副文化理論聚焦於解釋低階層的犯罪或偏差行為，認為低階層區域存在一套不同於主流社會的特殊副文化，低階層依循所屬的副文化之行為模式處理問題，自然而然的就牴觸了主流社會的規範，而被視為犯罪或偏差行為。哈佛大學 Miller（Walter Miller）教授提出的偏差副文化理論（Subcultural Theories of Deviance），頗能呈現副文化理論的特色。

Miller 研究美國波士頓的一個高犯罪率的低階層工人區域，發現當地存在著一種獨特而穩定的副文化，這種副文化持續地傳承，不會因為居民的遷出或遷入而改變。Miller 整理出低階層副文化有其重要特徵，並將之稱為低階層區域居民生活的「焦點關心」。「焦點關心」包括惹麻煩（troubles）、強悍（toughness）、小聰明（smartness）、自主（autonomy）、宿命論（fate）及刺激（excitement）等六項（許春金，2017）。

緊張理論假設人性是向上、追求成功的，低下階層的民眾由於缺乏達到成功的明確管道，因此內心會產生不舒服的緊張感覺，為了消除這種不舒服的心理狀態，往往會採用工具性犯罪以達成目的，或以表達性犯罪的方式宣洩內心的緊張。美國犯罪學家 Cohen（Albert Cohen）提出的幫派副文化理論（Delinquent Subcultural Theory），是最能呈現緊張理論內涵的原貌。

幫派副文化理論認為低階層青少年因為「緊張」（strain）而感到「身

分挫折」（status frustration），他們會以「街角小孩角色」（the corner boy role）、「偏差小孩角色」（the delinquent boy role）及「大學（進取）小孩角色」（the college boy role）的方式加以因應。以「偏差小孩角色」方式因應的青少年，聚合在一起，就可能會產生衝突副文化、退化副文化、犯罪副文化等三種不同的幫派副文化。

Cohen 認為幫派副文化，具有即時享樂性（short-run hedonism）、邪惡性（malicious）、非功利性（non-utilitarian）、多樣性（versatility）、團體自主性（group autonomy）及負面性（negativistic）等可能會導致犯罪的副文化特徵（許春金，2017）。

由於緊張理論後來被批評解釋力不夠，後來曾任美國犯罪學學會會長的 Agnew（Robert Agnew）將緊張的概念加以延伸，提出一般化緊張理論（General Strain Theory）。Agnew 認為緊張理論的原型只能解釋低下階層無法達到社會目標的緊張，但他認為緊張的來源並不是只有這一種，而且社會各階層都會有緊張存在。他從個體、微觀的角度解釋緊張的原因，並以負面效應（negative affective status）描述緊張的狀態。

Agnew 認為負面效應來源有四：1. 無法達社會認定的標準；2. 無法達自我期許的標準；3. 正面價值事物的去除；4. 負面價值事物的產生。這四種負面效應的來源，可以應用於社會上的各個階層，故理論焦點由原先集中於低階層者，擴大至應用於社會上各階層。Agnew 的修正，帶給緊張理論又帶來了新的生命力（林山田、林東茂、林燦璋、賴擁連，2020）。

環境犯罪學在 1980 年代後期逐漸受到重視，所謂環境犯罪學（Environmental Criminology）對犯罪者選擇從事犯罪的觀點，不同於傳統犯罪學原因論；過去認為犯罪乃受生、心理素質或所屬團體的影響，環境犯罪學則著重於犯罪情境的「環境」與「場域」之分析分析。目前環境犯罪學中，最具代表性的是由 Felson（Marcus Felson）和 Clarke（Ronald ClarkeRonald V. Clarke）提出的新機會理論（New Opportunity Theories）。

新機會理論是由日常活動理論（Routine Activity Theory）、犯罪型態理論（Crime Pattern Theory）和理性選擇理論（Rational Choice Theory）三個理論所組成，三個理論強調的重點各不相同；日常活動理論強調大社會的改變會影響犯罪的機會，犯罪型態理論強調社區的差異和變化會影響犯罪的機會，理性選擇理論則強調個體所處狀況的犯罪機會不同，所以犯罪考慮因素

也會有所差異。

　　日常活動理論與理性選擇理論，在本書第五章有詳細介紹；而犯罪型態理論又稱犯罪搜尋理論（Crime Search Theory）主要是探討人和事物怎樣在一個社區當中的時間、空間移動而發生犯罪。它主要研究犯罪的空間型態或者社區內犯罪型態的分布，該理論有三個核心：中心點、路徑和邊緣；中心點指的是人們平常活動或者通勤的起點或終點，路徑是指各中心點之間的路途，邊緣則是指人們居住、工作、購物或者娛樂等的邊界地帶，犯罪經常會發生在這三個核心地點。

　　新機會理論綜合上述三個理論，整理出了機會與犯罪的 10 項原則（許春金，2017）：

（一）機會在犯罪的發生上扮演重要的角色。

（二）犯罪機會常因犯罪類型而異。

（三）犯罪機會應會集中在特殊的時間和空間。

（四）犯罪機會和日常生活型態有關。

（五）一個犯罪會衍生出另外一個犯罪機會。

（六）某些物品會提供吸引人犯罪的機會

（七）社會和科技的變遷會衍生新的犯罪機會。

（八）犯罪機會可以被減少。

（九）減少犯罪機會通常並不會造成犯罪轉移。

（十）致力於機會的降低將會收到更廣泛的犯罪降低之效果。

第三節　處理犯罪的政府機構——刑事司法體系

　　刑事司法體系（criminal justice system）乃指由國家各個處理犯罪的機關所組合而成的一個犯罪處理體系，此體系包括了警察、檢察、法官及矯治等副體系的機關與人員。主要是因為研究發現，這些警察、檢察、審判和矯治等機關彼此互相影響，故應將處理犯罪的眾多機構視為一體系，方能發揮整體的力量。

　　「刑事司法體系」一詞的由來，是美國的總統執法與司法行政委員會（President's Commission on Law Enforcement and Administration of Justice）在

1967 年出版的《自由社會中犯罪之挑戰》（*The challenge of crime in a free society*）一書中，首先創立並使用，並據此而建議廣泛的改革以控制犯罪，「刑事司法體系」一詞自此開始被廣泛接納和使用。

美國國會據此於 1968 年通過「安全街道和犯罪控制法案」（Safe Street and Crime Control Act），由聯邦政府大量撥款，鼓勵州和各地方政府努力控制犯罪。美國聯邦政府也在司法部（Department of Justice）下，創立了執法協助局（Law Enforcement Assistance Administration, LEAA）此一新的專責機構（許春金主編，2022）。

此後 LEAA 主導了全美國刑事司法的發展，並將警察、檢察、法官及矯治等刑事司法機構連成一體而稱之為「體系」。從此以後，各種全國性團體或機關，如美國律師協會（American Bar Association）和全國刑事司法準則與目標諮詢委員會（National Advisory Commission on Criminal Justice Standards and Goals）等，開始大量投資並深度分析刑事司法系統的運作。

由於 LEAA 的努力，「刑事司法體系」的概念逐漸普遍為國際社會所接受，從警察受理報案、偵查、逮捕，檢察起訴、法院審理、定罪科刑，至監獄教化、矯治，各處理犯罪的相關機構不再各行其是、各自為政；整個處理犯罪的流程，被視為是一個整合性、一氣呵成的處理犯罪及犯罪人的體系。刑事司法體系處理犯罪，基本上係以報應、嚇阻、隔離及矯治四種方式達到犯罪預防及犯罪控制的目的（許春金主編，2022）。

壹、報應

報應是人類對犯罪的反應中最基本的一個概念，此概念係源自於原始社會中「以牙還牙、以眼還眼」，及宗教中「善有善報，惡有惡報」的「因果報應」觀念。報應是對犯罪這種惡的行為之反應，以痛苦的刑法來平衡犯罪的惡害，期以之實現社會正義。報應基於「實現正義，衡平惡害」的原則，要求刑罰痛苦的程度，須力求與犯罪的惡害相當，並主張依據公平、對等的原則，公正而嚴謹的給予犯罪人與其犯罪行為相稱的「公正刑罰」（林山田，1995）。

報應思想是刑事司法目的當中唯一不具前瞻性的一種理念，亦即——懲罰並不是基於減少未來犯罪的原則或理由。相反地，它係基於「違反法律就

必須受法律制裁」的信念，認為違法本身就是懲罰的正當理由，而不必管此懲罰對未來犯罪的影響是減少、增加，還是毫無影響。此外，也認為刑法是國家對人民的承諾，承諾要懲罰那些違法的人，在報應的概念上，這個承諾是必須要被遵守的（林東茂，2019）。

而以報應作為一種刑事司法目的的正當理由，在實行時有其基本原則，亦即懲罰與犯行一定要相稱。例如，對竊盜的行為做公開拷打或將之處以死刑，當然會對想竊盜的人產生嚇阻之功能，從純粹嚇阻的觀點上來看，此種懲罰方式是可以被接受的；但是，在報應的角度來看這種懲罰方式就變成太過度了。報應思想和純粹的嚇阻觀點的不同處在於：純粹的嚇阻觀點認為根本就不需要對犯罪人先定罪再予以懲罰，而報應思想則主張必須先被起訴，接下來才可能給予懲罰。

貳、嚇阻

以嚇阻作為刑事司法的目的，是基於「使犯罪者所受到懲罰的痛苦，超過因犯罪所獲得的利益，因而讓想要犯罪的人不敢犯罪」的觀點。嚇阻又可以分為兩種：特別嚇阻與一般嚇阻，特別嚇阻之標的為個別或特定的犯罪者，目的在對特定犯罪人產生嚇阻的效果；一般嚇阻之標的則為一般社會大眾，目的在對一般大眾產生嚇阻的效果（許春金主編，2022）。

一、一般嚇阻

一般嚇阻是指透過法律明定犯罪行為及其法律效果，並經由刑事司法機構的執行宣判與處罰，使社會大眾意識到犯罪會帶來痛苦的刑罰後果，對社會大眾形成一種心理強制，因而不敢輕易犯罪，藉此而達到預防犯罪的目的。一般嚇阻理論認為，對想要犯罪的人，懲罰有一種警示的作用，讓他們在著手犯罪之前，先衡量犯罪的利益與痛苦，因而不敢犯罪。

二、特別嚇阻

特別嚇阻是指對犯罪人個人所產生的作用而言，國家藉對犯罪人的懲罰，使犯罪人感受到犯罪的痛苦後果，而不敢再犯罪，藉此達到預防犯罪的目的。就特別嚇阻而言，當犯罪人從監獄被釋放出來後，在再次犯罪前，就

會考慮再三，因為如果再犯罪而被抓到，又要坐牢。

特別嚇阻並兼具有一般嚇阻的作用，當社會大眾看到犯罪人的下場後，也就不會想要去犯罪。不管是那一種情形，懲罰均達到預防未來犯罪的目的，嚇阻理論認為假若社會不懲罰犯罪者，一般民眾也就沒有了守法的理由與依據（許春金主編，2022）。

嚇阻實際上是想要讓犯罪人會因為害怕受懲罰，而知法守法的一種「恐懼」。嚇阻理論的基本假設是：人類是一種依循「趨樂避苦」原則的理性動物，人們會做對自己有利的事情，而且會避免傷害自己的事情，亦即人類會評估自身行為所產生的可能後果，然後依據這些評估來行事。

懲罰要能夠有效嚇阻可能的犯罪人，有三個條件須先滿足：第一，犯罪的代價必須遠超過犯罪所產生的快樂，所以懲罰必須是夠嚴格；第二和第三個條件是懲罰要能夠確定及迅速的被執行，懲罰的嚴厲性不但要超過犯罪的收獲，其確實性亦要高到讓犯罪者會審慎考量其行為後果，而破案和處罰時效的快慢也是決定是否犯罪的重要考量因素（許春金主編，2022）。

但是「刑法必須足夠嚴厲，才能產生嚇阻犯罪的效果」此一觀點，往往導致執政者採用「治亂世用重典」的方式來處理犯罪問題，這不但違反了罪刑均衡的原則，也成為暴虐的刑事政策。其實，在使刑罰發揮效果的嚴厲性、迅速性、確實性三要件中，迅速性、確實性的作用要比嚴厲性來的重要（林山田，1995）。

而就算在嚴厲性的要件中，亦是要盡可能與行為人罪責相稱的公平刑罰，才能使民眾信服，真正發揮其預防犯罪的效果。對一個理性的犯罪者而言，懲罰之不確定性會讓嚇阻效果難以發揮功效，犯罪者會衡量可能被逮的機率，然後在犯罪前採取更為謹慎之步驟以避免被偵察到，如此一來，嚇阻只會使行為者更加小心，而不是減少犯罪。

參、隔離

就如同嚇阻一樣，隔離也是一種刑事司法達到預防未來犯罪目的之方式，但它並非藉由使其害怕的方式來達到預防未來犯罪的目的。隔離的懲罰係藉剝奪特定犯罪者的犯罪機會來預防犯罪，讓犯罪者坐牢，就是確保他沒有機會在社會中再犯罪。而最有效的隔離懲罰可能是死刑，因為唯有死人是絕對不會犯罪的。而將隔離作為刑法上對犯罪人懲罰之目的，其最大缺點就

是很難預測誰將來可能會犯罪，以及實施隔離需要非常高的成本（許春金主編，2022）。

肆、矯治

矯治是刑事司法另一種針對未來可能之犯罪的作為，矯治是將犯罪者視為一個個體，標的是針對個體，目標是盡量去除一個人的犯罪性。矯治了解人們可能為了不同的原因而犯罪，解決犯罪之道是在於改變個體的犯罪傾向，使他們不想犯罪，並能提供許多他種的選擇方案，使得他們避免犯罪（Cullen & Gilbert, 1982）。

就像可以以預測把犯罪者與社會隔離一般，目前行為科學尚未進步到可以讓矯治計畫能夠成功地被實現，理由之一是由於現實上可選擇用來對犯罪者治療處遇的現有計畫非常地有限。一般來說，對犯罪者的團體輔導諮商，是對犯罪者應用最廣泛的方式，因為現實中有太多的犯罪者，而矯治的資源有限，因此輔導大多只能應用於團體，而很少針對個人。

可是團體諮商的效果通常不彰，對於大多數個別的犯罪者而言，無法發揮功效。這樣的諮商輔導對某些人是很好的，但對其他人卻是毫無用處的，而對另外一些人則是會有反效果，所以矯治在整體結果上並無顯著成效，因為負面的效應抵銷了那些有效的治療。故矯治的重要的問題並非在於什麼方式比較有效，而是在於怎樣的方法對什麼人才會有效，就像隔離一般，矯治是可行的，但必須等待有更複雜的矯治設計以及對犯罪者有更精細的處遇，加上需投入充分資源，且和矯治理論充分的配合後，才會展現其有效果（許春金等，2006）。

以上四種達成刑事司法目的之方式——報應、嚇阻、隔離及矯治，是目前廣泛被刑事司法界及其人員所接受的認知。在實務上，刑事司法體系的運作是建立在多重目的之上，例如宣判法官為達到「嚇阻」的目的而對被告重懲是很尋常的事；而在矯治中心則會設法「治療」犯罪者的問題，並且「矯治」之。法官亦會因為擔心犯罪者會再犯罪而把他「隔離」，拒絕予以緩刑，而罪刑均衡原則本身，就是「公正應報」觀念的體現。

第三章　犯罪學古典學派犯罪預防策略

　　科學的基本目的是在對現象進行「描述」、「解釋」、「預測」及「控制」。「描述」是要客觀呈現現象的真實面貌，唯有對現象進行非常細緻的「描述」，後續才能做出正確的解釋；對犯罪現象的研究而言，「描述」就是要正確呈現犯罪行為的類型、數量及分布等犯罪的真實現象。

　　對現象有了真確描述之後，就可以透過「解釋」將問題發生的前因後果做清楚的分析，探求現象產生的原因，以及可能的後果；就犯罪學而言，各個理論就都是企圖能夠嚴謹的解釋犯罪原因。透過科學的「解釋」這一階段，也可以知道現象可能產生的後果，因此可以依據現有的資料，去推估將來發生問題的可能性，在犯罪研究的層面，這就是進行犯罪現象的「預測」。

　　科學的第四個基本目的就是「控制」，「控制」是對某一些影響現象的因素進行操弄，讓可以影響現象的因素出現或消失，以產生預期的結果。「控制」是研究目的之實踐，就犯罪研究而言，透過法律規範的修訂以控制犯罪現象，稱為刑事政策；透過研擬、規劃警政相關作為以控制犯罪現象，稱為警政策略。而最好的犯罪控制策略就是犯罪預防，處理於機先，防範於未然，在有徵兆出現的時候就加以處理，盡量讓犯罪不會發生。

　　當代的警政策略都非常重視如何預防犯罪的發生，所以犯罪預防是各個當代警政策略中的重要面向，可以說各個警政策略所採用的警政作為，都是為了達到預防犯罪發生的目的。由犯罪學中當代主流的現代新古典學派所導出之各種犯罪預防策略，都是當代各種警政策略在規劃警政作為時，非常重要的參考基礎。

　　現代新古典學派是當前犯罪學的主流思潮，其核心概念大都是由最早期在 18 世紀出現的古典學派延伸而來；而犯罪學古典學派的思想在歐洲被廣為接受之後，為了排除法律執行的障礙，便將其人性假設的自由意志人性觀略微做了修正，並加入了責任能力的概念，形成了新古典學派。自 18 世紀實施迄今，新古典學派一直是世界上自由民主社會刑事司法體系的主要模型（許春金，2017）。

　　雖然在 19 世紀由 Lombroso（Cesare Lombroso, 1835-1909）領軍的實證

學派興起，犯罪學者開始傾向以科學方法探尋犯罪的原因，強調人的行為是受到生理、心理、社會等外在因素所決定，認為每個犯罪的原因都是不同的，有其各別差別，重視各別化的犯罪處遇，並強調可以透過教化及矯正、治療等方式去除犯罪成因。認為古典學派的相關思想已經過時、落伍，是過度保守的思想。

但到了 20 世紀，研究卻發現實證學派的做法並無法找到真正的犯罪原因，而有些被認為是影響犯罪重要因素的社會階層、族群、年齡、性別等因素，卻又無法加以改變。而實證學派以教化、矯治處理犯罪的方式，也被認為是教化無功，矯治無效，採用實證學派的理念進行犯罪控制，社會上的犯罪問題卻越來越嚴重。

到了 1970 年代以後，許多犯罪學者又開始回顧、檢視古典學派的理念，認同古典學派的處理方式合乎公正應報的正義概念，也確實可以嚇阻犯罪的發生；因此犯罪學再度以古典學派掛帥，將古典學派人性假設的完全理性及趨樂避苦等人性觀，加以修正及精緻化，並加入了理性選擇及日常活動理論，新瓶裝舊酒，形塑了現代新古典學派。

第一節　古典學派

犯罪學的現代新古典學派是由古典學派延伸而來，其核心的人性觀、犯罪觀及抗制對策，都繼受自古典學派的理念，故論及現代新古典學派，必須先深入了解其源頭的古典學派。犯罪學古典學派的思想萌發於 18 世紀，由 Beccaria（Lesare Beccaria, 1738-1794）及 Benthem（Jeremy Benthem, 1748-1832）之思想所代表。

Beccaria 和 Bentham 在當時歐洲社會的變遷、演進之下，配合了時代的思潮、社會的需求，將犯罪、刑罰及司法相關的思想，予以有系統的整理，並在當時澎湃發展之啟蒙運動的衝擊下，迸發了犯罪學古典學派的思想體系。他們強調自由意志、道義責任論及對人權的重視，要求刑事司法的理性化及人道化，力倡罪刑法定及罪刑均衡的思想，並建議改革不合理的刑罰制度（許春金，2017）。

一、貝加利亞

　　Beccaria 於 1764 年出版《犯罪與刑罰》[1]（*Tratta to dei delitti e delle pene*），全書由 42 個簡短章節所構成，內容針對當時統治者及審判官濫用權力，檢察官及法官權力太大，常有拷問口供，使用酷刑的情形提出批判。他基於人道主義的立場，反對當時刑事司法的專斷，主張對刑罰及司法制度加以改革，認為法律及刑罰均須基於理性及人權。

　　《犯罪與刑罰》是第一本有系統地探討犯罪與刑罰的著作，雖然其中許多概念並非 Beccaria 的創見，但他還是代表了刑罰思潮的一個重大進展。其對刑法的人道化改革貢獻甚大，也促使歐洲各國逐漸由「人治」改為「法治」，不但是一部導致司法制度革新的著作，更被譽為刑法學的聖經。

　　在國家權力的來源及法律的概念方面，Beccaria 接受 Rousseau 的社會契約說，認為人們為了避免紛爭及不安全感，犧牲部分的自由交給國家，以保障自己其他的自由，使自己享有自在活動的安全，所有個人交出之自由的總和就形成國家的權力。法律是社會契約的具體呈現，人民應當遵守，若有人違犯，國家有權依社會契約予以處罰（許春金，2017）。

　　Beccaria 並由功利主義的觀點出發，認為法律之創立和執行應是追求最大多數人的最大幸福為原則，並認為法律應是明確而不可改變的，也許立法時應仁慈寬厚，但在執行法律時，仁慈則非必要。故 Beccaria 主張人民的行為只要不在法律禁止之列，每個人都應有做自己喜歡之事的自由（Jones, 1986）。

　　對於「犯罪」的概念，Beccaria 宣稱，犯罪之認定應認以其對社會所造成的傷害為衡量標準，而非犯罪人的心理傾向意圖，亦不可以犯罪人或被害人的階級、地位及宗教為判定的標準，否則對每一市民都要各為他訂定一套法律了（謝瑞智，1996）。

　　Beccaria 將犯罪區分為三個等級：1.對國家或元首造成影響的行為；2.對各別公民的生命、財產或名譽造成傷害的行為；3.對所有人民在維護公共福利時所應盡的義務有所違背的行為。此外，Beccaria 亦將重大犯罪（delitti）

---

1 《犯罪與刑罰》是 Beccaria 在所參加的讀書會中，與熟悉刑法的朋友討論，花了十個多月的時間，將討論心得彙集成書，所以《犯罪與刑罰》可以說是一本集體創作。

與輕微違法（delitti politici）加以區分，強調前者傾向於破壞整體社會的利益，而後者只是對社會的某一部分造成輕微傷害而已（Jones, 1986）。

Beccaria 也非常重視犯罪預防的工作，在他著作中提到，預防犯罪比懲罰犯罪來得適切，認為在已發生的犯罪之中，有許多是可以預防其發生的，認為預防犯罪的最佳方式是結合整個社會的力量，共同避免犯罪的發生，並對民眾值得獎勵的美德予以獎賞（Jones, 1986）。

Beccaria 重視刑事司法的改革，針對當時法律及刑法的不公平予以抨擊，可說是促使歐陸國家廢止刑訊的重要人物，他所提出的「罪刑法定原則」、「罪刑均衡論」、「公開審訊」、「刑止一身」、「平等原則」等觀念，都成為刑法遵循的原則，故被譽為近代刑法學的鼻祖，而他對犯罪及刑罰的探討，成為犯罪學古典學派的肇始，也開拓了犯罪學研究的領域。

貳、邊沁

Bentham 在 13 歲就進入牛津大學學習法律，16 歲自大學畢業，曾任律師；但鑑於當時法律及刑罰的殘忍、混亂、不公平，而矢志改革英國包括政治、立法、司法、教育、宗教等在內的各種制度。因此 Bentham 終生持續在從事寫作和政治、法律等之改革工作，鼓吹功利主義的法律、政治思想；他企圖發展一套科學性的法哲學體系，並於 1789 年發表了《道德與立法原理》（*An Introduction to the Principles of Morals and Legislation*）的重要著作，也因此開始聞名於世。

功利主義是 19 世紀風行於英國的一種哲學思想，也是 Bentham 之法律、政治、犯罪等相關思想的出發點及內容核心。他認為就如宇宙的運作有一定的規律一樣，人類行為也有其規律性，如果探討明瞭了這個規律，人生就能得到完善，而這規律就是「趨樂避苦」（張宏生、谷春德，1993）。他說：「造物主將人類置於『苦』與『樂』兩大感受的主宰之下，此兩者控制了我們所有的思想與行為。」（Jones, 1986）。

Bentham 認為所謂的功利，就是避免痛苦而趨向快樂，而所謂的善與惡應當根據行為本身所引起的苦與樂之大小程度來衡量，並認為功利也是衡量人們行為好壞的一種尺度。而衡量各種制度良莠的標準，就是功利的「為最大多數人謀最大量幸福」，他主張整體社會的利益，是組成社會之各個成員

之利益的總和（范建得等譯，1996）。

　　Bentham 認為苦和樂的大小可依據功利的邏輯計算出來，他依此原則而創造了所謂的「道德微積分」（moral calculus），依據苦與樂的強弱度、持續性、程度列出等級表，用以計算人們從事特定行為的可能性（許春金，2017）。Bentham 計算後的結果，認為人們應當追求最持久、最迫切，而且又是最廣泛和最純粹的快樂。他又主張，「為最大多數人謀求最大量幸福」的方法有二，一是立法；一是靠獎勵和刑罰（張宏生、谷春德，1993）。

　　Bentham 主張立法的根本目的，在於以各種方式遏止犯罪，以謀求「最大多數人的最大量幸福」，用賞罰的方法，透過對那些破壞社會或個人利益者的懲罰，來增進人類的幸福，創法時要利用「道德微積分」計算苦與樂的程度，以作為立法時的參考原則。

　　對於犯罪的概念方面，Bentham 認為所謂犯罪就是危害社會利益，社會決定應受處罰的行為；他承接並發展 Beccaria 之刑法學，認為刑法的內容就是規定何者為犯罪及對犯罪要如何進行懲罰。犯罪的客體是法律所保護的社會關係，可能是一個人（包括犯罪人本人）或多數人，他依所侵害的客體把犯罪分成五類：私罪、公罪、半公罪、單純目的和行為、混合型犯罪，此種分類雖甚含混，但可看出 Bentham 試圖以此為基礎，來建立犯罪分類學（張宏生、谷春德，1993）。

　　Bentham 對犯罪行為之預防及懲罰也花了許多精神研究，曾著有《獎懲論》（*Théorie des peines et des récompenses*, 1811）、《獎勵原理》（*The Rationale of Reward*, 1825）、《懲罰原理》（*The Rationale of Punishment*, 1830）等書，認為刑罰具有一般預防及特別預防的效果，並基於功利觀點，主張只有在人類行為對社會產生實際不利的影響時，才應加以懲罰。懲罰是一種惡，因為是惡，除非能預防更大的危害，否則就不應使用懲罰（張平吾，1984）。

　　除了探討法律的規定及刑罰的作用之外，Bentham 也從警政及監所矯治層面探討犯罪預防之道。Bentham 於 1795 年至 1800 年間與 Patrick Colquhoum 聯手修改倫敦都會警政制度的方案，並在他 1822 年至 1830 年撰寫的著作《憲法法典》（*Constitutional Code*, 1830）中，強調需要設立直接由中央政府掌控的犯罪防治之警力。依據 Bentham 的理念，警政事務包括了八種功能（Jones, 1986）：

（一）犯罪防治。

（二）預防災難事件。

（三）防範地區性疾病。

（四）協助公益事業。

（五）促進內部溝通。

（六）監督公眾娛樂。

（七）蒐集情報與資料。

（八）蒐集並保存人口普查資料。

　　此外，Bentham 還建議設立保險基金，以用來贊助警方執勤，並在無法破案時補償被害者。

　　在犯罪的預防方面，Bentham 也提出了一些建議，他建議每個人都應該使用全名，每個人在所有的正式文件上都應註明全名及出生日期和出生地；他更提倡仿效英國水手之習慣，在每個人的手腕上刻上自己全名的刺青。而 Bentham 認為最能減少犯罪的方法，是能善用榮譽、文化、宗教和教育指導等力量來預防犯罪（Jones, 1986）。

第二節　古典學派的主要思想

　　由 Beccaria 和 Bentham 所代表的犯罪學古典學派，汲取了前人有關哲學、法律、政治等智慮的精華，結合歷代思潮的變遷，在 18 世紀強調改革的環境下誕生。古典學派的理論觀點，是由強調人性關懷的人道主義出發，探討法律、刑罰及犯罪的問題，其對犯罪的定義，重視由法律的觀點來認定，強調對犯罪行為的反應，而不重視犯罪原因的探討。

　　對人性的基本假設，古典學派則是由理性主義的觀點出發，認為人是理性的主體，能判斷是非對錯，應為自己行為負責，此外，再結合功利主義之「趨樂避苦」的看法，強調人有追求快樂、逃避痛苦的自然傾向。其將理性主義和功利主義結合，主張人有自由意志，會衡量事情的對、錯、樂、苦，從事犯罪行為是因為覺得犯罪划得來，所以犯罪人應對其行為負道義責任。

　　綜合古典學派的思想，其強調的論點，除了人性的基本假設之外，亦主張從法律及刑罰的改革來處理犯罪的問題，其關心的焦點，可大致分為下列

幾方面（許春金，2017）：

一、立法的原則

（一）國家之權力源於社會契約的約定，所以法律的規定不得超出契約約定的範圍，國家為保障社會穩定與安全，有權處罰違反法律的人。

（二）法律是用來保護社會及個人之權利，其重要的目的是要預防犯罪的發生，以減少傷害社會或個人的行為。

（三）罪刑法定原則，法律對於罪名及其刑罰的輕重，應予以明確規定，每一犯罪均有其固定的刑罰，並依據規定罪名量刑，以求減少司法的差異性。

（四）法律之前，人人平等，不論其身分、背景、地位如何，一旦犯罪，都應依據法律接受懲罰。本項結合前項原則，成為法治精神之基礎。

（五）罪刑均衡原則，刑罰的輕重，應與對社會所造成的損害大小成比例，以客觀惡害的輕重為裁量之標準，犯罪與懲罰間之關係應公平而平衡，方足以防止嚴刑峻罰之苛虐，並合乎正義的要求。

二、司法的程序

（一）主張公開審判，反對祕密審判，建議採用陪審團制度，並建立證據制度。

（二）禁止刑訊，認為刑訊是「人類所發明的制度中最為惡毒者」，它往往使弱小的無辜者受無妄之災，而能承受酷刑的犯罪人則可逍遙法律之外。

（三）法官只能決定有無罪，刑罰之輕重由法律規定，以防止法官對刑罰之恣意濫用權力。

三、處罰的原則

（一）犯罪係破壞了社會契約，故應接受懲罰，國家有權對犯罪人施予刑罰，刑罰的存在對社會有其必要性。

（二）懲罰的程度，應以能達到預防犯罪之效果及維持社會正義的原則為前提。

（三）懲罰的確定性及速迅性是產生嚇阻的主要因素，而非只有懲罰的

嚴厲性；犯罪後越快予以懲罰，則此懲罰越公正且有效。

（四）廢止殘酷不人道的刑罰，認為過於殘酷、嚴厲的刑罰是沒有必要的，「嚴厲的懲罰本身反而會使人們勇於從事其所欲預防之嚴重犯罪行為」。

（五）鼓勵實施自由刑，反對死刑及流放刑，認為社會契約中，並沒有訂定放棄生命權利的契約，而且強調死刑的執行也不具嚇阻力。

（六）刑罰其本質具有一般預防及特殊預防的功能。刑罰的主要功能是預防犯罪，而非報復，已經強調「預防勝於治療」的概念。

（七）刑止一身，以防止國家刑罰權的過度擴張，誅連到無罪的人民。

四、犯罪預防

（一）因為犯罪是自由意志選擇的結果，所以要預防犯罪，要從提高犯罪行為的成本，並減少犯罪所獲的利益著手，故在執行方面要依懲罰的原則，設計一套刑事司法的體系，以使犯罪的發生降至最少。

（二）法律應明文規定，並使人民了解及接受，以免民眾不知法律而犯罪；此外，建立公平、公正且令人民信賴的司法體系，是預防犯罪的最佳手段。

（三）預防犯罪要重視教育，以教育提高人們道德水準，使民眾能為社會整體之利益而努力。

犯罪學古典學派，可說是一種法律犯罪學，其關心的焦點集中在立法的原則、司法的程序、處罰的原則及犯罪的預防等方面；對古典學派而言，違反法律規定，對社會遭成損害的行為就是犯罪。其探討的重心是，對違法行為應如何反應，才能符合正義的理念，且最能達到嚇阻及預防犯罪的功能；思考如何處理犯罪，最能夠使大多數的人得到最大的利益。

第三節　古典學派與實證學派

為了彰顯古典學派的理論內涵及特色，本節將犯罪學理論的古典學派及實證學派兩大學派群，分由兩者的人性觀、犯罪觀及抗制對策等層面加以比較分析；並藉由兩者間差異性之比較，呈現古典學派及實證學派在理念上的

差異。

壹、古典學派

一、人性觀

　　古典學派是在 17 世紀末和 18 世紀初發展萌生的，當時處於啟蒙運動年代，啟蒙運動強調理性，認為人的理性是無所不在和無所不能。因此其人性觀首先強調的是人是理性的個體，人比其他動物更有智慧，可以透過理性權衡事物的利弊得失。而人類行為的出發點是在於「趨樂避苦」，亦即追求快樂，逃避痛苦。

　　所以人決定是否要做任何的事情，可以用「自由意志」四個字為代表，因此古典學派強調人是自由意志的，可以決定想做或是不做的任何事情，而讓其做出決定的出發點是「趨樂避苦」，首先考慮對於自己是有利或是不利。而是否有利的判斷，是建立在理性的基礎上。

二、犯罪觀

　　在人是自由意志的狀況之下，犯罪的利益比付出的成本多，人就可能會犯罪；亦即犯罪所帶來的快樂或利益，大於犯罪所帶來的損失或痛苦可能會導致犯罪。簡言之，就是犯罪划得來。

三、抗制對策

　　只要犯罪利益大於犯罪損失，人就可能會犯罪，因此只要讓犯罪帶來的的痛苦大於犯罪獲得的快樂，應該就可以預防犯罪；也就是，讓犯罪變成划不來。

　　所以，古典理論主張透過懲罰的方式，以人為的增加犯罪代價，讓犯罪變得划不來，但是古典理論強調必須建立在罪刑均衡原則的前提下給予懲罰，並且認為懲罰的迅速、嚴厲、確實（快、狠、準）是讓懲罰產生效果的三個重要因素。

貳、實證學派

實證學派有兩個特色：應用科學方法和決定論的犯罪原因論。

一、人性觀

相對於古典學派的自由意志，實證學派強調決定論，認為人的行為，是被自由意志以外的其他因素所決定的，因為自由意志並無法用科學方法加以研究證實，所以實證學派強調其他因素（因為可以被研究發現）影響了一個人是否會犯罪。

二、犯罪觀

認為人是因為受到生理、心理、社會、政治、文化、地理、環境等自由意志以外之因素的影響，導致犯罪。

三、抗制對策

以科學方法找出犯罪的原因，並利用教化、矯正、治療的方式，將導致犯罪的因素去除。如果是生、心理因素就加以治療，是社會的因素就要進行教化、矯正，所以就是透過矯治來去除導致犯罪的因素。

表 3-1　古典學派與實證學派之人性觀、犯罪觀、抗制對策

	古典學派	實證學派
人性觀	人是理性、有智慧、趨樂避苦擁有自由意志（free will）的	決定論（被……所決定）被自由意志以外的其他因素所決定
犯罪觀	犯罪利益＞犯罪損失	因為生理、心理、社會等因素導致
抗制對策	處罰：使犯罪划不來讓犯罪損失＞犯罪利益快（迅速）、狠（嚴厲）、準（確實）	「矯」正「治」療：以科學方法找出犯罪原因，利用教化、矯正、治療的方式，將導致犯罪的因素去除。

以下茲將古典學派及實證學派在歷史背景、學科屬性、研究重心、犯罪原因、刑事責任、刑罰目的、刑罰依據、關注重點、自由刑期、抗制對策等十個面向的差異，以表列方式加以呈現（表 3-2）。

表 3-2 古典學派與實證學派之比較

	古典學派	實證學派
歷史背景	啟蒙運動	科學昌明
學科屬性	法律犯罪學	科學犯罪學
研究重心	犯罪行為	犯罪人
犯罪原因	自由意志	決定論
責任歸屬	內在道義責任	外在社會責任
刑罰目的	公正應報	矯正治療
刑罰依據	客觀損害（惡害）	主觀惡性
關注重點	回顧以往（所造的惡害）	前瞻未來（未來危險性）
自由刑期	定期刑	不定期刑
抗制對策	懲罰	矯治

資料來源：整理、補充自許春金（2017），犯罪學，台北：三民書局，頁 240-241。

第四節 古典學派之犯罪預防策略

壹、一般嚇阻

古典學派的人性觀，認為人是理性的、趨樂避苦的、是自由意志的，認為人性會追求快樂、逃避痛苦，所以只要對自己有利，利益超過損失的行為，人就可能會去做。在這種狀況下，人們就很可能為了自己的利益而侵犯別人的權利，形成弱肉強食的叢林法則社會。

由於人們行為的出發點，除了追求利益之外，也是要避免痛苦或損失的，所以為了預防人們做出侵犯別人權益的犯罪行為，國家就利用公權力對犯罪行為給予超過其所可能獲得之利益的損失，讓人們的犯罪行為在成本效益的評估上是划不來的，這也就是加予犯罪行為刑罰懲罰的痛苦。

人們想利用犯罪行為獲得想要的利益，但卻也會因為犯罪行為可能帶來懲罰的後果，而放棄從事犯罪行為，這就是刑罰的嚇阻效果。利用刑罰對人們產生一種心理強制，讓人們雖然有從事犯罪行為以獲得利益的慾望，但卻

因為刑罰會導致的痛苦而不敢從事犯罪行為。

　　嚇阻實際上也是一種「恐懼」，想要犯罪之人會因為害怕受到懲罰，而形成一個「人們因為害怕被懲罰，而知法守法」的效果。古典學派強調利用刑罰的嚇阻作用所產生的心理強制效應，可以預防人們犯罪，認為嚇阻是刑罰的最主要作用（許春金，2017）。

　　以嚇阻作為刑罰的目的，是基於「使犯罪人所受到懲罰的痛苦，超過因犯罪所獲得的利益，因而讓想要犯罪的人不敢犯罪」的觀點。嚇阻又可以分為兩種：一般嚇阻與特別嚇阻，一般嚇阻之標的為一般社會大眾，目的在對一般大眾產生嚇阻的效果；特別嚇阻之標的則為各別或特定的犯罪人，目的在對特定犯罪人產生嚇阻的效果。

　　一般嚇阻是指透過法律明定犯罪行為及其法律效果，並將法律的規定公告周知，再經由刑事司法機構的宣判、執行與處罰，使社會大眾意識到犯罪會帶來痛苦的刑罰後果，對社會大眾形成一種心理強制，因而不敢輕易犯罪，藉此而達到預防犯罪的目的。

　　一般嚇阻主義假設一般人都有可能犯罪，故應透過罪刑法定原則，讓大眾產生心理強制效果而不敢犯罪，所以主張刑事司法體系的目的在於「藉由對違法者的懲罰而對潛在的犯罪人產生嚇阻作用」，國家一方面可藉由對違法者的懲罰使嚇阻作用發揮，另一方面可使社會大眾因為該懲罰而感到正義得到伸張。

　　對想要犯罪的人而言，懲罰有一種心理強制的作用，讓人們在著手犯罪之前，先衡量犯罪的利益與帶來的痛苦，因而不敢犯罪。一般嚇阻理論主張，法律和刑事司法體系的目的是要創造一個「嚇阻體系」，明確表示何為犯罪及犯罪會受到何種懲罰，使其感受到犯罪不值得。

　　以一般嚇阻作為犯罪預防的廣泛外圍，顯然發揮了相當大的效用；就古典學派的人性觀而言，每個人都可能會有為了自己的利益而有想犯罪的動機，但多數都沒有行動，顯然都是被一般嚇阻的嚴厲性及痛苦性嚇阻了，故一般嚇阻在犯罪預防層面，發揮了相當大的作用。

　　如果所有人都是完全理性的，在一般嚇阻的狀況下，經過利弊得失的權衡後，應該沒有人會選擇犯罪，但是社會上仍有相當數量的人會犯罪，究其原因是非所有人在任何時候都是完全理性的，許多犯罪人常是喪失理智、人格缺陷、受酒精藥物影響之人，在犯罪的當下可能是奮不顧身或自暴自棄

的，此與一般嚇阻之「犯罪人係理性的衡量犯罪的利益與成本」前提不相符合（許春金，2017）。

其次，嚇阻是否能發揮其功能，一部分要視懲罰是不是足夠嚴格。刑罰的嚇阻作用，是要讓犯罪的損失超過犯罪所得的利益，讓犯罪人覺得划不來而不犯罪，但犯罪人多半屬社會上之低下階層之人，以中上階層的標準所訂定的刑罰，對社會上低下階層者而言，並無太大損失，也因此大大地降低了刑罰的「嚇阻性」。

懲罰要發揮嚇阻效用，基本上應具備迅速（快）、嚴厲（狠）、確實（準）三要素，不但懲罰的嚴厲性要超過犯罪所得的利益，懲罰更要能夠確定及迅速的被執行，故其確實性亦要高到讓犯罪人會審慎考量其行為後果，所以破案和處罰時效的快慢亦很重要。假如偷竊的懲罰是坐十年牢，但接受法律制裁的機率是僅百萬分之一，或者要到十幾年後才被破案、判刑，則懲罰的嚇阻功能即無從發揮。

對一個理性的犯罪人而言，懲罰之不確定性會讓嚇阻效果難以發揮功效，犯罪人會衡量可能被逮的機率，然後在犯罪前採取更為謹慎之步驟以避免被偵查，如此一來，嚇阻只會使行為者更加小心，而不是減少犯罪。故懲罰的機率越低，處理的時間拖得越長，懲罰就越無法發揮其嚇阻作用。

在刑事司法的實務運作中，「確定性」和「迅速性」卻也往往無法實踐，因為實際上犯罪往往不一定都會被發現或被逮捕，被逮捕了也可能因罪證不足而釋放，加上刑事司法程序也往往相當冗長，判刑後又可能因獄中表現良好而獲得假釋，故一般嚇阻也因此無法產生鎮懾犯罪的嚇阻性了（許春金，2017）。

此外，懲罰要能夠有效嚇阻可能的犯罪人，犯罪的代價必須遠超過犯罪所產生之快樂，所以懲罰必須是夠嚴格，「刑法必須足夠嚴厲，才能產生嚇阻犯罪的效果」此一觀點，往往導致執政者採用「治亂世用重典」的方式來處理犯罪問題，形成暴虐的刑事政策，並違反了罪刑均衡的原則（林山田、林東茂、林燦璋、賴擁連，2020）。

嚇阻理論的基本假設是：人類係一種依循「趨樂避苦」原則的理性動物，也就是說，人們會做自己喜歡的事物，而且會避免傷害自己的事情，亦即我們人類會評估自身行為所產生的可能後果，然後依據這些評估來行事。作為一理性動物，我們會避免「壞」行為，例如犯罪，因為它們會讓我們遭

受不愉快的結果（懲罰）。然而，理性是很難在實際生活中得到驗證，尤其是許多現實生活之朋友和家庭間的暴力罪犯，往往是感情的因素多於理性的。

貳、特別嚇阻

一般嚇阻雖然鎮懾了大部分的民眾，令他們不敢犯罪，但卻無法完全遏止所有的犯罪，加上犯過罪的人，是將會持續再犯罪的高危險群。故古典學派傳統上的另一個主要犯罪預防策略，是除了迅速、嚴厲、確實的處理犯罪之外，針對犯了罪的人，要透過刑罰的嚴厲性，嚇阻他們以後不敢再犯罪。

特別嚇阻策略意指對犯罪人的懲罰會讓犯罪人感到害怕，進而影響其將來從事犯罪行為的決意。其標的為每個各別的犯罪人，它是針對犯罪人個人所產生的嚇阻作用。主張國家透過對犯罪人的懲罰，使其感受到犯罪的痛苦後果，目的在使其懼怕，產生不敢再犯罪的嚇阻效果，藉此達到預防犯罪的目的。

特別嚇阻預期認為，如果刑罰讓犯罪人遭受到了足夠的痛苦，則犯罪人就不敢再次犯罪。因為就邏輯推論而言，當犯罪人從監獄被釋放出來後，在再次犯罪前，就會考慮再三，害怕如果再犯罪而被抓到，又要嘗到懲罰的痛苦。透過特別嚇阻的心理強制作用，便可以達到預防犯罪人未來再犯罪的目的。

就特別嚇阻的觀點，這是刑事司法系統中刑罰所附帶的一種效應，此一附帶的刑罰功能，旨在使犯罪人未來不敢再犯罪，強調特別嚇阻是向犯罪人傳達威脅的信息，告知如果他們繼續犯下其他罪行，將會受到更加嚴厲的處罰，以說服他們不再犯罪。

特別嚇阻的目的就是讓犯罪人以後不再犯罪，而一種讓犯罪人不再犯罪的極端方式，就是將犯罪人與社會隔離，讓他們沒有機會再犯罪。尤其對那些無法透過嚇阻而使他們不敢犯罪的人，有必要將他們與社會隔離，以達到防衛社會的目的。

將犯罪人與社會隔離的觀點，在犯罪預防策略的實踐上，就是長期監禁的刑事政策；尤其研究發現，有一小部分的犯罪人，但是他們卻犯了相當大比例的重罪，刑罰對這些核心犯罪人（或稱慢性犯罪人）無法產生嚇阻的作

用，教化、矯治對他們也沒有功效。刑事司法體系能做的，就是將他們與社會隔離，讓他們沒有犯罪的機會。有關長期監禁的犯罪預防策略，本書將在下一章做較深入、詳細的介紹。

參、增加社會控制

在古典學派的人是理性、趨樂避苦、自由意識之人性假設之下，只要對自己有利，每個人都有犯罪的可能，既然每個人都可能會犯罪，所以古典學派認為不必解釋人為什麼會犯罪，需要探究的是人為什麼不犯罪。傳統上古典學派是利用法律規範及其懲罰的嚴屬性等正式社會控制力量，約束人們的犯罪傾向。

後來學者在古典學派人性觀的基礎下，導出人們之所以不會犯罪，是因為被一些力量控制住了的觀點，這一些約束人們不去犯罪的控制力量，除了刑法等正式社會控制之外，還有受到感情、道德、時間、物質等因素影響的非正式社會控制，以及在社會化過程中形塑而成的自我控制。

犯罪學家 Hirschi（Travis Hirshi, 1935-2017）就在古典學派對人性假設的前提下，強調人性本為非道德（amoral）或自利功利的動物，都有犯罪的自然傾向（人都會犯罪），故犯罪不需要解釋，而「不犯罪或守法的行為」才需要解釋的概念；提出以社會鍵（social bond）為核心的社會控制理論（social control theory）（許春金，2017）。

Hirschi 的社會控制理論，強調的是非正式社會控制的力量，主張人之所以不會犯罪，是因為受到家庭、學校、朋友、職業、宗教及信仰等外在社會環境力量之教養，陶冶和控制的結果，認為在社會化過程中，若人們與社會建立強而有力的鍵，除非有很強的犯罪動機將鍵打斷，否則他便不會輕易犯罪。

Hirschi 強調社會鍵有四個要素，即附著或依附（attach）、信仰或信念（belief）、抱負（奉獻）（commitment）及參與（involvement）。附著或依附是感情要素，附著或依附的對象有父母、學校、同輩團體等三種，強調對這些社會控制機構感情的附著或依附，是防止犯罪的主要約束力之一。

Hirschi 認為孩子若習慣分享父母的精神生活，他越會向父母徵求意見，對父母的附著或依附就越強。若學生在學校表現良好，有足夠能力去解

決學業困難,越對學習有興趣,就會越喜歡學校,對學校的附著或依附就越強(許春金,2017)。

在同輩團體方面,社會控制理論認為,人們越附著於同輩團體,越不願意失去交往密切的朋友,也越會重視並學習同輩團體之朋友的言行舉止,並比較願意請教朋友對他行為的意見,故對同輩團體朋友的附著或依附就越強,就越不可能從事犯罪行為(許春金,2017)。

信仰或信念是道德要素,社會控制理論強調一個人若是尊重社會的道德規範或法律時,他便不容易陷入違法的危機;若一個人不尊重或不信任政府、法官、警察時,其個人便容易產生道德及價值的無規範狀態,常會鑽法律的漏洞,也就很容易從事犯罪行為(許春金,2017)。

在社會控制理論中,抱負(奉獻)被視為是物質要素,認為一個人若對未來前途有較高之期望(抱負),就會投入相當的時間和精力追求較高的教育和事業,既然投入了大量的心力,則若要從事犯罪行為時,就需考慮到偏差行為可能帶來的不利代價,因此也越不願意冒險從事偏差行為(許春金,2017)。

參與這個社會鍵涉及的是時間要素,社會控制理論鼓勵人們(尤其是學生)要多參與正當的社交及娛樂活動,將時間花在有益身心的事務上面;「邪惡產生於懶人之手」,若一個學生將時間投注在做功課、運動、正當社交娛樂活動,學術活動上,就不會有時間從事犯罪行為了(許春金,2017)。

由古典學派之人性觀延伸而醞釀出的社會控制理論,提出的犯罪預防概念是,強化社會中附著(依附)、信仰(信念)、抱負(奉獻)及參與等等社會鍵的非正式社會控制,就可以減少人們犯罪的可能。當然加強輿論、風俗、習慣,甚至是宗教等非正式社會控制,也是很有效的犯罪預防策略。

肆、培養自我控制

傳統的古典學派,強調與正式控制之刑法的嚇阻性,讓人們不敢犯罪,藉由刑罰嚴屬的痛苦後果,對民眾產生一般嚇阻與特殊嚇阻的效果,是以正式社會控制的手段,達到預防犯罪的目的。Hirschi 的社會控制理論,則是將犯罪預防的層面,擴充到非正式社會控制,建議強化社會鍵等非正式

控制，認為藉此也可以讓人們有不願意犯罪的動機。

在社會控制的約束之下，大部分的民眾都會打消犯罪的念頭，但有許多民眾在沒有社會控制的情況下，仍然不會以犯罪為手段作為達到目的之工具，甚至會做出犧牲自己而有利於社會的行為，一般化犯罪理論對此提出了解釋，認為這是民眾建立了高度自我控制的表現。

Hirschi 及 Gottfredson 的一般化犯罪理論（a general theory of crime）同樣在古典學派人性觀的基礎下，認為人們之所以不會犯罪，是被一些力量控制住了，除了外在的社會控制之外，內在的自我控制也是讓人們不想從事犯罪行為的重要因素。

Hirschi 及 Gottfredson 將犯罪和犯罪傾向加以區分，強調犯罪是一個事件，是一個有犯罪傾向的人，在適當的機會及有適合的標的物的情況下，所發生的事件；有犯罪傾向的人，若沒有與適當的機會及適合的標的物在時空上聚合，犯罪就不會發生。

所謂的犯罪傾向就是「低自我控制」（low self-control），「低自我控制」在行為層面就會出現八大特徵：1.「現在」和「此地」取向（立即快樂性）而無視於行為未來後果；2. 行動缺乏「堅毅」、「勤奮」、「執著」；3. 追求非犯行的立即快樂，如賭博、酗酒；4. 好冒險、好動及力量取向，犯行提供刺激和興奮；5. 缺乏技術和遠見；6. 自我中心，對他人意見具漠視性；7. 挫折容忍度低，以力量而非協調溝通解決問題；8. 缺乏穩定婚姻、工作、友誼（許春金，2017）。

「低自我控制」在心理層面也會呈現出六大面向：衝動性、冒險性、短視性、力量性、漠視性、非言語協調性，具有這些心理特質及行為特徵的人，若遇到適當的機會及適合的標的物在時空上聚合，犯罪就會發生（許春金，2017）。

一般化犯罪理論強調，「低自我控制」是個體社會化過程失敗的結果，是由於家庭中父母的教育方式不佳，或者是家庭、學校及社會教育的方式不一致，缺乏正確的教養訓練，沒有將外在的社會規範內化所導致。

一般化犯罪理論認為，自我控制的高低在生命早期就已定型，在大約10 到 12 歲的童年時期就會呈現出特定的心理特質及行為特徵，所以幼兒時期的社會化過程非常重要，要注重家庭親子關係與早期教育。父母必須關懷子女，也要監督、管教子女，對其偏差行為有辨識能力，並施以懲罰及矯

正，另外，除早期的家庭教養之外，鄰里環境、童年玩伴及學校等社會化機構，對自我控制的形塑，也扮演非常重要的角色。

就一般化犯罪理論中自我控制的觀點，犯罪預防必須前置到幼兒時期，而且從父母、家庭、鄰里、友伴團體到學校等的社會化過程，都要予以關注，以培養個體良好的自我控制能力，是一種強調從治本著手的犯罪預防策略。

綜言之，古典學派的犯罪預防策略，包括善用正式社會控制及非正式社會控制，以及培養民眾良好的自我控制，首先是利用法律及刑罰嚴厲性的嚇阻作用，透過一般嚇阻及特別嚇阻，讓民眾產生心理強制而不敢或不再犯罪，是採取正式社會控制取向的犯罪預防策略。

其次是強化附著（依附）、信仰（信念）、抱負（奉獻）及參與等社會鍵，以及加強輿論、風俗、習慣等非正式社會控制取向的犯罪預防策略；最後則是在利用社會控制的治標性預防策略之外，關注自個體幼兒時期起，從父母、家庭、鄰里、友伴團體到學校等社會化過程，以培養民眾的良好自我控制能力，是採用治本取向的犯罪預防策略。

第四章　新古典學派及現代新古典學派犯罪預防策略

第一節　新古典學派

17 到 18 世紀時，古典學派的思想在當時歐洲大為風行，但是當要落實到法律層面時，卻遇到了一些問題，例如：是不是人人都有自由意志？精神疾病的患者有沒有自由意志的存在？受脅迫之人，算不算有自由意志？為了解決這些問題，慢慢就形塑出了新古典學派。

新古典學派是針對古典學派的缺失而產生，其與古典學派最大的差別，是修正自由意志的人性觀，並加入了責任能力的概念。新古典學派的理念，首先被法國所採用，法國在法國大革命後，於 1810 年及 1819 年刑法大法典修正時，就賦予法官有更大的權力，可以考量犯罪人的主觀因素量刑，允許法官擁有部分的自由裁量權，由於在法國實施的成效不錯，爾後就逐漸推廣到英、美、俄和歐洲其他各國。

另外，從 19 世紀開始，許多歐美國家陸續在刑法中新增了一些無責任能力及部分責任能力的規定，例如規定心神喪失犯罪人不予追訴、懲罰；12 歲以下兒童之違法行為不視為犯罪等，認為兒童辨別是非的心智能力不足，故認定為無責任能力。

綜言之，犯罪學新古典學派延續古典學派的基本主張，認為人是理性的動物，有自由意志，應對其本身行為負責，犯罪行為應受刑罰的約束；由於犯罪會獲得利益，故應該受到相對應之刑罰的懲處，如此才能促使人們的理性決定不選擇犯罪行為。新古典學派將古典學派的內涵做了如下的修正（許春金，2017）：

（一）對古典罪學派之自由意志的人性觀做了修正，認為人的自由意志可能會受到一些如疾病、心神喪失或其他因素的影響，導致個人沒有完全的自由意志。所以對無行為能力或限制行為能力者，應該免除或減輕其責任能力。

（二）預謀應該要被當成是否有自由意志的一種衡量，所以初犯會比累

犯有更能夠自主的自由意志，故應予以較嚴厲之懲罰，而累犯由於受到之前犯罪行為之影響而可能已養成犯罪的習慣，故較無自由意志可言。

（三）主張對於部分責任能力者，應減輕懲罰。同意在心神喪失、失能、年齡過大或過小，以及其他足以影響個人在犯罪當時認知和動機的情況下，會影響個人自由意志，故應降低其責任能力，減輕其懲罰。

（四）接受以上各種狀況，以及包括氣候、環境或個人心智等情境因素可能影響個人意志的觀點，開始注意不同犯罪人之犯罪原因會存有各別差異。

（五）同意專家到法庭作證，以協助法官釐清犯罪人所應負的責任。檢察官及被告在法庭裡，有可能將所有的相關證據展現在專家面前，讓專家依據其專業知識，判斷犯罪人所應負責任的輕重。

新古典學派幾乎承接了古典學派的所有概念和主張，例如社會契約說、正當法律程序，以及人是理性個體的概念，犯罪的動機會因懲罰的確定性、迅速性和嚴厲性而受到嚇阻。因此，除了修正自由意志，以及責任能力在量刑中成為加重懲罰或減輕的依據外，新古典學派與古典學派在其他方面沒有太大的差別。

新古典學派的內涵考慮到了個人的情境或動機等因素對個體行為的影響，也將之成為量刑加重或減輕的依據，其人性觀可說是現在大部分民主法治社會的刑事司法機構對人類行為所持有的一種主要模型，世界上大多數國家的刑事司法體系，迄今仍然是以新古典學派理論為其架構。

第二節　現代新古典學派

古典學派在將自由意志的人性觀做了修正，並加入了責任能力的概念，轉型成新古典學派之後，被世界各國廣為接受，並依之作為刑事司法體系的模型，在各個民主法治國家的刑事司法機構運作順暢，廣受好評。但到了 19 世紀，在實證學派興起之後，雖然各國的刑事司法體系仍持續依據新古典學派的理念運作，但古典學派在犯罪學領域的影響力日漸沒落。

19 世紀時科學開始昌明，探究各種事物的科學方法日新月異，但這些科學方法都是運用在自然科學的研究上。因此，法國的社會學家——社會學

之父 Comte（Auguste Comte, 1798-1857）提倡將物理科學的研究方法應用到社會科學的研究上，主張以嚴謹的科學方法為根基，探究社會現象的真實本質。

Comte 將利用自然科學的研究方法研究社會科學事物的方式稱為實證，在孔德的實證主義提出之後，再加上 Darwin（Charles Robert Darwin, 1809-1882）出版的《物種原始論》（*On the Origin of Species*, 1859）書中強力反對人乃神造的傳統思想，認為人應該與世間萬物被放置在同等地位而加以探索，導致犯罪學的實證學派開始發展，該學派並主張利用教化、矯治的方式處理犯罪人，而古典學派的內涵則被視為是落伍、保守的觀念。

自 19 世紀末起，實證學派成為犯罪學思潮的主流，學者紛紛運用科學方法研究犯罪的成因，並探討如何運用教化、矯治的方式，控制或者去除導致犯罪的因素。但長久運作下來，卻發現實證學派似乎無法找到真正的犯罪原因，有些找到了影響犯罪的要素（例如社經地位、性別、年齡、族群等），但卻仍然無法解決問題。

而許多評估研究也發現教化、矯治並無法減少犯罪的發生，但高犯罪率、高再犯率，尤其是嚴重犯罪的大量增加，卻是現代社會極大的困擾。故自 1970 年代開始，許多犯罪學家重拾古典學派的思想；並對古典學派的人性觀假設再做一些修正，成為後來所稱的「現代新古典學派」（Modern Neo-classical Criminology）。

現代新古典學派的核心觀點與傳統的古典學派是一樣的，但為了有別於傳統古典學派，因此新瓶裝舊酒，將古典學派的人性觀又做了一些修改、補充，並加入了理性選擇與日常活動兩大理論；此外，現代新古典學派在犯罪預防策略方面，比以往有許多重大的突破。

現代新古典學派對傳統的古典學派人性觀的修正，呈現在理性選擇理論當中，其將傳統古典學派的人有完全理性的人性假設，限縮為假設人只具備有限度的理性。理性選擇理論並將解釋個體行為動機的趨樂避苦之人性假設，精緻化為主觀期望利益模式的行為解釋。有關理性選擇理論的內涵，本書將在第五章中再加以詳細的說明、介紹。

將日常活動理論帶入現代新古典學派中，也是此學派的一大亮點。日常活動理論原本是一個被害者學的理論，主要是在探討影響被害的因素，但後來發現應用到對犯罪相關因素的解釋，也有很強的詮釋力。日常活動理論對

犯罪相關因素解釋最大的創新，是在其中導入了環境和機會等要素。

在日常活動理論出現之前，犯罪學理論都聚焦在探討個人與個人或個人與團體互動的因素，日常活動理論則認為人只是影響犯罪發生的一個要素，強調至少還需要其他兩個要素搭配，而且這些要素必須在時空上同時存在，犯罪才可能會發生。有關日常活動理論的內涵，本書也會在第五章中再加以詳細的說明、介紹。

理性選擇理論及日常活動理論，是現代新古典學派解釋犯罪成因的代表性理論，兩者分別由微觀及巨觀的層面，解釋影響犯罪發生的要素。理性選擇理論以有限理性及主觀期望利益模式，解釋個體犯罪的動機；日常活動理論則由巨觀的層面分析，解釋在犯罪事件中，除了有動機、有能力的犯罪人之外，環境及機會等情境因素是不可或缺的要件。

第三節　現代新古典學派之犯罪預防策略

新古典學派只是對古典學派的自由意志人性觀略微做了修正，並加入了責任能力的觀念，所以其犯罪預防對策，主要還是延續自古典學派，以一般嚇阻及特別嚇阻的嚇阻效應為主，但是到了現代新古典學派，其綜合了理性選擇理論、日常活動理論，以及一些現代的研究發現，建構了一組完整的、由外而內系統性之犯罪預防策略。

壹、由外而內的六層系統性犯罪預防策略

現代新古典學派的犯罪預防策略，包括延續自古典學派的一般嚇阻、特別嚇阻、增加社會控制及培養自我控制等策略，之後因理性選擇理論、日常活動理論的提出，逐步激盪產生的情境犯罪預防策略，以及透過同生群研究（cohort study）發現慢性犯罪人（chronic offender）、核心犯罪人（hard-cord criminal）的概念，進而導出的長期監禁之犯罪預防策略。

現代新古典學派所發展出來，由外而內系統性的犯罪預防策略，最外層首先是廣泛的針對所有的人，希望透過良好的社會化，培養民眾的自我控制能力，讓人們「不想」犯罪；其次的第二層，是加強社會鍵、輿論、風俗、

習慣、宗教等的影響力，增強非正式社會控制力量，讓人們「不願」犯罪。

第三層仍是針對社會所有不特定大眾，透過以法律明文規定，何種行為是犯罪，犯了罪會有哪一些懲罰的痛苦後果，以罪刑法定原則嚇阻所有人「不敢」犯罪的一般嚇阻策略；現代新古典學派外圍三層的犯罪預防策略，所針對的對象，都是社會上所有的民眾。

第四層是針對社會化不佳、自我控制能力低，輿論、風俗、習慣、宗教及社會鍵等非正式社會控制薄弱，且未被一般嚇阻策略所嚇阻，仍會想辦法四處尋找犯罪機會的民眾。藉著透過外在環境的設計，以減少其犯罪機會而令其「不能」犯罪的情境犯罪預防策略。

第五層是針對透過前三層策略仍無法遏止其犯罪性，而且即使透過環境設計，進行情境預防，減少犯罪機會，仍然無法阻止其犯罪的犯罪人。期望以讓其真切感受到刑罰的痛苦，真切認知到犯罪划不來，並利用自由刑執行期間，進行教化、矯治的工作，令其「不再」犯罪的特殊嚇阻策略。

近代一些研究發現，經過前五層的犯罪預防策略，仍然無法阻止其繼續犯罪的犯罪人，就是一小撮所謂的核心犯罪人或慢性犯罪人。他們不但犯罪的數量很大，觸犯的也往往都是嚴重犯罪，而且他們犯罪頻率很高，同時又無矯治改善的可能性。現代新古典學派認為，為了讓這群人不再犯罪，只得使用犯罪預防的最後手段，藉「隔離」犯罪而達到防衛社會不被其侵害之長期監禁策略。

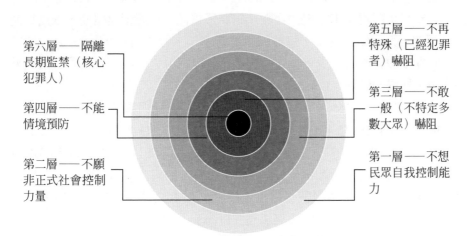

第六層——隔離
長期監禁（核心
犯罪人）

第四層——不能
情境預防

第二層——不願
非正式社會控制
力量

第五層——不再
特殊（已經犯罪
者）嚇阻

第三層——不敢
一般（不特定多
數大眾）嚇阻

第一層——不想
民眾自我控制能
力

圖4-1　由外而內的六層系統性犯罪預防策略

現代新古典學派所採用的讓人們不想、不願、不敢、不能、不再、隔離犯罪的六層面系統性犯罪預防策略,其中的培養自我控制、增加社會控制、一般嚇阻及特別嚇阻等策略,本書已於第三章中加以介紹;第四層的情境犯罪預防策略,本書將在第六章加以介紹。以下針對長期監禁的犯罪預防策略,就其相關研究及具體作為進行介紹。

貳、長期監禁策略

要了解長期監禁的犯罪預防策略之所以會被社會廣泛接受,應該從Wolfgang（Wolfgang, Marvin E.）、Figlio（Robert Foglio）及 Sellin（Thorsten Sellin）等人於 1972 年發表的《同生群犯罪》（*Delinquency in a Birth Cohort*）一書談起。這本書呈現了他們三人對 9,945 名 1945 年在美國賓州費城出生之青少年追蹤研究的發現。

Wolfgang、Figlio、Sellin 等人利用官方的紀錄,追蹤 1945 年出生於賓州費城的 9,945 名青少年,第一階段持續追蹤此一同生群青少年至 18 歲,也就是一直到 1963 年為止。該研究蒐集了研究對象的所有公共和私人機構的紀錄,包括在學資料（智商、在校成績及操行等）、社經地位、醫院的健康資料、警察紀錄以及少年法院和刑事法庭處置情況的紀錄等（許春金,2017）。

書中整理、分析所有蒐集到的正式紀錄中青少年個人特性及社會特徵,呈現了這群青少年的犯罪次數、犯罪嚴重性、犯罪參與程度,以及其他犯罪相關資料。結果發現,這群同生群青少年,9,945 名中有三分之一在青少年時期即曾和警方至少有一次的接觸,其餘三分之二則沒有與警方或刑事司法單位接觸的經驗（Erickson, 1973）。

研究發現,有 35% 的青少年在這一段期間曾經與警察至少有過一次互動接觸;在所有 9,945 名青少年中,白人占 71%（7,043 人）,非白人占 29%（2,902 人）。在白人中,28.6% 有犯罪紀錄,而非白人男孩中有 50.2% 有犯罪紀錄。就社會經濟地位（SES）而言,54% 的青少年來自較高社經地位群體,這其中 26.5% 與警察有過正式接觸;有 46% 青少年來自較低的社經地位群體,而其中 44.8% 曾經違法過（Erickson, 1973）。

研究也發現,種族和社經地位是影響犯罪的兩個重要因素,非白人和來

自社經地位較低的青少年，與官方警察和少年法院有正式接觸的可能性要高得多；而且這兩個群體的青少年的學業成績、成就水準、平均智商都比其他群體低（Erickson, 1973）。

在犯過罪的青少年中，有 54% 為累犯，其他 46% 為一次性犯罪；再將他們區分為犯過一至四項罪犯及有四項或以上違法行為兩組，發現有四項或以上違法行為的青少年，占所有犯罪人的 18%（627 人），但卻觸犯了所有犯罪的一半以上（Erickson, 1973）。

犯過罪的青少年初次犯罪的年齡是 7 到 14 歲，72% 的犯罪的青少年在 12 至 16 歲之間首次警察接觸；此外，在 16 歲時的犯罪率急劇上升，到 18 歲開始下降。有四項或以上犯罪的青少年比只犯過一次罪的人，觸犯重罪的可能性高出很多。青少年一旦犯過罪，在其生涯中再次犯罪的可能性就會大大增加，而且不管以前的犯罪類型如何，每多犯一次罪，之後的犯罪類型的嚴重性往往會更加加強（Erickson, 1973）。

為了了解青少年 18 歲以後犯罪與偏差行為的變化情形，Wolfgang 他們繼續進行第二階段的研究，持續追蹤調查原來樣本的 10%（974 人），一直到他們 30 歲為止。並發現樣本到 30 歲時，有 45% 的少年犯罪者成為成人犯罪者，少年跟成年都有犯罪者之犯罪被逮捕數平均是 11 次；也就是少年時期之犯罪人成人後再犯罪的可能性是很高的，而且他們的犯行多樣化且嚴重性高（Erickson, 1973）。

這個同生群研究最大的發現，是一小部分犯罪人卻觸犯了相當大比例的犯罪，累犯 5 次以上的犯罪人占所有樣本數的 6%，而他們卻觸犯所有研究樣本所犯犯罪案件的 51.9%；同時，他們常參與較嚴重和暴力性的犯罪行為，如強盜搶奪、傷害、強制性交、殺人及擄人勒贖等，Wolfgang 等人將這群人稱為核心犯罪人（許春金，2017）。

這些所謂 6% 的核心犯罪人，總共犯了 5,305 次的罪行，占樣本全部犯罪行為的 51.9%。而其所犯的嚴重性行為更令人吃驚；在全部樣本中，他們的殺人犯罪數占 71%，強制性交犯罪數占 73%，強盜搶奪犯罪數占 82%，傷害犯罪數占 69%（許春金，2017）。

此外，也發現「早發犯」（18 歲以前有犯過罪的人），成年後再犯機率是「非早發犯」的 3 倍；「早發犯」在成年後一旦再犯罪，就會進入犯罪生涯，Wolfgang 等人稱這群人為慢性犯罪人，認為對他們而言，犯罪是沒

有辦法被矯正、治療的。更令人訝異的是，核心犯罪人和慢性犯罪人，竟然是同一群人（Erickson, 1973）。

Wolfgang 後續又和他的同事進行了一個類似的研究，對 1958 年出生於賓州的 28,338 位（13,811 位男性，14,527 位女性）青少年樣本進行追蹤研究，同樣持續追蹤他們直到成年為止。研究發現犯行 5 次以上的青少年占 7.5%，而他們觸犯所有犯罪中的 23%；這群由少年到成年都持續犯罪的核心慢性犯罪人中，男性觸犯了所有犯罪的 61%。在嚴重犯罪方面，他們犯下了 61% 的謀殺罪、76% 的性侵害罪、73% 的強盜罪、65% 的嚴重傷害罪（許福生，2008）。

這群 1958 年出生的核心慢性犯罪人涉及嚴重性犯罪的人數，是 1945 年同生群研究中核心慢性犯罪人的 3 倍多（由 1945 年的千分之 47 人，升至 1958 年的千分之 149 人），顯示他們比早先 1945 年出生同生群的核心慢性犯罪人更具有暴力傾向（許福生，2008）。

英國劍橋大學的 Farrington 也進行了一項和 Wolfgang 等人類似的同生群縱貫性研究，追蹤研究 411 名 1951 年到 1954 年出生於英國倫敦之少年，以自陳報告、深度訪談及心理測驗方式進行研究，從他們 8 歲開始，一直到 32 歲為止，在二十四年中每人各進行至少 8 次訪談（許春金，2017）。

此研究發現，一小部分的少年犯在成年時會持續有多次犯行，而且這些從少年到成年持續犯罪者，在 8 歲即可發現有偏差行為友伴、特殊人格特性（如缺少焦慮感）、不良學校表現及家庭功能失調等狀況，他們大多數出生於功能不健全的家庭，8 歲左右便曾經出現不誠實及攻擊等反社會行為（許春金，2017）。

Lyle Shannon 也利用相同的研究方法進行同生群研究，Shannon 追蹤研究總數有 6,127 位，分別於 1942 年、1949 年和 1955 年出生在威斯康辛州的三組同生群；也發現核心慢性犯罪人解釋了絕大多數的犯罪行為，而且他們成年後觸犯的犯罪行為會比少年時期嚴重。這些研究的發現與 Wolfgang 等人的研究結果都相當雷同（許福生，2008）。

我國許春金教授及馬傳鎮教授等人也曾接受行政院青輔會委託，針對三組樣本（9 歲國小組 401 人、14 歲國中組 422 人，以及犯罪組 409 人）連續進行三年（1997-1999）的研究，發現在 409 人的樣本中，總犯罪次數為 1,093 次，平均犯罪次數為 2.70 次。但其中有 5 次以上犯罪者有 59 人，這 59 人

合計的犯罪次數為 385 次，平均犯罪次數為 6.5 次（許春金、馬傳鎮等，1999）。

　　這 59 人占全部樣本的 14%，但犯罪次數卻占全部犯行之 35%，高出總樣本的平均數甚多。這群核心慢性犯罪人，在生命早期即開始出現各種不同的偏差及犯罪行為，並且一直延續到他們成年，呈現一種「犯罪的連續性」（continuity of crime）的現象（許春金、馬傳鎮等，1999）。

　　上述各個研究都發現，在所有的犯罪人中有一個小群體，這一小群人犯了大部分的罪行，而且觸犯的大多數是嚴重的犯罪；這群核心慢性犯罪人不但高頻率的持續犯罪，在刑罰執行期間施予的教化、矯治，對他們也發揮不了功效。一旦他們出獄後回到自由世界，又會開始對社會造成危害。

　　核心慢性犯罪人具有犯罪量大（連續多次）、質重（以犯嚴重犯罪為主）、頻率高（多為累犯）、無矯治可能的特性；而且他們一旦身處自由社會，就會再度犯罪。各種犯罪預防策略，對他們都已經發揮不了功效，無法防止他們繼續犯罪。刑事司法體系最後唯一可行的辦法，就是將他們與社會隔離，使他們無法繼續犯罪，如此也可以保護社會大眾不再被他們危害。

　　在這種思維脈絡之下，長期監禁（long-term imprisonment）的犯罪預防策略就被提出來討論，加上前述許多研究的發現，證實社會上確實有核心慢性犯罪人存在。而純就統計數字而言，只要將刑事司法資源，集中投注在處理這群核心慢性犯罪人上面，就可以減少社會中一半以上的犯罪數量，因此世界各國廣泛的接納、採用長期監禁的政策。

　　自 1980 年代開始，以長期監禁策略處理核心慢性犯罪人的觀念，被世界各國的刑事司法研究者廣泛的討論，但由於長期監禁的策略，是非常嚴屬的懲罰，是除了死刑以外，處理犯罪人的最後手段。其對人權有非常大的戕害，應該是非到萬不得已才加以使用，必須要慎重選擇實施長期監禁的對象（Drenkhahn, 2006）。

　　因此如何辨識哪一些人是真正的核心慢性犯罪人，是實施長期監禁策略首先要面臨的嚴肅課題。在經過廣泛的討論後，發現可以從相關的同生群研究中，歸納出辨識核心慢性犯罪人的一些指標，那就是量大、質重、頻率高及無矯治可能性。美國的研究的人員，因此從美國非常流行的棒球運動中獲得靈感，提出了長期監禁策略之具體作為——三振法案。

　　三振法案（three-strikes law）的名稱出自於棒球運動，在棒球比賽規則

中，一名打擊者可以有 3 次對好球出棒打擊的機會，每次若沒有出棒或出棒沒打到球，都會被判一個 strike，被判第三個 strike 時，便會被判三振出局（strike-out）。三振法案是一種對特定法規的俗稱，在美國最主要的依據是 1994 年頒布的《暴力犯罪控制和執法法案》（Violent Crime Control and Law Enforcement Act）。

三振法案的大致內涵是，犯罪人第一次觸犯重罪，則依據刑法的規定，依據應報的要求給予應受之懲罰，除了嚇阻之外，也利用監所收容的期間，給予適當的教化及矯治，若其離開監獄後五年內再累犯重罪（離開監獄五年以後再犯罪，稱為再犯），仍然依據刑法中累犯加重的規定，給予加重之懲罰，並且再次利用監所收容的期間，再度給予教化及矯治。

若第二次出獄後五年內再次累犯重罪，則可以依據由相關研究中歸納出來的量大（3 次）、質重（3 次皆觸犯重罪）、頻率高（都是累犯）及無矯治可能性（兩次長期收容於監獄，皆無法改善其惡性）的標準，判定他就是核心慢性犯罪人。

三振法案是美國聯邦層級與州層級的法律，要求州法院對於犯第三次觸犯重罪（felony，法定刑至少為一年以上有期徒刑者）的累犯，採用強制性量刑準則（mandatory sentencing），大幅增加監禁的期間，並規定在很長一段時間內不得假釋（大多規定為二十五年），目前全美國聯邦政府以及多數州都頒布了此類的法案（方文宗，2010）。

1974 年，美國德州就曾經實施類似的三振法案，並獲得美國聯邦最高法院的認可，該法案最初的內容，是第三次犯重罪者處以二十五年以上，九十九年以下有期徒刑或無期徒刑（後來修法將無期徒刑的部分刪除）。1993 年，華盛頓州實施的三振法案，內容是當觸犯第三個重罪時，便強制必須判處二十五年有期徒刑到終身監禁，並不得假釋（方文宗，2010）。

1994 年的《暴力犯罪控制和執法法案》頒布後，美國各州紛紛起而仿效這個聯邦法案，也陸續通過了各州的三振法案；其中加州是執行三振法案最徹底的一州，其內容是如果被告前兩次是暴力或嚴重犯罪，當被判決第三個重罪時，刑期便會大幅增加，幾乎等同於無期徒刑（呂文廷，2010）。

我國於 2006 年（民國 95 年）修正刑法的條文，其中關於假釋的規定就採納美國「三振法案」精神，提高重罪三犯的假釋門檻；對曾犯最輕本刑五

年以上有期徒刑重罪（如殺人、強盜、擄人勒贖等）的累犯，於假釋期間、受刑執行完畢或執行期間獲赦免，但又於五年內再犯最輕本刑為五年以上有期徒刑之罪者（即第三度犯案），將不得假釋（方文宗，2010）。

第五章　理性選擇理論與日常活動理論

第一節　理性選擇理論之淵源

　　早期在探討防制犯罪問題發生之策略時，多認為只要能處理好那些有偏差行為的個人，就可以解決犯罪的問題，所以採用的防制策略都是針對產生問題的偏差行為者，因而聚焦在探索個體偏差行為發生的原因。

　　最早探索個體偏差行為產生之成因的理論，便是犯罪學的古典學派。犯罪學古典學派認定人是自由意志的個體，認為人之所以會產生偏差行為，是個體經過理性思考之後，在自由意志情況下所選擇的結果。

　　自由意志理論的人性觀認為人是理性的、有區辨事物之利弊得失的智慧、是有自由意志的；人的本性是追求快樂、逃避痛苦的，是功利的、現實的。人會衡量所花的成本及所得到的代價，只要認為行為划得來，所得超過所失，他就會去做。

　　故犯罪學古典學派認為唯有藉刑罰的確定性、嚴厲性、迅速性等特性，才能嚇阻人們不去從事偏差行為。其基本的犯罪防制策略是針對偏差行為，而不是針對行為人，強調的是防止偏差行為發生，而不去探討偏差行為產生的原因。

　　理性選擇理論則是精緻化的自由意志理論，它除了認為人能自由選擇為或不為某一行為之外，更探討了人在決定為或不為的決策過程，對人們行為的出發點，提出比自由意志更細緻的解釋。

　　當代重要的犯罪預防理論與策略，多由理性選擇理論延伸而來，而人潮及錢潮聚合的地區會面臨犯罪增加等問題，需要有適當的治安管理策略加以因應。故本章先由理性選擇理論的淵源出發，繼而介紹理性選擇理論內涵、政策意涵，進而探討相關的警政治安管理策略。

　　在針對犯罪成因的相關解釋中，犯罪學最早出現的古典學派，以及概念再度復興的現代新古典學派等思潮所依據的人性假設，同樣也是理性選擇理論在探討犯罪成因及處理犯罪問題的思考中，秉持的人性論之核心。

　　犯罪學上的理性選擇之概念，是從經濟學領域延伸而來的，在 1960 年

代中期，一些經濟學者開始運用類似數學方程式的犯罪模型理論及概念研究及解釋犯罪行為。他們認為人類行為的出發點是功利的、趨樂避苦的，會考量時間、金錢等在付出及回收間的本益比，而犯罪行為產生的原因，是因為行為者經過評估，認為犯罪之所得會較用其他的方式來得經濟、迅速、容易。

首先建立犯罪經濟學概念的是美國經濟學者 Becker[1]（Gary S. Becker）。Becker 於 1968 年發表一篇論文〈犯罪與懲罰：經濟觀點〉（Crime and punishment: An economic approach），文中以數學名詞詮釋功利主義的哲學，同時以供應及需求等古典經濟學的觀點分析人類的行為（許春金，2017）。

論文中提出「主觀期望利益模式」（subjective expected utility model, SEU）的方程式，認為人類的行為是無數理性選擇的結果，目的是在謀求個人主觀上所認知的最大利益。其核心概念是以人們對成本、效益及風險的認知來解釋人們的行為，認為個人在可以選擇的範圍之內，會在特定的成本及效益衡量之下，找尋滿足個人最大的利益（宋浩波，2002；Clarke & Felson, 1993）。

Becker 認為實用的犯罪理論，只是延伸經濟學對於人們如何進行抉擇之分析，以經濟學的觀點，認為犯罪之決定機制與一般人決定是否上大學或購買汽車、電視機等的機制是相同的，此種過程即是經濟學中的「期望利益模式」（expected utility model）概念（許春金，2017）。

「期望利益模式」認為人們雖然無法完全掌握所有的資訊，也無法預知全部的可能後果，但在如此不確定的情況下，人們仍必須要做出決定，而人們在做決定時，會選擇認為對自己最有利的行為，Becker 稱此種行為模式為「主觀期望利益模式」。

「主觀期望利益模式」認為，人並不是像電腦一樣的完全理性，能夠非常完整的蒐集、儲存和分析資訊，但人們在做決定時會考慮行為須付出的成本與產生的利益，並盡可能的減少成本，增加利益。因此，人們並沒有所謂的完全理性（perfect rationality），而是具有「有限度的理性」（limited or

---

1 Gary S. Becker 以 1976 年出版的〈人類行為的經濟分析〉（The economic approach to human behavior）一文獲諾貝爾獎提名，1992 年成為諾貝爾經濟學獎得主。Becker 的諾貝爾演講題目是「由經濟分析的角度觀察行為」（The economic way of looking at behavior）。

bounded rationality）。

　　所謂有限度的理性是指，人們無法非常周全地蒐集、儲存及處理所有的資訊，且在規劃、推理的能力上也有其限制，在這些狀況下，人們又會因為僥倖心理或情境因素的影響，在決定上取巧的採取捷徑，而有判斷上錯誤的可能（許春金，2017）。

　　Becker 認為犯罪人的基本動機與一般人並無不同，是他們經過對「成本—利益」的分析考量之後所得出的結論。犯罪是一種透過理性進行抉擇的結果，潛在的犯罪者在其所蒐集的資訊中，會考量所有的機會、可能須付出的成本，以及可能導致的後果後，再選擇其認為所承擔的風險最小，而獲利最多的方案（吳宗憲，1997；Becker, 1968）。

　　Sullivan（Sullivan, R. F.）在 1973 年的〈犯罪經濟學：文獻導論〉（The economics of crimes: An introduction to the literature）文章中指出，如果人們的評估結果，認為從事犯罪行為可以獲得最大效益時，他們就會選擇犯罪行為；相反的，如果評估進行犯罪行為的效益小於從事正當行為的效益時，他也必然會選擇合法的方式。

　　Sullivan 認為，犯罪者在進行犯罪行為之前，通常會考慮到五個因素：1. 獲得合法利益的所有機會；2. 由這些機會所提供之利益的多寡；3. 由各種不同違法方法所提供之利益的多寡；4. 進行違法行為被逮捕的可能性；5. 被逮捕後可能遭受刑罰的輕重（黃富源、范國勇、張平吾，2012；Sullivan, 1973）。

　　Clarke 和 Chornish 等人於 1980 年代開始對依據 Becker 的「主觀期望利益模式」研究犯罪問題產生興趣，Clarke 先於 1982 年提出簡易的理性選擇公式（黃富源、范國勇、張平吾，2012）：

$$EU = P(s) \times G - P(f) \times L$$

其中 EU 指預期效益（expected utility）、P(s) 是指犯罪成功的可能性（possibility of success）、G 則是指預期從犯罪行為中所獲取的利益（gains）、P(f) 指犯罪失敗的可能性（possibility of failure）、L 則是指犯罪失敗後可能受到的損失（losses）。理性選擇的公式以中文呈現則是如下：

預期利益＝犯罪成功可能性 × 犯罪所獲利益－犯罪失敗可能性 ×
犯罪失敗後之損失

到了 1986 年，Cornish 和 Clarke 一起正式提出了犯罪學的理性選擇理
論，他們認為犯罪人是具有理性的，大部分的犯罪都有或多或少的計畫（即
使只是瞬間的思考）和預見，故可以說其具有相當的理性。潛在的犯罪人會
思考犯罪的利益和成本，以及進行其他行為方式的風險和代價（包括所有可
能的社會和道德成本）。

犯罪人所做的決定，都是根據其預期之所需要花費的精力、可能獲得的
報酬、被逮捕的可能性、被判刑輕重等犯罪之成功機率的評估，以之進行比
較，經過衡量之後而做出的決定，所以當其評估犯罪所得的利益會大於犯罪
的風險及其成本時，人們就會傾向於從事犯罪行為（許春金，2013）。

第二節　理性選擇理論之內涵

理性選擇理論承續自古典犯罪學派，犯罪學古典學派誕生於 18 世紀的
「啟蒙運動」年代，這個時代又稱為「理性時代」，強調人之異於其他生物
之處，在於人擁有其他生物所無的理性，並認為人類的理性是至高無上的，
人類透過此一至高無上的理性，可以掌握所有的知識，可以理解萬事萬物變
化的律則。

理性選擇理論修改了古典學派的「完全理性」人性假設，並且精緻化
了「趨樂避苦」的行為驅力假設。理性抉擇理論所主張的「理性」認為犯罪
者的「理性」是有其各別差異的，是因人而異的，會受到各種內外因素所影
響，故認為人只擁有「有限度的理性」。

由於人是「有限理性」的，在規劃、推理的能力上會有其限度，無法
像電腦一樣完全的理性，可以全面地蒐集、儲存、分析資料，亦無法周全的
預測到全部的反應與後果，因此在判斷上就有可能會發生錯誤。因此人們盡
可能做到的，都只是滿足當下需求的「滿意」，而非真正最大的利益的「最
佳」決策（許春金，2017）。

理性選擇理論同時也將古典學派對行為出發點為「趨樂避苦」的行為驅

力假設加以精緻化描述，將之轉化為「主觀期望利益模式」。「主觀期望利益模式」是指人們在做決策時，並無法知道所有的資訊，也無法預測到所有的反應與結果。

　　但在這種不確定的情況下，人們仍要運用所掌握得到的資訊，做出對於自己最有利的決定。因此所做出的決定只是主觀的，是最能滿足自己當下需求的，但卻不是客觀對自己必然最有利的決定。

　　理性選擇理論以經濟的觀點探討犯罪決意的機制，依據理性選擇的觀點，犯罪行為的選擇就像經濟活動中對購買事物的選擇一樣，是個體以行為的成本和收益分析為基礎，所做出的選擇。行為是在權衡對如金錢的需求、報酬、刺激或娛樂等個人因素，以及標的受保護的情形、警察的巡邏密度等情境因素後，個人根據「已有的資訊」估量其成功的可能性，所做的一種不損害自己利益的選擇。

　　綜言之，理性選擇理論是一種個人層次的、微觀角度的理論；其係將認知心理學、訊息處理及決策的模式應用在行為選擇的分析上（Clarke & Felson, 1993）。用很簡明的成本和效益的原則來說明行為，給行為個體提出了一個最基本的行為動機（傅恆德，1996）。

　　該理論認為人們會在所有可能的選擇中做出一理性的抉擇，以求得個人最大的滿足（Clarke & Felson, 1993）。理性選擇理論基於自利與理性的人性假設，認為個人的行為是以自利及追求最大效用為導向，其表達方式可以用數學語言加以呈現。認為個體做出抉擇的出發點，是以獲得個人期望的最大利益為目的（陳敦源，2000；潘昱萱，2000）。

　　理性選擇理論強調，由於人類大腦處理資訊的能力非常有限，而外界環境的事物又太多、太複雜，非人腦所能夠完全掌握，更不要說能夠加以精確的分析，所以強調人只擁有「有限度的理性」，而非傳統古典學派主張的「完全理性」。

第三節　理性選擇理論之政策意涵

　　以理性選擇理論的觀點檢視犯罪可以看出，其強調犯罪人之所以會從事犯罪行為，是在其經過衡量之後，認為犯罪行為能夠為他們帶來利益；所以

如果要避免他們從事犯罪行為，就要讓他們為其犯罪行為付出更大的代價，讓他們感受到從事犯罪行為划不來，而不會去從事犯罪行為。

此外，理性選擇理論認為人是具備有限度理性的，人們雖然無法非常周全地蒐集、儲存及處理資訊，但仍然會在其所能蒐集到的資訊中，運用其所能掌握的資訊，考量所有的機會、可能須付出的成本，以及可能導致的後果，再經過比較、衡量之後，做出認為當下對自己最有利的決定。所以當事人所面臨的環境及情境，對其是否會選擇以犯罪行為對應之決意過程，有相當大的影響。

由於人們有限度的理性在規劃、推理的能力上有其限制，同時人們在做決定時，也常會取巧的採取捷徑，因而造成判斷上出錯的可能。若當時的環境及情境，讓當事人認為犯罪行為最能滿足其當下的需求，而忽略長遠的後果，或當下的環境及情境，讓其產生犯罪行為可能不會被發現或被追究的僥倖心理，則犯罪行為便很可能發生。

依理性選擇理論之詮解，由於人基本上是理性的，能區辨事物的利弊得失，基於追求快樂、逃避痛苦的本性，會衡量所花的成本及所得到的代價，故會選擇能趨吉避凶的行為。所以要避免民眾犯罪，首先要加大犯罪的損失，減少犯罪所得的利益，令其覺得犯罪划不來，而不想去從事犯罪行為。

人們進行對行為的抉擇時，會依據所能掌握的資訊，做出對自己最有利的決定，但人們並無法完整蒐集所有的資訊，所以政府必須透過「罪刑法定原則」，讓所有民眾知道什麼行為是犯罪，犯了罪會有何種懲罰的痛苦後果，而且讓民眾知道懲罰的痛苦會大於犯罪所得的利益。讓民眾縱然曾考慮犯罪，但在「趨樂避苦」的考量之下，會因為不願意受到懲罰的痛苦而選擇放棄犯罪。

此外，為了避免讓民眾產生犯罪行為可能不會被發現（或追究）的僥倖心理，就必須強化執法的確實性，讓所有的不法行為無所遁形，所有的犯罪行為都會受到懲罰，民眾自然就不會想犯罪。所以，除了讓懲罰的痛苦大於犯罪所得的利益之外，對遏止民眾產生犯罪的企圖而言，能夠確實的懲罰所有的犯罪行為也是相當重要的。

由於所面臨的環境及情境，對民眾是否選擇以犯罪行為的決意過程，會產生相當大的影響，所以要盡量減少會引發民眾犯罪企圖的刺激，也要避免出現誘發已有犯罪企圖之民眾想要犯罪的適合對象。又若犯罪行為都能夠

確實的懲罰，可以遏止民眾產生犯罪的企圖，所以加強對可能發生犯罪的處所、地點，予以增加監控，也是預防犯罪發生的有效方法。

第四節　理性選擇理論與當代治安管理策略

理性選擇理論為許多當代重要的犯罪預防相關理論與策略奠立論述、發展的基礎，同時也因之導引出許多治安管理相關的現代科技之運用。理性選擇理論與當前主要用來解釋犯罪成因的日常活動理論，彼此之間是微觀及巨觀的關係。

日常活動理論中之「合適的標的物」及「足以遏阻犯罪發生之抑制者不在場」兩要素，是理性選擇理論中人們決定是否犯罪的重要估量條件；而理性選擇理論及日常活動理論兩者，也共同組成犯罪學現代新古典學派的理論核心。

由理性選擇理論的人性觀導出的現代新古典學派，其發展出來的當代主要抗制犯罪對策，包括培養自我控制、增加社會控制、一般嚇阻、情境預防、特別嚇阻及長期監禁等讓人們不想、不願、不敢、不能、不再、隔離犯罪的「五不一隔離」之六層面系統性犯罪預防策略。

理性選擇理論的提出，也使得刑事司法體系中「嚇阻」犯罪的觀點再度抬頭。嚇阻策略強調藉刑罰的確定性、嚴屬性、迅速性等特性，才能嚇阻人們不去從事犯罪行為，達到預防犯罪發生的效果（賴擁連，2005）。

而理性選擇理論中強調，當民眾知道懲罰的痛苦會大於犯罪所得的利益時，在人性「趨樂避苦」的考量下，會因為不願意受到懲罰的痛苦，而趨吉避凶的選擇放棄犯罪。所以政府應該增大刑法的嚴屬性，或減少犯罪所得的利益，令民眾覺得犯罪划不來，而不想從事犯罪行為。此外，若能再強化執法的確實性，讓所有的犯罪行為都一定會受到懲罰，自然也就能嚇阻民眾不去犯罪了。

理性選擇理論的論述支持了嚇阻策略的觀點，而嚇阻策略又可區分為一般嚇阻策略及特殊嚇阻策略兩大類。一般嚇阻策略強調「藉由對犯罪者的懲罰而對潛在的犯罪者產生嚇阻作用」，亦即，透過法律明定犯罪行為及其法律效果，並經由刑事司法機構的執行宣判與處罰，使社會大眾意識到犯罪會

帶來刑罰的痛苦後果，對社會大眾形成一種心理強制，因而不敢輕易犯罪。

一般嚇阻策略主張國家應藉由對違法者的懲罰而發揮嚇阻的作用，刑罰的嚴厲性、確定性和迅速性三者，是影響刑罰嚇阻效果的三大要素，而其中又以確定性和迅速性兩者較為重要。

特殊嚇阻策略則是指對已經犯罪的個人所產生的作用而言。除了嚇阻之外，廣義的特殊嚇阻策略還包括使犯罪者以後不會再犯罪的各種預防方法，如矯治、使悔悟、去除外在的不良影響因素等。特殊嚇阻策略認為，對於違法者的懲罰將產生嚇阻其再度犯罪的效果；亦即假如使懲罰的痛苦超越犯罪的利益，則犯罪者確實感受到懲罰的痛苦後，應該不會繼續其犯罪行為。國家藉由對犯罪人的懲罰，使犯罪人感受到犯罪的痛苦後果，因而不敢再犯罪，藉此達到嚇阻其再度犯罪的目的。

此外，當代主要抗制犯罪對策中的最後手段：「長期隔離策略」，雖是希望藉「隔離」的方式使核心慢性犯罪人無法再犯罪，以達到防衛社會不再為其所侵害的目的，但其使犯罪人終生與社會隔離的嚴厲性懲罰，亦隱含有一般嚇阻及特殊嚇阻的用意。

處理犯罪問題又可區分為危害防制及犯行追緝兩大區塊，危害防制是防範犯罪的危害發生於未然，一般嚇阻策略及情境犯罪預防策略是預防危害發生的前置策略，當此兩種策略仍未能防制犯罪發生時，就進入犯行追緝及防制犯罪者再度犯罪的層面。

犯行追緝的迅速性及偵破犯罪的確實性，除了具有特殊嚇阻的效果之外，實亦能發揮一般嚇阻的作用，而防制犯罪者再度犯罪的層面，則有賴特殊嚇阻策略以及長期隔離策略兩種策略。另外，當有大量類似的治安問題發生時，除了特殊嚇阻及長期隔離策略之外，問題導向的警政策略又可以發揮危害防制的功能。

第五節　日常活動理論的淵源

Cohen 和 Felson 對美國在第二次世界大戰後（1950 年至 1970 年間）的犯罪狀況進行研究，發現在這段期間強盜、搶奪、擄人勒贖等掠奪性暴力犯罪，以及住宅竊盜犯罪都有增加（尤其在住宅竊盜及強盜、搶奪犯罪方

面）。Cohen 和 Felson 原本認為這段時期是世界科技日新月異、美國人民生活最富足、社會最繁榮的一段期間，犯罪應該會減少才對，但研究的結果發現事實與他們的預期相反，犯罪不但沒有減少，反而變得更加嚴重（黃富源、范國勇、張平吾，2012）。

　　Cohen 和 Felson 進而研究當時美國社會及家庭生活方式的改變，發現第二次世界大戰後由於交通便捷，使得婦女外出參與工作的機會增加，雙薪家庭變得非常普遍，婦女在家的時間減少。由於父母都外出，小孩也都送到托嬰中心、幼稚園、學校，多數家庭白天家中無人。

　　當人們很少在家，房子和家中物品沒人看管，因此房子就會缺少監控，加上住宅區往郊區拓展，傳統社區的功能逐漸喪失，鄰里關係降低甚多，Cohen 和 Felson 認為因此造成住宅竊盜的案件大量增加（周愫嫻、曹立群，2007）。

　　Cohen 和 Felson 同時發現第二次世界大戰後的美國家庭型態產生變化，離婚率增加、結婚率降低，許多人晚婚或決定過單身生活，越來越多的婦女不再願意只扮演家庭主婦的角色，大都外出工作或再到學校進修，也因此有更多的人們開始三餐在外面餐廳用餐。

　　現代交通的便捷，讓旅行變得方便、便宜，重視休假充電的職場型態，也使得假期變得更長，而讓大家更樂於外出旅遊。凡此種種日常活動的改變，使得人們的戶外活動增加，與外界社會接觸的增加，也使得人們被害的機率，以及受到誘發而犯罪的機會增加。

　　此外，近代科技日新月異，為方便主婦使用，生活物品設計的越來越輕巧及簡易，設計精巧的家電產品取代許多以往做家事所需花費的工夫或勞力。而為了使使用方式更方便，消費產品也有很大的變革，盡量設計得更精巧且易於攜帶。

　　Cohen 和 Felson 發現越不以家庭為中心的生活型態者，其家庭與個人被害的可能性越高；他們認為房子沒受到監控，是造成住宅竊盜率增加的原因。當科技越來越發達，消費產品的可見性及易於攜帶性，也造成了掠奪性的犯罪增加。

　　他們發現由於以上種種生活型態的改變，使得民眾被害及受到誘發而犯罪的機會增加，所以他們認為人們的生活模式與犯罪有密切的關係。而第二次世界大戰之後，人們的生活型態大幅度改變，這種生活方式的改變，使得

人們被害及犯罪的機會增加（許春金，2017）。

　　基於上述的研究發現，Cohen 和 Felson 認為人們生活方式的改變、社會監控型態的變遷，以及犯罪標的物的變化，同時也反映出了人們日常活動的變化，而日常活動型態的變化，也導致犯罪及被害機會的變化。

　　Cohen 和 Felson 把「日常活動」（routine activity）定義為「不論是生物的或文化上的，任何能符合人們和個人需求的經常性活動」，日常活動包括正式的工作型態，以及休息、食物、性、學習、社會互動等不同方式，是一種可提供一般人或個人生物或文化上基本需求的普遍性活動（周愫嫻、曹立群，2007）。

　　Cohen 和 Felson 認為傳統以犯罪人為中心的犯罪學理論，並無法解釋美國在 1950 年至 1970 年這段時間內犯罪率會升高的原因。因此，主張在解釋犯罪現象時有必要注意這個「因社會的變遷而使得犯罪的機會增加」的因素，而犯罪學家也必須重視社會變遷對犯罪的影響。Cohen 和 Felson 的分析強調，犯罪不只是有動機的犯罪加害者所犯下的事件，更是那些犯罪加害者，適逢一個合適的犯罪機會下而生之產物（Cohen & Felson, 1979）。

　　Cohen 和 Felson 於是在 1979 年的《美國社會變遷與犯罪趨勢》（*Social Change and Crime Rate Trends*）書中，提出了「日常活動理論」（routine activity theory）。認為犯罪人和犯罪的動機可說是一常數，亦即每一個社會總有某些百分比的人會因為需求、貪念、宣洩情緒等特定的理由而犯罪，因此，直接掠奪的暴力性犯罪的總數和分布，與犯罪人和被害人的日常活動有關（許春金，2017）。

第六節　日常活動理論的理論內涵

　　日常活動理論認為，許多犯罪和被害事件是在進行日常活動的過程中發生，具有某些特殊型態日常生活方式的民眾，其犯罪（或被害）的可能性會較高，換言之，犯罪與合法的日常生活間並非互相獨立的，而是互有部分重疊的，例如學校活動、職業活動及休閒活動，以及夜歸、進出遊樂場、家庭出遊等，都是在合法且正常狀態下進行的活動，但其中各個活動所引發的犯罪（或被害）機會就各自不相同（蔡德輝、楊士隆，2019）。

　　日常活動理論的核心，是認為犯罪行為之所以發生，乃是在日常活動的過程中，有三項要素在時空上的聚合，一個人之所以較易發生犯罪行為或被害，與其特殊的生活模式有關，某些生活型態的日常生活，其犯罪發生及犯罪被害的可能性會較高。Cohen 和 Felson 認為影響犯罪發生的三項要素為（許春金，2017；黃富源、范國勇、張平吾，2012）：

一、有動機及能力的犯罪者

　　有動機及能力的犯罪者（motivated offender）即具有犯罪傾向，尋求犯罪機會的人。Gottfredson 和 Hirschi 認為具犯罪傾向者，即為具有低自我控制傾向者。低自我控制傾向者即是有動機及能力的犯罪者，但 Gottfredson 和 Hirschi 等人也認為，若這些人認知到有犯罪行為以外的其他途徑，亦可以達到個人的目標，則他們從事偏差行為的動機會便會減少（Gottfredson & Hirschi, 1990）。

　　Cohen 和 Felson 認為可將有能力的犯罪者視為一個常數，亦即在一個社會之中，一定會存在著一定數量有能力且具犯罪傾向者，就如 Ferri 所提出的「犯罪飽和原理」之描述。「犯罪飽和原理」認為在一定的社會條件、人口因素以及政治條件之下，就會有一定數量的犯罪存在，相同的，社會中也一定會有相當數量的具犯罪傾向者存在（黃富源、范國勇、張平吾，2012）。

　　但「具犯罪傾向者」並不等同於實際的「犯罪者」，許多人都可能是「具犯罪傾向者」，但不見得就是「犯罪者」。犯罪的發生還需要有合適的機會來將「傾向」轉化成「行動」，具犯罪傾向者有可能在日常生活的過程中會偶遇合適的標的物，但仍需在同時間剛好缺乏監控者，傾向才可能轉化為具體的犯罪行動。

二、合適標的物

　　即對具犯罪傾向者而言具有合適特性之人、物等的犯罪標的物。Felson（1998）以「VIVA」簡稱所謂合適標的物（suitable target）的四種特性；亦即對有動機及能力的犯罪者而言是具有價值的、輕便容易移動的、易見的、容易接近及易於逃離的。Felson 對 VIVA 的解釋如下（許春金，2017）：

　　（一）V（value）：指標的物的價值。例如汽車竊盜會偷取昂貴且易變

賣的汽車、搶奪會找有錢的人下手，而強制性交犯則會尋找年輕貌美的對象。

（二）I（inertia）：指標的物的慣性（或可移動性）。標的物的可移動性會影響有犯罪傾向者對犯罪目標的選擇，例如在一般的情況下，竊賊會尋找重量較輕、方便移動的財貨，如街頭上沒上鎖可立即移動的機車。而有些標的物儘管價值較高，但因為不容易移動（如體積笨重龐大的家電用品），故反而較不容易被偷竊。

（三）V（visibility）：標的物的可見性。明顯可見的大量現金、價格昂貴的物品、街道上停放的嶄新流行的跑車，都會提高其被竊取的機會。

（四）A（access）：標的物的可接近性及是否易於逃離，指標的物具有讓犯罪者容易接觸而又容易從犯罪現場離開的特性。在犯罪者熟悉的生活領域內，較易成為犯罪者選擇犯罪的地點及目標；因為犯罪者最希望的是以最少的功夫，在最短的時間內，用最簡單的方法完成犯罪。

而 Clarke（1999）則提出 CRAVED 的容易被竊之熱門財物特徵，CRAVED 是由 concealable、removable、available、valuable、enjoyable 及 disposable 等六個英文字的字首組合而成，六個英文字各別的含意如下（許春金，2017）：

Concealable：可隱蔽的；指該事物易於隱藏，不易被發現。

Removable：可移動的；指其體積小、重量輕，易於移動。

Available：可得到的；指該物易於靠近，犯罪阻力較低。

Valuable：具有價值的；指該物能夠滿足犯罪者所企求之特性。

Enjoyable：可享受的；指該事物的價值是犯罪者本身希望享用的。

Disposable：可支配的；指該事務容易脫手賣掉，或容易轉換為其他有價值的事物。

三、有能力之監控者的不在場

有能力之監控者的不在場（absence of capable guardian against crime）是指具有遏止犯罪發生之抑制者不在場。其並非單指警察或警衛人員不在場，而是泛指一般足以遏止犯罪發生之控制力的缺乏，如犯罪發生時或地，監視錄影器故障、警報器失靈、警衛不在場等。一般而言，監控來源有三種，即守衛（guardians）、地點管理者（place managers）及具親近關係之監控者

（intimate handlers）（孟維德，2019；Felson & Clarke, 1998）。

最常發生作用的監控者，除了監視器及警報器之外，應該就是一般民眾了。在日常活動中每個人都是自己財物最好的監控者，而親朋好友也可以成為保護我們身體或財物的監控者。此外，一般民眾也可能因為身所處之地，而在有意無意間成為遏阻具犯罪傾向者犯案的監控者。

日常活動理論認為，當上述三項要素在時空上聚合時，犯罪事件就很有可能發生。所以在犯罪事件發生時，除了現場有具犯罪傾向者之外，需要具有合適的標的物，以及缺乏監控者等兩個條件，三個條件若在同一時空下產生互動，此一互動的過程就會產生促使犯罪發生的「機會」。

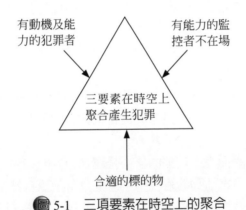

有動機及能力的犯罪者

有能力的監控者不在場

三要素在時空上聚合產生犯罪

合適的標的物

圖 5-1　三項要素在時空上的聚合

日常活動理論的論述，相當程度上受到理性選擇理論觀點的影響；理性選擇理論及日常活動理論兩者，也共同組成了犯罪學之現代新古典學派的理論核心。現代新古典犯罪學派含納了精緻化古典犯罪學內涵的理性選擇論、日常活動理論，探討的觀點也從古典犯罪學之以犯罪人為核心，延伸為探討環境對個人選擇行為的影響（周愫嫻、曹立群，2007）。

犯罪學古典學派始自 18 世紀中葉，當時義大利學者 Beccaria 及英國哲學家 Benthan 等人提出對犯罪成因的解釋，其對人性的基本假設為「人是以自我利益為導向的個體」，認為人是有理性的，犯罪係犯罪人經過理性衡量之後，在自由意志下所做的選擇，故對犯罪的防制重點，強調懲罰的痛苦必須大於犯罪所得的利益，以抑制犯罪行為的發生（林山田、林東茂、林燦璋、賴擁連，2020）。

　　理性選擇理論是精緻化的自由意志理論，特別是精緻化了自由意志理論中「趨樂避苦」的行為驅力假設；它除了認為人能自由選擇為或不為某一行為之外，更探討了人在決定為或不為的決策過程，對人們行為的出發點，提出更細緻的解釋。

　　日常活動理論延續了古典犯罪學派的理論，其與理性選擇理論相似，源自古典犯罪學派認為人具有自由意志的觀點。古典犯罪學派認為犯罪者會運用理性進行評估，從效益及自利的角度考量，如果發現犯罪划得來，則就可能實行犯罪；若覺得划不來或風險過高，就會考慮放棄犯罪。

　　日常活動理論所提出影響犯罪機會的三要素，和人的理性作用有極大的關聯性；它強調犯罪者會透過理性思考，評估可能得到的自我利益，標的物被監控的程度及適合性，以決定是否實行犯罪行為。

　　理性活動理論與日常活動理論的觀點相當吻合，彼此之間可說是微觀及巨觀的關係。理性選擇理論告訴我們個人如何決定是否犯罪、如何犯罪，是一種「微觀」（micro）的理論；而日常活動理論則說明在整體社會中，不同的日常活動或是日常活動方式的變化皆會影響犯罪，故是一種「巨觀」（macro）的理論（許春金，2017）。

　　就日常活動理論而言，理論的核心是認為犯罪的發生並不會依照機率而平均分配，強調在日常活動的過程中，一些具有某種特殊生活型態的民眾，其犯罪及被害的可能性就會較高；亦即犯罪的發生，與民眾特定的生活模式有關。而犯罪對於犯罪者而言，是最有利的時間和機會，是極大化當下自我利益的行為，所以該理論可說是理性選擇理論的一支，同時也是古典犯罪理論的延伸。

　　日常活動理論以理性選擇理論的論述為依據，認為犯罪是犯罪人理性選擇的結果，故在日常活動理論中亦具體描述犯罪發生的要件，除了需要有動機以及有能力的犯罪人之外，也須探討犯罪標的物之變化，以及監控者是否存在和監控者之抑制功能有沒有發揮作用。日常活動理論中之「合適的標的物」及「足以遏阻犯罪發生之監控者不在場」兩要素，也是理性選擇理論中認為人們決定是否犯罪的重要估量條件（黃富源、范國勇、張平吾，2012）。

第七節　日常活動理論的影響

日常活動理論對當代治安管理對策所產生最大的影響，是讓警政單位將抗制犯罪的焦點，由原先只聚焦於犯罪人身上，轉變為同時重視犯罪人和環境、情境等外在因素，開始重視環境及機會等因素對犯罪發生的重要影響。

在日常活動理論的觀點提出之後，警政的治安管理策略有了許多變化，焦點不再只針對犯罪者，也開始重視環境和被害人等機會要素；因此情境預防策略及監視錄影機的使用開始受到重視，治安管理策略的運用也變得更加靈活。

日常活動理論強調當三項要素聚合，犯罪即很有可能發生；但當其中某一要素產生變化時，相對也會改變犯罪發生的機會。此觀點促成了學界及警政實務界對犯罪預防之重視，情境犯罪預防的概念也隨之水漲船高。日常活動理論認為犯罪並非隨機分布在全部地區，而會集中在某特定區域，這些犯罪集中地區被稱之為犯罪熱點（hot spots），此也促使許多警政專家致力於對犯罪熱點地區的研究。

在日常活動理論被廣泛接受及普遍應用之後，日常活動理論的創發者Felson 再將日常活動理論和理性選擇理論及犯罪型態理論等三理論整合，於 1998 年 Felson 與 Clarke 又發表了「新機會犯罪理論」（New Opportunity Theory）。

新機會犯罪理論強調犯罪的發生，除了犯罪者外，有比犯罪者還重要的因素，即犯罪機會；認為除了有犯罪傾向的犯罪者外，更需要犯罪機會的存在。所以可以透過減少犯罪者從事犯罪的機會，以防治犯罪的發生。Felson與 Clarke 據此提出犯罪與機會的 10 項原則（許春金，2017）：

（一）機會在犯罪的發生上扮演重要角色。

（二）犯罪機會因犯罪類型而異。

（三）犯罪機會集中在特殊的時間和空間。

（四）犯罪機會和日常活動有關。

（五）一個犯罪會衍生另一個犯罪機會。

（六）某些物品會提供更多犯罪機會。

（七）社會和科技的改變會產生新的犯罪機會。

（八）犯罪機會可被減少。

（九）減少機會通常不會造成犯罪轉移。

（十）犯罪預防也將會產生讓附近地區犯罪降低的效果。

日常活動理論的三項要素運用於治安管理上，在有「動機及能力的犯罪者」方面，可以透過增加犯罪者風險、降低犯罪人的犯罪動機、降低犯罪不法報酬，以及增加犯罪困難，使其因理性的考量而不願意去犯罪。在「合適標的物」方面，可以透過教育及諮商使民眾重視犯罪被害之預防，改善問題發生的個人特性或周圍環境，以消除被害的危險因子。

在「有能力之監控者」方面，可以透過增加有人監督之情境、增加監視錄影機對街頭標的物周圍環境的監控機制，也可以針對客觀合理判斷可能發生治安問題的環境進行嚴密監控，或是透過警民間之協同合作，鄰居間之守望相助增加監控機制。

Clarke 及 Eck 在所著的《犯罪分析六十步驟》（*Crime Analysis for Problem Solvers: In 60 Small Steps*）中，則將日常活動理論的 POT 三要素（place、offender、target / victim）再加以衍生，提出了問題分析三角圖，並據以發展出對應的合適防治對策；認為可以藉由強化監控者角色來抑制潛在加害者犯罪，防衛潛在被害者以降低成為合適標的物的可能性，以及管理改善場所的弱點因素以降低犯罪發生率。

在犯罪分析六十步驟中，問題分析三角圖（圖5-2）的概念源自於日常活動理論，認為雖然三種要素在時空上的聚合是犯罪事件要發生必要條件，但若由反向回溯觀察，犯罪事件之所以發生也是因為外部元素缺乏或脆弱所導致。

如果加強了一些監控的能力，便可讓有動機的犯罪者，縱使有適合的標的物及場所存在，但在考量犯罪成本與風險之後，亦不敢貿然實施犯罪，故我們可藉由改善環境弱點因素、協助潛在被害者降低成為合適標的物的可能性，以及強化監督者角色等方式來抑制潛在犯罪發生（許春金、陳玉書，2013）。

問題分析三角圖的內部三角的三邊分別為場所、加害者及標的物／被害人，依據日常活動理論的觀點，當三者在時空上聚合，犯罪就可能發生，而問題分析三角圖，則針對內部三邊的三要素，再加入控制犯罪機會的外部三角之外圍三邊。對應的外圍三邊（管理者、監督者、防衛者），代表足以抑制犯罪的控制者，認為當對內部三角的三要素無法提供有效之控制時，犯罪

圖 5-2　問題分析三角圖

資料來源：許春金、陳玉書（2013），犯罪預防與犯罪分析，台北：三民書局，頁 298。

機會便會從而發生（許春金，2017）。

　　針對場所，其控制者是「管理者」（manager），「管理者」為對該場所應負管理責任之人，亦即受指定有控制某場所內人員行為之管理人員，或某個場所的負責人。如巴士駕駛、酒館老闆、旅館或商家從業人員、租屋房東、大廈建物管理人員等，都是扮演抑制犯罪發生的管理者的角色，一旦有能力的管理者在場，就能抑制犯罪活動的發生（許春金，2017）。

　　針對加害者，其控制者是「監督者」（handler），「監督者」指的是那些有權對犯罪人行為控制或提供行為表率，亦即熟稔犯罪者且能約束其行為之人。如犯罪人之父母、師長、手足、同儕團體、配偶、觀護人、假釋官員等（許春金，2017）。

　　針對被害者或標的物，其控制者是「防衛者」（guardian），「防衛者」係指足以保護被害人（或標的）之人而言。如被害人本身的自我防護、家人的保護、財物所有人、鄰居、同事、朋友、保全警衛等均是問題分析三角中的「防衛者」（許春金，2017）。

第六章　情境犯罪預防與三級犯罪預防策略

第一節　情境犯罪預防的淵源

　　情境犯罪預防（situational crime prevention）是一種依照日常活動理論之概念而提出的具體犯罪預防策略，其是指透過改變環境的情境，以及提升標的對象所受到的防衛，可以有效降低犯罪機會，因而達到預防犯罪的目的。

　　由於日常活動理論認為，犯罪是一種在「機會」、「監控」和「有動機及能力之有犯罪傾向的人」之交互作用下的產物。因此，情境犯罪預防認為犯罪事件可因犯罪的機會及有犯罪傾向的人受到控制，以及犯罪對象受到防衛而得以預防（許春金，2017）。

　　美國學者 Jane Jacobs 於 1961 年在其《美國大城市之死亡與生活》（*The Life and Death of American Cities*）書中，即對當時垂直化、郊區化的都市規劃設計走向提出批評，認為此種潮流會對美國當代的生活方式造成極大衝擊。此書的概念對日後「透過環境設計規劃以預防犯罪」的觀點，有重要的啟示作用（許福生，2018；Jacobs, 1961）。

　　美國建築師 Oscar Newman 被公認為發展情境犯罪預防觀點的先驅，他於 1970 年首先提出「防衛空間」之概念，認為可以利用社區住宅環境之改善或以重新設計之方式，藉由特殊的建築設計，以減低犯罪行為發生的機會；例如加強街燈的明亮度，令其產生監控的效果，以達到犯罪預防的效果（蔡德輝、楊士隆，2019）。

　　Newman 提出防衛空間的概念，以促進監控力量並產生影響為重點，強調物理結構性的犯罪預防措施。他認為居民對於其生活的區域因有所有權而產生責任感，此會使外人不敢隨意進入犯罪，可以透過環境的設計而增加地區的安全。環境的設計也可以使有企圖犯罪者增加被暴露行蹤或被逮捕的機會，因而形成其犯罪的障礙，達到預防犯罪的功能（鄧煌發、李修安，2015）。

　　Newman 認為可以透過如：強化門窗、設藩籬、架鐵絲網、增高圍牆等

實體物理結構，或提供居民休息的愛心椅、栽種灌木叢、住宅鄰近 24 小時營業的商店等形式空間結構，形成犯罪的障礙，防範犯罪產生。

Newman 主張良好的防衛空間規劃應具備以下四點：1. 有企圖的犯罪者能清楚看到這些物理及空間結構，並了解其作用；2. 讓已入侵者感知到其行動已可能被監看到；3. 透過強化物理及空間結構的監視功能，可迅速有效的產生阻絕效果或管制該領域空間；4. 屋主或管理人員一旦發覺領域空間遭外人入侵，知道如何處置且能夠採取適宜的處理措施（許福生，2018）。

另外 Newman 認為良好的防衛空間設計，應包括下列四個要素（林山田、林東茂、林燦璋、賴擁連，2020）：

（一）形象（image）：建築物的設計應建立與社區鄰里親密接觸之正面形象，此可使其不易受到侵害。

（二）領域感（territoriality）：讓外人感覺屋主及管理人員對該區域有某種程度的掌控，使外人不會隨意進入該區域。

（三）自然監控（natural surveillance）：區域建築環境之設計，應使屋主、管理人員可以較方便監看到環境，可隨時觀察到周遭可疑之人、事、物。

（四）周遭環境（milieu）：將建築物設置在相對較安全的區域，如鄰近警局或 24 小時營業的商店等，讓鄰近地區、環境有足夠的安全性和監控能力。

1971 年，美國犯罪學家 Jeffery 應用並擴充 Newman 的防衛空間概念，出版了《透過環境設計以預防犯罪》（*Crime Prevention Through Environmental Design*）一書。提出街燈、門鎖、建築物的安全裝置及社區的守望相助等，均能有效減少犯罪事件發生的看法，強調透過事先進行環境設計，可以直接控制犯罪事件的發生，達到預防犯罪的效果。

Clarke 則接續提出許多實務界成功的經驗，並強化相關理論的論述，進而統整了前述幾位學者的理論及策略，認為情境犯罪預防觀點可以被「理性選擇理論」、「日常活動理論」及許多實務證據所支持，相信情境犯罪預防在技術層面的應用上已足夠成熟。

Clarke 在 1992 年出版《情境犯罪預防》（*Situational Crime Prevention*）一書，書中整理出「增加犯罪的功夫」（increasing perceived efforts）、「增加犯罪的風險」（increasing perceived risks）、「減少犯罪的誘因」（reducing anticipated reward）等犯罪預防的概念，並衍生出 12 項具體的情境犯罪預防作為。其所提出的具體情境犯罪預防策略如表 6-1：

表 6-1　Clarke 於 1992 年提出的情境犯罪預防作為策略

增加犯罪的功夫	增加犯罪的風險	減少犯罪的誘因
1. 強化標的 2. 管制通道 3. 使犯罪者轉向 4. 管制犯罪促進者	5. 出入口檢查 6. 正式監控 7. 員工監控 8. 自然監控	9. 移除標的 10. 財物辨識標記 11. 移除犯罪誘因 12. 拒絕給予利益

　　1997 年 Clark 又與 Homel 一起提出四類情境犯罪預防的概念，除了原先的增加犯罪功夫、增加犯罪風險及減少犯罪誘因之外，另增加了「移除犯罪的藉口」（remove excuses）一類，將具體的情境犯罪預防作為增加為 16 項（謝秀能，2006）。Clark 在 1997 年所提出的具體情境犯罪預防策略如表 6-2：

表 6-2　Clarke 與 Homel 於 1997 年提出的情境犯罪預防作為策略

增加犯罪的功夫	增加犯罪的風險	減少犯罪的誘因	移除犯罪的藉口
1. 強化標的 2. 管制通道 3. 使犯罪者轉向 4. 管制犯罪促進者	5 出入口檢查 6. 正式監控 7. 員工監控 8. 自然監控	9. 移除標的 10. 財物辨識標記 11. 移除犯罪誘因 12. 拒絕給予利益	13. 訂定規範 14. 喚起良知 15. 管制導致行為失控之物品 16. 促使守法

　　2003 年 Clark 與 Cornish 再將之前的情境犯罪預防的概念加以擴增，把情境犯罪預防的概念增加成為五類，再加入了「減少犯罪的刺激」（reduce provocation）一類，因此具體的情境犯罪預防作為也增加為 25 項（許福生，2012 年 5 月）。

　　在 Clark 提出情境犯罪預防的概念及所衍生出的具體的情境犯罪預防策略之外，近期亦有學者提出與情境犯罪預防相類似的概念，如 Brantingham 及 Brantingham 於 1981 年提出的「環境犯罪學」（Environmental Criminology），以及 Poyner 於 1983 年所提出的「排除犯罪設計」（Design against crime）等。

第二節　情境犯罪預防的內涵

情境犯罪預防處理犯罪問題的出發點和傳統的犯罪抗制對策不同，除了防範於未然的強調犯罪預防，更將重點擺放在可能引發犯罪的外在情境，強調針對引發特定型態犯罪的環境條件予以分析，再以系統化的方法管理外在環境或改變環境條件。

希望透過增加犯罪的風險與困難、減少犯罪的報酬或讓潛在的犯罪者感覺從事該犯罪無法得到足夠的利益，或有可合理化的藉口，以降低對有犯罪傾向者的吸引力，期望在犯罪發生之前就先防止其發生，減少犯罪行為發生的機會。

情境犯罪預防係依照日常活動理論之概念而提出具體犯罪預防策略，而日常活動理論的論述，相當程度上是受到理性選擇理論觀點的影響，此三個觀點都非常重視環境對犯罪事件發生的影響。理性選擇理論強調人的理性會蒐集、考量外在的環境及情境因素的影響，所以環境及情境是預防犯罪發生的重要考量。

日常活動理論認為，犯罪是一種「機會」、「監控」和「有動機及能力之有犯罪傾向的人」之交互作用下的產物；情境犯罪預防策略則主張針對引發某些特定犯罪的外在環境條件進行分析，加以管理運作，以改變環境，減少犯罪行為發生的機會。因此，情境犯罪預防認為犯罪事件可因犯罪的機會減少及有犯罪傾向的人受到控制，以及標的對象受到防衛而得以預防（許春金，2017）。

理性選擇理論認為，犯罪行為的發生，是一個犯罪人在其分析個人因素以及情境因素後，才決定從事犯罪行為；情境犯罪預防策略則強調為降低犯罪發生之機會，應使犯罪的酬賞減少或使其成本增加，所以除了嚇阻之外，透過對環境及情境的設計，可以發揮預防犯罪的效果。

日常活動理論認為，犯罪的發生是一種「適合標的物」、「缺乏監控者」和「有動機及能力之犯罪人」在時空上聚合後的產物；情境犯罪預防策略則強調犯罪可以藉由標的物受到監控、犯罪的機會及嫌疑犯受到控制而預防其發生。

當代的情境犯罪預防策略，主要是以 Clark 等人提出的五大類預防策略，及由之衍生的 25 項具體的情境犯罪預防策略為核心，此五大類情境犯

罪預防策略的概念，以及 25 項具體預防作為概述如下（許春金，2017；許春金、陳玉書，2013）：

（一）增加犯罪的功夫：主要目的是強化標的物（target hardening），增加犯罪行為之困難度使其不易成功。增加犯罪的功夫是最基本的犯罪預防措施，其主要目的在於讓犯罪者知道對標的物實施犯罪是很困難的一件事。另外，加強民眾的自我保護措施，如準備自衛武器或學防身術等，也是可行的做法。

（二）增加犯罪的風險：此項技術著重於讓犯罪者處於容易被逮捕的風險，使犯罪者心理因而感到害怕，進而不敢對標的物實施犯罪。例如藉由社區的規劃或建築物的設計，增加非正式社會控制，以產生增加犯罪風險的效應；或者組成守望相助隊，提升社區的歸屬感，進行社區犯罪預防，也可以增加犯罪的風險。

（三）減少犯罪的誘因：此項技術著重在減少犯罪所得的報酬，並讓犯罪者知道實施犯罪行為和所獲得的利益或報酬會低到明顯的不成比例。

（四）減少犯罪的刺激：此項技術著重於減少挫折及壓力、避免爭吵、降低同儕壓力、不要出現具挑釁或挑逗的情緒性字眼，抑制因衝動而產生的犯罪行為，讓刺激因素減至最低，也要避免過度詳細描述犯罪模式的細節，以防止其他人模仿。

（五）移除犯罪的藉口：係指利用各種方式來喚起來良知或道德意識，使犯罪者在考慮想犯罪之前，產生羞恥心或罪惡感，並進而因此放棄犯罪行為。此項技術著重設立規範，以眾人的關注，防杜犯罪的意念產生。

由情境犯罪預防策略的概念，可衍生出25種具體情境犯罪預防作為（表6-3）：

表6-3　Clark 與 Cornish 於 2003 年提出的情境犯罪預防策略及作為

增加犯罪的功夫	增加犯罪風險	減少犯罪誘因	減少犯罪刺激	移除犯罪藉口
1. 強化標的 a 龍頭鎖、防止汽車啟動裝置 b 防盜唯幕 c 防破壞包裝	6. 擴大監控 a 平日提醒、結伴夜行、營造有人居留跡象 b 家戶瞭望相助	11. 隱蔽標的 a 車輛不停放街上 b 電話簿性別中立 c 無標誌運鈔車	16. 減少挫折與壓力 a 有效率排隊及禮貌犯貌服務 b 擴充座椅 c 柔和音樂與光線	21. 訂定規範 a 租賃條約 b 騷擾防治規範 c 旅館登註
2. 管制通道 a 入口通話裝置 b 電子通行證、行李安檢	7. 強化自然監控 a 改善街道照明 b 防衛空間設計	12. 移除標的 a 可拆式汽車音響 b 婦女庇護區 c 預付電話卡	17. 避免爭執 a 隔離足球迷衝突 b 降低酒吧擁擠 c 訂計程車收費標準	22. 敬告守則 a 禁止停車 b 私人土地 c 撲滅營火
3. 檢查出口 a 有票根才可出站 b 出境文件 c 磁化商品標籤	8. 減少匿名 a 計程車司機的身分識別證 b 1-800 申訴電話 c 穿學校制服	13. 財物識別 a 財產標註 b 車牌照、零件註冊 c 牛隻烙記	18. 減少情緒刺激 a 暴力色情片管控 b 提升球場模範 c 禁止激進路濤	23. 激發良心 a 設路旁超速板 b 關稅簽名 c 告知偷竊商品是違法行為
4. 使犯罪者轉向 a 道路封閉 b 分隔女廁 c 分散酒吧	9. 運用地點管理者 a 巴士裝設 CCTV b 便利商店安排 2 位店員 c 獎勵維護紀律職員	14. 搗亂市場 a 監視當鋪 b 分類廣告管控 c 街頭攤販領照	19. 減少同儕壓力 a 白癡才會酒駕 b 說不沒關係 c 在學校中分散廠煩人物	24. 促使守法 a 簡易圖書借出手續 b 設置公共廁所 c 提供垃圾桶
5. 管制器械 a 智慧型槍枝 b 行動電話失竊後即無法使用 c 嚴格管制少年購買噴漆	10. 強化正式監控 a 闖紅燈照相機 b 防盜警鈴 c 保全警備	15. 否定利益 a 防盜墨水標籤 b 清洗塗鴉 c 設減速路口	20. 避免模仿 a 公物遭破壞立即修繕 b 電視內裝 V 晶片 c 避免散布作案模式	25. 管制藥、酒 a 酒吧內進行酒測 b 待者調解 c 無酒精活動

資料來源：Clarke, R.V. and John Eck (2003). Crime Analysis for Problem Solver, U.S. Dept. of Justice. 轉引自洪聖儀（2009）。

第三節　情境犯罪預防的影響

　　情境犯罪預防策略認為當事人所面臨的環境及情境，對其是否選擇以犯罪行為應對的決意過程，有相當大的影響，若當下的環境及情境，使其產生犯罪行為可能不會被發現，或可能不會被追究的僥倖心理，則犯罪行為便很可能發生。

　　尤其是那些自我控制及社會控制能力不足，且未被一般嚇阻策略所嚇阻，仍在尋找犯罪機會的民眾，情境犯罪預防策略可藉著減少其犯罪機會而令其在特定環境下「不能」犯罪。不同於傳統著重解釋個體犯罪行為的理論，情境犯罪預防策略聚焦於引發犯罪行為的情境，強調降低情境對潛在犯罪行為者的吸引，期望在犯罪行為發生之前就預先防止其發生。

　　情境犯罪預防概念的提出，對治安管理的規劃有許多的啟示，首先是它讓治安管理中處理犯罪的面向，由專業時期只全力集中於進行抗制犯罪，進而同時亦重視犯罪預防的重要性；犯罪處理關注的焦點，亦由早期只聚焦於犯罪、犯罪人，漸至擴大到強調環境及周遭氛圍的重要性；治安管理的規劃則由原先的單純的案件處理、事後偵逮，延伸到可以多元的採行不同之治安管理策略，進而可以權變的針對不同的情境，規劃不同的策略。

　　而自日常活動理論到情境犯罪預防概念的提出，讓警政單位在犯罪的防處方面，有更多的著力點，例如可以透過教導或提供民眾咨詢，使其知道如何避免被害，如何辨識並避開容易成為犯罪標的之情境；也讓警政單位為其增加見警率的巡邏勤務，以及在重要地點廣設監視錄影器等作為，找到理論的依據。而犯罪熱點分析、犯罪製圖、地理資訊系統等現代的警政科技，也因之而有長足的發展。

　　雖然情境犯罪預防有上述諸多用處，以及有產生利益擴散（diffusion of benefits）[1]的優點，然而論者亦認為其有一些副作用。情境犯罪預防產生的副作用中，其中最常被討論的是犯罪轉移（displaced）及效應消失（extinction）之問題。

1　利益擴散指原本是要預防一種（或一地）的犯罪，卻亦同時產生預防另一種（或另一地）犯罪之結果，如同超商設置監視器本是想預防超商內的商品被竊，但卻也可能錄到車禍或搶劫等治安事件。

　　所謂犯罪轉移是指情境犯罪預防可能只能預防某一地區（或類型）的犯罪，而非全面遏止犯罪動機的產生；亦即有動機及能力追求犯罪利益的人，可能因一處有情境犯罪預防的規劃，犯罪的機會被阻絕，或某種特殊犯罪類型成功的機會降低，而轉換為針對其他的犯罪對象（標的物的轉移）或處所（地理上的轉移），或選擇其他不同的犯罪類型（類型的轉移），因此犯罪只是被轉移而非被預防了（鄧煌發、李修安，2015）。

　　Reppetto 認為犯罪轉移的類型大致可分成六種：1.地區移轉：犯罪從一個地區轉移至另一地區；2.方法移轉：犯罪方所謂法改變；3.標的移轉：在相同地方選擇不同標的；4.類型移轉：犯罪從一類型轉變為另一類型；5.加害人移轉：原有的潛在加害人停止活動，新的潛在加害人取而代之；6.時間移轉：犯罪時間改變（許春金，2017）。

　　而所謂效應消失是指情境犯罪預防在規劃實施之初，有可能會產生短期的正面效應，但時日一久，當犯罪人逐漸適應新的情境之後，其犯罪預防的正面效應則會逐漸衰退。例如警政單位加強了見警率，但有動機追求犯罪利益的人，在觀察巡邏勤務頻率一陣子之後，就會知道巡邏勤務的規律性，便可以利用巡邏勤務的交接空檔進行犯罪。

　　又如加裝監視器或設定保全系統，起初會有預防住處被害的作用，但有動機的犯罪人，在觀察一陣子之後，可能會先遮蔽、破壞監視器或設法解除保全設定再進行犯罪，致使情境犯罪預防設計期望避免犯罪發生的效應消失（許福生，2018）。

　　由於早期以處理犯罪人為中心的理論及相關犯罪抗制對策，對犯罪處理的成效不夠理想，所以在日常活動理論被提出，以及情境預防策略的風行之後，結合此二者的觀點形塑而成的環境犯罪學開始廣為風行。

　　透過環境及情境的設計以減少犯罪的機會，不僅可運用於掠奪型財物犯罪及機會型犯罪，對於經過計算、精心策劃型的犯罪也有其適用性，故應用環境犯罪學相關觀點及策略，已成為現代規劃犯罪抗制策略的新潮流。

　　警政單位在規劃治安管理策略時，相當程度上要利用犯罪學研究的相關觀點；故犯罪學透過研究而發展出的犯罪抗制對策，亦會是警政單位在處理犯罪問題時所採行的主要治安管理策略。而在日常活動理論及情境預防此二觀點普遍被接受之後，也導致警政的治安管理策略有了新的變革。

　　問題導向警政、社區警政、第三方警政及電腦統計警政等警政策略陸續

被提出；治安風水師方案[2]、環境評估檢測專案、4D犯罪預防策略[3]、建立守
望相助組織、金融機構安全檢測、輔導裝設保全系統、實施鷹眼計畫等依此
二觀點而衍生出的警政作為也陸續被提出（黃富源，2003）。

　　日常活動理論認為犯罪的發生，必須有合適的標的物、有動機及能力的
犯罪者，及有能力之監控者不在場等三項要素在時空上聚合；而情境犯罪預
防則主要是以增加犯罪的功夫、增加犯罪的風險、減少犯罪的誘因、減少犯
罪的刺激，及移除犯罪的藉口等五大類情境犯罪預防策略為核心。本章謹以
此三項要素及五大類情境犯罪預防策略為探討治安管理策略的主要範疇。

　　由於情境犯罪預防的觀點主要是由日常活動理論衍生而來，本章在由此
二觀點出發探討適宜的治安管理策略時，會以日常活動理論所強調的三項要
素為主要面向，並將情境犯罪預防的五大類犯罪預防策略納入討論，一併進
行探討、分析。

　　日常活動理論認為導致犯罪的發生的首要因素是有動機及能力的犯罪
者，此要素亦是傳統處理犯罪所聚焦的對象。針對此一要素，由理性選擇理
論之理性假設所導出的「一般預防」、「特殊預防」，以及「長期隔離」等
策略可適用並能適切的處理。情境犯罪預防的觀點主要是針對日常活動理論
之合適的標的物及有能力之監控者不在場等兩項要素而萌生。

　　情境犯罪預防的「增加犯罪的功夫」、「減少犯罪的誘因」，以及「減
少犯罪的刺激」等三策略可以運用於處理合適的標的物此一要素；「增加犯
罪的風險」則可適用於處理有能力之監控者的不在場此一導致犯罪發生的要
素。此外，「移除犯罪的藉口」策略，則和「一般預防」所強調對有動機的
犯罪者造成「心理強制」的論點相契合。

　　日常活動理論跳脫傳統犯罪原因論的視野，提出環境和情境等犯罪機會
因素對影響犯罪發生的重要性，情境犯罪預防則再針對這些犯罪機會提出具
體的防處策略。日常活動理論從巨觀的角度針對社會結構層面中導致犯罪發
生的要素進行探討，情境犯罪預防則從微觀的面向針對犯罪發生之三要素中

---

2 治安風水師是選派經過訓練合格的員警到民眾家中教導民眾如何防破壞、防範竊盜、防止外
　人侵入等防竊常識；並檢測房屋的軟硬體設施，改變較不安全的動線及設備的位置。主要目
　的在教導民眾做事前的預防措施，以避免竊盜等犯罪發生。

3 4D犯罪預防策略是指以嚇阻（Deter）、偵測（Detect）、延遲（Delay）、阻絕（Deny）等
　四種預防犯罪發生的策略。

的「合適標的物」和「有能力之監控者的不在場」兩者提出適切的防處之道。

經過將日常活動理論強調的三要素，與情境犯罪預防的相關策略搭配探討之後，筆者認為依情境犯罪預防觀點規劃的治安管理策略，在針對「合適標的物」及「有能力之監控者的不在場」等兩要素，確可周延的發揮預防治安問題發生的功能，但對「有動機及能力的犯罪者」此一要素，除了運用情境犯罪預防的相關策略之外，仍須結合由理性選擇理論衍生之「培養自我控制」、「增加社會控制」、「一般嚇阻」、「特別嚇阻」及「長期隔離」等策略，在治安管理層面方能竟其全功。

第四節　三級犯罪預防策略

三級犯罪預防策略是一種概念清楚、操作方便，比較簡單、容易理解的預防策略，也是一種由寬而窄，逐層緊縮，逐步強化監督、控制機制的犯罪預防策略。

三級預防模式原本是公共衛生預防流行性疾病模式（public health models of disease prevention）的概念，學者 Brantingham 及 Faust（1976）首先將它引用到犯罪預防的領域中，主張將犯罪預防工作分成三個層級進行，依對象的不同而適用不同的預防處理方式。此模式提出之後，在犯罪預防實務界引發一股風潮（鄧煌發、李修安，2015）。

公共衛生預防流行疾病模式，對疾病的預防採取依發病之前、中、後三個階段，分三級處理之操作模式。在第一層次（初級）預防為避免疾病或相關問題產生，主要是針對全體民眾，採取避免疾病發生的措施，如清理環境、對一般民眾施打預防針的預防接種等（蔡德輝、楊士隆，2019）。

第二層次（次級）預防，乃鑑定出哪些人有發生疾病的高度危險性，然後促其早日做健康檢查、診斷及治療工作，預防其陷入疾病。聚焦初期疾病徵兆的個人或情境，對初期病徵者及環境進行檢查及監控，重點在處理那些風險較高的獨立個體或事件，及其所呈現的徵兆。如肺結核病隔離檢疫篩檢、SARS 發燒檢測，或針對接觸有毒原料的作業人員進行身體檢查等。

第三層次（三級）預防，是針對明顯發生疾病之人或相關問題，進行控制性處置，對於那些已經患嚴重疾病的病患給予立即的治療，並對其居住環

境進行隔離，避免進一步惡化。除了立即性問題的排除之外，第三級預防還包括抑制未來再發生流行性疾病的必要步驟等（許春金，2017；蔡德輝、楊士隆，2019）。

Brantingham 及 Faust 將這種三級預防的模式運用到犯罪預防領域，其初級犯罪預防乃針對全體社會大眾，是將預防重點置於找出促使犯罪的物理或社會環境因素，「鑑別提供有利於犯罪的機會，或促進犯罪行為發生的物理與社會環境」，並強調依據犯罪預防的需要進行改善個體或環境，以阻絕犯罪之發生（蔡德輝、楊士隆，2019）。

次級犯罪預防則偏向風險管理，係針對已經有徵候的特定人、事、物等潛在危險因素加以干預，強調「早期辨識潛在的犯罪者，並尋求有效的介入與處理」，以避免犯罪發生。三級預防則是針對「真正的犯罪者」，乃係透過刑事司法體系內的處遇，以預防其再度犯罪（黃富源、范國勇、張平吾，2012）。

壹、初級犯罪預防

初級犯罪預防強調「預防犯罪於先」，主張在犯罪行為發生之前，即對所有可能的犯罪風險進行危機管理，期能於事前防範犯罪案件發生。此層級犯罪預防的目的，是在最上游的階段便紓解犯罪問題，讓未發生的犯罪不發生，也讓已發生的犯罪未來不再發生。

初級犯罪預防強調在鑑定出提供犯罪機會及促使犯罪發生的物理、社會環境因素之後，透過規劃和設計加以改善，希望從源頭的「機會」上，便阻斷犯罪以及偏差行為發生的可能。除了鑑別出有利於犯罪的機會，以消弭引發犯罪的源頭之外，初級犯罪預防也非常重視以一般嚇阻來達成預防犯罪的效果。

初級犯罪預防的措施非常多元，見警率、檢察官起訴、法院定罪量刑、監所矯治處遇等，這些會讓犯罪者感受到犯罪風險上升的刑事司法體系的作為都是。此外，初級犯罪預防的措施還包括降低失業率、改善教育品質、消弭貧窮及其他社會病態問題等其他社會議題。所以，除了刑事司法體系之外，還須要外界社會組織的配合。三級犯罪預防策略中，第一層次初級犯罪預防採用的措施，大致如下（許春金，2017）：

（一）環境設計：強化或改善物理空間，使犯罪更加困難，增加安全感。如採行適當之建築空間設計，加強照明設備、通道控制、管制鑰匙、財產辨識等。

（二）鄰里守望相助：增強對潛在犯罪者之監控，如推廣家戶聯防警報連線系統、市民巡邏等。

（三）一般嚇阻：包含巡邏、增加見警率等警察勤務作為，以及加重檢察與法院對犯罪的量刑。

（四）防犯宣導：透過教育、訓練及宣導，強化民眾對周遭環境安全之危機意識。

（五）社會行動預防：從源頭改善社會環境、福利及教育品質等，藉以消弭犯罪於無形。

（六）私人保全：善用公、私機構及團體的保全人力，透過證照的核發，補充正式刑事司法機構之犯罪預防功能，以增加嚇阻犯罪之效果。

表 6-4　初級犯罪預防重要內涵

		建築設計
初級犯罪預防	環境設計	照明設施
		通道監控
		財產標誌
	鄰里守望相助	監視系統
		社區巡守
	一般嚇阻	逮捕與追訴
		審判方式
	防犯宣導	犯罪分析
		恐懼感
		自我防範
	社會工作預防	失業
		貧窮
		職業訓練
	私人保全	教育、訓練、證照

資料來源：改寫自黃富源、范國勇、張平吾（2012），犯罪學新論，台北：三民書局。

貳、次級犯罪預防

次級犯罪預防強調「阻止犯罪於中」，主要在辨識出有偏差行為傾向的高危險群，進而對其加以矯治，以避免偏差行為的發生。次級犯罪預防主張針對高風險的人口或地點進行犯罪預防，故要求對潛在的犯罪人予以早期辨識，並希望在其尚未從事非法行為前，便予以干預。而對被害的高危險群體，則予以有效協助，以免其未來成為被害者。

依次級犯罪預防策略，為了對那些具潛在危險性的犯罪者進行早期預測，甚至在兒童 5、6 歲時即可以進行高危險傾向的早期鑑別，並予以有效輔導，以預防其往後發生犯罪行為。在三級犯罪預防策略中，次級犯罪預防採用的措施，大致如下（黃富源、范國勇、張平吾，2012）：

（一）預測與辨識：早期辨識與預測虞犯，分析犯罪區域。包括調節鄰里爭議、鑑別人口良莠，鎖定高危險群，並介入處理。

（二）情境犯罪預防：改善情境，藉由標的物受到監控、犯罪的機會及嫌疑犯受到控制而預防犯罪的發生。

（三）社區警政：透過對社區民眾的服務增進警民關係，並利用民眾的力量共同預防犯罪。

（四）對物質濫用之介入：預防物質濫用，須從源頭加以阻絕，並對施用者給予禁戒及治療等處遇。

（五）學校與犯罪預防：強化學校與學生的依附性，對學習障礙、無故未到校及中輟學生建立預警制度。

表 6-5　次級犯罪預防重要內涵

次級犯罪預防	預測與辨識	早期虞犯辨識
		犯罪區域分析
	情境犯罪預防	確認問題
		改善情境
	社區警政	善用民力
	對物質濫用之介入	預防與處遇
	學校與犯罪預防	建立學校預警制度

資料來源：改寫自黃富源、范國勇、張平吾（2012），犯罪學新論，台北：三民書局。

參、三級犯罪預防

第三級犯罪預防強調「防止再犯於後」，係對真正的犯罪者予以懲罰，尤其是對習慣犯或常業犯進行矯治與輔導，以避免其再犯罪。透過刑事司法的強制力介入，對偏差行為者進行處遇，以特殊嚇阻使其不再從事偏差行為。

除了刑罰痛苦的特殊嚇阻功能，以及隔離犯罪者以保護社會安全之外，第三級犯罪預防也期待能透過監獄矯治的作用，有效的進行行為矯正或心理治療，使犯罪人能改過遷善，去除其犯罪惡性，使其能成功地復歸社會，不再犯罪。第三級犯罪預防的措施包括（許春金，2017）：

（一）特別嚇阻：刑事司法體系的強力逮捕與追訴、監禁。

（二）褫奪公權：褫奪為公務員、公職候選人、行使選舉權等公民享有的權利。

（三）復歸與處遇：加強教化監所受刑人，使能順利復歸社會，並善用刑事司法體系以外如社會福利機構的介入、轉向以及社區處遇等部分。

（四）隔離：對無改善可能之慢性、核心犯罪人，基於社會防衛的觀點，唯有將其長期隔離，以保障社會安全。

表 6-6　三級犯罪預防重要內涵

三級犯罪預防	特別嚇阻
	褫奪公權
	復歸與處遇
	隔離

資料來源：改寫自黃富源、范國勇、張平吾（2012），犯罪學新論，台北：三民書局。

初級犯罪預防，係以全體社會與人民為對象；次級犯罪預防，則選定高危險群的潛在犯罪者為對象，進行選擇性的犯罪預防；三級犯罪預防，則範圍更聚焦，以已經犯罪的犯罪者為對象，目的是防止其再次犯罪。三級犯罪預防策略可以結合各種犯罪預防策略，加以運用，惟在實際運作時，其須結合相關、人力、資源，非警政單位或民間團體所能單獨處理，此為其優點，

亦為其實施時困難之處（黃富源、范國勇、張平吾，2012）。

學者蔡德輝曾以三級犯罪預防策略運用於少年犯罪預防上面，其規劃的第一層次犯罪預防模式，為首先鑑定出校園附近會提供犯罪機會，消除促使學生陷入犯罪的不良環境，再採取一些改善措施，淨化這些環境以減少犯罪機會。

第二層次少年犯罪預防模式為針對具潛在性的少年虞犯進行早期預測，予以有效輔導，預防其發生犯罪行為。第三層次的少年犯罪預防模式，即針對已經發生偏差行為或犯罪行為學生，進行矯正偏差行為及教化工作，使其能成功地復歸社會而預防再度犯罪（黃富源、范國勇、張平吾，2012）。

第七章　財產犯罪被害預防

第一節　由犯罪預防到被害預防 —— 被害預防意識的興起

就犯罪研究的描述、解釋、預測、控制四大目的而言，犯罪預防是達成犯罪控制的核心工作，在此目的觀之下，犯罪預防的相關策略是聚焦在預防整體國家、社會層面的犯罪發生，對個人的保護只是達成犯罪控制目的之邊際效應。

但自從自由主義、個人意識等觀念抬頭之後，人們開始關注如何保護自身免受外在侵犯，非常強調對個人權益的保障；身為國家、社會中的一員，如何避免成為犯罪的被害者，成為每個人都非常關注的切身問題。犯罪預防的焦點，也由社會層面逐漸延伸到個體層面。

被害者研究在 1950 年代開始興起，除了研究如何透過了解被害的特性，據以減少被害的發生，並降低整體犯罪現象之外，如何做好自身的防護、避免讓自己成為犯罪被害者，也成為普羅大眾非常關注的焦點。

被害者學的發展始自 1941 年德國犯罪學者 Hentig（Hans von Hentig）在其〈犯罪人與被害者的互動關係〉（Remarks on the Interaction of Perpetrator and Victim）論文中，發現有些被害者對其被害行為應負一定的責任。此論文在被害者學發展上具重大意義，被視為奠定被害者學成為一門專門學科的基礎（黃富源、范國勇、張平吾，2012）。

Hentig 於 1948 年發表《犯罪者及其被害者》（*The Criminal and His Victim*）一書，此書被尊稱為被害者學經典之作。以色列律師Mendelsohn（Beniamin Mendelsohn）則在研究犯罪人與被害者間的互動關係之後，於 1847 年創用「被害者學」（Victimology）一詞，認為雙方在犯罪行為中都須負不同程度的責任；「被害者學」也因此被認定是在 1847 年誕生（林山田、林東茂、林燦璋、賴擁連，2020）。

「被害者學」剛開始發展的時期，探討的重點聚焦於討論被害者在犯罪事件中所扮演的角色，以及所應負的責任，直到 1990 年代，「被害者學」

的研究才開始重視被害者的保護,以及透過被害特性的了解,探討如何預防被害。

　　1981 年美國總統 Reagan（Ronald Wilson Reagan）宣布 4 月 8 日至 14 日為被害者權利週;1982 年,美國國會通過一項「被害者及證人保護法案」（Victim and Witness Protection Act）的聯邦法律。美國國會並在 1984 年通過「犯罪被害者法案」（Victim of Crime Act）,此法案提供聯邦津貼支應被害賠償和被害者協助計畫（許春金,2017）。

　　1985 年,聯合國在例行大會上,全體無異議一致通過一個有關被害者權益決的議案,要求所有會員國應重視犯罪被害者,並保障因犯罪或權力濫用所導致之被害者的權益,同時提出了「權力濫用被害者（Victim of Power Abuse）保護原則」的宣言（黃富源、范國勇、張平吾,2012）。

　　Cohen 和 Felson 在 1979 年出版的《美國社會變遷與犯罪趨勢》（*Social Change and Crime Rate Trends*）書中,透過對被害者特性的研究以預防被害的觀點,提出了「日常活動理論」（Routine Activity Theory）,此理論之後被犯罪學及被害者學界廣為重視。

　　日常活動理論原本是用來解釋被害成因的理論,但後來被犯罪學善加利用,成為解釋犯罪成因及預防犯罪的重要理論。這個理論突顯了除具有動機及能力的犯罪者之外,環境及個人特性等機會因素在犯罪事件中所扮演的重要角色。

　　日常活動理論的提出,啟發社會大眾了解到,犯罪事件的發生除了「有動機、有能力的犯罪人」之外,還必須具備「缺乏抑制者」,以及有「適當的標的物」等兩大要素;三者須在時空上聚合,形塑出犯罪的機會,犯罪才會發生。理論中強調,「合適標的物」此一要素是犯罪事件發生不可或缺的一環,這點讓社會大眾體認到,可以以自己的力量避免被害。

　　如何避免自身具備被害者的特性,以及避免身處犯罪可能發生的情境中,都是每個人可以自行做好的,而其前提是需要對這些被害發生要素的了解及警覺。負責處理犯罪的警察組織,也很樂於見到民眾透過對犯罪機會的理解而降低犯罪的發生,因此也相當願意透過教育及諮詢,提供民眾預防被害的資訊。

　　延續日常活動理論犯罪事件三要素在時空上聚合的觀點,情境犯罪預防策略聚焦於減少可能發生犯罪的機會。美國犯罪學家 Clarke 在 1992 年出版

《情境犯罪預防》（*Situational Crime Prevention*）一書，書中整理出一些預防被害的概念，並提出具體的情境犯罪預防作為。

2003 年，Clark 與 Cornish 再將之前之情境犯罪預防的概念加以擴增，將情境犯罪預防的概念擴充成為「增加犯罪的功夫」、「增加犯罪風險」、「減少犯罪誘因」、「減少犯罪刺激」、「移除犯罪藉口」等五類，並衍生出 25 種具體情境犯罪預防作為。

情境犯罪預防策略，尤其是由五大策略延伸出的 25 種具體情境犯罪預防作為，能提供民眾用以檢視自身特性，以及作為了解周遭情境狀況的參考，除了讓民眾盡量避免自己具有被害可能的特性外，也可以盡量避免身處可能被害的情境，減少被害發生的機會。

第二節　竊盜被害預防

竊盜是世界各國公認最傳統，也是最常見的犯罪類型。竊盜罪的罪質不重，造成民眾的損失可能也不會太多，但卻往往是警方治安管理上最困擾的問題之一。一方面是竊盜犯罪破獲率低，有極高的犯罪黑數；另一方面則是竊盜容易造成民眾在心理上的恐懼感及生活的不安全感。

竊盜是民眾相當厭惡的案件，除了會造成被害民眾財產損失外，也容易對被害者產生許多心理影響。民眾對治安的感受與評價，往往取決於自身權益是否被侵害而定，由於竊盜犯罪的普遍性，竊盜案件發生率常常就成為民眾被害恐懼感的重要指標。

我國對竊盜犯罪構成要件描述，主要敘明在刑法第 320 條第 1 項，規定意圖為自己或第三人不法之所有，而竊取他人之動產及不動產者，為竊盜罪；其他與竊盜相關的犯罪構成要件，還包括竊佔罪、加重竊盜罪、電器竊盜罪、常業竊盜罪及親屬間竊盜罪等。

學者黃富源曾經針對竊盜犯罪提出：Deny、Delay、Deter、Detect 等「4D 預防原則」，強調以打消竊盜的動機為最優先（Deny），其次是要延緩竊盜進行的過程（Delay），增加竊盜需要花費的時間。另外裝設相關的保全裝置等防盜設備，讓竊賊無法進入竊盜（Deter）；利用監視錄影器等監看設備，也可以讓竊賊害怕被監看到而放棄竊盜（Detect）（許福生，2018）。

壹、住宅竊盜被害預防

家是自己私密的堡壘，堡壘被侵入，不管是否有損失或損失多少，總是會讓人失去安全感，心裡會非常的不舒服，對自己及家人的人身安全也會產生顧慮。而住宅竊盜被害預防可以分別從下列幾個層面著手（何明洲，2009；鄧煌發、李修安，2015）：

一、硬體設備方面

（一）裝設監視錄影器等保全系統，並建構完善防衛空間的體系，例如在大門裝設警報器或紅外線感應之照明燈。監視錄影器則要盡量擴大監視的覆蓋率，並定期檢查，以確保系統妥善率。

（二）用實心不鏽鋼等材料製造的牢固門窗或氣密格子窗，並用多段式的門鎖，或裝設一體成型、鎖心內縮、鎖頭經強化處理的鎖，讓鎖的結構內縮、隱藏在門板裡。因為開鎖耗費的時間越長，或開鎖工具伸入的長度越長、力道就越弱，竊賊也就越不容易破壞侵入。

（三）住宅設計減少視線死角，房屋周遭也盡量減少高樹，以防竊賊攀爬。若鄰居搭有施工架設之鷹架，要注意有無可以攀爬的動線；庭院也要避免種植隱密的大型植物，而住家鄰居若有待拆改建之空屋，緊鄰空地與停車場者，也要注意作息是否容易被觀察與掌握。

（四）圍牆牆頭上可以放一些盆栽，牆邊則勿堆積如木箱、舊家具等物品，要讓竊賊不容易爬牆入內。另外，庭院可以鋪上碎石，讓人走過時會發出聲音，具有嚇阻的作用。此外，在公寓每個樓層面對馬路及後方防火巷的窗戶可以裝上鐵窗。

二、生活習慣方面

（一）且忌過度炫富，要財不露白，否則容易成為竊賊鎖定的目標。

（二）避免將鑰匙藏在門框上、花盆或踏墊下等位置，因為很容易被竊賊找到，立刻可以登堂入室。另外，門習慣只關不鎖的，等於家門不設防，自然很容易遭竊。

（三）在外租屋，一定要請房東更換門鎖，以防之前的租屋人不告而入。

（四）貴重物品盡量寄放銀行的保險箱。金融機構的印章，要跟存摺分開存

放，或將印章放到銀行的保管箱。

三、上班或外出時

（一）上班或外出時應查看家中門鎖是否確實上鎖，以免便利竊賊闖入；若有防盜保全系統，離家前應先開啟，並測試是否設定妥當。

（二）外出可將住家電話設定為「講話中」，避免竊賊利用電話打探虛實。

（三）窗簾悉數拉上容易顯示出家中無人的跡象，可以選擇打開一兩個無法由外看到內部的窗簾。家中也可以善用定時開關，讓電視及電燈時開時關，彷若有人在家。

（四）如須長期外出，請鄰居代為收取郵件包裹，幫忙整理門口環境，要通知停送訂閱的報章雜誌，也可請親朋好友不定時進屋察看住家狀況。

（五）有新婚喜慶時，家中最好有人看守，以防竊賊趁虛而入。

新北市政府警察局在網站上提供了一份住宅防竊安全檢測表，內容周詳完整，可以作為預防住宅竊盜的檢測參考。

一、門的部分

1. 門的結構是否為可靠牢固的鐵質或實心木質（含前、後、側門）？
2. 推門時，門板是否不會鬆動情形？
3. 門內是否裝有防盜門鏈且無法從外拆卸？
4. 大門是否裝有 190 度視野的眼孔或電視螢幕對講機？
5. 所有的門是否都能緊閉安全？
6. 所有不常用的門是否都能保持緊閉上鎖？

二、窗的部分

7. 氣窗、屋頂天窗或地下室的門窗是否都緊閉鎖好？
8. 如果使用鐵窗，是否裝有緊急出口，而且家人均曉得位置及使用方法？
9. 窗戶的框及鎖是否牢固安全？
10. 所有窗戶及冷氣孔的空調設備、抽風機是否均固定無法移動及從外拆卸？
11. 通風用的窗戶是否上鎖？

三、鎖的部分

12. 門鎖是否為可靠牢固且較安全的多段鎖（dead-bolt lock）？
13. 所有的鎖是否裝得很牢固？

14. 即使破壞窗戶或門框門鎖是否依然不易被打開？
15. 寢室的門是否也裝上安全牢固的鎖？
16. 外面所有的門平時是否都上鎖？

四、照明設備部分

17. 屋內照明設備是否理想？
18. 屋外照明設備是否理想？
19. 能見度低或入夜後電燈是否始終保持光亮？
20. 住宅建物周邊或防火巷光線不足處是否裝設感應式照明設備？

五、其他

21. 頂樓出入口是否裝有防火門由外無法入侵？
22. 住宅建物防火暗巷是否不容易被攀爬之裝置？

以下為各該戶成員生活習慣等軟體措施，提供住戶參考改進

1. 貴重物品是否已保險並存於保險櫃內？
2. 貴重物品擺設的位置是否有避免他人可自門外或街上直接窺視？
3. 入夜後窗簾是否放下？
4. 是否把大部分現金放在銀行？
5. 支票簿是否存放妥當？
6. 是否有安全櫥櫃可存放貴重物品能防火防竊？
7. 是否裝有緊急求救按鈴？
8. 寢室內是否另有電話？
9. 是否有左右鄰居的電話號碼？
10. 電話旁是否有警方、消防隊、救護車等單位的電話號碼？
11. 鄰居是否有您家的電話號碼？
12. 如有訪客或送貨員來訪是否在了解其身分及目的後才開門？
13. 對於政府機關陌生人員來訪，是否先核對及驗明對方身分後才讓他進門，對其餘陌生訪客是否根本拒絕其進入？
14. 是否有避免把鑰匙藏在屋外？
15. 窗戶是否經常上鎖？
16. 晚間離開屋子前，是否會打開外面的燈？
17. 入夜後鄰居們是否打開他們門前的燈？
18. 當四周附近路燈發生故障損毀時是否能立即報請修復？
19. 是否屬於守望相助成員之一？
20. 是否將貴重物特徵、型式編號記下？

21. 財物清單存放在家中，您認為是否不夠安全？
22. 是否能避免在陌生人面前展露貴重物品？
23. 當看到有人在看您家時或附近打轉或注意您家人時是否會有所警覺？
24. 是否有任何防止被騙離家及避免小偷闖空門之適當計畫？
25. 發現家裡有小偷時，您是否有適當應變措施？
26. 倘若晚上您察覺有竊賊而睡醒時是否打開電燈或製造聲響？
27. 贊成絕對不要透露您的財產及個人資料給電話詢問者？
28. 對於陌生的電話，是否警覺並能應變？
29. 是否教導您的小孩如何正確地接陌生人打來的電話？
30. 是否養有看門狗？
31. 離家時，是否有狗看家？
32. 全家出門遠行，是否已安排好報紙及郵件的處理？
33. 全家出門遠行，是否取消其他送貨之訂單？
34. 全家出門遠行，是否仍維持電話連繫？
35. 全家出門遠行，安排您家犬的飲食及水，以便能讓它維持良好狀況而能為看家？
36. 旅行在外時，您認為將貴重物品留在旅館房間內是否不太安全？
37. 離開家門時，是否會測試警報系統？
38. 離開家門時，是否使用自動定時裝置？
39. 離開家門時，窗簾是否已拉下？
40. 旅行時是否將您的行程留給友人或親戚？
41. 是否能避免離家前利用晚上將行李紮捆於車上？
42. 住宅是否裝設警報系統？

獨棟透天厝（獨門、獨院）參考檢測項目

1. 住家內院的門是否裝有抗震的玻璃？
2. 所有內院的門是否都裝上安全的鎖？
3. 車庫的門是否經常上鎖，特別是在晚間及您離開時？
4. 車庫的門是否採用自動控制的方式？
5. 游泳池是否禁止外人進入？
6. 工具房，花房或其他相似建築物是否緊閉安全？
7. 所有活動梯架、格子柵或類似能攀爬的設備是否都已藏好以防被利用進入二樓？
8. 所有車庫窗戶是否裝了鎖？
9. 窗外院內所有的樹或灌木叢是否修剪整齊，不會遮住視線？
10. 住宅、車庫及花園地區是否均有照明設備？
11. 車庫及停車場照明設備是否充足？

12. 圍牆是否能達到隔離保護財產的目的而非供歹徒隱藏物品之用？

13. 腳踏車、梯子、工具箱、除草機等是否放在屋內？

公寓（或大廈）外部安全參考檢測項目

1. 公寓內外是否有適當照明設備？

2. 您住的公寓是否已採取任何措施防止公寓附近有可供隱藏的地方或死角？

3. 您住的公寓是否有管理員或安全警衛？

4. 大廈管理員是否會詢問登記所有的訪客？

5. 電梯是否有監控裝置？

6. 您搬進公寓時，所有鎖是否都換過？

7. 若有門鎖壞了是否都能迅速通知鄰近或熟識的廠商修復？

8. 倘若在電梯受威脅，您是否記得按緊急按鈕？

9. 倘若您是女性而且單獨住宿，您是否會避免在信箱或電話簿之登記上洩露妳的處境給歹徒知悉？

10. 公寓是否在兒童遊樂區設有監控設備？

資料來源：新北市政府警察局（2018），https://www.police.ntpc.gov.tw/cp-1095-6832-1.html。

貳、汽機車、腳踏車竊盜被害預防

　　汽機車、腳踏車是個人的私人財產，也是現代生活中多數人不可或缺的交通工具，汽機車、腳踏車若失竊，除了是財產的損失之外，更會給生活上帶來極大的不便。若失竊的汽機車再被拿去作為犯罪的工具使用，更會帶來後續極大的困擾，但如果能夠小心做好足夠被害預防的工作，則可以減少許多汽機車、腳踏車被竊的機會。汽機車、腳踏車竊盜被害預防，可以分別從下列幾個地方著手（臺北市政府警察局，2019；鄧煌發、李修安，2015）：

（一）養成下車後馬上熄火，並立刻拔下鑰匙（或機車、腳踏車立即上鎖）的習慣——上鎖就是一種目標物的強化，若能使用較精密或複雜的鎖更佳；如果能夠同時使用兩道以上的鎖，則可以延遲竊盜時間，增加竊盜被發現的犯罪風險，也可以進而打消念頭。

（二）車輛最好停放在有人管理進出的停車場，並將取車憑證與鑰匙分開放置，以防有人冒領。若停在其他地方，車輛停放的位置要選在光線明

亮，人來人往，人潮較多的地方，讓路過的不特定人都成為防竊的自然監控者。

（三）汽機車可以加裝如警報器等具嚇阻作用的警示設備，貴重及可攜帶之物品，勿置放在汽車車內從車外可見之處，必要時可以放在車後的行李箱。車內的零錢或有價值的財物須收妥，以免竊賊為拿到車上的財物而破壞車窗。

（四）汽車保養應找熟悉可靠的修理廠，外出停車減少使用代客停車服務，以防鑰匙遭人複製而日後遭竊。

（五）機車置物箱的防竊功能很低，貴重物品勿放置於置物箱中，應隨身攜帶。

（六）腳踏車若未上鎖，容易因有人貪圖方便，臨時起意而遭到使用竊盜。而鋼線圈鎖或鏈條鎖容易被剪斷，最好使用如方型鎖、O型鎖及U型鎖等堅固的鎖。

（七）越野腳踏車和變速腳踏車因較容易被竊，停放時最好前後輪均上鎖，務必至少有一端與電線桿或欄杆等固定物鎖一起；無固定物可鎖時，可將數輛車子首尾交錯，並排鎖在一起。

（八）機車及腳踏車進行烙碼或塗上特殊記號，會降低竊盜銷贓的方便性，可以降低被竊的機會。

參、扒竊被害預防

　　工作之餘，外出用餐、購物、旅遊時，常因為心情放鬆，加上注意力集中在感興趣的事物而分心；這個時候往往是竊賊扒竊的最佳時機。所以外出用餐、購物、旅遊時，要留意下列事項，以免損失財務之餘，又敗興而歸。

一、外出逛街、用餐防扒竊（臺北市政府警察局，2019；內政部警政署刑事警察局資訊網，2022；鄧煌發、李修安，2015）

（一）外出盡量不要攜帶太貴重的物品，如帶有較貴重物品及金錢時，勿將金錢、財物集中放在外衣、外褲口袋或皮包口袋明顯處；最好分散妥善放置，並盡量放入衣服內部特製的暗袋。

（二）女士們外出逛街，手提包外袋裡盡量勿放置貴重物品；皮包也最好不

離身，盡可能把皮包背在身體前方，或夾緊在腋下。

（三）女士可以選用雙層拉鏈的手提包，並將金錢等較貴重物品放在內層，外層拉鏈開口緊靠自己身體，並隨時檢查皮包拉鏈是否拉上，以防被扒。

（四）進入人潮擁擠地方時，應隨時注意自己皮包；若有人拿和你所攜帶顏色、形狀類似或相同之皮包放在一起時，應特別注意，以免被人乘機掉包扒走。

（五）購物時最好事先列出清單，排隊付款時，可先備妥信用卡或現金；購買完畢，亦應先將信用卡、現金、物品收妥，再行離開。

（六）出門購物最好能二人以上結伴同行，彼此可以互相照應；搭電梯若擁擠時，也應特別提防扒竊。

（七）在餐廳用餐時，皮包、提袋等隨身物品應放在視線可及之內，切勿放置身後或椅子下面，除了防竊也可以避免遺忘。

二、搭車、船防扒竊（臺北市政府警察局，2019；內政部警政署刑事警察局資訊網，2022）

（一）購車、船票時，最好預先備好零錢，盡量不要當場取出鈔票點數；行李放在視線可及的地方，並要注意身邊旅客的眼神與舉動。

（二）在月台上候車時，要妥善保管自己隨身之物，切勿將所攜帶的行李任意放在椅子上，人卻離開一下；搭車時貴重的行李財物，也不要放置於行李架上。

（三）特別注意二、三人（或以上），未排隊而突然衝過來的人；車、船上，若有二、三人以上圍在自己身邊，也要特別注意。車、船到站時，若有二、三人以上，堵塞車門向司機問事，也應特別留意，避免被扒。

（四）乘坐車、船時，要特別留意身邊會斜視窺探他人衣袋、手提包，手拿報紙，並不時摺疊報紙，以及不斷和他人互換眼神的人；當有人故意用手肘或膝蓋碰撞你的衣服、褲袋、皮包或行李財物時，也應特別留意他的行動。

三、演唱會、戲劇院防扒竊（臺北市政府警察局，2019；內政部警政署刑事警察局資訊網，2022）

（一）進入演唱會、戲劇院或散場步出離開時，人潮十分擁擠，此時應特別留意自身財物，以防被扒。

（二）注意前後左右觀眾之眼神與舉動，不要因過度投入現場活動或專心劇情而忽略身上財物。上廁所時，手提包與衣物也應隨身攜帶。

四、旅遊防扒竊（臺北市政府警察局，2019；內政部警政署刑事警察局資訊網，2022）

（一）在旅遊景點注意頻頻和別人互換眼神的陌生人，有人會藉機搭訕，旁人再趁機下手扒竊。旅遊景點若有陌生孩童的出現時，他們也可能被利用行竊。如發現有人大聲爭吵等突發事件時，要特別留意，以防竊賊聲東擊西，趁機下手。

（二）西裝或外套故意掛在手上或穿著寬大衣服的人走近身旁時，也應倍加小心。

第三節　詐欺被害預防

　　我國自 2000 年起詐欺犯罪急速上升，且 2002 年迄今，詐欺犯罪一直位居我國犯罪率最高的四大犯罪類型之一，並在 2008 年達到最高峰；政府對此現象非常重視，成立了 165 反詐騙諮詢專線及網站加以因應，警方也極力宣導及取締，詐欺犯罪的件數才開始略微下降（許春金，2017）。

　　我國對詐欺犯罪的構成要件主要描述在刑法第 339-1 條：「意圖為自己或第三人不法之所有，以不正方法由收費設備取得他人之物者，處一年以下有期徒刑、拘役或十萬元以下罰金。」

　　另有準詐欺罪的構成要件，規定刑法第 341 條第 1 項：「意圖為自己或第三人不法之所有，乘未滿十八歲人之知慮淺薄，或乘人精神障礙、心智缺陷而致其辨識能力顯有不足或其他相類之情形，使之將本人或第三人之物交付者，處五年以下有期徒刑、拘役或科或併科五十萬元以下罰金。」

　　我國刑法對詐欺犯罪構成要件的描述，除了詐欺及準詐欺罪之外，還包括不正利用收費設備取財得利罪、不正利用自動付款設備詐欺、不正利用電腦或相關設備詐欺、加重詐欺、常業詐欺罪等類型。其中所謂的「不正方法」是指以類似行騙、違反該設備設計目的的方法破解收費設備（自動販賣機、悠遊卡收費系統）、自動付款設備（ATM）或電腦等電子機器設備（黃富源、范國勇、張平吾，2012）。

　　針對詐欺犯罪，有一些共通必須要留意的事項如下（臺北市政府警察局，2019；內政部警政署刑事警察局資訊網，2022）：

（一）養成多重查證習慣，勿隨意聽信不明來電指示。

（二）有來電號碼顯示的來電不見得是真的，可以先掛斷電話，並撥打相關機構電話，或撥 165 專線查證。

（三）以 0200、0800、0900、0204 起頭的都是虛擬電話號碼，只能收聽電話，也不會顯示號碼在個人手機上。

（四）網路聯繫要謹慎，不要隨意留下個人的住址、學校、公司、家中電話等資料，以免被歹徒濫用。

（五）ATM 沒有取消扣帳約定、解除分期付款或驗證身分之功能，若來電有要求依照電話指示操作 ATM 就要特別留意，切勿聽從電話指示操作按鍵。

（六）若發現操作自動提款機，存款被轉走，應立刻報警，只有報案才能破解歹徒手法。

　　較常見詐欺的手法有以下幾類，在這幾類詐欺犯罪類型中，上述的共通留意事項，都可以善加留意，以預防被害。

壹、中獎詐欺

　　中獎詐欺主要是利用人性貪小便宜的心理，以郵寄、簡訊、網路、電話聯絡等方式，通知民眾其已中獎，但須先扣稅，要求其將所需扣稅的金額轉帳至某帳戶，即可得到獎品。

貳、假冒公私機構人員詐欺

　　住家電話或個人手機，常會接到假冒警察、檢察官、健保局、電信局、金融機構等單位之人員，告知民眾其信用卡、健保卡、電話遭盜用或偽造。這是一種角色扮演的詐欺，假裝善意告知民眾為了帳戶安全，提供詐欺帳戶要民眾轉帳進去，以避免被歹徒盜領。假冒公私機構人員詐欺被害預防，還應注意下列事項（臺北市政府警察局，2019；內政部警政署刑事警察局資訊網，2022）：

（一）刑事司法機關辦案，不會要求匯款，也不會監管當事人帳戶，更不會收取當事人現金。

（二）刑事司法機關不會將相關文書用傳真方式傳送給當事人，而是以掛號信函方式送達。

（三）由於證件容易偽造，如有配戴公務機關識別證的陌生人來訪，最好先問其姓名及服務單位，並打電話向其服務單位查證。

參、假綁架詐欺

　　歹徒通常假冒家人或朋友被綁架，利用假冒親友的哭啼與哀嚎聲，引發民眾緊張焦慮心理；歹徒常以不准掛斷電話方式遙控，要求民眾出門領款付贖款。另有假冒黑道恐嚇，告知其家人向地下錢莊借錢或與人有糾紛，要民眾付錢解決，否則將展開報復。甚至有歹徒自稱是逃犯，向民眾索取跑路費。假綁架詐欺被害預防，還應留意下列事項（臺北市政府警察局，2019；內政部警政署刑事警察局資訊網，2022）：

（一）所有家人都應留下二種以上聯絡方式，約定通關密語，以備緊急聯絡、查證之用。

（二）歹徒常會利用親人關心的焦慮心理，要求不准掛斷電話方式，遙控親人匯款；遇此情況，可以先假裝不小心掛斷電話，再透過旁人撥打學校或服務單位等相關電話查證。

（三）165 反詐騙專線電話，可以協助聯絡疑似遭綁架親人之相關單位，勿在尚未查明情況之前，匯款給歹徒。

肆、假親友借錢詐欺

　　歹徒以亂槍打鳥式的電話探詢，利用人際間的噓寒問暖，讓接電話民眾猜測來電者身分，歹徒就會繼續扮演同學、朋友、鄉親、客戶的角色，若接電話民眾起疑，歹徒會回答感冒或生病了。這種電話詐欺最常見就是說「急需金錢應急難或臨時調度」，要求被騙的民眾匯款。假親友借錢詐欺被害預防，還應留意下列事項（臺北市政府警察局，2019；內政部警政署刑事警察局資訊網，2022）：

（一）接到不願主動告知姓名的不明來電，不要礙於情面而猜測對方姓名，務必請對方明確告知姓名。

（二）遇到久未謀面的親友電話要借錢，可以告知現在正在忙，待會兒回電；可疑電話掛斷後，找出親友聯絡電話簿，打電話問是否真要借錢，以確認是否為真。

伍、信用卡盜刷詐欺

　　歹徒常會發簡訊或打電話到民眾手機，告知民眾購物的消費紀錄，並告知其信用卡遭偽造、盜刷、存款不足等，要民眾提供信用卡號碼、密碼、信用卡截止日期等資料，再加以盜刷。

陸、網路購物詐欺

　　由於部分購物網站資安防護措施不足，致歹徒入侵盜取民眾個資與交易資料；有的歹徒會假冒賣家，發 e-mail 給得標者，並提供假的帳號供買家轉帳，利用網路購物的交易模式詐欺。也有歹徒採用「解除分期付款」方式，竄改來電號碼，冒充客服及銀行人員謊稱該筆交易被誤設為連續扣款，要求民眾操作 ATM「解除分期付款」，藉機詐財。

　　「假網拍」則是歹徒利用民眾撿便宜心理，在拍賣網站或臉書社團推出低於市價許多的商品，等買家下訂匯款後，就斷絕聯絡。網路購物詐欺被害預防，還應留意下列事項（臺北市政府警察局，2019；內政部警政署刑事警

察局資訊網，2022）：

（一）詐欺最大誘因是「遠低於行情價」，看到這樣的訊息就要提高警覺，勿貪圖小利，購買與市價顯不相當的商品，以防掉進歹徒所設圈套，因小失大。

（二）檢視網路賣家過去的交易紀錄，若突然開始賣和原本不相關項目的商品，就要留意；若網路賣家過去只有買、沒有賣，有可能是透過小額交易來換取好評價，以贏取網路大眾信任。

（三）對於堅持只能先收款才寄貨的賣家，要留意查證；盡量選擇貨到付款的賣家；原則上最好採取當面交易，銀貨兩訖的方式。

　　詐欺的手法包羅萬象，除了常見的以上幾類，另外還有網路援交詐欺、網路聊天室投資詐欺、假借發放生活津貼之名到家詐欺老人、分類廣告求職陷阱、貸款遭騙提款卡等詐欺方式。有一預防詐欺被害的口訣為「一聽、二掛、三查證」，這三者是詐欺被害預防應做的基本工夫（嘉義市政府警察局，2018）。

　　詐欺犯罪主要是針對民眾疏於防範、急迫時無法理性判斷，以及利用人性的貪念、恐懼等心理層面進行詐欺。綜合前述的詐騙預防要領，當接到疑似詐欺電話時，可以掌握 Calm down、Check it out、Call 165 等所謂「三 C」的預防被害原則（新竹縣政府警察局橫山分局，2021）。

　　首先是要保持冷靜（Calm down），歹徒利用的就是民眾慌張的心理；其次是小心查證（Check it out），要謹慎面對，妥適查證，多重確認；而其中一個重要的查證、確認方式，就是撥打刑事警察局「165」反詐騙諮詢專線（Call 165）。

　　除了又被稱為「三要」的「三 C」詐欺被害預防原則之外，另外還有「三不原則」，亦即「不要」聽信電話通知，就依照別人指示操作 ATM 提款機轉帳；「不要」在電話中告知您的銀行帳號、身分證號等個人資料；「不要」依據對方所留電話查證，否則也極易陷入歹徒設好之陷阱中（嘉義市政府警察局，2014）。

　　臺中市政府警察局也提出網路購物的「二不、二要」口訣，即「不」點擊來路不明的簡訊聯結、「不」輕信破盤好康、「要」安裝防毒軟體，降低詐騙風險，以及「要」從官方購物網站登入查詢訂單資訊。提醒民眾一分錢一分貨，在網路購物前牢記這口訣，才能預防被詐騙，開開心心購物（臺中市政府警察局第五分局，2021）。

第四節　工商場所被害預防

　　工商場所包括各類金融機構、金銀珠寶業、當舖業、大型賣場、量販店、超商、加油站等。這些工商場所由於交易熱絡，現金充裕，有些甚至商品種類繁多而且密集，完全符合日常生活理論的三要素中，所描述的適合標的物，也因此很容易成為歹徒強盜、搶奪或竊盜的對象。

（一）由於這些工商場所都是非常顯著的犯罪標的對象，所以一些預先告知，或者提醒良心的標語可以發揮警示作用。例如在入口處張貼相關刑法的處罰規定，會有一些警惕的作用的規定；溫馨的提醒「錄影中，請微笑」，也可以提醒顧客是在被錄影監視中，減少臨時起意，順手牽羊的竊盜意圖。

（二）建築物的外觀及機構或商店內物品擺放的格局，可以善用自然監控的策略。建築物的外觀讓入內的顧客感覺可以被外面看到，路過的行人就可以發揮自然監控的作用。強化室內的照明，物品擺設時，讓置物架間可以互相看到，購物的客人，也自然而然成為監控者，可以發揮自然監控的作用。

（三）規劃為單一出入口控管，並在出口設置未結帳物品的感應裝置，可以預防商店竊盜的發生。

（四）工商場所設置與鄰近警察機關連線的警鈴，並在門口張貼告示，告知顧客本場所有與警察機關連線，用以警示顧客。此措施除了有預防被害的警示作用之外，若有犯罪發生時警方也可以儘速趕抵現場。

（五）較大的工商場所應聘用私人保全，除了有警示作用之外，也可以透過服務顧客的機會觀察入內的顧客，注意進出顧客之特徵。

（六）僱用工作人員時注意其品性及背景，人員離職後，應更換防盜措施及門鎖，以及相關感應密碼。

（七）例行於打烊前由專人檢查場所內的所有角落，以避免竊賊藏身店內，伺機竊取財物。

（八）各營業場所應裝設監視系統，由專人每日負責錄影機開啟，並應檢視是否有拍攝範圍不足或不清晰等情形（江慶興、韋愛梅，2010）。

（九）金融機構等營業場所，營業櫃檯高度要足夠，並裝設柵欄；營業櫃檯置放現金的抽屜也應設定自動上鎖（江慶興、韋愛梅，2010）。

（十）金融機構等營業場所，除了硬體設備的加強外，還要重視人員應變能力的訓練，實施營業場所防搶等狀況演練（江慶興、韋愛梅，2010）。

（十一）金銀珠寶業的展示櫥窗應裝置強固玻璃，貴重金屬也應打印標記，保險箱應有獨立隔斷開鎖設計，以及員工資料建檔。

（十二）當舖業等的展示櫥窗需是強化玻璃，並將櫃檯設計為不易翻越進入，貴重金屬應打印標記，保險箱也應有獨立阻隔的開鎖設計（鄭加仁，2010）。

（十三）加油站的營業燈光應充足，並指定專人負責安全警戒、定期舉辦員工自衛安全訓練，任何時段均有留守或監控人員。加油站業者收受一定金額即交付總營業處所，減少大量金額置於營業站月台之時間，總營業處所大門應加裝門禁感應刷卡設備，以降低歹徒侵入之犯意（鄭加仁，2010）。

（十四）對未懸掛車牌的汽機車，或頭戴全罩式安全帽而行跡可疑的機車騎士須提高警覺。

第八章　人身安全被害預防

　　性騷擾、約會防暴、恐怖情人、家暴、性侵害，及無差別殺傷等涉及人身安全的犯罪，其中除了性騷擾有可能是以文字、圖畫、語言、影音或其他物品等方式騷擾之外，大多涉及身體，乃至生命法益的侵害，對被害人而言，都是很容易引發驚恐的。針對這些危及人身安全犯罪的預防與處理，包括事前防範、當下應對，及事後處置等三個層面，本章著重預防被害的發生，所以聚焦在處理事前及當下反應的部分。針對犯罪發生後的身心理創傷治療、偵察及追訴等事後處置部分，本章則不作贅述。

第一節　預防性騷擾

　　性騷擾通常是指違反個人意願而與「性」或「性別」有關的騷擾行為，譬如述說帶有性暗示或性別歧視的黃色笑話、故意碰觸異性身體（尤其是私密處），讓對方感到不愉快、不舒服等心理反應的語言或行為。

　　我國為全面防治性騷擾及保護被害人之權益，並補足性別工作平等法及性別平等教育法的不足，於民國 94 年 2 月 5 日公布性騷擾防治法，並於民國 98 年 1 月 23 日進行修正，將性騷擾的行為予以明確的規定。定義性騷擾行為，係指性侵害犯罪以外，對他人實施違反其意願，而與性或性別有關之行為。主要的行為態樣有下列兩類：

（一）以他人順服或拒絕該行為，作為其獲得、喪失或減損與工作、教育、訓練、服務、計畫、活動有關權益之條件。

（二）以展示或播送文字、圖畫、聲音、影像或其他物品之方式，或以歧視、侮辱之言行，或以他法，而有損害他人人格尊嚴，或造成使人心生畏懼恐怖、感受敵意或冒犯之情境，或不當影響其工作、教育、訓練、服務、計畫、活動或正常生活之進行。

　　上述第一項行為態樣，描述的是職場、學校或工作環境場域中的性騷擾，其中往往涉及不對等的權利義務關係；第二項行為態樣則是描述民眾在日常生活中，都可能會遇到的性騷擾。

　　對性騷擾行為的處罰，除了針對性騷擾犯罪的當事人之外，對相關機關、部隊、學校、機構或僱用人等，亦有處罰的規定。對他人有性騷擾之行為者，處新臺幣 1 萬元以上 10 萬元以下罰鍰；而意圖性騷擾，乘人不及抗拒而為親吻、擁抱或觸摸其臀部、胸部或其他身體隱私處之行為者，處二年以下有期徒刑、拘役或科或併科新臺幣 10 萬元以下罰金。

　　對於因教育、訓練、醫療、公務、業務、求職或其他相類關係受自己監督、照護之人，利用權勢或機會為性騷擾者，則得加重科處罰鍰至二分之一；此外，性騷擾須告訴乃論。

　　機關、部隊、學校、機構或僱用人，應防治性騷擾行為之發生。組織成員、受僱人或受服務人員人數達 10 人以上者，應設立申訴管道協調處理；其人數達 30 人以上者，應訂定性騷擾防治措施，並公開揭示之。而於知悉有性騷擾之情形時，應採取立即有效之糾正及補救措施。違反者處新臺幣 1 萬元以上 10 萬元以下罰鍰。經通知限期改正仍不改正者，得按次連續處罰。

　　機關、部隊、學校、機構、僱用人對於在性騷擾事件申訴、調查、偵查或審理程序中，為申訴、告訴、告發、提起訴訟、作證、提供協助或其他參與行為之人，不得為不當之差別待遇；違反前項規定者，負損害賠償責任，並處新臺幣 1 萬元以上 10 萬元以下罰鍰。經通知限期改正仍不改正者，則得按次連續處罰。

　　廣告物、出版品、廣播、電視、電子訊號、電腦網路或其他媒體，不得報導或記載性騷擾被害人之姓名或其他足資識別被害人身分之資訊；違反者，處新臺幣 6 萬元以上 30 萬元以下罰鍰，並得沒入物品或採行其他必要之處置。若經通知限期改正，屆期不改正者，得按次連續處罰。

　　本章聚焦在討論性騷擾的被害預防，故依據性騷擾防治法的規定針對日常生活中的性騷擾，以及職場、學校或工作環境場域中的性騷擾等行為態樣提供預防建議（國立屏東大學學生諮商中心，2022；新竹縣政府警察局婦幼警察隊，2022）：

（一）潛在騷擾者有下列五個重要警訊指標，盡量與明顯有這些指標的人保持適度距離，不要與可能的騷擾者獨處，以減少被性騷擾的可能性。

1. 歧視女性而認為女性本該順服、依賴者。

2. 喜用汙穢性言語評論女性者。

3. 濫用藥物或酗酒者。

4. 過度壓抑自己情緒與感受者。

5. 低挫折容忍力與處理壓力有困難者。

（二）了解不當的觸摸，或言語上與身體上的性騷擾是不許可的，只要行為是你不想要的，或會讓你覺得不舒服，你就有權要求停止該行為，要當面拒絕、抗議。

（三）對於性騷擾應立刻表示抗議，勇敢地大聲說「不」；用堅定的語氣，理直氣壯並明確且嚴肅地，向騷擾者直接說出你的不悅，要求其立即停止騷擾行為並道歉，阻止騷擾者繼續其騷擾行為。

（四）拒絕的態度要前後一致，千萬不要遲疑；假如騷擾者一方面表示後悔，另一方面卻持續性騷擾，不要允許類似行為繼續出現。

（五）在公車或捷運上，遇到來自陌生人的性騷擾，可以尋求環境中可用資源（在場民眾、捷運警察等）的協助，阻止性騷擾者繼續變本加厲。

（六）若遇到性騷擾時保持沉著冷靜，若前述方法仍不能阻止其性騷擾行為時，則可以使用各種防身技巧保護自己，出其不意的掙脫；掙脫後並可用各種方式引起旁人注意，以嚇退、制止騷擾者。

（七）發生在工作職場或校園之類，涉及權力關係的特定環境性騷擾，例如師生間、上司下屬間等，由於牽涉到學業與工作權益，會因為擔憂遭受報復而遲疑，無法馬上做出反應，這些都是相當常見的情況。所以在公事與私事之間劃清界線，要認知天下沒有白吃的午餐，告訴自己勿期待或要求特別的待遇。

（八）在職場、學校或工作環境場域中遇到性騷擾，也不要靜默，應態度嚴肅的表達自己感到不舒服，堅定的拒絕，請對方停止性騷擾，並鄭重地警告對方不要再犯。不要讓對方以開玩笑為藉口，怪你太敏感，而敷衍帶過。

（九）盡量避免與曾經性騷擾的加害者再次接觸，與其在公事及私事間劃清界線，若是需要單獨碰面，可請一兩位值得信任的朋友、同學或同事陪同，以保障自己的安全。

　　遇到性騷擾時，可以記住下列 4C 口訣並依之應對（中山醫學大學身心健康中心，2022）：

（一）承諾（Commitment）：承諾重視並護衛自己的身體控制權及性自主決定權。

（二）信心（Confidence）：對自己身體及感覺的直覺要有信心。

（三）溝通（Communication）：以直接（如面談、寫信等）或間接（如請他人轉告）的方式，讓對方知道其言行是不受到歡迎的，並要求對方立即停止該言行。在做這個動作時，最好順便錄音，以便將來舉證之用。

（四）控制（Control）：若對方仍依然故我，蓄意騷擾，則可考慮採取積極的因應策略，如向有權受理單位提出申訴。

　　遇到性騷擾時，也要注意六個「千萬」：1. 千萬不要被脅迫；2. 千萬不要自責；3. 千萬不要懷疑是自己的錯；4. 千萬不要遲疑；5. 千萬不要為自己的感覺感到抱歉；6. 千萬不要害怕嘗試：一旦開始，事情就變得容易。假如騷擾者一方面表示後悔，另一方面卻持續性騷擾，採取行動永不嫌太晚（國立屏東大學學生諮商中心，2022）。

　　此外，跟蹤騷擾多數是性騷擾的另外一種行為態樣，以往社會民眾的觀念中，跟蹤騷擾被認為侵害法益極輕微，是不具可罰違法性的行為，因此不被視為犯罪行為，並沒有相對應的刑罰，只在家庭暴力防治法中略有訂定相關規範。然而，近年來發生許多因為跟蹤騷擾而引發的犯罪案件，故我國在110 年 11 月三讀通過跟蹤騷擾防制法，並自 111 年 6 月 1 日開始實施，以公權力及早介入跟蹤騷擾行為，以防止發生接續的犯罪（臺北市政府警察局婦幼警察隊，2022）。

　　跟蹤騷擾防制法的目的是在保護個人身心安全、行動自由、生活私密領域及資訊隱私，免於受到跟蹤騷擾行為侵擾，維護個人人格尊嚴。法中所稱的跟蹤騷擾行為，是指以人員、車輛、工具、設備、電子通訊、網際網路或其他方法，對特定人反覆或持續為違反其意願且與性或性別有關之下列行為之一，使當事人心生畏懼恐怖，並足以影響其日常生活或社會活動：

（一）監視、觀察、跟蹤或知悉特定人行蹤。

（二）以盯梢、守候、尾隨或其他類似方式接近特定人之住所、居所、學校、工作場所、經常出入或活動之場所。

（三）對特定人為警告、威脅、嘲弄、辱罵、歧視、仇恨、貶抑或其他相類之言語或動作。

（四）以電話、傳真、電子通訊、網際網路或其他設備，對特定人進行干擾。

（五）對特定人要求約會、聯絡或為其他追求行為。

（六）對特定人寄送、留置、展示或播送文字、圖畫、聲音、影像或其他物
　　　品。

（七）向特定人告知或出示有害其名譽之訊息或物品。

（八）濫用特定人資料或未經其同意，訂購貨品或服務。

　　而對特定人之配偶、直系血親、同居親屬或與特定人社會生活關係密切
之人，以前項之方法反覆或持續為違反其意願而與性或性別無關之各款行為
之一，使其心生畏懼恐怖，足以影響其日常生活或社會活動者，亦為跟蹤騷
擾防制法所稱的跟蹤騷擾行為。

　　跟蹤騷擾防制法規範的跟蹤騷擾行為屬於告訴乃論，實行跟蹤騷擾行為
者，處一年以下有期徒刑、拘役或科或併科新臺幣 10 萬元以下罰金；若攜
帶凶器或其他危險物品犯前項之罪者，則是處五年以下有期徒刑、拘役或科
或併科新臺幣 50 萬元以下罰金。

　　有了跟蹤騷擾防制法為依據，當事人可以請警察機關採取這些保護措
施，並可以請警察機關核發書面告誡予跟蹤騷擾行為人；之後若其再有跟蹤
騷擾行為者，當事人得向法院聲請為期二年（並得延長之）的保護令。保護
令的內容有下列一或數款：

（一）禁止行為人有前述規定的各種跟蹤騷擾行為，並得要求行為人遠離特
　　　定場所一定距離。

（二）禁止行為人查閱當事人戶籍資料。

（三）命行為人完成治療性處遇計畫。

（四）其他為防止行為人再為跟蹤騷擾行為之必要措施。

　　由於跟蹤騷擾有可能是潛在暴力的前兆，當發現有被跟蹤騷擾時，也要
檢視生活中是否有可能洩露個人資訊之處，外出時選擇人多的出入路徑，必
要時需攜帶防身配備。認知發現有危險時，盡快走到人多的地方尋求協助，
並想辦法向警方報案（如使用手機進行「110 視訊報案」）（臺北市政府警
察局婦幼警察隊，2022）。

第二節　約會防暴

性騷擾讓人覺得比較詭譎的部分，是因為行為人的不同，同樣一個與「性」或「性別」有關的行為，會讓當事人產生是否感覺不舒服，甚或欣然接受，因而有不同的法律效果。若當事人對行為者原本就有好感，此一與「性」或「性別」有關的行為，反而有可能會成為彼此感情升溫的起點；而若有將對方視為交往對象的想法，接下來要注意的，可能就是約會防暴了。

約會防暴的重點有兩項，一項是預防俗稱約會強暴的約會性侵害，另一項則是彼此交往之後，發現對方是個恐怖情人，如何在這種情況下避免被害。如何預防恐怖情人部分，本章將在下一節的預防親密關係暴力中介紹，本節則聚焦在介紹如何預防約會性侵害。

約會性侵害常常是發生在兩人單獨出外約會，但也有可能發生在多人聚會之後的兩人獨處時。由於雙方認識，所以約會性侵害被歸類為「熟識者性侵害」的一種，是藉由言語威脅、暴力或下藥等方式，迫使或在另外一方失去知覺的狀況，與其發生性交行為。約會性侵害雖然男女都有可能為之，但大多數是男性所為，故女性若能對約會性侵害有更多的認識，就更能加以防範。

由於約會性侵害大多在特定的情境下發生，所以善用情境犯罪預防的各項預防策略，對此類型的犯罪能發揮極大的效用。學者黃富源把預防約會性侵害有關的四個英文單字 Security、Time、Occasion 及 Person 的第一個字母組合成一個 STOP 口訣，提醒婦女同胞們，在約會時先停下來（STOP）想一想，這次的約會是否在人、事、時、地上合乎安全（許福生，2018）。

本章將預防約會性侵害相關的人、事、時、地、物等情境預防作為，依據 STOP 口訣的四個層面加以分類，提供作為預防約會性侵害被害的參考（新北市政府警察局，2014；宜蘭縣政府警察局礁溪分局，2019）。

STOP 口訣的「S」，是「安全」（Security）的英文字首，男女約會固然浪漫，但還是必須以安全為優先考量，應該要有「防人之心不可無」的戒心，雖然不需要過度敏感，但還是要小心謹慎為宜，不要讓期望中的一個浪漫約會變成不幸的經驗。「安全」包括情境安全，以及須留意周邊的物品。情境安全須留意以下幾點：

（一）約會之前，盡可能告知家人或親友約會對象、地點、預定返家時刻；

若需要臨時改變行程，也盡可能告知家人，以安全為第一考量，對方知道家人了解你的行蹤，在行動上也比較會有所警惕。

（二）赴約之前，對整個約會的全盤行程要充分了解，對不恰當的場所，應該主動提議變換。

（三）與不太熟悉的對象約會，對於其個人生活背景、品行最好能有基本的了解，不要貿然赴約。開始交往時的第一次約會，最好能請友人陪伴前往。

（四）若約會對象雖是熟人，也應注意對方的言行，切記熟識的人也是有傷害自己的可能。

（五）在美好的時間、地點、氣氛，或當兵前夕，家人不允許等特殊情境下，互有好感的雙方很容易就會產生性衝動。約會時應該避免會引起性衝動的情境，如果對方控制不住自己，很容易發生非願意，且沒有採取保護措施的約會性侵害。

（六）若發生對方採取不當的接觸，而自己不願意的時候，必須清楚、堅決的表明自己的態度；要很堅決的拒絕，堅定果斷地說「不」，明確告訴對方你的不同意，不要有曖昧不清的態度。若自己不說話，就是把主控權交給對方，是件危險的事，所以女生一定要掌握自己的主控權！

（七）檢視自己對交往的態度，願意讓對方可以碰觸到你身體的哪些部位，要很清楚知道自己身體的界線。設定對身體接觸的底線，否則對方容易設法模糊掉你的界線而逾矩。

（八）避免陷入甜蜜陷阱，有些異性會說：「如果你愛我，你就應……」，但事實是如果對方愛你，他就應該懂得尊重你。信任自己的直覺，當覺得情況有不適當時，應立即下定決心，設法離開。

約會時應留意的周邊物品方面，主要是飲料部分（新北市政府警察局，2014；宜蘭縣政府警察局礁溪分局，2019）：

（一）與對方約會用餐時，盡量不要喝酒，若有喝酒也要節制，不要過量。喝酒可以助興，可以讓人放鬆，容易很快拉近彼此的距離，但是酒喝過量亦可能亂性，對方有可能控制不住自己的性衝動，藉酒壯膽，得寸進尺，做出違反你意願的行為。

（二）若對方要你過量飲酒，也要預防對方可能原本就心懷不軌，存心將你

灌醉，而達到性侵害的目的。

（三）防人之心不可無，約會用餐時，應留意自己的飲料是否有機會遭人放入藥物。若飲料離開自己的視線一定的時間，就不應再繼續飲用，以防有被下藥的危險。

（四）約會性侵害中，常見加害人常使用藥物的首位是 FM2（Flunitrazepam），FM2作用為一般安眠藥的10倍，安眠效用快速，20分鐘之內就能讓人昏睡，安眠效果可以維持 8 到 12 小時，因而常被用來放在飲料中迷昏約會對象，以達到性侵害之目的。

（五）FM2 價錢便宜，常被有心人士利用，所以約會時對非密封飲料，或曾經離開自己視線的飲料，即不要飲用。若約會中感到有昏昏欲睡等異常感覺，要立刻提高警覺，須趕緊把握時間，尋求協助或大聲呼救。

STOP 口訣的「T」，是「時間」（Time）的英文字首，是指約會要約在比較正常的時間，約的時刻不宜太晚或太早，約會更不要拖延到午夜，甚至是凌晨。若對方提出在這一些時間約會，就應該回絕，或請他更改到較為正常的時間見面。而如生日、情人節、聖誕節、跨年等特殊節日，約會性侵害的事情就會比較多，在這些時間約會，自己也要多留意。

STOP 口訣的「O」，是「場所」（Occasion）的英文字首，是指約會場所要選擇「正當」的地點，約會見面的地點，最好能由女性主動提議。場所以明亮、公開、能見度高的地點為佳，可以的話宜選擇自己熟悉的社交場所。這些場所一方面可以讓自己心情比較放鬆，另外一方面安全也會比較有保障。

若是由對方決定約會地點，要盡量確定正派、安全，若是不適當的地點就要明確拒絕，建議到其他比較適當的場所。一般而言，陰暗的角落、密閉的房間、旅社或汽車旅館，都是比較容易發生約會性侵害的地點。也不要單獨前往對方住宅，更不可隨意進入對方的房間或臥室。

STOP 口訣的「P」，是「人」（Person）的英文字首，是指約會的對象要有所選擇，基本上要從對方的行為、舉止與態度上來觀察，最好對約會對象的背景要有基本的認識。有下列人格特性的人，最好避免跟他交往（新北市政府警察局，2014；宜蘭縣政府警察局礁溪分局，2019；張玲，2006）：

（一）不尊重女性的人。

（二）忽視女性意見、感受、情緒和權益的人。

（三）無視女性的隱私，對侵犯女性空間習以為常的人。

（四）歧視女性，認為女性本就應該依賴、順服男性的人。

（五）提出要求，若當事人拒絕，會立刻翻臉勃然大怒的人。

（六）時常口出汙辱性別之三字經的人，以及喜用汙穢的言語，挪揄、評論女性的人。

（七）有濫用藥物或酗酒，常會在服藥或酗酒後對交往對象施加暴力的人。

　　約會性侵害是性侵害的一種特殊形式，所以本章第四節預防性侵害的各種預防要領及策略，都適用於預防約會性侵害，尤其是 SAFE 口訣中所介紹的各種預防要領。

第三節　預防親密關係暴力

　　親密關係暴力大致可分為情侶間的暴力，以及家庭親屬間暴力兩大類；規範親密關係暴力的法律，主要是民國 87 年立法通過的「家庭暴力防治法」（以下簡稱家暴法），家暴法原本規定適用對象為具有或曾有婚姻或四親等以內血緣關係的家庭成員間，實施身體、精神或經濟上之騷擾、控制、脅迫或其他不法侵害之行為。

　　民國 96 年基於社會上同居關係暴力的顯著增加，因此修正家暴法，加入現有或曾有同居關係者亦適用家暴法；民國 104 年再度修正家暴法，新增被稱為「恐怖情人條款」的第 63-1 條，將年滿 16 歲，遭受現有或曾有親密關係之未同居伴侶施以身體或精神上不法侵害之情事者，列為被害人。不再限制雙方必須同居過，只要是情侶間發生暴力或是糾纏不清，就可以受到家暴法規範，讓人身安全的保障更加深入周密。

　　情侶間的暴力行為通常是交往的對象為恐怖情人，現代婦女基金會針對預防恐怖情人，提出了「愛（LOVE）的自我保護守則」，提醒大家要記得 Long-term、Off、Voice 及 Escape 等四大自我保護守則，以避免受到恐怖情人的傷害（蘇郁玫，2017）。

　　LOVE 四大自我保護守則的「L」，是 Long-term 的英文字首，指要能夠了解交往對象過去一段時間的行為模式。感情交往初期，每個人往往會盡

量展現自己的優點，遮掩自己的缺點，眼中往往只看到對方的優點；甚至對方的一些缺點，都會被看成是吸引人的特點。尤其恐怖情人常常會無微不至的噓寒問暖，甚至饋贈名貴包包、手錶等豐厚的禮物，或是安排高檔的旅遊。

　　恐怖情人有一個特徵，交往初期會過度瘋狂的追求與奉承討好，以旋風般激烈的追求，讓人毫無招架之力。所以在交往初期，最好能夠了解對方過去一段時間的行為模式，開始交往後也要觀察對方的心理特質。看看對方是否有下述的狀況，若具有下列狀況二項以上，就要留意對方有恐怖情人的傾向，如果符合四項以上，就可以認定是恐怖情人了（康健網站，2015、2021；聯合新聞網，2020；衛生福利部，2014）：

（一）過度嫉妒：占有欲非常強，且疑心病很重，對潛在的競爭者抱持很重的敵意，一旦伴侶跟異性有接觸，就會開始沒來由的懷疑；會用一種盤查的態度，質疑伴侶和異性有多餘的互動，甚至會禁止伴侶跟異性的任何接觸。

（二）情緒勒索：抱怨自己為對方付出了很多，對方怎麼可以這樣對自己，讓對方有罪惡感，或不斷指責對方是造成感情裂痕的凶手。情緒勒索的方式有：告訴對方，自己為他付出了多少心力、時間；也有企圖透過自殘行為的苦肉計，讓對方感到自責。情緒勒索也可能會發生在追求未果的情況下，說自己因為其拒絕非常難過，無法工作，甚至威脅要自傷或以自殺威脅、恐嚇、逼迫接受戀情。

（三）控制欲強：恐怖情人有要掌控對方的控制欲，會以「我是為你好」等理由，希望控制對方的社交、工作，乃至穿著、行為等私生活。也不准對方出席他不喜歡的聚會，想去哪兒都要經過他同意，並且一定要回報行蹤。常會極端的要求對方交代行蹤，用各種方法試圖監控、追蹤行動，希望能像 GPS 衛星定位器一樣，能夠完全掌控追蹤對方。恐怖情人也常會透過查看通訊軟體對話訊息或手機通話紀錄，完全掌控對方通訊軟體的訊息，有的也會透過掌控對方的經濟控制對方。

（四）情緒起伏過大，脾氣容易失控：恐怖情人情緒的變化和正常人不相稱，情緒很容易一下子有很大轉變，強烈的情緒轉變常讓人措手不及。最常見的是原本相處好好的，一旦遇到他不滿意的事，會突然大吼大叫、口頭恐嚇或出現暴力，但在事後又會表達極度歉意，尋求挽

回彼此的感情。

（五）自戀型人格、無法同理、對人冷漠：自戀型人格者極度自我中心，對個人關愛的事物都會極度重視，但對自己世界以外的事物缺乏憐憫，沒辦法尊重別人，對別人的痛苦無動於衷。他們缺乏同理心，無法站在對方立場設想，常會虐待小動物或小孩，不在乎他人的感受、心情或痛苦。他們總是把自己的需求擺在第一位，而對方的感受總是被忽略；會把對方當作是他的財產、所有物，當伴侶有要求時，通常也會以冷漠回應，凡事以自己的決定為主，忽視對方的存在。

（六）言語暴力及肢體暴力：恐怖情人在交往之後，剛開始會先有言語暴力，接下來慢慢就出現肢體暴力了；言語暴力方面，起初會有不顧對方面子、尊嚴的貶抑、輕視、潑冷水、批評等負面口語，繼之就會出現大聲斥責、羞辱謾罵、大聲吼叫等發洩行為。肢體暴力則先會有吵架時捶牆壁、虐待寵物、怒丟東西、把對方逼到牆角等行為，最後就會出現拿東西丟人、暴怒拳打腳踢等傷害對方身體的暴力行為了。

（七）不擇手段的威脅：不擇手段威脅是恐怖情人交往到後期，尤其是提到分手之前常見的最後手段，當伴侶忍無可忍想提分手時，他會用盡千方百計阻止伴侶離開，並會透過各種手段來達到他們的目的。當中最常見的，是以「恐嚇要脅」或「暴力」的方式來對待伴侶，常見的威脅方式是用裸照或伴侶其他的隱私為把柄，也有以惡意縱火、自殺或殺人來威脅；最極端的會威脅要和伴侶同歸於盡，乃至付諸實際的行動。

（八）工作不穩定及高度藥物上癮者：工作不穩定及高度藥物上癮二項都是犯罪學及犯罪心理學研究發現，很容易有犯罪傾向之「低自我控制」心理特質的重要指標。低自我控制者會追求現在即時的立即快樂、缺乏技術及遠見，前述的自我取向、忽視他人、漠視他人意見，也是「低自我控制」心理特徵之一，不穩定的婚姻伴侶和工作則是「低自我控制」的重要外在指標。癮君子、酗酒、檳榔族這類藥物或物質濫用的高度上癮者，常會帶來情緒不穩定的風險。

　　LOVE 四大自我保護守則的「O」，是 Off 的字首，指在交往初期，若發現交往對象有前述的一些心理特質，就應該暫緩彼此進一步互動，主動設法暫停交往。

LOVE 四大自我保護守則的「V」，是 Voice 的字首，指在交往中要傾聽別人的聲音，旁人善意的意見，並以之和自己內在心裡的直覺比對，相信直覺。若發現交往對象具有多項上述恐怖情人的特徵，就要為這段交往設下停損點，不要被感情沖昏了頭。

LOVE 自我保護守則的最後一個準則「E」，是 Escape 的字首，指要設法妥適的分手，避免激怒恐怖情人做出激烈的反應，確保自己的安全。需要的時候應該向家人、朋友、相關諮詢機構，或透過法律尋求救援。

由於恐怖情人具有過度嫉妒、情緒勒索、控制欲強、情緒起伏過大、脾氣容易失控、無法同理、對人冷漠、言語暴力及肢體暴力、不擇手段的威脅等心理特性，因此如何妥適的與恐怖情人分手，是一門大學問。若已發現對方具有多項恐怖情人的心理特性，也不要貿然的急於要跟對方分手，否則很容易弄巧成拙，給自己帶來傷害。

因為對恐怖情人來說，「分手」就是對他的否定，這個詞就像是個引信，會霎那間引爆他上述的各項心理特質，並採用各種極端的手段挽回，有的甚至會想要與你同歸於盡。最好的處理方式是暫時與對方好好相處，再溫水煮青蛙式的慢慢疏遠對方。否則不管在分手前、分手時或分手後，恐怖情人都有可能對你造成傷害（關鍵評論網，2014）。

為了避免因為與恐怖情人分手而被傷害，本文分別探討與恐怖情人分手前、分手時及分手後有哪些應該注意的預防被害方式。若發現對方有恐怖情人的傾向，確定要和他分手，分手前一定要有足夠的準備，對分手的時機、方式，一定要謹慎小心的經過仔細規劃，以避免自己或家人受到傷害，最好能先進行縝密的沙盤推演，預擬可能出現的狀況。

首先要自己保持冷靜，並避免刺激對方，盡量選在對方心情比較安定平穩的時候告知想要分手的想法，以免引發對方的強烈情緒。可以循序漸進，慢慢疏遠，再慎重選擇適當時機與對方好好談。如果可以想辦法讓對方主動提分手，當然是最安全的方式（關鍵評論網，2014）。

提分手時最好在選在公開的公共場所，請家人或同性的好友（因為異性容易引起對方的懷疑或誤會）陪同，面對面正式提出；若無法有家人或同性好友陪同，也要讓親友們知道你與對方碰面的時間及地點，需要的時候可以提供協助（衛生福利部，2014）。

告知對方想要分手時，要理性、冷靜地面對，說話語氣溫和而堅定，並

避免有任何指責或負面等可能會刺激對方的言詞；見面時也要留意對方是否有攜帶會造成傷害的器物，並隨時提高警覺。自己也要有心理準備，若對方不同意分手可能面對的狀況，預想要如何因應（衛生福利部，2014）。

若對方不同意分手，是最困擾的狀況，由於恐怖情人具有控制欲強、情緒起伏過大、脾氣容易失控、言語及肢體暴力、不擇手段的威脅等特性，所以一定要注意安全、避免被傷害。若發現有被跟蹤騷擾，或在住家、學校、工作場所被騷擾，可以尋求親友、專業團體（如 113 保護專線）協助，必要時可以請警方提供保護。

若雙方協議同意分手後，要秉持不接觸、不聯繫、不激怒等「三不」原則。不要懷抱著雙方仍然可以當作朋友的想法，不要有財務往來，也避免再與對方聯繫，否則會讓彼此關係變得複雜，無法真正完全分手。最好分手後雙方不要互通訊息，都不要碰面，也不要讓對方能追蹤到你的任何訊息，更不要讓對方看到你很快就再跟其他異性朋友活動的照片，讓自己從對方的生活環境中消失（黃瀞瑩，2021）。

分手後還是必須隨時注意自己的安全，因為很多恐怖情人是不會輕易放手的，尤其是面臨讓人刻骨錐心的失戀。當發現對方持續騷擾，可能有暴力行為時，絕對不要隱忍，要趕快尋求其他人的協助，必要時可以報警處理，甚至可向法院聲請保護令。

民國 87 年立法通過的家暴法，原本適用的對象為具有或曾有婚姻或血緣關係的家庭成員間，實施騷擾、控制、脅迫或其他不法侵害之行為，後來基於社會事實的需求，才擴大到規範同居與情侶關係間之暴力。恐怖情人的各項特質，在家庭暴力中施暴者身上也都可以看到，所以各項預防恐怖情人暴力的要領，也可以運用在預防家庭暴力上。

雖然家庭暴力和恐怖情人的暴力型態類似，都是親密關係間的暴力行為，但是家庭暴力遠較恐怖情人暴力複雜得多。恐怖情人暴力大多僅限於交往的兩個人之間；家庭暴力則還包括對長輩、對兒童虐待，以及對其他同住或非同住家人的暴力。家庭暴力的對象也可能是兩個人以上，不像恐怖情人暴力多為單一對象。

家庭暴力和恐怖情人暴力的一個最大差異，就是絕大多數同住一個屋簷下，受暴者可能離開這個家就會衣食無著、無所歸依，因此只能忍受暴力，讓施暴者更加無所忌憚。預防家庭暴力被害除了前述的 LOVE 法則之外，

還可以從以下幾點著手（每日頭條，2017、2018；臺北市政府警察局婦幼警察隊，2013；衛生福利部保護服務司，2013；臺中市政府警察局清水分局，2016）：

（一）最基本也是最好的處理方式是建立家庭成員間平權的觀念，尤其是兩性平等的觀念。

（二）日常生活中發生小問題時，便要想辦法解決，即時用心溝通，不要讓彼此情緒累積，否則日久容易一發不可收拾。

（三）學習同理、體諒家人的感受，有不同意見的時候先安撫對方的情緒，爭取一些緩衝的時間來降溫，避免使用負面詞彙的言語傷害家人。

（四）遇到冷戰或冷言冷語等冷暴力時，想辦法耐心去理解對方內心的真正需求，針對對方的性格找出溝通障礙之癥結所在；也可以尋求專業的協助，學習良性溝通或因應衝突的方法。即時溝通、相互交流是化解矛盾的最好辦法（每日頭條，2017）。

（五）家人開始發生爭執時，想辦法緩和氣氛，讓大家冷靜下來。如果家人之間相處，常因各種問題無法解決而發生衝突，則宜及早尋求家庭諮商專家協助。

（六）不要在吵架時激怒對方，當發現對方的情緒或語氣逐漸失控等施暴的警訊時，應該特別警覺，尤其若對方曾經有施暴的行為，暴力可能隨時發生時，要先保障自己的安全，避免衝突持續擴大，以防對方出現暴力行為。

（七）當對方開始摔東西、恐嚇、威脅、作打人狀時，要提高警覺，留心這可能是暴力行為爆發的前兆。

（八）避免在狹小的浴室，或放置刀具的廚房發生衝突，這些地方發生的暴力，容易失控而引發更嚴重的傷害。若對方曾經有施暴的行為，家裡的鐵鎚、球棒、鹽酸等容易引發暴力攻擊的物品，應該妥善放置在不易隨手拿到之處，以免衝突時對方一時衝動而被用來攻擊。

（九）和左鄰右舍建立良好的關係，鄰居可以扮演和事佬或幫忙報警。遭遇家暴時，注意保護自身的頭、臉、胸、腹等身體重要部位。若可能可以躲進房間，並將施暴者反鎖在房門外，第一時間撥打110向警方求救，並靠近門窗向鄰居或路人求助。

（十）平時向可以跟信任的朋友透露自己可能被家暴的處境，並應記住友

人、政府或相關機構的電話，以便緊急時求助，必要時可以獲得有效的協助。也可以在預備躲進的房間，準備一個緊急狀況下要用的預備手機，當發生家暴時，盡快打110報警，這動作可以避免後續嚴重的傷害發生。

（十一）擬定一份在發生嚴重家暴力時如何遠離暴力局面的安全計畫，包括如果你必須逃離家時，如何保護其他家人的安全。

（十二）準備一個隨身包或手提箱，將包括印章、駕照、存摺、健保卡、身分證和任何其他有你姓名的相關法律文件放入，並準備幾件更換衣服、基本藥物，並將其存放在伴侶不太可能找到的安全地方，以備不時之需。作為在緊急情況下，必須立即離開家的最後手段預作準備。

（十三）如果可能受到暴力攻擊，需要有短期棲身之處，可以把幾件換洗衣服及簡單的生活必需品先放在朋友住處，以因應可能的突發狀況。

第四節　預防性侵害

性侵害是一種侵害身體法益的暴力犯罪，此種犯罪同時也侵害了性自主的權利，任何沒有經過個人的同意，以各種違反個人意願的方法而發生性行為者，都算是性侵害。此外，只要不是個人願意讓他人碰觸或觸摸身體的任何部位，且碰觸程度達猥褻之行為者，也算性侵害。

我國除了刑法有處罰性侵害的規定之外，另外並訂有性侵害犯罪防治法加以規範。性侵害犯罪防治法第2條第1項規定，性侵害犯罪，係指觸犯刑法所描述的對於男女以強暴、脅迫、恐嚇、催眠術或其他違反其意願之方法而為性交者。

刑法第10條第5項規定，性交指非基於正當目的所為之下列性侵入行為：1.以性器進入他人之性器、肛門或口腔，或使之接合之行為；2.以性器以外之其他身體部位或器物進入他人之性器、肛門，或使之接合之行為。

黃富源教授提出的預防性侵害「安全（SAFE）原則」，是我國廣為人知的性侵害預防口訣。SAFE安全原則把與預防性侵害有關的四個守則，各守則英文單字的第一個字母組合起來，剛好是英文的「安全」。黃教授認為

整個預防性侵害的 SAFE 原則，是有先後順序的（許福生，2018）。

性侵害的預防，首先必須採取第一順位的 S（Secure）策略，如果 S 策略無法達成，才運用第二個 A（Avoid）策略，之後依此類推採取 F（Flee）及 E（Engage）等各層次的性侵害預防策略。亦即性侵害預防的原則是，能夠考慮好「安全第一」，就無須要去「避開危險」；可以「避開危險」，就不用「逃離災難」；能夠「逃離災難」，就不必「緩兵欺敵」（臺北市政府警察局，2021）。

本書依據黃教授提出之 SAFE 安全原則的順序，將各種預防性侵害的要領整理歸類在「安全第一」、「避開危險」、「逃離災難」及「緩兵欺敵」等 S、A、F、E 四大類之中（臺北市立大學性別平等教育委員會，2022；許福生，2018；鄧煌發、李修安，2015）：

一、S——安全第一

SAFE 安全原則的「S」是「安全」（Secure）的英文字母字首，指預防性侵害的首要考量是「安全第一」，將安全條件放在第一順位考量，我們無須草木皆兵，但要做到「警戒而不緊張」。

（一）與陌生人同乘電梯時，應站到接近按鈕側，以方便控制停靠樓層。

（二）慎選約會對象、時間、地點，不飲用酒類及任何不明食物飲料，更要避免兩人單獨處於一室。

（三）不隨便搭便車，尤其是主動要求載送的陌生人。

（四）搭乘車輛選擇信譽卓著，安全可靠車行；車輛應有明顯標示，車上整齊清潔，最好司機也是有優良紀錄、品性良好證明的。盡可能結伴搭車，若是搭乘計程車，要記下車行、車號及司機姓名，並讓司機知道你已記下相關資料；車窗留住部分空隙，以備緊急時可以叫喊尋求協助。

（五）自行開車停車時，選擇照明充足、設備及管理均良好的停車場停車。

二、A——避開危險

SAFE 安全原則的「A」，是「避免」（Avoid）的英文字母字首，避開危險指預防性侵害如果無法達到「安全第一」的要求下，則必須要做好「避開危險」的原則。

（一）留意住家環境、社區大樓的出入口或樓梯間有無陌生人逗留。若在住家附近經常發現不明菸蒂等時，就應提高警覺，注意防範。

（二）單獨搭乘計程車時，上車前可先請親友、商店店員、保全人員、警察人員等協助記錄車輛所屬車行、車號、駕駛職業登記證號碼及姓名等資料。上車前應注意確定車中的前後座沒有另外藏匿他人，車門之開關及搖落車窗之把手功能是否正常。

（三）停放車輛應選擇燈光明亮之處，不可將個人證件資料留於車內。上車前留意車內是否藏匿他人，上車後要立刻鎖上車門。

（四）單獨求職、夜間獨行或夜間搭乘計程車都屬高危險活動，應盡量避免。

（五）行走時盡量走人行道中央，避免靠近路旁車輛或建築物，也勿因貪圖捷徑，而穿越公園、工地等偏僻地點。

（六）走路時盡量不要看手機，也盡量避免會降低注意力的收音機、隨身聽、MP3 等，多用心留意周遭的環境及路人。

（七）外出服裝固然要以適合場所的穿著為宜，但也要顧及安全。夜間若有需要上街，則高跟鞋不方便行走、窄裙不便逃跑，而太貴重的項鍊等飾物，也容易引起歹徒因財劫色。

（八）經過男性聚集的場所，盡可能維持一定距離。即使是在繁華路段，如該場所分子複雜，形象不佳，單身女性也應盡量避免前往。

（九）遇到陌生人士搭訕，應保持警覺，若係尋求協助，可請別人一起協助，或代為向警方尋求協助。對於問路的人、車，應保持距離，以防被強行擄走。

（十）入夜 21 時至凌晨 3 時左右係性侵害危險時段，單獨夜出、夜歸，屬高危險活動，應該盡量減少外出並邀伴同行。行經暗街、陌巷或無人的街道時，留意易發生危險的巷口或轉角處。

（十一）隨身攜帶如哨子、警報器或噴霧器等防身器材，當遭到攻擊時，立即一鼓作氣，快速、有效地予以反制。

（十二）如果發現約會的對方有問題，或約會的地點不恰當，就要拒絕約會，或是更改約會的日期，以避開可能發生的危險。

（十三）避免投宿環境複雜，聲譽不佳的旅店。入住客房後，應於旅館人員在場時，要求共同察看盥洗室、衣櫥櫃，以免有歹徒藏匿其中。

（十四）深夜返家可用電話叫車服務，若發現司機服裝不整、神情詭異、不依指定路線行駛、言語不正經或其他不正當行為等異狀時，應設法脫身下車；可佯稱前方商店或路口有朋友正在等候，必要時可以利用停等紅燈時立即下車。

（十五）若經常必須在夜晚走路回家，最好攜帶哨子及警報器等可發出聲響之物品，以嚇阻意圖犯罪者。必要時可以踢撞路邊停放的車輛，讓警報器大響以引起附近民眾注意，方便求援。

（十六）若被可疑人士跟蹤，要想辦法擺脫，可以變換路線，走往人潮較多處，進入熱鬧的商店或有治安人員的地方；也可以找最近的住家按鈴，向主人求援。

（十七）若發現有人跟蹤，除了應走到人多之處外，並以手機和親友聯繫，請求接送，或立即走入附近警察單位求援。若夜歸時發現被人跟蹤，而家中無人時，可以按鄰居電鈴求助，勿直接開門回家。

（十八）回到住家後，要注意住家有無異狀，如果發現門、窗或鎖具遭破壞，就不要入內，應立即報警處理。

三、F——逃離災難

SAFE 安全原則的「F」，是「逃離」（Flee）的英文字母字首，指預防性侵害如果危險已經浮現，無法「避開危險」時，則必須要思考如何「逃離災難」的預防策略。

（一）約會時，判斷對方有不良的企圖，便立即要想辦法逃離危險的地點，離開有危險傾向的加害人。

（二）如果決定攻擊歹徒，可以先採取低姿態，以降低對方戒心，之後尋找適當的機會，務必在最短的時間內，不可猶豫的適時全力一擊，並即刻逃離現場。

（三）若要伺機攻擊歹徒，可以利用身旁的木棍、石塊、雨傘、皮包或高跟鞋跟等尖銳物品，在最短時間內攻擊對方眼、耳、鼻、下巴、印堂、太陽穴、生殖器等脆弱的要害部位，奮力一擊後，迅速逃跑。

（四）逃脫時，以喊「失火了」代替「非禮」或「救命」來求救，如此更能引發民眾的關心。

四、E——緩兵欺敵

SAFE 安全原則的「E」，是「從事」（Engage）的英文字母字首，指預防性侵害如果已經不能「逃離災難」時，則最後的策略是必須要「緩兵欺敵」。

（一）在約會時，判斷對方有不良企圖而無法立即逃離時，便需要以緩兵之計騙過對方，或是以其他理由，如身體不適、身染疾病拖延歹徒可能加害的立即危險。

（二）遇到有性侵動機的歹徒時，盡量保持冷靜，仔細評估逃脫的機會如何，若無法立即逃脫時，先求智取，採取降低對方警戒的態度，再思考可以脫身的應變策略。

（三）可用的應變策略，例如表示自己正值生理期或有病在身，或表示有誠意先做朋友；也可以表示希望換個地點再說，將歹徒引至對你有利的地方，並可在過程中找機會脫困。要視現場的狀況，運用合宜、適當的策略。

（四）要先冷靜思考攻擊歹徒後可能的利弊得失，能逃就逃，能拖就拖，假裝配合哄騙。

（五）力搏不如智取，以智取為上，因為不恰當的攻擊，可能會造成適得其反的效果，給自己帶來更大的傷害。在危險的情況下，應以保全生命，將傷害降低到最小為優先考量。

第五節　無差別殺傷被害預防

無差別殺傷是讓人非常恐慌的殺人及傷害類型，雖然民眾遇上無差別殺傷的機會相當低（比中彩券大獎或被雷擊中的機率還低），但由於媒體的大量渲染，讓民眾感覺這類案件隨時會在自己身邊發生；加上無差別殺傷的動機不明，殺傷的對象往往也是隨機挑選，在在加深了民眾的恐懼，擔心自己隨時有可能被害。

無差別殺傷是暴力犯罪中，殺人犯罪或重傷害犯罪的一種類型，重度的暴力犯罪大致可分成工具型與表達型兩大類，前者係以強烈暴力為手段，

以達到自己期望的目的；後者則是著重在情緒的宣洩。為達到目的或宣洩情緒這些都是可以被解釋的動機，但是無差別殺傷則是人們無法了解其動機所在。無差別殺傷犯罪時間、地點及對象的「隨機」和「無差別」，加上重度暴力犯罪的傷害，都是這類犯罪讓人感到不寒而慄的原因。

要預防無差別殺傷被害，可以從事前的提升危機意識，以及遇到狀況如何防身，保護自己兩個層面著手。要避免受害，首要的是建立危機意識，提升自身的警覺性及敏感度，學習判斷隱藏的危險，防範於未然。例如進捷運車廂前稍微觀察一下四周乘客；路上行走時，隨時透過眼神、舉止來觀察身邊的行人。平日也可以培養到公共場所能先觀察逃生路線的習慣。

有危機意識之外，還需要培養危機處理能力，發現有危機不要驚慌失措，應保持冷靜，立刻採取斷然措施，不要心存僥倖，不要遲疑，勇敢地斷然離開或避開，思考各種可能的自保之計。

受到攻擊的時候，第一個要先想辦法保護自己避免受傷，接下來評估自身的狀況決定要戰還是要逃；原則上除非自己有相當的實力可以和對方對抗，否則以尋求逃離現場為優先，尤其對方應該會攜帶有利刃的刀械（相對於歐美西方社會以槍殺傷為主，我國到目前為止，都是以刀械殺傷為主）。

若臨時遇到殺傷攻擊的狀況，首先可以利用身上的物品阻擋攻擊，保護自己避免受傷。隨身物品如背包、公事包、厚重行李或筆電等較厚、較硬物品，可以當作盾牌或護具護住胸腹等要害，冬天也可利用外套或厚重衣物阻擋攻擊。

接下來要想辦法拉開自己與對方的距離，揮舞雨傘、背包或皮帶（以皮帶頭甩動），將手機、皮包、書本、衣服、鞋子、飲料丟向對方，或以身邊隨手可以拿到的物品，如車廂裡的滅火器、路邊的桌椅、沙土、磚塊或石頭等物品，都能用來進行初步反擊；也可將傘打開，並用旋轉方式阻擋對方視線，以「打帶跑」的方式逼對方閃避，拉開自己與對方的距離，以為自己爭取逃離的時間。

自己與對方的距離拉開後，應該先想辦法快速逃離現場，並大聲喊叫警察來了或吹哨子（如果身上備有哨子）求救；逃離時如果雙方距離不夠遠，不要背對對方，因為很有可能被追上砍殺。可以側身逃離現場，眼睛餘光留意著對方的動作，一方面可以保持主動，一方面也可以避免後退而跌倒。若身處於狹窄空間（如捷運車廂），可以試著以繞圓形的方式一面呼救，一面

躲避。

　　若自身是運動健將、學過武術或防身術，自覺有能力應付對方、控制場面，進而能保護社會大眾，則仍要注意以下幾點：

（一）要學到能夠有效反擊或壓制歹徒，必須身手足夠敏捷，且武術或防身術十分精熟，非有三年以上苦練，而且有不間斷的持續練習，方能擁有克敵制勝的技能。而女性即使有精熟一些功夫，因為體能條件、力量的局限，要制服男性歹徒，難度較高。

（二）勿高估防身術的功用，學防身術的目的，是希望平日做好防身準備，讓安全多一份保障，防身術是用在身處險境，為避免自身受到傷害，不得已狀況下所採用的措施。最忌諱稍微學了一些防身術，就自以為能制服歹徒，這種心態往往會未蒙其利，先受其害，若使用不當反而更會激怒歹徒，自陷險境。

（三）選擇要抗制歹徒時，如果隨身有攜帶防狼噴霧器，可以先噴向歹徒，先暫緩他的活動及反應能力，再進行攻擊。反擊最好能夠快、狠、準，一舉讓對方暫時喪失或減低攻擊能力，再求逮捕壓制歹徒。

（四）如果情境可以，盡可能在出其不意的情況下發動突襲，並優先直接攻擊歹徒持有凶器的手腕，設法將凶器打落；因為手腕上面有很多的末梢神經，只要打擊到手腕，手就很容易鬆開。

（五）若與歹徒近身，上半身可以直接戳擊眼睛、鼻梁、咽喉、顴骨、下巴及心窩等脆弱部位，朝歹徒臉部攻擊，可以發揮嚇阻作用；下半身則可以設法攻擊其下檔、膝蓋、脛骨及腳背等會產生劇痛的部位。

第二篇

警政策略

第九章　警察組織及其歷史

第一節　警察組織

壹、警察

「警察」（police）一詞，係 18 世紀時，由法國人所創。police 一詞源自於希臘文「politeia」及拉丁語「politia」，係由 polis 與 teia 兩個字合成，與希臘字 polis、politeia 及 politeuein 有極大的相關；其原意乃指管理城鎮及其周圍之一切公共事務。polis 及 politeuein 的字義均為強調個人、政治過程以及國家或政府的重要性。所以在廣義的警察概念中，警察等同於公共事務的管理（楊永年，1999）。

我國現用的「警察」一詞，係引用自日本用語；而日本「警察」一詞是外來語，乃譯自英國之「police」。《美國傳統字典》（*The American Heritage Dictionary of the English Language*）中，定義警察為：「屬於社區事務規範與控制的範圍，主要在維護秩序，進行對法律、衛生、道德、安全，以及所有影響公共利益等的控制。」

《韋伯英文字典》（*Webster's New Collegiate Dictionary*）則認為：「警察是為維持公眾安全、道德、衛生、繁華等目的而設立的國家內部組織，主要是在運用權力，以達成控制與規範的效果。」（梅可望、陳明傳、李湧清、朱金池、章光明、洪文玲，2008）

李士珍則認為：「警察者，以直接防止公共危害，維持社會安寧秩序，指導民眾生活，促進一般福利為目的；並基於國家統治權，執行法令及協助諸般行政之行政行為也。」（涂雄翔，2007；梅可望等，2008）

14 世紀末、15 世紀初期，歐洲仍屬封建領主割據的時代，領主為了保護其勢力範圍，乃運用警衛之力量以維續其政權，此時期的警察被稱為「良好公共秩序」的維護者。在當時警察的概念屬於類似政權之同義詞，警察之任務為維護封建主轄區內之和平，並防止一切危害政權之行為發生，警察執行一切領主所下令或所禁止之行為，並得對違反之行為加以處罰（蔡震榮，2008）。

「警察」的概念萌發於中世紀的歐洲，起初被法國所採用，之後再傳入德國。但歐洲大陸至相當晚期，才開始設立專屬之警察機關。法國巴黎大約在 18 世紀上葉首先設置警察，之後德國各邦才陸續設置，德國柏林則是於 1742 年設置專屬的警察組織（蔡震榮，2008）。

現代警察係由國家機關所設立，目的在遂行社會控制，藉以維持公共秩序。「警察」一詞又可區分為廣義之警察與狹義之警察兩種定義，廣義的警察是指一切公共威權，以及維護社會安全與秩序的所有行政管理活動，可說是國家的統治或管制行為的代名詞；狹義的警察則是指警察機關與警察人員（涂雄翔，2007）。

綜觀之，警察的本質，是一種以法律為依據的行政作用，是國家治權的部分。在以法令為依據的行政作為方面，「依法行使職權」是現代民主國家警察的特色。依我國警察法施行細則第 10 條第 1 項之規定，警察法第 9 條所稱，依法行使職權之警察，為警察機關與警察人員之總稱；至於一般民眾所稱的警察，係包括警官與警員等所有警察人員的通稱，指擔服警察工作的人員。

貳、組織

何謂組織，《牛津大辭典》對組織的解釋為：「組織係為明確之目標而作有系統的布置。」楊永年（1999）認為「組織」可以簡單理解為：「指兩個人以上，有正式而完整的分工，為達到共同目標，透過正式與非正式交流活動，所結合而成的社會實體。」（楊永年，2006）。

界定組織得以運作的範圍架構，稱為組織結構。組織結構通常可透過組織架構圖及組織規章來理解。組織架構圖可表現出工作的垂直及水平分工、組織的複雜性等特性，組織規章則用以規範組織成員的行為及活動。

對一個組織最容易也最表象的描述，即是以組織規模劃分組織類型。以組織內部是否有正式分工關係為標準，警察組織是一個正式組織，正式組織是指一個社會組織內部存在著正式的組織任務分配、組織人員分工和正式的組織制度（楊永年，2006）。

照組織的社會職能分類，警察組織是一種政治性的行政組織，政治性組

織是一種為了某政治目的而存在的社會組織，國家的行政機關、立法機關、司法機關，以及軍隊、監獄、政黨等，都屬於政治性的行政組織。

參、警察組織

綜合上述的分析，警察組織，指的是一個「依據法律運用權力，利用規範、控制及服務等行政作為，以達成維護社會秩序與保障社會安全之目的之政府武裝部門及其人員；此部門是由兩個人以上的群體所組成，具有明確的宗旨和共同目標，內部有正式而完整的垂直及水平分工，訂有規範成員之行為及活動的組織規章，是一個正式的行政團體」。

一、依據法律

警察組織是一個依據法律授權，透過執法，以達成維護社會秩序及社會安全的政府機關。除了依法設立、運作之外，也依法令賦予的權力執法。法令是警察工作的主要內涵，除了法律以外，警察也透過法律授權的行政命令與規定，執行行政工作與處理相關業務。

二、運用權力

警察組織依據法律運用的權力，主要是依據警察法第 9 條之規定，警察依法行使如協助偵查犯罪、執行搜索、扣押、拘提及逮捕等強制手段、行政執行、發布警察命令、使用警械等職權，並可處理有關警察業務之保安、正俗、交通、衛生、救災、營業建築、市容整理、戶口查察、外事處理等事項。

三、利用規範、控制及服務等行政作為

警察組織所用的規範、控制等行政作為，除了警察法第 9 條規定之權力處理違法行為之外，在權責內主要是以勤區查察、巡邏、臨檢、守望等警察勤務方式，對違序的行為行使干預、取締等強制力。

四、維護社會秩序及保障社會安全

在維護社會秩序方面，警察組織是國家機關中「克服內部失序的第一道

防線」（涂雄翔，2007；Brewer, 1988）。警察組織主要是以「社會秩序維護法」（以及集會遊行法等）為依據，配合「違反社會秩序維護法案件處理辦法」，利用前述的規範、控制等行政作為，來達成維護社會秩序的目的。

在保障社會安全方面，警察組織除了明確執法之外，並依據刑事訴訟法之規定偵查犯罪。偵查犯罪及處理犯罪、犯罪人，是警察組織的重要工作之一，警察組織除了充實偵查工具、善用先進科技、精進辦案技巧之外，也對治安顧慮人口進行查訪，並遴選線民蒐集刑案資料，以確實做好保障社會安全的工作。

此外，基於「防範於機先勝於處理犯罪於事後」，現代的警察組織也非常重視犯罪預防的工作，故採取問題導向警政及社區警政等警政策略，採取事前主動先發的立場。除了強調針對特定的治安問題加以分析、了解其背後癥結、成因，並有效地加以處理、解決之外，並結合社區民眾的力量，善用社區資源，以共同預防犯罪的發生，達到保障社會安全的目的。

五、正式的政府部門

由內政部組織法第 5 條：「內政部設警政署，掌理全國警察行政事務，統一指揮、監督全國警察機關，執行警察任務。」第 8 條：「內政部設中央警察大學，以研究高深警察學術，培養警察專門人才為宗旨。」以及警察法第 4 條：「內政部掌理全國警察行政，並指導監督各直轄市警政、警衛及縣（市）警衛之實施。」等規定可知，警察組織是政府所屬部門中的正式行政團體。

警察組織被賦予維護社會秩序及保障社會安全的任務，此二者是維繫國家治權的重要支柱，故警政署不但轄有 7 萬多的人員（至 108 年 8 底止，實際人數為 73,405 人），更是與民眾直接接觸、互動最頻繁的官方犯罪控制機構。而警察組織亦是刑事司法體系中人員編制最多、組織分布最廣的部門。

由於警察組織是人員編制最多、組織分布最廣、與民眾直接接觸、互動最頻繁的政府部門，加以維護社會秩序及保障社會安全的任務不容有任何間斷；所以警察勤務條例中要求警察組織每日勤務時間為 24 小時，勤務時間必須循環銜接，不留空隙。服勤人員每日勤務以 8 小時為原則；必要時，得視實際情形酌量延長之。

六、武裝人員

　　警察組織是一個帶槍的團體，所有的員警都受過相當程序的射擊訓練，幾乎所有的外勤員警都配有手槍，也都有依法使用槍械的權力，是政府組織中，軍隊之外的武裝部門。

　　由於警察組織是一支擁有武力的執法團體，加以警察工作具有緊急性及危險性，所以警察組織亦非常強調組織的紀律性，並以較其他行政機關嚴密的組織規範要求員警。而「擁有武力的團體」此點，也是我國強調警察組織必須由單一首長指揮的「警政一條鞭」領導模式之重要原因。

七、有明確的宗旨和共同目標

　　警察法第 2 條明定警察的任務為「依法維持公共秩序，保護社會安全，防止一切危害，促進人民福利」，明確的指出了警察組織的宗旨和共同目標。

八、內部有正式而完整的分工

　　警察組織的垂直分工方面，大致可以區分為三種性能不同的層級（梅可望等，2008）：

（一）決策層級

　　決策層級是警察組織中的最上層級，也是警察組織的重心所在，多為警察組織的正、副首長。決策層級對外代表警察組織，對內則領導整個組織，決定重大政策和原則、指揮（指導）所屬業務。在我國的整體警察組織中，決策層級為內政部警政署的署長、副署長。

（二）幕僚層級

　　幕僚層級是依據決策層級所交付負責的各種業務，蒐集資料、提供意見，供決策層級參考。幕僚層級又可區分為設計性的幕僚及行動性的幕僚，設計性的幕僚負責資料的蒐集、分析及整理，並設計可行的方案供決策層級參考，如警政署的各組室，或警察局的各科（課）室；行動性的幕僚負責監督與考核警察業務的執行，或代表決策層級領導所屬，如警政署的督察室和各附屬機關，或警察局的督察室和分局。

（三）執行層級

執行層級是直接與民眾發生接觸者，也是直接執法者。執行層級的警察組織，又可區分為專業性的執行層級及一般性的執行層級，專業性的執行層級如警政署之刑事警察局、鐵路警察局、各保警總隊等，或直轄市、縣（市）政府警察局的刑事警察大隊、直轄市政府警察局的交通警察大隊、保安警察大隊等；一般性的執行層級，則是最基層的分駐（派出）所。

警察組織在水平分工方面，主要是以工作性質為主、地區為輔加以分工。例如警政署署內依工作性質設組、室、中心等單位，警政署轄下依工作性質及地區，設有附屬機關及地方縣市警察局，而各附屬機關及地方縣市警察局所轄，也都依工作性質及地區，再做水平分工（梅可望等，2008）。

九、訂有規範組織成員之行為及活動的組織規章

警察組織中，基本的組織規章有內政部警政署組織法、中央警察大學組織條例，以及警政署附屬機關組織規程，依據這些組織條例訂定的內政部警政署辦事細則、中央警察大學辦事細則，以及警政署附屬機關之辦事細則。直轄市政府警察局及縣市（政府）警察局等地方警察組織，以及其附屬機關，則依各直轄市及縣（市）政府組織自治條例之規定，訂定各自的組織規程。

在規範組織成員之行為及活動的規章方面，除了訂有與一般行政組織類似的規章之外，針對警察組織及工作的特殊性，亦訂有予以警察組織成員特殊規範的規章。

第二節　警察組織的起源

在歷史的記載中，有關警察組織起源，可以遠溯到埃及、希臘及羅馬時代，在所羅門王的詩歌裡面提到「警衛人員巡視全城」，在當時地中海沿岸的各邦，就已有類似警察功能的組織存在。羅馬時代，Augustine 於西元前27年，設置了兼具司法及行政功能的 preafectus urbi，用以維持公共秩序（梅可望等，2008）。

對類似具有警察功能組織的起源，最早比較有具體描述的是甲長（鄉長）制度。此種制度是薩克遜人在占領英國之後，把其原先部落中使用的警衛制度帶入英國。甲長制度是由各甲所有男丁，組成「巡呼隊」，負責全甲的治安，一旦甲內發生犯罪，甲長就率領巡呼隊捉拿逃犯（梅可望等，2008）。

1066 年諾曼人入侵以前，英國保障社會安全的制度，是十人區（tithing）的社區組織型態警政；此制度是利用「集體責任」與「自我防衛」的原則，要求每十個人組成一個十人區，彼此連帶負責治安上的責任，並接受代表國王之治安官（sheriff）的監督（陳明傳、李湧清、朱金池、章光明，2008）。

1066 年諾曼人入侵以後至 13 世紀，英國進入以保安官（constable）維持社會秩序的時期。在這段封建時期，莊園是地方的基本單位，莊園的領主以保安官取代十人區的十人小組負起治安上的責任。十人區及保安官這兩個時期，主要的目的是出於自保、抵抗外來侵害的武力，而非出於維持治安（陳明傳等，2008）。

1195 年英王理查一世指定一些騎士，擔任督察人民自衛的工作；五十年後，這些騎士被命名為「公安裁判官」（justices of peace）。1252 年，英王亨利三世，在公安裁判官之下，派保安官受其指揮，負責看守犯人、偵查犯罪，並督導邏卒、更夫及巡呼隊的工作（林信睿，2009）。

13 世紀開始，英國國王的政權比較穩固，開始注重治安的工作，開始透過溫徹斯特條例與公安裁判官條例等建立類似警察功能的組織。1328 年，英王愛德華三世更授權這些公安裁判官有審訊及處罰罪犯的權力；1360 年，更增加公安裁判官處理一切犯罪案件的權力。自此確立了公安裁判官的制度（林信睿，2009）。

美國獨立之後，多採用英國的方法及制度，1636 年波士頓建立巡夜制度。此後，新英格蘭地區在原有的軍事警衛以外，也設置了不穿著制服的巡夜人。馬薩諸塞州則制定法案，將巡夜人制度化，定位巡夜人為市鎮的警戒者；在紐約，也規定巡夜人日間要街巡，夜間要鞭巡。

現代警察組織的概念大概形成於 1667 年的法國，當時在路易十四時期，建立了其類似警察功能的組織，但當時的警察組織僅是政府行政中的一環，不具現代警察的功能（孟維德、朱源葆，2006）。

1683 年紐約開始採用英國式的保安官制度，1700 年費城也設立夜巡人

制度,要求所有的男性公民輪流擔任邏卒與更夫的工作。1838 年波士頓設立了白晝巡查大人制度,紐約費城不久也接著跟進。

在英國,公安裁判官的制度到了 18 世紀中葉以後,已經無法應付國內的治安需求,開始出現了倫敦報街(Bow Street)警察及泰晤士河警察(The Thames River Police)等類似現代警察的組織(梅可望等,2008)。

1822 年由於工業化與都市化等社會變遷的影響,舊式警察制度已不足以有效率的處理,當時的英國內政部長 Peel 爵士認為,犯罪問題引發了普遍的社會不安,開始積極推動設立新警察的計畫。

1829 年 6 月,英國下議院通過倫敦大都會警察法(The Metropolitan police act),同意招募全職、支薪的警察人員。此舉將全世界的地方治安制度,帶入了一個新的現代警察世紀,建立了警察組織。1829 年 9 月 29 日,倫敦首都警察廳[1]成立,1,000 名穿著整齊制服的警察開始在倫敦服務(梅可望等,2008)。

繼 Peel 爵士在 1829 年創立了現代化警察組織之後,法國也於 1840 年,在巴黎設置了現代化的警察組織;1844 年德國柏林,以及美國紐約也分別設置了警察組織。在歐洲國家於 19 世紀期中建立了現代化的警察組織之後,亞洲國家則在 19 世紀末葉到 20 世紀初葉才開始設立警察組織。

第三節　我國警察組織的淵源

我國古代並無名為警察之職銜及組織,但自虞夏以後,即有許多類似警察之官職。我國第一個現代的警察組織是 1898 年在梁啟超、黃遵憲等人鼓吹下,仿照日本和西方近代國家的警察局而成立的「湖南長沙保衛局」[2](韓延龍、蘇亦工等,2000)。

1901 年,八國聯軍攻占天津、北京後,由於京城治安一片混亂,為了加強社會控制,八國聯軍在各占領區成立臨時的「安民公所」,安排一些中國人出任,以之維持社會秩序,同時鎮壓反抗的民眾,此也為京城的警政發

1　倫敦首都警察廳位於蘇格蘭場,故英國民眾稱首都警察廳為「蘇格蘭場」。
2　黃遵憲當時兼署湖南按察使,掌管湖南全省的刑獄和官吏的考核。

展打下基礎。

在八國聯軍撤出北京後，清廷見安民公所的做法不錯，於是在京城設立了「善後協巡營」，直接隸屬於皇帝（後又改為「工巡總局」），並設一專門負責工巡總局的事務大臣。工巡總局可說是我國警察組織的最早雛形，但較符合嚴謹定義的警察組織，則是袁世凱 1902 年在天津創辦的巡警制度（梅可望等，2008）。

八國聯軍後，滿清政府與列強簽訂辛丑條約，條約中明定天津交還滿清政府後，在距離天津 20 華里內，滿清政府不得駐紮軍隊。1902 年滿清政府派袁世凱前往接收同時負責駐守天津，袁世凱為維持地區治安，以及進行軍事戒備，便責令趙秉鈞在保定開辦巡警學堂，並在北洋軍中挑選了 3,000 名兵士加以訓練，使之熟悉警察的職能（保定巡警學堂是我國的第一所專業警察學校），在保定創設了警務總局（曾榮汾，1989）。

第四節　我國現代警察組織的歷史及沿革

臺灣光復後，中央政府於 1945 年頒布「臺灣省行政長官公署組織條例」，在臺灣省設立行政長官公署，公署之下設置警務處，負責掌理全省警察行政。臺灣光復後至中央政府遷臺初期，認為國家安全是最重要的考量，而治安是國家安全的重要部分，故歷任警務處長均係由軍職轉任（涂雄翔，2007）。

遷臺初期，中央政府在內政部成立編制為十幾個人的「警政司」，從事警察制度的立法與擬定工作。臺灣地區的重要警察組織法制，大多於 1950 年代建立。1949 年依據臺灣省警務處組織法設置省警務處，並指揮監督各縣市警察局，省以下所有縣市皆設警察局。

自中央政府遷臺至警政署成立以前，國內最具實權的警察首長是臺灣省政府警務處長，但警務處除了內政部為其主管機關外，也另受國安局、警備總部等系統指揮，頗具戰時警察性質。當時警察組織的首要任務就是鞏固國家安全、維持社會治安（陳明傳等，2008）。

1953 年「警察法」公布實施，明定警察的任務與職權，亦規定中央內政部設警政署（警政司），地方省政府設警政廳（處），直轄市、縣（市）

政府設警察局。但當時臺灣省並未依該法設警政廳（處），省政府仍維持原制設警務處，中央內政部仍為警政司，臺灣地區各縣（市）設警察局（邱炎輝，2005）。

1972 年因臺北市改制為院轄市，將警政司擴充為內政部警政署，內政部警政署成立，統一指揮臺灣省與臺北市各級警察機關。初期由警政署長兼任警務處長，署處合署辦公，首任警政署署長為周菊村。

1978 年孔令晟接任警政署長，提出「改進警政工作方案」，其內容重點有：增加警察員額、簡化警察業務、強化刑案偵防功能、維護警察風紀、整理交通秩序、建立良好警民關係、充實消防設施、人事教育現代化、警察組織裝備現代化等，被謂為警政邁向現代化之始。

1980 年代國內、外環境急速變遷，政府由威權體制漸轉向民主化，在此轉型期間的過渡時期，社會群眾抗爭活動頻繁，因此，警察組織招訓一批限期服務警（隊）員，以儘速應付執行鎮暴或疏處群眾運動的勤務。

臺灣地區的警察組織最高首長，自 1945 年首任臺灣省警務處長胡福相起，歷經 1972 年成立內政部警政署，至 1990 年卸任的羅張，皆是由軍職轉任。一直到第五任的警政署長莊亨岱起，才開始由具有警察專業背景畢業的警界人士出任；自莊亨岱迄今的陳家欽，警政署長都具有警察專業背景（詳見表 9-1）。

表 9-1　臺灣地區歷任警察首長一覽表

臺灣歷任警務處處長（警政署成立之前）				
任次	姓名	學歷	任期	經歷
1	胡福相	浙江省警官學校第 1 期畢業、日本警察講習所留學。	1945.09-1947.06	臺灣警察幹部講習班主任。
2	王民寧	北京大學經濟系、日本陸軍士官學校。	1947.06-1948.11	1948 年擔任第一屆國民大會代表。
3	胡國振	中央陸軍官校畢業。	1948.11-1949.02	日本內務部警官講習所畢業。
4	王成章	中央陸軍官校砲科第 6 期、日本內務部警官講習所畢業。	1949.02-1950.04	少將處長、福建保幹所副所長、臺灣省山地行政處處長。

表 9-1 臺灣地區歷任警察首長一覽表（續）

臺灣歷任警務處處長（警政署成立之前）				
任次	姓名	學歷	任期	經歷
5	陶一珊	中央陸軍官校第 6 期畢業。	1950.04-1953.06	少將局長、處長、校長。
6	陳仙洲	西北陸軍幹部學校第 1 期畢業。	1953.06-1955.12	西北陸軍幹部學校第 1 期。
7	樂 幹	中央陸軍官校第 6 期畢業、日本警察大學第 16 期畢業。	1955.12-1957.05	局長、總隊長、副廳長。
8	郭 永	中央陸軍官校第 12 期畢業。	1957.05-1962.09	師長、軍長、兵團副司令。
9	張國彊	中央陸軍官校第 9 期畢業。	1962.09-1964.09	砲兵學校校長。
10	周中鋒	中央陸軍官校第 13 期畢業。	1964.09-1967.06	政工幹校校長。
11	黃對墀	中央警官學校特警班第 1 期畢業。	1967.06-1968.09	臺灣省保安司令部新生總隊訓導組長、副處長。
12	羅揚鞭	中央陸軍官校第 11 期。	1968.09-1972.07	政治作戰學校校長、臺灣省警務處處長兼臺北市警察局局長、憲兵司令。

臺灣歷任警政署署長（1972 年 7 月警政署成立後）				
任次	姓名	學歷	任期	經歷
1	周菊村	中央陸軍官校第 11 期、美國參謀大學畢業。	1972.07-1976.11	軍長、防衛司令、陸軍中將。
2	孔令晟	北京大學化學系、中央陸軍官校第 15 期、美國參謀大學畢業。	1976.11-1981.03	團長、師長、侍衛長、軍團副司令、駐高棉代表團長、海軍陸戰隊司令。
3	何恩廷	中央陸軍官校第 14 期、三軍大學畢業。	1981.03-1984.07	旅長、侍衛長、海軍陸戰隊司令、警總副司令。
4	羅 張	中央陸軍官校第 16 期畢業。	1984.07-1990.07	海軍陸戰隊師長、國防部助理次長、警總副司令。

表 9-1　臺灣地區歷任警察首長一覽表（續）

臺灣歷任警政署署長（1972 年 7 月警政署成立後）				
任次	姓名	學歷	任期	經歷
5	莊亨岱	中央警官學校正科第 17 期畢業。	1990.08-1993.12	宜蘭縣、桃園縣、臺灣省鐵路警察局局長、保安警察第一總隊總隊長、刑事警察局局長。
6	盧毓鈞	中央警官學校正科第 22 期畢業、美國西伊利諾大學榮譽人文科學博士。	1993.12-1995.04	臺東縣警察局局長、保二總隊總隊長、鐵路警察局、刑事警察局局長。
7	顏世錫	新海芬大學與奧克拉荷馬市大學榮譽法學博士、聖荷西大學警政系理學碩士。	1995.05-1996.05	嘉義縣、桃園縣、臺北縣警察局局長、臺北市政府警察局局長、中央警官學校校長。
8	姚高橋	日本明治大學法律研究所法學碩士、中央警官學校大學部第 28 期畢業。	1996.06-1997.07	雲林縣、嘉義縣（市）、臺北縣、高雄市政府警察局局長、臺灣警察專科學校校長、中央警察大學校長、警政署署長、海巡署署長、高雄市副市長。
9	丁原進	中央警官學校正科第 28 期畢業。	1997.08-2000.07	苗栗縣、臺南縣警察局、臺北市政府警察局局長。
10	王進旺	中央警官學校警監班第 2 期、中央警官學校第 38 期畢業。	2000.08-2003.06	屏東縣警察局局長、高雄縣警察局局長、國安局副局長、海巡署署長。
11	張四良	文化大學碩士、中央警官學校第 30 期畢業。	2003.07-2004.04	保三總隊總隊長、航空警察局局長。
12	謝銀黨	中央警官學校行政警察學系第 36 期畢業。	2004.05-2006.02	宜蘭縣、桃園縣警察局局長、高雄市政府警察局局長、中央警察大學校長。
13	侯友宜	中央警官學校正科第 45 期畢業、中央警察大學犯罪防治研究所博士班畢業。	2006.02-2008.06	警政署刑事警察局局長、副局長、桃園縣警察局局長、警政署署長、中央警察大學校長。

表 9-1　臺灣地區歷任警察首長一覽表（續）

臺灣歷任警政署署長（1972 年 7 月警政署成立後）				
任次	姓名	學歷	任期	經歷
14	王卓鈞	中央警官學校正科第 40 期畢業、臺北大學犯罪學研究所碩士。	2008.06-2015.04	南投縣警察局局長、臺中市警察局、臺北市政府警察局局長。
15	陳國恩	中央警官學校行政警察學系第 44 期畢業，警大犯罪防治研究所博士。	2015.04-2017.09	嘉義市警察局、新北市政府警察局局長、國安局副局長、海洋委員會常務副主委兼任海巡署署長。
16	陳家欽	中央警察大學刑事警察學系第 45 期畢業，美國紐海芬大學鑑識科學碩士。	2017.09-	屏東縣警察局局長、內政部警政署保安警察第二總隊總隊長、高雄市政府警察局局長。
17	黃明昭	中央警官學校外事警察學系第 51 期畢業、警大犯罪防治學系碩士。	2022.06-	高雄市政府警察局局長、刑事警察局局長、基隆市警察局局長。

資料來源：參考涂雄翔（2007），警察在政治體制中角色之研究（1949-2005）；施妙宜（2004），變遷社會中警察角色定位之實證研究；陳宜安（2004），我國國家體制與警政發展（1950-1997）等論文，並參考警政署網站等資料彙整。

　　1987 年 7 月解嚴後，臺灣警備總司令部所掌管之機場、港口安檢工作，以及集會遊行主管機關由警政署承接，為順利承接繁重的集會遊行及安檢業務，警政署遂於署內增設安檢組，並自 1988 年至 1992 年間擴編警力萬餘人。

　　1990 年代，由於解嚴與終止動員戡亂，值此轉型、調適階段，警察機關為因應此時期的社會、政治轉型，組織編制方面亦隨之有所調整。1990 年，警政署將原來的淡水水上警察巡邏隊，擴編成保安警察第七總隊，以之負責處理海上犯罪的任務（王寬弘等，2001）。

　　1992 年臺灣警備總司令部撤銷，不再是最高治安機關。當時的全國警察人員亦因社會治安之需求，由 5 萬多人激增成 8 萬多人。在警察任務上，消防、水上、移民、戶政等也都朝向「除警察化」，不再隸屬制服警察的任務（王寬弘等，2001）。

　　1992 年 7 月戶警分立，有關戶政事務所業務，移由民政機關辦理。1995 年署處分立，臺灣省警務處先改為臺灣省警政廳，並遷至臺中市；同

時 1995 年 3 月內政部成立消防署,警消分立,消防相關業務移交消防署辦理。1999 年因為精省,警政廳併入警政署,其人員與工作又移交警政署承接,警政廳從此走入歷史。

警政署為因應解嚴後,社會情勢劇烈轉變,警察維護治安的角色與任務日益重要,故擬定了「後續警政建設方案」,以持續推動未完成的警政建設工作。此方案中改進組織制度部分,計畫增設警勤區、調整分駐(派出、駐在)所、分局,並調整幕僚的編組(梅可望等,2008)。

1986 年 7 月分時,全國警察機關的預算員額為 57,444 人,之後從 1986 年到 1996 年的十年期間,由於解嚴後治安狀況的需要,警力激增 50.76% 之多;十年間共增加 29,158 人,遽增到 86,602 人(邱炎輝,2005)。

2000 年 1 月成立行政院海岸巡防署,納併原由警察執行之海洋巡防及海岸安全檢查等業務,將水上警察局改隸行政院海岸巡防署,更名為海洋巡防總局。2007 年 2 月內政部入出國及移民署成立,將移民業務自警察機關移撥分出。

第五節　我國警察組織現況

我國現行的警察組織主要是依據中華民國憲法第 108 條、第 109 條、第 110 條,內政部組織法第 5 條、第 8 條,以及警察法第 4 條、第 5 條、第 6 條、第 8 條。

內政部組織法第 5 條規定:「內政部設警政署,掌理全國警察行政事務,統一指揮、監督全國警察機關,執行警察任務;其組織以法律定之。」第 8 條規定:「內政部設中央警察大學,以研究高深警察學術,培養警察專門人才為宗旨;其組織以法律定之。」

警察法第 4 條明定:「內政部掌理全國警察行政,並指導監督各直轄市警政、警衛及縣(市)警衛之實施。」第 5 條規定:「內政部設警政署(司),執行全國警察行政事務,並掌理左列全國性警察業務。」第 6 條規定:「前條第一款保安警察,遇有必要派往地方執行職務時,應受當地行政首長之指揮、監督。」第 8 條規定:「直轄市政府設市警察局……,掌理各該管區之警察行政及業務。」第 15 條規定:「中央設警察大學、警察專科

學校，辦理警察教育。」

　　我國現行警察組織，中央部分係於內政部下設警政署及中央警察大學，警政署下設各附屬警察機關；而地方警察組織，則係於各直轄市政府、縣（市）政府下設警察局，警察局之下再設分局、分駐（派出）所。

　　在各級警察機關組織體制中，行政院為全國最高行政機關，其下的內政部則掌理全國警察教育及行政，並指導監督中央設警察大學之警察教育，警政署、各直轄市警政、警衛及縣（市）警衛之實施（詳圖5-1）。

　　在警察實務機關組織的法律規定方面，則有「內政部警政署組織法」及所屬各一級機關的組織規程，明定內政部為辦理全國警察行政事務，統一指揮、監督全國警察機關（構）執行警察任務，特設警政署，警政署對各地方警察機關有隸屬關係（徐章哲，2006）。

　　警政署為中央警察機關，目前設有行政組、保安組、教育組、防治組、國際組、交通組、後勤組、保防組、秘書室、督察室、法制室、公共關係室、資訊室、人事室、會計室、統計室、政風室及勤務指揮中心等幕僚單位。

　　在中央警察機關方面，警政署之附屬機關分別為刑事警察局、航空警察局、國道公路警察局、基隆港務警察總隊、臺中港務警察總隊、高雄港務警察總隊、花蓮港務警察總隊、鐵路警察局、保安警察第一總隊、保安警察第二總隊、保安警察第三總隊、保安警察第四總隊、保安警察第五總隊、保安警察第六總隊、保安警察第七總隊、警察通訊所、民防指揮管制所、警察廣播電臺、警察機械修理廠及臺灣警察專科學校，分別掌理其組織法規之有關事項。

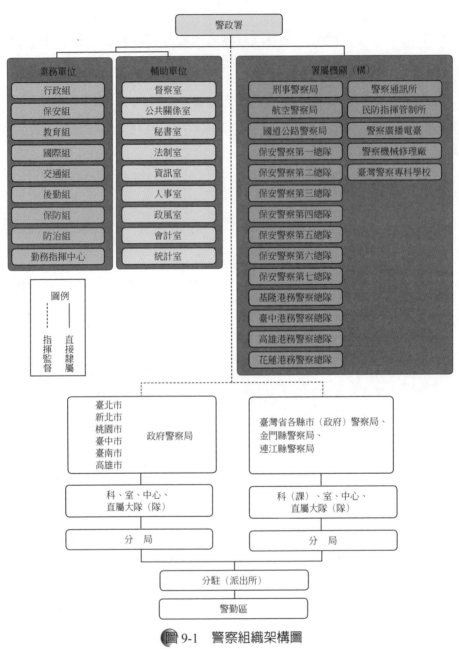

業務單位
- 行政組
- 保安組
- 教育組
- 國際組
- 交通組
- 後勤組
- 保防組
- 防治組
- 勤務指揮中心

輔助單位
- 督察室
- 公共關係室
- 秘書室
- 法制室
- 資訊室
- 人事室
- 政風室
- 會計室
- 統計室

署屬機關（構）
- 刑事警察局
- 航空警察局
- 國道公路警察局
- 保安警察第一總隊
- 保安警察第二總隊
- 保安警察第三總隊
- 保安警察第四總隊
- 保安警察第五總隊
- 保安警察第六總隊
- 保安警察第七總隊
- 基隆港務警察總隊
- 臺中港務警察總隊
- 高雄港務警察總隊
- 花蓮港務警察總隊
- 警察通訊所
- 民防指揮管制所
- 警察廣播電臺
- 警察機械修理廠
- 臺灣警察專科學校

圖例
- 指揮監督（虛線）
- 直接隸屬（實線）

臺北市、新北市、桃園市、臺中市、臺南市、高雄市 — 政府警察局

臺灣省各縣市（政府）警察局、金門縣警察局、連江縣警察局

科、室、中心、直屬大隊（隊）

科（課）、室、中心、直屬大隊（隊）

分局

分局

分駐（派出所）

警勤區

圖 9-1　警察組織架構圖

資料來源：內政部警政署全球資訊網網站，https://www.npa.gov.tw/NPAGip/wSite/ct?xItem=68012&ctNode=12575。

第十章　警察組織功能及警政發展歷程

第一節　警察組織的功能

依據《韋伯英文字典》對功能的定義為「人或事所對應或所從事的活動」。論及警察組織存在著哪些功能，早期 Steadman（1967）認為警察組織的功能有三：維持和平（peacekeeping）、打擊犯罪（crime fighting）與社區服務（community service）（章光明，2000）。

James Q. Wilson（1968）也主張警察可以區分為「看守型」（watchman style）、「執法型」（legalistic style）與「服務型」（service style）三種型態，其功能分別是在維持秩序（order maintenance）、執行法令（law enforcement）及為民服務（citizen service）。

James Q. Wilson 認為「看守型」組織是以秩序維護為其主要功能；「執法型」組織則講求效率、科技、專業化，強調執法功能；「服務型」的組織則強調顧客導向（custom-oriented），非常重視社區民眾的需要（章光明，2000）。

而依據 Manning（1977）的看法，警察組織的功能則是維護公共秩序的功能（public order maintenance function）、處理犯罪的功能（crime related function）與綜合的功能（miscellaneous function）。而 Cox（1997）也提出警察的功能為「秩序維護」、「執法」及「服務」三類（涂雄翔，2007）。

國內學者朱愛群（1998）綜合了我國研究警政學者的看法，認為「犯罪預防」、「刑案偵破」及「為民服務」三者，是我國警察組織裡被特別強調的功能（陳明傳等，2008）。涂雄翔（2007）認為我國警察組織在不同的政治體制下，有維護政權、執行法律、公共服務等三種功能。此外，王進旺（2006）則認為危害防止及犯行追緝等二項，是警察執法中的雙重功能。

綜合各學者的看法，警察組織的功能不外維護秩序、處理犯罪及為民服務。由探討警察組織的起源中可知，早期類似警察功能的組織，以及現代警察組織出現的時候，所強調的功能主要是在維護社會秩序，附帶地執行處理犯罪的工作。

　　而隨著工業化與都市化等社會變遷的影響，犯罪變成嚴重的社會問題，處理犯罪的執法功能變成社會大眾對警察組織的主要期待。警察為民服務的功能，則是因為現代社會中產階級興起，社區成為中產階級的生活圈，在警察組織開始提倡社區警政，並強調社區的重要性之後，為民服務逐漸成為警察組織越來越重視的一項功能。

　　關於警察組織對社會秩序維持的功能方面，James Q.Wilson（1968）認為維持社會秩序是警察的核心工作。警察維持社會秩序的工作內容，是確保交通順暢、排解紛爭、市容整理、解散騷動群眾等事宜，或當社會有重大事故發生時，警察組織協同相關單位進行現場秩序維護等工作。而警察組織藉由對社會秩序的維持，同時可以避免社會危害的發生，也一併可以達到實質上預防犯罪的功能（孟維德、朱源葆，2006）。

　　章光明（2000）認為，強調警察組織之功能只是維護秩序功能的時期，出現在早期社會分工是機械連帶的傳統社會中。機械連帶的社會，主要以勞動分工，人際關係親密，個人間的同質性高，是一種較為不複雜的社會狀態。警察人員在此時期，主要是扮演協調人際為主的和事佬角色，警察組織則側重在執行社會秩序維護的工作。

　　在處理犯罪的功能方面，民眾對警察組織總是賦予正義執法、壓制犯罪的形象。警察組織處理的犯罪問題，包括兩個層面，一是在犯罪尚未發生之前的犯罪預防層面，一是針對已發生之犯罪的偵訊及逮捕等。警察組織藉著對這兩個層面犯罪問題的處理，達到保護人民的生命財產的作用。而社會大眾對警察組織功能的期待，又往往著重在處理已發生之犯罪的層面。

　　警察組織依據法令，處理已發生的犯罪，又稱為執法，主要是透過偵查犯罪，迅速、確實地逮捕犯罪者，並交由檢察機關處理的犯行追緝作為。而在犯罪預防層面，警察組織主要是透過巡邏、警示等產生的一般嚇阻作用，以及對犯罪者迅速、確實逮捕所產生的一般及特殊嚇阻作用，達成預防犯罪的功能[1]。

　　當社會進入工商發達的都市化社會，都市社會非全人的角色互動性、疏離性、相對剝奪感、匿名性等特性，導致非正式的社會控制能力降低，犯罪

1　犯罪是犯罪人理性選擇的結果，警察透過巡邏、犯罪偵查、逮捕等警察活動產生的一般及特殊嚇阻，會對犯罪人產生心理強制作用，嚇阻他們，令其不敢犯罪。

問題日趨嚴重，而成為民眾關心的焦點，此時警察組織處理犯罪的功能就會被益發重視（章光明，2000）。

自 1980 年代發展社區警政以來，警察組織日益強調為民服務的功能，一改過去警察組織一味只強調維持社會秩序及處理犯罪的觀念，也開始重視為民服務的工作。警察組織希望透過為民服務的工作，滿足民眾的需求，以建立良好的警民關係，之後再結合社區民眾的力量，整合社區資源，和居民一起預防犯罪的發生，解決「社區」之犯罪現象。

以往警察組織在處理犯罪問題時，著重在看得到績效的執法作為上，強調偵查、逮捕等犯行追緝的工作，對於犯罪預防方面，只消極地透過巡邏、警示等一般嚇阻作用，以及逮捕所產生的一般及特殊嚇阻作用，並沒有太多積極主動的作為。而社區警政則主張，透過對服務品質的重視，建立良好警民關係，再結合民力，透過被害預防教育、宣導方案等方法，處理社區環境失序、頹敗等問題，主動地發揮犯罪預防的功效。

D. Kennedy（1983）認為服務人群的機關組織，應具下列特質：1. 服務機關具有責無旁貸的責任；2. 服務廣泛；3. 服務對象遭遇到的問題都屬於日常生活的問題；4. 能提供系統整合的服務；5. 機關能提供一般性的服務，警察組織基本上都符合這些描述（孟維德、朱源葆，2006）。

如上所述，警察組織的主要功能不外乎維護秩序、處理犯罪及為民服務三者，而此三種功能，也都存在於所有的警察組織中。只是有的警察組織都會特別重視其中一種功能，而會被冠以秩序維護導向、處理犯罪導向或為民服務導向警察組織的稱謂。許多學者也依據不同時期、地區警察組織特別強調之功能及其他特徵，而將警察組織區分為不同的類型。

警察組織依據不同法系思想所強調主要功能的差異，可區分為大陸派及海洋派兩種類型，此兩個派別在功能、組織、權力、業務及人事制度的比較如表 10-1。

另依據不同時代，所呈現的樣貌及強調主要功能的不同，警察組織又可被區分為政治看守型、法律專業型、社區服務型及理性權變型等四個類型。四類型警察組織的類似角色、主要出現的時代、類型的特徵、著重的策略、員警的行為模式及各別的缺點，茲表列分析如表 10-2（劉京定，1996）。

表 10-1　大陸派及海洋派功能、組織、權力、業務及人事制度之比較

類型	大陸派	海洋派
功能	強調秩序維護及犯罪處理	強調為民服務及警民關係
組織	中央集權（一元化）	地方分權（多元化）
權力	含行政、立法、司法等權	僅有行政權
業務	繁雜（含衛生消防等行政業務）	簡要（主要為秩序、交通）
人事制度	視警察為武官（軍人）	視警察為一般公務員（文官）

資料來源：整理自孟維德、朱源葆（2006），警察的功能與組織發展，許春金主編，刑事司法——體系、組織與策略，台北：三民書局，頁 101-102。

表 10-2　四類型警察組織功能比較分析表

類型	政治看守型	法律專業型	社區服務型	理性權變型
時代	1830 年代	1920 年代	1930 年代	1980 年代之後
角色	如同鄰居	如同軍人	如同老師	如同分析家
特徵	1.以現代的角度觀之，警察缺乏專業素養。 2.是「看守型」的警察組織，功能是替人民看管生命財產。 3.也是「政治型」的警察組織，容易被政治因素所影響。	1.是「法律型」的警察組織，強調依法行政。 2.對警察組織之執法，人民有請願、訴願等行政救濟權利。 3.也是「專業型」的警察組織，強調警察能力、責任及行為。 4.重視人才的挑選，以及專業的訓練，以提高員警素質。	1.高度關心社區並具有社會責任感。 2.警察工作不限法令執行層面，另包括非犯罪之服務面。 3.社區導向之警政哲學，人性化取向，強調警民關係。 4.警察具有更高之反應能力，而非公式化之處理。	1.隨著系統化的研究方法而產生。 2.是「理性型」的警察組織，強調針對組織問題予以有系統的分析及提供因應之方法。 3.也是「權變型」的警察組織，強調依問題特性，提出彈性之解決辦法。
策略	1.重視見警率及逮捕率，而較不重視教育及諮詢等策略。 2.建立了巡邏與偵查等標準模式警政之基本功能。	1.以見警率及逮捕率為主要策略。 2.強調犯罪抗制的績效教育及諮詢，被視為員警非正式使用的個人行為。	1.除了見警率及逮捕率之外，教育及諮詢成為警察行為的正式部分。 2.政策化、定型化的執行方法。	採用問題導向警察策略，視問題性質，因時因地制宜，彈性調整處理方法。

表 10-2　四類型警察組織功能比較分析表（續）

類型	政治看守型	法律專業型	社區服務型	理性權變型
警察人員行為模式	1. 選擇性執法，且執法方式受到個人價值觀、政治傾向等的影響很大。 2. 法律無明確規定使用裁量權的範圍。 3. 強調警察的強制力。	1. 組織及法律嚴密控制強制力及裁量權之使用。 2. 被要求嚴格遵守法律規定，以及有效抗制犯罪。 3. 樂於服從上級領導權威。	1. 沒有廣泛的裁量權，但有在數種處理方式中擇一的選擇權。 2. 盡量以非強制力的方法解決問題。 3. 口頭勸導的方式常被使用。	依問題之不同而定其型態；並無固定的員警行為模式。以彈性處理問題為原則。
缺點	員警訓練及素質不夠，組織的管理及領導不足。	1. 警察工作侷限於犯罪抗制，只重組織之發展，被批評為冷漠獨裁。 2. 員警常因過度重視抗制犯罪而濫權。	1. 存在官僚式管理。 2. 社區服務到何種程度，警察沒有明確界限，常淹沒在民眾的服務要求中。	積極性會因人、因事而異。

資料來源：整理改寫自劉京定（1996），現代警察的起源、警政模式及角色爭議，許春金主編，警察行政概論，台北：三民書局，頁 15-31。

第二節　警政發展歷程

　　本章整理發現，現代化警察組織在英國的 Peel 爵士於 1829 年建立之後，發展歷程大致是歷經了功能尚未完全明確，但以維護社會秩序為主的「初創時期」、大陸派及海洋派所重視之功能不同的「建立時期」、非常強調處理犯罪之功能的「專業時期」，以及非常重視因時、因人、因地而制宜的「權變時期」（孫義雄，2010；陳明傳，1989）。

壹、初創時期

　　Peel 爵士在 1829 年創立了第一個現代化警察組織「倫敦首都警察廳」

之後，美國隨之於 1837 年在波士頓成立全美第一個警察局，紐約及芝加哥也分別於 1845、1851 年跟進，法國則於 1840 年在巴黎設置警察局，德國柏林也在 1844 年成立警察局。在歐美國家於 19 世紀期中建立了現代化的警察組織之後，亞洲國家則在 19 世紀末葉到 20 世紀初葉才開始設立警察組織（梅可望等，2008）。

　　雖然世界各國開始設置警察組織的時間不同，但在初創的時候，各國的警察組織基本上都出於維護社會安定的目的，強調維持社會秩序的功能，且大多數著重在為國家的政權服務。初創時期的警察組織，在開始運作時具有以下的特性（許春金，1996；陳明傳，1989）：

　　（一）重視警察在社會控制及維護社會秩序的功能。

　　（二）警察受到政治團體的影響頗大，在執行過程中常受政治因素的影響而選擇性執法，並經常使用強制性的作為，且執法方式受到個人價值觀、政治傾向等的影響很大。

　　（三）警察工作龐雜，且法律沒有明確規定使用裁量權的範圍，所以警察經常使用強制力以達到社會控制的目的。

　　（四）警察素養不佳、訓練不足，也缺乏組織的管理架構及領導技能，以現代的角度觀之，警察缺乏專業，故警察並不被視為是一種專門職業，只要身材夠健壯就可以擔任警察。

　　（五）運用了巡邏與偵查等勤務方式，最基本的勤務是步巡，主要以巡邏方式維護社會秩序，以偵查等勤務方式遏阻犯罪行為。在警政策略方面，已開始重視見警率及逮捕率。

　　（六）在行動作為上，警察往往會選擇性執法，在裁量權之使用上，也會因民眾之知識程度、族群、社經地位及政治傾向而有所不同。

貳、建立時期

　　世界各國在初創警察組織運作過一陣子之後，認知到警察組織可以展現其特定的功能，對國家、社會秩序的穩定有相當大的作用，於是開始架構穩定的警察組織體系。各國及地區依據其傳統法制的淵源，逐漸發展出所重視之功能不同，在組織、業務、權力、人事制度等方面有相當差異的大陸派及海洋派警察組織（陳明傳，1989）。

　　以法國、德國為主的歐洲大陸國家，因其在法律體系上採用以成文法典為主體的大陸法系，故其警察組織呈現了大陸派的特色，除了組織的目標傾向強調秩序維護及犯罪處理之外，組織的架構採用一元化的集權方式管理，以上下一體的一條鞭方式領導（陳明傳，2019）。

　　大陸派警察負責的業務相當繁雜，除了維持秩序、處理、追緝犯罪之外，還包含衛生、消防等行政業務，也因此國家賦予警察相當大的權力，警察擁有包括行政、立法、司法等方面的權力。也因為警察的權力較大，所以大陸派警政體系將警察視為如同軍人般的武官，必須經過挑選，足夠的訓練，才能擔任警察（邱華君，2000）。

　　以英國、美國為主的海洋法系國家，在法律層面強調遵循先例的「判例法」，以判例作為法律的依據。海洋派的警察組織強調警察是人民的警察，為達成其維護秩序的組織功能，主張透過為民服務及建立良好的警民關係的途徑，是達到維護社會秩序目標的最好方式（陳明傳，2019）。

　　海洋派警察的業務相對簡要，主要為維護社會及交通秩序，針對嚴重違反社會秩序的犯罪活動，也視為警察的重要工作。但警察僅擁有行政權，其他立法及司法等相關的權利，是立法及司法機構所專有，不賦予警察行使。在組織架構方面，海洋派採用地方分權的多元化組織型態，警察人員由地方政府自行招募，需要經過考試錄取，在人事制度方面，視警察為文官的一般公務員（邱華君，2000）。

參、專業時期

　　1920年代，由於工業革命及資本主義的影響，人口大量往都市集中，加上汽車的大量生產，公路網的向外延伸，產生了許多大型都會，隨著大型都會的蓬勃發展，地區的犯罪率急速上升，犯罪變成各國政府亟待解決的嚴重社會問題。因此處理犯罪問題成為警察的首要任務，警政的發展也進入了專業時期。

　　警政的專業時期由美國發軔，其影響並逐漸向外擴散至世界各國，此一時期的警察以犯罪抗制者自居，警察組織的目標完全針對抗制犯罪。由於功能定位於犯罪控制，警察組織開始積極改革組織結構，將警力集中運用，藉由使用集權模式的設計及對報案的快速反應，以增加警察的效率。專業時

期的警政具有以下諸特性（李湧清，2001、2002；徐鎮強，2009；陳明傳，2019）：

（一）在警察的角色定位方面，將警察定位為「執法者」，其權力僅來自於法律，是中立且專業的，盡量擺脫政治的干預，警察的權力不再來自地方上的政治人士，而是來自法律與專業。

（二）在與民眾互動方面，警察專注於犯罪控制及罪犯追緝工作，為了維持警察超然中立的專業性，以及防止貪污及民眾干預，警察與社區及民眾的關係是疏離的，避免與其有密切接觸。此時期警察給民眾的印象是冷漠而獨斷的。

（三）在組織體制方面，首先將警察組織從政治系統中抽離出來，警察的組織體制進行重組，以避免警察受到政治的過度干涉。警察組織採用半軍事化模式，以某種程度的集權模式，要求服從上級領導的權威，將資源、訓練、情報等加以整合。引進科層制的官僚體系管理，重視警察的責任、效率及能力，並要求嚴格遵守法律規定，限縮警察裁量權，不希望警察具有太多選擇性執法的權力。

（四）在警察業務方面，將警察業務大量的簡化，警察工作聚焦於犯罪控制、犯行追緝及交通秩序，排除其他消防及為民服務等工作。另外為了便於進行犯罪控制及犯行追緝，警察也開始建立犯罪的相關統計資料。

（五）在人員素質方面，開始重視人才的挑選，以提高警察素質，為改善早期警察普遍教育程度較低及專業知識不足的困境，希望招收有能力、誠實的警察人員，故要求警察人員須具有冷靜客觀的頭腦，並應受過精良的警察相關技能訓練。此外，強調嚴格的警察倫理守則，以避免警察的不法行為。非常重視警察的個人能力、行為、責任感，以及專業的訓練。

（六）在教育訓練方面，警察除了建立一套有系統的招募考選的專業標準外，也從警察教育著手，在較大規模的警察組織，附設警察學校。另外，也請各大學廣開警察相關的科系，培訓警察專業人才，同時也藉此提高警察員警的教育水準。

（七）在裝備器材方面，專業時期警政的一大特色是強調科技器材的使用，專業時期適逢汽車工業蓬勃發展，無線電通訊也開始廣泛使用，故將新科技導入警察工作，大量運用警車巡邏的機動性、無線通訊器材的方便通訊。此外，也開始成立刑事科學實驗室，並開始啟用測謊器作為辦案的利器。

　　（八）在警察作為方面，以犯罪控制之績效作為評核警察工作成果之標準，非常重視見警率及逮捕率，目的在嚇阻及逮捕犯罪人，強調對報案的快速反應，認為以汽車機動巡邏取代以往步巡的方式，可加速報案之反應時間與增加巡邏密度。在行動方面，警察強調以先進的科技、精良的裝備、精實的訓練強力執法，故此時期的警察，在執法時較具攻擊性。

肆、權變時期

　　專業時期的警察組織強調科技器材的大量使用、警力集中、機動的車巡、對報案的快速反應，並以犯罪抗制者自居，但到了 1970 年代末期，警察組織亦因無法有效的控制犯罪及滿足民眾安全感的需求，而面臨了瓶頸。故針對專業時期警察組織的種種缺失，一些當代的警政策略陸續被提出。

　　警政模式約在 1980 年代進入了權變時期，權變時期警政的特色在於對問題的科學化分析處理。強調透過系統化、科學化的分析，選擇合適而且社會大眾能接受的解決方法。此時期警政策略之選擇完全視問題之性質而定，警察對於組織所面臨的問題先做有系統及冷靜客觀的理性分析，再尋求因應、解決之道。解決問題的方法具有彈性，可以因時因地制宜，依問題的特性、處理的對象，透過客觀及有系統分析的結果，決定解決的方法（Goldstein, 1987; Spleman & Eck, 1987）。

　　在權變時期的警政策略中，警察的執法作為沒有固定的模式，最理想的狀態是警察能夠公正執法，針對不同問題可以彈性的調整處理的方式。這些當代警政策略的共同思維，都是針對專業時期只重視抗制犯罪以及對犯罪的被動反應等缺失，期望能轉變為主動處理犯罪問題，並強調犯罪預防的重要性（許春金、孟維德，2002）。

　　權變時期重要且較具實踐性的警政策略，大致有問題導向警政、破窗警政、社區警政、熱點警政、電腦統計警政，以及第三方警政等。由於破窗警政是社區警政的先導性策略，熱點警政也是電腦統計警政其中的一環，故本書先簡要介紹權變時期的問題導向警政、社區警政、電腦統計警政，以及第三方警政等四大警政策略。

　　針對專業時期警政的缺失而出現的警政策略，首先是社區警政及問題導向警政，兩者出現的時間差不多，而且都強調犯罪預防的重要性。社區警政

主張透過為民服務，與社區民眾形成夥伴關係，透過警民合作，從輕微的偏差行為就開始注意，共同預防犯罪的發生；問題導向警政則著重將已經發生的犯罪聚合成問題群，透過掃描、分析、反應、評估的 S.A.R.A 模式，避免類似的犯罪重複發生。

社區警政由於受到柯林頓總統撥專款推行的鼓勵，先在美國引起一股風潮，繼而推廣到世界各國；問題導向警政則被美國學者 Sherman 列舉為五項最有成效的警政計畫之一，Eck 和 Clarke 以「途徑的多元化」及「聚焦程度」兩項指標評估警政策略的有效性，也認為問題導向警政具有相當的優越性（Weisburd & Eck, 2004）。

第三方警政起源於澳洲，並在英國被廣為應用，此一警政策略，宣稱結合了社區警政、問題導向警政及情境犯罪預防策略的優點。其做法是讓警察成為聯結的平台，以聯繫、鼓勵、說服及強制等方式，利用相關法規，將有關的政府單位、社會團體或個人納入為處理犯罪問題之第三方，共同預防犯罪再度發生，第三方警政目前多應用於處理專案性的狀況（孫義雄，2014）。

電腦統計警政可說是問題導向警政的進階版，結合了運用當代電腦的大數據、治安斑點圖、地理資訊系統、犯罪製圖等最新科技，並加入了課責、授權的管理學概念，在美國紐約實行之後，大大的改善了地區的治安狀況，啟動了美國各地推展電腦統計警政的風潮，此一風潮目前在世界各國正方興未艾（孫義雄，2015a）。

第十一章　警政專業化與標準模式警政

第一節　當代警察的專業性

　　1829 年 Peel 爵士在英國倫敦創立了第一個現代化警察組織「倫敦首都警察廳」之後，警察正式成為一種專門職業，但此時的警察組織對如何實施警政，尚未有非常明確的理念，故其距公認的專業，仍有一大段距離，不過這也已經為未來的警政專業化奠立了發展的基礎。

　　警政專業化是警察學門中探討的一個重要議題，它可以是警政發展的一個時期，例如專業時期，可以是警政發展的一種歷程，例如警察組織在結構、知識、技能、培訓、證照、倫理、社會地位、專業責任等各層面的專業化程度，也可以是一種警政策略。警政專業化同時也形塑出一種警政策略——標準模式警政。

　　本書將警政專業化的概念分兩部分進行探討分析，首先是在第十章中依據警政發展的歷程，由警政發展的初創時期、建立時期、專業時期、權變時期，逐一介紹各個時期的特色；其中尤其以第三個專業時期，是警政專業化相當重要的里程碑，標準模式警政的專業性大致在這個時期都已確立。

　　在本章中，則由諸多對專業的定義及分類中，歸納出健全的組織結構、專業知能、專門機構或系所進行長期培訓、專業證照、專業倫理、專業性社會地位、利他導向的專業責任等七個判定專業性的標準，再以之比對現代的警察組織是否符合專業的界定標準。

　　由於科技的進步會導致物質文明的改變，進而促進社會型態的快速變遷，物質文明和精神文明間產生明顯的落差，導致出現涂爾幹所謂的社會亂迷現象，致使社會失序、犯罪增加。警察組織此時就有需要進行改造或變革，以處理當前面臨之新的治安狀況（陳明傳，1989），因此在三次科技革命的科技大躍進年代，剛好也讓警察組織在各個層面都產生了重大的變革。

　　故本章繼之將三次科技革命與警政三次專業發生重大變革的年代聯結，綜合加以討論分析，呈現其發展的脈絡，而且除了彰顯該警政專業化年代警察組織的特色之外，並以專業性的七個判準，分析該年代警察組織在專

業性表現上的成熟度。

Bayley（1985）提出現代化警察應具有公共性（public）、特殊性（specialized）及專業性（profession）等三項重要特徵，指警察是公共財，是政府部門的一環，穿著制服、領政府薪水，全時工作，協助政府負責維護公共安全、擔負執法與處理犯罪的任務。故除了眾所周知的公共性及特殊性之外，專業性也是警察的重要特性之一（章光明，2006）。

專業化基本上是一種職業朝向專業定位邁進的過程，專業化是動態的，是一個過程；專業性則是靜態的，是一種狀態。專業性是一種具有專門性、獨占性、利他性，受社會尊重，並需要透過教育及特殊訓練才能擔服的專門職業（郭淑芳，2012）。

《美國英語文化傳承字典》（*The American Heritage Dictionary of the English Language*）對專業性的解釋，認為專業性是一種受人尊敬的職業，其專業人員需具符合相當訓練與實務經驗之要求，且具有共同的信念與行動宣言。《Oxford 字典》的解釋指出，專業性是指一種專門職業的特性、涵養及使用的方法（曾靜欽，2001；郭淑芳，2012）。

1995 年出版的《社會學辭典》（周葉謙等譯，1999），對於「profession」的說明，認為專業性乃是一類職業團體的特性，從事這一職業者應具有「高水準的技術與專業領域知識」，並具有「自主性」、「紀律性」、「公眾服務性」等特點（郭淑芳，2012）。

郭淑芳則認為專業或被稱為專門職業（professional occupation），是指一群人共同從事一種專門性之職業活動，而該職業從業者需具備精實的學識，優越的能力，並從事社會上重要而獨占的服務性工作，其專業奉獻普遍獲得社會的認同，具有相當受尊重的社會地位（郭淑芳，2012）。

一個被認為有專業性的職業，應具有哪些特徵？Flexner 主張六個客觀的標準來彰顯專業特質，包括：1. 工作具有個人責任；2. 工作的專業知識是習得的；3. 工作是實踐的，有明確的目的；4. 人員是經由養成教育培育，其工作技術可以訓練養成；5. 有健全的組織結構；6. 組織宗旨是以對社會有幫助的利他導向（郭淑芳，2012）。

Benveniste（1987）指出專業性必須涵蓋六大要素：1. 必須具有高等的教育程度或訓練資格；2. 使用技巧是基於特殊的科技知識；3. 專業人員的資格設有限制，能力必須通過測驗；4.有專業團體的存在；5.有專業之行為與倫理規範；

6. 存有服務大眾的責任感與承諾感（曾靜欽，2001）。

黃嘉莉（2008）提出，專業性的特質與要件包括以下七項：1. 有長期的專業教育；2. 有專業組織；3. 有專業性社會地位；4. 具專業理性、負專業責任；5. 有專業證照制度；6. 有獨占的排外性；7. 訂有專業規範。

綜觀各學者對專業性的定義及特性的描述，專業性不外乎具有下列七個面向，本章除了描述專業的這七個面向之外，亦以這七個面向比對分析當前警政的專業性。

壹、健全的組織結構

專業性的重要指標之一是要有專業團體的組織存在，而且組織必須有健全的結構；有了完整的組織架構，才能後續策劃提升整體組織的效能，達成該職業之專業目標。此外，專業組織也必須有適當水平及垂直分工的組織架構，以使專業的成員產生歸屬專業團體的意識（郭淑芳，2012）。

自從1829年Peel爵士在英國創建現代警察之後，歷經了「初創時期」、「建立時期」、「專業時期」，到進入目前的「權變時期」。由功能尚未完全明確、分屬重視之功能不同的大陸派及海洋派、強調著重在處理犯罪之功能，演進到目前非常重視因時、因人、因地而制宜的組織發展歷程，當前世界各國的警察組織已經形塑得堪稱相當健全。

不論是採用散在制或集中制的警察組織，其由全國或地區最高警察首長，下轄各縣（郡）市警察局，再分支到各警察分局，所採用的科層制分布結構都是類似的。不同之處是散在制的警察組織在警察分局下面再分支出各派出所，派出所之下再規劃由員警各負責一或多個警勤區；而集中制的警察組織，則是在警察分局的轄區中，規劃各個巡邏隊負責不同的巡邏區。我國是採用警政一條鞭領導的散在制警察組織結構。

貳、專業知能

一個專業化的職業中，專業人員必須經由長期養成教育的培育，並通過嚴謹的檢核，方能勝任專業工作，所以一個專業首先必須建構出其特有的專業知能。專業知能屬於心智的活動，又可以區分為兩個區塊：專門知識和專

門技能。

一、專門知識

專業人員必須具備特定的專業知識，必須經過精實的學習，以形塑出卓越的專業能力，所以一個專業應該發展一組獨特、明確、有系統、經過整合、可以傳授的專門領域特定知識體系。此專門領域的特定知識，並須具有系統性的理論基礎，以統整出專業知識體系（曾靜欽，2001）。

二、專門技能

專業人員應擁有一套源自專業知識的專門工作技能，而此高度專門化的技能，至少有一部分需要從理論性的課程中獲得，無法僅以練習的方式習得，亦即專門工作的特定專業技能可以透過訓練養成，但仍應基於特殊的科技知識基礎。所以發展以理論知識為基礎的專門領域獨特技能，是工作專業化的基本條件之一（郭淑芳，2012）。

當代的警政發展迄今，已經建構出堪稱完整的警政理論體系，警察學的內容就涵蓋了警察組織、警察政策、警察勤務、警察業務、警政策略、警察領導、警察倫理、警察教育、警察人事行政、警察法規、警察後勤管理等理論體系，形塑出警察的專業知識體系。

專門技能方面，除了警察面對歹徒時，應用的射擊、逮捕、防身等體技之外，在犯罪預防方面，則有運用大數據分析技術、治安斑點圖、地理資訊系統、地緣剖繪系統、犯罪製圖等技能；在交通執法方面，也有交通法規、交通事故處理、路口路權、交通號誌、交通工程、交通事故偵查等技能。

而在刑事偵查技能方面，就更有指紋鑑識、DNA 鑑識、刑事攝影、文書鑑識、痕跡鑑識、槍彈鑑識、縱火及爆炸證物鑑識、藥毒物鑑識、偵訊技巧、測謊、現場處理、心理測驗等技能。我國警政無論在專門知識或專門技能方面頗能跟上國際潮流，掌握最新智能及資訊，維持跟世界各國同步。

參、專門機構或系所進行長期培訓

有了專業知識體系的專門知識，以及專門領域獨特技能的專門技能，專業人員還必須在特定學校、系所或機構，經過長期的練習及訓練，甚至需有

相當時間的實務見習，才能習得這些專門知識及專門技能，並且必須在工作期間能夠持續的接受在職教育訓練，以優化該專業領域人員的素質。

所以一個專業工作最好有專屬的專業學校，或在大學裡面設有對應的專業系所，以及持續提供在職教育進修的專屬機構。專業學校或大學的專業系所可以提供專業人才的養成教育，並能提升該領域的學術研究發展，促進該領域學門的科學化、獨立化；專業在職教育訓練機構，也可以精進人員的高等教育訓練、專業知識技能，持續不斷更新、改善專業主體的知識與技能，發展出人員持續精進的方案（郭淑芳，2012）。

目前世界各國都設有專門的警察大學、學院或學校，長期的教育、培訓警察人力，許多大都市也都設有教育、培訓自己城市警察局的警察學院或學校，例如美國休士頓都會地區，就設置有自己的員警養成教育學校——休士頓警察學院（Houston Police Academy），通過嚴格的六個月學術和體育強化培訓計畫，教授各領域的學術、槍械、駕駛、體能訓練和防禦戰術，讓學員為日後的執法生涯做好準備。

各國也都設有專門的警察在職教育訓練機構，較廣為人知的是美國司法部社區警政辦公室（The Office of Community Oriented Policing Services, COPS）在美國各地區設立的社區警政研究機構（Regional Community Policing Institutes, RCPI），並由「美國社區警政辦公室」提供資金，負責培訓社區警政專業人才，藉此推廣社區警政（孫義雄，2020）。

除此之外，在國際負有盛名的警察在職教育訓練機構，還有美國 FBI National Academy、西北大學 Center for Public Safety 之 School of police staff and Commander、英國警政學院（College of policing (Senior Leadership Development Programme)），以及美國德州執法管理研究機構（The Law Enforcement Management Institute of Texas, LEMIT）等（孫義雄，2020；Tong & O'Neill, 2020）。

我國除了警政署常態性地在臺北、彰化、高雄的保一、保四、保五進行在職教育訓練之外，主要的警察在職訓練機構，是設在中央警察大學的推廣教育訓練中心，該中心也成立了「訓練及課程規劃委員會」，負責擬定警察組織學習計畫，擴大辦理各項警察升職教育及各類專業訓練，並規劃出警察終身學習藍圖。

肆、專業證照

一個專業化的職業，其專業人員必須經過長期的養成教育及培訓，以形塑出適用的專業能力，但是否足以擔當此專業的重任，則仍必須經過某種資格或條件的鑑定程序，以檢定其能力，方可取得專業人員資格。所以一個專業必須要有其專業證照制度，唯有經過嚴格篩選的人才能獲得此項工作。

專業工作應該建立專業證照制度，訂定資格標準，設限專業人員資格，要求必須經過專業能力測驗，方能取得專業的資格，以正式的能力測驗選擇專業工作的組成分子，除了可以控制專業人數，保障專業品質，也可藉此建立專業的形象及權威性（黃嘉莉，2008）。

目前世界各國對新進警察人員的甄選方式，主要是採用先考後訓的方式，在進入相關院校之前，透過考試加以篩選，以擇優汰劣的方式，選擇符合專業要求的高素質人員，在經過長期的養成教育專業訓練之後，只要通過畢業考試，取得畢業證書，便可以擔任警察工作。

倒是我國將取得警察資格的方式分為兩類，一類與世界各國類似，採用先考後訓的方式，先通過國家警察特考錄取，再受訓十個月以上的時間，若結業測驗合格，便可取得警察人員任用資格。

另一類是先擇優錄取，通過警察大學或警察專科學校的入學考試，再經過四年或二年的警察專業教育訓練，而畢業後還必須參加特考，特考通過才能取得警察人員任用資格。依專業性的要求而言，我國以通過國家警察特考為取得警察人員任用資格的標準，是更符合取得證照的專業性要求。

伍、專業倫理

任何一個職業或工作，都有其應遵守的道德界線，尤其是一個強調專業性的職業，更需要有其較高的道德標準。所以每種專業，都需要依據其專業的特性，擬定特定之專業倫理規範，要求每位成員必須能夠自律，心存服務大眾的責任感，遵守明確的倫理信條。

警察工作相當程度上擁有影響民眾權益的自由裁量權，也常常接觸社會的黑暗面，以及灰色的地帶，許多決策及作為都在法律規範的邊緣，並且需要當下立刻決定，警察人員面臨的社會誘惑也相對大很多，所以警察專業倫

理的建立就顯得相當的重要。

當前警察倫理在警察人員受教育及訓練的過程中，是被相當重視的課程，1829 年英國 Peel 爵士在警察法案中就有一些有關警察執法倫理守則的規定，聯合國也於 1979 年決議通過「執法人員行為守則」，國際警察首長協會也在 1957 年訂定，後來 1989 年及 1991 年做了修正的「執法倫理守則」（朱金池主編，2013）。

在我國，警察倫理的議題也相當的被重視，在中央警察大學，朱金池教授結合幾位警察大學的老師，由朱教授主編了《警察倫理》一書；林麗珊教授也由警察品格教育及道德思辨的角度出發，出版了《警政倫理學導論》一書，探討警察倫理教育之核心價值。

當前我國警政單位無論是在警察裁量的倫理、警察角色、警察私人生活調適、警察人員的廉政倫理、警察執法的比例原則、警察使用強制力的倫理、調查犯罪的倫理、交通執法的倫理、面對弱勢的倫理、行政中立的倫理、領導的倫理、道德兩難決策訓練、績效管理的倫理等層面都有相當深入的探討（林麗珊，2008；朱金池主編，2013）。

陸、專業性社會地位

成為一個專業，除了工作的性質具有排外的獨占性之外，也應建立起專業的權威性與社會地位，進而發揮對社會重要的影響力。在建立專業權威方面，除了成員要有足夠的專業知能之外，組織應該擁有相當廣泛的專業獨立自主權，在執行專業領域的範圍內，政府、社會及顧客應尊重其所採行的決策或方法，不能由外行人隨意加以干預、評斷（郭淑芳，2012）。

在建立社會地位方面，社會地位主要是由教育程度、收入，以及職業聲望等三個指標所組合而成。由於專業需要有豐富的專業知能，所以教育程度基本上是要大專以上，而收入也應該在社會的中等以上薪資，職業聲望也應該被社會認可是中等以上的職業聲望。

在專業權威性方面，自警政發展的專業時期開始，警察就定位本身為「執法者」，是中立且專業的，權力僅來自於法律，盡量擺脫政治的干預。對社會而言，警察在執法、維序方面是有其專業性的，大多數民眾相當尊重警察在這一方面的作為。但由於警察是政府的一個部門，是政府維持社會安

定的一股重要力量，所以在政策層面，難免會受到來自政府的影響，臺灣地區和世界各國的警政一樣，也都有面臨這方面的狀況。

由於世界各國警察都有長期養成教育的培育，而且成員大都具有大專以上的學歷，在社會地位的教育程度這個層面是合乎專業之要求的，各國警察的薪資也都在社會的中等收入以上。在職業聲望層面，各國警察的職業聲望也都列於中間偏上的位置。

我國目前警察組織的成員來源中，曾受警察教育的都是由中央警察大學或臺灣警察專科學校畢業，以特考取才的成員，基本上也都有大專以上學歷。而警察人員由於必須通過特種考試的甄選，所以收入都在社會中等以上，再加上超勤的工作津貼，所以收入比大多數同年齡的人都高。

在我國行政院主計總處的中華民國職業標準分類之中，警察人員被歸類在 O 大類「公共行政及國防；強制性社會安全」中，是提供公共行政管理與服務之政府機關性質，是屬於中等職業聲望的專業工作（行政院主計總處，2016）。

柒、利他導向的專業責任

一個專業，在社會中除了營利之外，也負有其社會責任，這個社會責任，可以是促進社會進步，也可以是為社會提供服務，或者避免社會發生可能出現的危害。專業組織，其宗旨應該是以服務公眾為前提，秉持著幫助社會的利他導向，負起社會責任（黃嘉莉，2008）。

警察存在的目的就是在維護社會的安定，無論是展現維護秩序、處理犯罪、為民服務的任何功能，其出發點都是對社會有利的導向。我國警察法第 2 條規定：「警察任務為依法維持公共秩序，保護社會安全，防止一切危害，促進人民福利。」使我國警察的任務除了前述的三大基本功能外，更擴大到積極地防止一切危害，促進人民福利之層面。

第二節　警政專業化的發展沿革

專業化是一個延續的動態過程，並不是一次專業化到位之後，就可以

長期維持其狀態不變，隨著時代、社會、環境、物質、科技的變遷，專業性的需求層次會有所不同，專業的要求也必定會隨之與時俱進（Lemaire, 2016; Tong & O'Neill, 2020）。

尤其是 18 世紀開始大量使用科學方法，19 世紀工業革命、20 世紀電子革命、21 世紀資訊革命以來，科學技術發展日新月異，物質文明更替迅速，量變會導致質變，精神文明的組織、制度等層面也必須跟進調整，所以每當科學技術有大躍進的時候，也是各專業領域再度專業化的契機。

各個領域的專業化都是一個持續發展的過程，配合社會環境的變化，科技的創新，躍進到另外一個層次的專業階段。從科學方法的大量使用到工業革命時代，是人類近代來第一次在科學技術方面的大躍進，電燈、蒸汽機等發明給人類帶來極大的方便，機器的使用也使人類大量的群居，大都市開始產生。

20 世紀初，電子工業、無線電通訊及汽車工業的大量生產及使用，也使得人跟人之間的通訊、交往、聯繫更加方便、便利，公路網絡的密布及規劃，使民眾一日生活圈的日常活動範圍大為擴增，社會生活型態逐漸由大都市的生活方式，擴展到成為大都會的生活型態（章光明，2019）。

1964 年 IBM 成功利用積體電路成為電腦組件，1975 年超大型積體電路設計完成，使得電腦的體積越來越縮小，而容量及計算速度卻飛快的巨量增長。1995 年前後，Internet WWW 開始盛行，電腦網路等資訊科技的發展將人類的生活推入了數位資訊時代（孫維康，2016）。

2000 年之後網際網路又發展出雲端硬碟，以及 Blog、Skype、You-Tube、Facebook、Twitter、Instagram 等社群互動媒體，人類的生活環境逐漸進入了虛擬空間的虛擬實境社會；而搭配三次的科學技術的大躍進，警政也歷經了三次專業化的變革歷程，展現了三個不同風格的專業風貌。

壹、第一次科技革命對警政專業化的影響

第一次警政專業化年代的最大特徵，是世界各國開始設置正式編制的警察組織。由無到有，由類似任務編組，為特定目的而建立的臨時機構，到成為政府正式常設的一個組織，有法律依據、有正式編制、有經過甄選任用、有明確的職掌，甚至還有專屬的制服。警察組織的正式設置，本身就是朝向

專業化邁進的一大步。

由於在 1760 年代興起的工業革命（又稱第一次科技革命），開始以機器取代人力、獸力，大規模的工廠生產取代了人工製造，此種改變造成人類社會生活模式的巨大變化。當時大型的機械化工廠需要大量、密集的勞力參與，導致大量的人口往都市遷移，產生了許多大型的都市（MBA 智庫百科，2020a）。

由於工廠的大量生產，商業活動也隨之蓬勃發展，經濟快速起飛，更提供了大量就業機會，因此造成都市人口的急速膨脹。經濟的快速發展，使貧富間的差距瞬間拉大，讓以密集勞力賺取微薄薪資的勞工，產生相對剝奪感。而且都市生活的匿名性、疏離感，讓社會的非正式控制能力降低，高價值財物的可見性、易接近性，也導致了大都市內的犯罪率上升。

人口密集造成的社會混亂現象，讓民眾體認到維持社會秩序的重要性，開始重視警察的功能。加以警察除了維持社會秩序之外，還有嚇阻犯罪發生、處理犯罪問題、追緝犯罪嫌疑人的執法功能，政府因此開始思考設置正式、全職警察組織的必要性（孫義雄，1991）。

於是第一次警政專業化於 1829 年由 Peel 爵士在英國啟扉，此一風潮先由北美國家隨之跟進，並在歐洲各國持續發展。其後亞洲、非洲、拉丁美洲及大洋洲的國家，在 19 世紀末葉到 20 世紀初葉才開始陸續有了警察組織的設立。

1829 年英國下議院在 Peel 爵士的說服下，於該年 6 月先通過倫敦大都會警察法（The Metropolitan Police Act），同意招募全職、支薪的警察人員，此舉將全世界的地方治安制度，帶入了一個新的「現代警察」世紀，建立了警察組織。繼之，倫敦首都警察廳於 1829 年 9 月 29 日成立，1,000 名穿著整齊制服的警察，開始在倫敦服務（梅可望等，2008）。

由於倫敦首都警察廳對於倫敦地區社會秩序的維持成效良好，英國接著在 1835 年通過都市法人法（Municipal Corporations Act），授權英國各城鎮自組警察力量，並於 1839 年將都市法人法推行至所有的鄉村地區。而在這期間，美國也於 1838 在波士頓成立全美第一個警察局（黃翠紋、孟維德，2017）。

在英國首都警察廳運作十年之後，法國也於 1840 年在巴黎設置警察局，德國柏林則在 1844 年成立警察局。美國也在波士頓之後，陸續於 1845

年成立紐約警察局、1851 年設置芝加哥警察局、1852 年設立紐奧良及辛辛那提警察局、1854 年成立費城警察局、1857 年成立巴爾的摩警察局。

在亞洲地區，日本首先於 1871 年在東京都設置邏卒，並於全國各府縣設置捕快，並於 1875 年頒布行政警察規則，同時將捕快與邏卒合併，統稱為巡查，另外也在 1880 年於各府縣設置巡查教習所，是亞洲地區跟進設置警察組織的第一個國家。

我國第一個現代的警察組織是 1898 年在梁啟超、黃遵憲等人鼓吹下，仿照日本和西方近代國家的警察局而成立的湖南長沙保衛局，1901 年在八國聯軍各占領區成立了臨時的安民公所，之後又成立善後協巡總局取代安民公所，用以維持京師地區治安（韓延龍、蘇亦工等，2000）。

但我國較符合嚴謹定義的警察組織，則是袁世凱 1902 年在天津創辦的巡警制度。1902 年滿清政府派袁世凱前往接收同時負責駐守天津，袁世凱為了維持地區治安，以及進行軍事戒備，便責令趙秉鈞在保定開辦巡警學堂（是我國的第一所專業警察學校），並在北洋軍中挑選 3,000 名兵士加以訓練，使之熟悉警察的職能，在保定創設了警務總局（梅可望等，2008）。

滿清政府 1905 年正式成立巡警部，同年改名為民政部，1907 年設立京師內外城巡警總廳，用以維持京師地區治安；同年全國各省也設立巡警道，負責維持全省的治安，我國的警察組織制度也正式確立（陳明傳等，2008；韓延龍、蘇亦工等，2000）。

第一次警政專業化年代，由於各國接觸警政概念的先後不同，在成立警察組織的時程上有很大差異，但基本上其發展是由歐美開端，再逐漸向其他各大洲的國家擴散。以警察專業性的七個標準觀之，是尚未完全符合專業性要求的。但專業化是一種職業朝向專業定位邁進的過程，警察組織的設立，本身就是朝向專業化邁進了一大步。

就專業性的標準而言，在第一次警政專業化年代，警察組織的結構多套用軍隊組織架構，穿著制服、配掛階級、集權領導、強調服從，以現代的觀點觀之雖稱不上健全，但基本的架構雛形已經形成，已朝向專業化邁進。在專業知能方面，警察尚未開始建立警政知識架構體系，而在專門技能方面，除了透過步巡進行預防性巡邏勤務之外，也還沒有發展其他特定的警察專用技能（Walker, 1999）。

在警察組織初始創設的第一次警政專業化年代，除了我國滿清政府於

1902 年在保定開辦巡警學堂之外，各國並沒有設立進行長期培訓的警察訓練機構，更不用說在大學裡面開設警察相關科系，也尚未建立專業性判準所要求的警察專業證照制度。

在專業倫理層面，Peel、Rowan、Mayne 等人提出了執法倫理原則宣言，要求警察需憑藉執法公正無私、政治立場超然中立，一視同仁地為民眾提供服務，不因種族或社會地位而有所差別，對民眾應隨時保持親切友善的良好態度。警察處理失序及違法行為時，應盡量節制使用強制力，並且不可以逾越權限而擅用權力（曾靜欽，2001）。

各國在建立警察組織時，大都會將英國的此一執法倫理原則宣言納入參考，雖然當時多數的警察人員在執行時，並不盡然完全依循此一執法倫理原則運作，但是基本的專業倫理原則此時已經確立了。

警察組織初始設立時，要求警察人員穿著制服，除了便於辨識、管理之外，目的之一也是希望建立警察在民眾心目中的形象，讓警察擁有專業性的社會地位，但由於當時的時空背景，警察在執行時，受地方政治勢力影響很大，加以組成分子良莠不齊，所以警察的社會地位還不是很高。

警察組織的基本任務就是維護社會秩序，透過對社會大眾的一般嚇阻，避免違序和犯罪行為發生。警察也透過對犯罪的追緝，對犯罪人產生特別嚇阻作用，讓他們不敢或不再犯罪，警察工作本就具有利他導向的專業責任，第一次警政專業化年代的警察組織，在此一面向是符合專業性要求的。

貳、第二次科技革命對警政專業化的影響

第二次警政專業化，是受到利用電力帶動工業自動化生產科技的影響而萌生，這年代的汽車工業、無線電工業、電子業等蓬勃發展，導致社會的生活型態以及犯罪型態有了巨大的改變，最能代表這個年代的警政措施，應該是勤務指揮中心的設立。

被稱為第二次科技革命的科技大躍進年代，大約於 1870 年代開始，主要由美國、英國及西歐國家推動。這個年代透過科技發展的大躍進，各類產品快速、精確地生產，社會進入資本主義的結構模式，對全世界的政治、經濟、文化、軍事和警政產生了非常深遠的影響（MBA 智庫百科，2020b）。

此年代汽車工業開始運用生產線大量生產汽車，由於巨量的汽車湧上街頭，也帶動都會地區開始規劃密布的公路網。便利的交通，讓人們的一日生活圈擴大了上百倍之多，大型都會因此產生，也導致社會的生活型態產生巨大的改變。

都市房價的高漲、生活的擁擠，讓許多中產階級的民眾選擇居住在距離市中心 1 小時左右車程的社區，以遠距通勤的方式上班，上階層的富人們也開始選擇居住在汽車可及的郊區。長途的交通途徑，增加了民眾與犯罪人在時空上交會的可能，犯罪被害的機會也大為增加。

而社會的犯罪型態也有了改變，由於進入了資本主義的社會，市區四處可見吸引目光的犯罪標的，故犯罪的發生仍集中在市中心地區，但犯罪人不再以市中心外圍區域的新移入人口為主，犯罪人可能居住在數十公里，乃至數百公里之外，只要在汽車一日可以抵達的地方，他們都可能利用便捷的交通到市中心犯罪（許春金，2017）。

交通的方便性也讓犯罪人能夠快速移動，也容易利用汽車攜帶物品逃逸；許多外來人口犯了罪，能夠迅速逃離這個地區，增加了偵辦犯罪的困難度，因此各都會的核心地區犯罪率急速飆升。警察也為此研發出許多偵辦犯罪的技巧，包括利用一些新發明的科技，檢視犯罪現場遺留的痕跡，追蹤犯罪人的行跡。

第二次警政專業化首先在美國啟動，英國繼之，再逐漸往外擴展到歐洲及世界各國，其特色是不只在辦案科技上有極大的進展，警察組織結構也有重大的改變。原有之大陸派、海洋派警政系統間的界限逐漸消失，各國一致追求警政的專業化。

警察組織開始採用半軍事化結構，編制比照軍隊，強調服從，要求確實執行上級的命令，強調行政中立，避免受地方政府及民眾的干涉。勤務方式採用警力集中制，重視對報案的快速反應。規劃密布街道的巡邏網，利用汽車機動巡邏，並透過勤務指揮中心以無線電呼叫，管制線上的巡邏勤務，讓犯罪發生時，巡邏警力可以在第一時間抵達。

1895 年美國紐約市警察委員會主任委員 Theodore Roosevelt 提倡警政的效率運用（Applied Efficiency）與道德要求（Enforced Morality）等兩大目標，開始啟動第二次警政專業化年代。Roosevelt 強調的重點在於將警察組織的結構軍隊化，以中央集權方式管理，訂定招募員警的程序及標準，重視警察

技能的訓練，採用新科技辦案，界定警察的功能主要在處理犯罪（Walker, 1999）。

除了 Roosevelt 之外，在該年代美國還有幾位人物對第二次警政專業化有重大貢獻（陳明傳，2019；黃翠紋、孟維德，2017）：

一、August Vollmer

Vollmer 於 1909 年至 1932 年擔任加州 Berkeley 警察局局長（1923-1924年短暫出任洛杉磯警察局局長），1921 年被選為國際警察首長協會主席。他提倡建立一個經過精挑細選，受過良好教育，善用當代科技的專業警察組織；由於他對美國警政專業化的貢獻，被稱為「美國現代警政之父」。Vollmer 的貢獻如下（蔣基萍，1995，1996）：

（一）認為警察組織事權應該統一，警察局的事務應由局長直接指揮，由局長負責，故將警察組織改變為半軍事化的結構。

（二）任用大學畢業生擔任基層警察，採用心理與智力測驗招募警察，並藉此淘汰不適任警察工作者。

（三）主張採用車巡取代傳統的步巡，先在警察局設立自行車巡邏隊，繼之提倡摩托車和汽車巡邏，並在車上配置無線電。

（四）建立 911 報案系統，並由勤務指揮中心統一調度線上巡邏警力，強調透過密集的線上巡邏，可以發揮車輛的機動性，對報案快速反應，快速集結優勢警力。

（五）將分局的轄區劃分為許多 beat 巡邏區，將之設定為警察勤務制度之基本單位。

（六）運用測謊機偵辦刑案，設置科學實驗室，並且訓練專業人才負責物理證據的證物鑑識工作，整理犯罪相關資料，並建立警察紀錄系統進行統計分析。

（七）說服加州大學開設並教授刑事司法課程，1916 年，加州大學 Berkeley 分校開設了以 Vollmer 為首的刑事司法學程。

（八）在 Municipal University of Wichita（現在的 Wichita 州立大學）創立第一個警政學位，讓警政研究成為刑事司法學術領域的一個副領域。

二、O.W. Wilson

Orlando Winfield Wilson 是 Vollmer 在加州大學 Berkeley 分校指導的學生，他在 1943 出版的《警察行政》（*Police Administration*）一書中，強調以效率、科層制及官僚管理等科學管理原則為警察改革的核心，這些科學管理原則日後被許多警察機關採用為管理組織架構的原則（蔣基萍，1995）。

O.W. Wilson 曾擔任加州 Fullerton 市（1925-1927）、堪薩斯州 Wichita 市（1928-1939）和芝加哥警察局局長（1960-1967）。1930 年代，Wilson 就開始在哈佛大學任教，還擔任新英格蘭交通官員培訓學校（Traffic Officers' Training School）的主任，該學校提供為期兩週的警察強化課程，內容包括交通安全和執法。

1939 年 Wilson 成為 Berkeley 警察管理學院的教授，1942 年至 1949 年擔任美國犯罪學學會的會長，1950 年至 1960 年 Wilson 成為 Berkeley 犯罪學學院的院長。在 Berkeley 任職期間，Wilson 還擔任 Dallas、Nashville、Birmingham 和肯塔基州 Louisville 等城市的顧問，為他們提供重組警察機構的建議。

Wilson 曾經出版過幾本與警察相關的專書，包括《警察紀錄》（*Police Records*）、《警察計畫》（*Police Planning*）以及極具影響力的著作《警察行政》。在《警察行政》這本書中他闡述了他對警政管理的相關理念。Wilson 的警政管理理念，大多是延續 Vollmer 的想法及警政作為，在 1950 年代，Wilson 在警察行政管理中提出的警察職業素養等理念，在美國各地的警察機構中得到了廣泛實施（曾靜欽，2001）。

Wilson 在警察內部管理方面，集中於探討三個領域：組織理論、人事行政及科技的運用。除了依循 Vollmer 的理念及警政作為之外，Wilson 還將警察總監辦公室從市政廳遷至警察總部，以避免市政府的過度干預，並建立嚴格的晉升功績制度，在全國積極招募新人，並以更優厚的薪水吸引具有專業資格的人員，這些作為也因此大大提升了警察的士氣和警察的公眾形象。

三、Hoover

John Edgar Hoover 是美國聯邦調查局由調查局改制之後的第一任局長，任職聯邦調查局局長達四十八年，Hoover 全力要將聯邦調查局轉型成一個

專業化的執法機關,故嚴格要求該局人員之任用資格及工作能力,規定應考人員資格至少要大學畢業,錄取之後必須接受長期的嚴格訓練(蔣基萍,1996)。

Hoover 在聯邦調查局建立了全國民眾的指紋檔案、設立法醫實驗室、成立鑑定處及各種科學實驗室,以協助各級執法機關進行刑事案件證物之鑑定工作。Hoover 在聯邦調查局進行專業化的做法,被公認為是組織專業化的典範,也是 Vollmer 及 O.W. Wilson 仿效的對象,當時警政專業化的許多做法,都是向聯邦調查局學習而來。

Hoover 於 1935 年成立聯邦調查局國家學院(FBI National Academy,簡稱 FBINA),該學院透過集中培訓整個美國的各執法部門,協助各部門實現標準化和專業化。該學院是美國執法人員在職訓練極重要的一環,也幫美國警察界培訓了許多專業人才(邱華君,2000;蔣基萍,1996)。

在英國方面,首先於 1931 年改革巡邏制度,由於汽車工業的發達,都會地區的車輛大量增加,故除了原有的徒步巡邏外,增加了腳踏車巡邏及汽車巡邏,也因為無線電的發明及廣泛使用,在每部巡邏車上都裝設有無線通訊器材,警察組織裡面也增設了警察電訊班(邱華君,2000)。

英國於 1948 年在 Bramshill 成立警察大學,該大學著重在提升指揮階層警官之管理技巧和領導能力,之後也成立了「警察招募網」(Police Service Recruitment Could You Police?)招募員警。所有的警察新進人員均須從基層警員做起,每一位新進人員在開始服務的前兩年,都只是實習警員。而為了保證警察人員素質的維持,並設立警政學院、警察訓練中心,以提高員警的技能(林信睿,2009)。

英國另於 1856 年創立警察督察室(Office of Inspector of Constabulary),此單位的成立宗旨是要確保各警察機關的工作效率,以及加強各部門和各研究單位間之聯結等二項,並希望透過激勵以強化機關間彼此分享創新的觀念(林信睿,2009)。

1950 至 1970 年代期間,英國警政持續強調犯罪控制與警察專業化的取向,在組織結構方面維持中央、地方均權,但中央仍具警政主導權。組織任務則強調犯罪控制功能,另外配合犯罪偵查所需的科學鑑識技術,也在警察廳設立科學實驗室(The Scientific Laboratory),進行偵查科學之研究(曾靜欽,2001)。

　　為強化警察的專業與效率、防止各地因追訴權行使不一致所生差異，1985 年英國通過犯罪追訴法（Prosecution of Offences Act）以改革當時的偵查與檢察制度。1994 年的警察及治安法庭法（Police and Magistrates' Courts Act）並進一步將警察組織朝向中央集權發展（林信睿，2009）。

　　在我國，比較顯著的第二次警政專業化，肇始於 1964 年的「警政四年計畫」，接著是 1969 年的「改革臺灣地區警政制度」，之後分別於 1978、1980、1982 年推行第一到三階段的「改進警政工作方案」，復於 1985 年推行「五年警政建設方案」、1986 年推行「充實警力與裝備器材實施計畫」及 1990 年推行「後續警政建設方案」（曾靜欽，2001）。

　　最後，我國在 2000 年再推行「警政再造方案」，綜觀我國這些第二次警政專業化的計畫及方案，主要是著重在修正組織編制、增加員額、精實警察教育、改善警察待遇福利、提高警察人員素質、充實裝備器材，以提高警察執法能力等專業性的層面。

　　第二次警政專業化年代與警政發展歷程的專業時期在時間上大致重疊，所以此年代也具備了專業時期的各種特色。以下再以專業性的七個判準，探討這個年代的警政模式。

　　在組織結構方面，從 1829 年 Peel 爵士在英國建立現代警察之後，警察組織歷經了一段時間的調整。由於警察擁有執法、維序的權利，並且可以使用武器，所以在第二次警政專業化年代，已經將警察組織定位在半軍事化的結構，特色是在科層制的架構下，特別強調服從及紀律的重要性。

　　第二次警政專業化年代，非常強調專業知能的重要性，當時從警察行政、警察勤務、警察政策，到具體的偵查實務、鑑識實務、偵訊、測謊等技巧，各類的警政相關書籍紛紛出版。而且不但在大學裡面開設與警政相關的學門，許多較大型的警察組織，也都設置自己的警察學院或學校，有些國家還設置了警察大學，長期培訓新進人員。此年代的警政也非常重視在職進修教育，紛紛設立許多在職培訓機構，以維持員警良好的素質（Tong & O'Neill, 2020）。

　　在專業證照方面，一些國家為警察設置了特種的考試，必須取得證書才能擔服警察工作。多數國家雖沒有設計警察的證照制度，但都會以嚴格的標準進行測驗，唯有在體能及專業技能上通過甄試，並經過一段時間的實習，方能擔任警察。

由於曾經歷經政府的過度干預、警察過度執法,以及一些警察貪污、腐敗的案例,此年代的警政非常強調警政倫理的重要性,從基本的依法行政、比例原則,到自由裁量的界限都已經確立。國際警察首長協會在 1957 年訂定了「執法倫理守則」,聯合國也在 1979 年通過「執法人員行為守則」等倫理規範。

到了第二次警政專業化年代,新進人員都是需要先經過遴選、長期訓練、嚴格淘汰,最後通過測驗才能擔服警察工作。員警的學歷基本上都是大專以上,薪資也提高到社會中中等以上的待遇。因此在社會職業聲望方面,警察是位於中間偏上的位置,警察的專業性社會地位也頗受社會的肯定。

此年代警察雖然仍是政府維繫社會安定的重要力量,但也確立了警察維持秩序、執行法律、處理犯罪的基本功能,由於違反秩序以及犯罪的行為,是社會必然會出現的正常現象,所以需要警察維持社會的穩定及秩序。此年代的警政雖然非常重視強力執法,但其有利社會的專業導向,重要性不言而喻。

綜觀第二次警政專業化年代的警察組織,除了有些國家不以取得專業證照為任職條件外,其他在健全的組織結構、專業知能、專門機構或系所進行長期培訓、專業倫理、專業性社會地位、利他導向的專業責任等各個層面,都已經非常符合專業性的要求條件了。

參、第三次科技革命對警政專業化的影響

警政的第三次專業化年代,受到第三次科技革命的影響很大。第三次科技革命又稱為第三次工業革命、資訊科技革命或數位革命,是指因電腦的發明及數位電子資料的普及,從機械和類比訊號電子電路(analogue electronics)發展到數位電路(digital electronics),而對社會各個層面產生影響的資訊科技大躍進(MBA 智庫百科,2020c)。

電腦在 1940 年代出現,早期的電腦是為了儲存及計算大量複雜資訊,使用上以軍事用途為主,當時的巨型電腦體積非常龐大而且笨重,只能擺放在一個很大的空間,無法移動,隨著電腦使用的硬體由機械進階到真空管、電晶體、積體電路、超大型積體電路,到現在使用的超導體,電腦在容量、速度飛快提升,並且占用空間的體積越來越小(數位新知,2020)。

隨著電腦硬體科技的發展，電腦軟體的成長更是突飛猛進，電腦軟體又被稱為程式，其中對人類社會影響最大的就是網路應用程式軟體和相關技術。20 世紀末期興起的網際網路提供了眾多應用程式和服務，包括電子郵件、行動應用程式、全球資訊網、社群媒體、電子遊戲、網際網路通話等服務（陳惠貞，2019）。

第三次科技革命使得資訊容易搜尋、取得、快速流通、無遠弗屆，人們可以立刻獲知第一手的訊息，知識普及化，學習進入 e 化模式。社交方面社群媒體改變人們溝通的方式，世界各地都可以零時差地對話、視訊，天涯若比鄰，能夠超越時空，將自己的想法、看法、理念、身邊發生的事傳播出去，並能立刻收到網路朋友的訊息及回應。而網路社群的匿名文化，也讓許多互不相識的人能夠侃侃而談（孫維康，2016；章光明，2019）。

在生活型態方面，電子商務的興起，打破了傳統交易的方式，購物型態改變，網路購物讓商家不再一定需要實體店面。企業可以讓許多員工透過遠距視訊在家上班，員工可以省去交通時間，企業也可以節省辦公空間及減少旅費的開支（全華研究室、王麗琴，2019）。

但數位科技時代也產生了許多新的犯罪型態，個人隱私資料的保護，成為重要的議題。利用網路電話詐騙、色情及盜版、電腦駭客利用病毒程式進行網路勒索、利用網路製造或轉傳假消息、網路號召社群朋友迅速聚合的群眾活動等新型犯罪類型出現，許多傳統類型也會應用網路進行犯罪。而網路的跨國性、開放性、匿名性、互通性、隱密性、無距離限制、高犯罪黑數、犯罪成本低、證據不易獲得等特性，也造成警政單位犯罪預防及偵查的困難（Willits & Nowacki, 2016）。

第三次警政專業化在 1994 年發軔於美國紐約，當時的紐約市警察局局長 William Bratton 推行電腦統計警政（CompStat），廣泛使用電腦將犯罪記錄下來，建立犯罪紀錄資料庫，並將彙整起來的資料傳送給各個分局，提醒警察應該要注意的地方，並要求在犯罪密度較高的地方加強巡邏，期望藉此大幅度地減少紐約市的犯罪數量（Weisburd & Braga, 2006）。

自從美國紐約市警察局實施利用電腦科技追查犯罪及強調責任管理的電腦統計警政以來，迅速且大幅地改善治安，在數年間將紐約市從全美國犯罪率最高的城市，轉變為全美國治安最好的大都市之一，並成為各大城市爭相仿效的對象，也是近二十年來美國警察組織變革最成功的案例（Golub,

Johnson, Taylor, & Eterno, 2004）。

1994 年時電腦統計警政系統只在紐約市使用，但不久全國各地的警察部門看到紐約市犯罪率逐年下降的現象之後，各地警察機關爭相效法實施，其他各大城市也爭相仿效，陸續導入電腦統計警政系統或出現其修訂的類似版本。在風行全美國之後，世界各國的警察組織或其他行政部門也相繼採用電腦統計警政的系統管理概念，臺灣地區警察組織在許多方面也已經採用了電腦統計警政的概念（曾兆延、李修安，2007；Harcourt, 1998）。

我國警政署於 2011 年規劃「M-Police 行動警察建置案」，供第一線勤務所需，即時掌握最新治安動態。擴展警政資訊之應用。新北市警局也從 2011 年開始逐步建置「科技防衛城」，2011 年成立情資整合中心，並於 2012 年以「科技防衛城計畫」為主題，獲選為 IBM 2012 年全球「智慧城市大挑戰」（Smarter Cities Challenge）。其他各縣市警察局，也陸續於 2011 年左右開始推行電腦統計警政（孫義雄，2015a；國家發展委員會，2012）。

第三次警政專業化年代是在第一、第二次警政專業化年代的基礎上，持續地再專業化，其最大特徵是善用當代最新的電腦及數位資訊科技，進行犯罪預防及追緝的工作。對於資訊科技的普及化所產生的許多新犯罪型態，研擬抗制對策。在警政策略方面，則採用權變的概念，視不同的狀況採用適當的警政策略。

以本章第一節警察專業性的七個標準檢視第三次警政專業化年代，此年代的警政單位在組織結構方面已經相當健全，組織的變革多為業務移撥或是人力精簡，另外針對網路資訊時代增設了資訊單位、資料庫運作及維護、犯罪分析等相關單位。

在第二次警政專業化年代，警察教育制度及警察學門的各科目都已大致確定，此一年代則是另外增加了一些與資訊科技及偵防相關的科目。由於資訊科技的進步日新月異，所以警政單位特別重視員警的在職教育，以使員警都能掌握最新的執法技能。

在專業證照方面，此年代的警力資源來源已確立，沒有設計警察證照制度的國家，錄取之前都以嚴格的標準進行能力測驗，並在體能及專業技能上通過甄試，且須有一段時間的實習，方能擔任警察。我國則是設置了警察特種考試，取得證書後才能擔任警察工作。而現代社會民智大開，民眾更懂得保障自己的權益，故警政單位對警察專業倫理的要求益加嚴謹（Tong &

O'Neill, 2020）。

此年代警察在之前的維持秩序、執行法律、處理犯罪等基本功能之外，也非常強調服務民眾的功能，警政單位也非常重視警察有利社會導向的專業責任，由於警察專業知能的提升，加上警察以服務作為與民眾建立夥伴關係的基礎，民眾對警察的信任感大為增加，警察的專業性社會地位也隨之提升。

第三節　警政專業化的持續發展

專業化一直是各職業領域追尋達成之目標，警察組織亦然，持續地在追求政府以及民眾對警政之肯定，所以各國警政單位也一直努力跟上時代的步伐，希望能夠持續維持符合現代專業標準的要求。

在警政發展的歷程中，專業時期是一個非常重要的里程碑，此一時期確立了警政被社會認可的專業地位，但專業化是一個持續發展的歷程，所以迄今警政也一直持續在專業化的歷程中邁進。惟專業化的過程有快有慢，本章探討發現，警政在專業化的過程中，專業領域有重大變革的時期，都與科技的大躍進有關。

近代社會發生三次科技的大躍進，被稱為三次科技革命。第一次科技革命以機器取代人力、獸力，工廠的大規模生產取代了人工，密集的勞力參與，產生了許多大型的都市，也導致社會的犯罪率快速上升。面臨此一社會狀況的巨變，現代化的警察組織應運而生，當時警政的主要功能是在維持社會秩序，保障社會安全。

第二次科技革命開始於 1870 年代，電力的利用帶動了自動化生產科技，也導致汽車工業、無線電工業、電子業等蓬勃發展。便利的交通，產生了大型都會，人們的生活圈急速膨脹，社會的生活型態也發生了重大的改變，各都會的核心地區犯罪率急速飆升，犯罪成為這個時代急需解決的重大社會問題。

而傳統的犯罪偵辦技巧，已經無法處理這個時代的犯罪問題，故警察組織開始從組織結構、教育訓練方式、勤務方式、勤務裝備等各個層面都進行重大改革，應用當代發展的汽車、無線電等新科技，並以處理犯罪為警察的

首要工作。這個年代就和警政發展的專業時期在時間上重疊，警察組織也在這個時候各個層面都已達到專業性要求的標準，標準模式警政也在此時期萌生。

早期的標準模式警政，主要的策略是採用隨機巡邏（random patrol）、快速反應（rapid response）和被動調查（reactive investigations）等「三R」（Three Rs）作為，以之一體適用所有治安狀況的警政策略；概念的核心是希望透過嚇阻達到遏止犯罪發生的目的（Sherman, 2013; 2020）。

第三次科技革命是資訊科技革命，主要是受到電腦的發明，以及網路廣泛使用之影響，使得人類的生活型態和社會的犯罪型態發生的重大改變。第三次警政專業化除了最新科技的使用之外，最重要的是在警政策略上的改變，警政工作的重點帶入了為民服務及預防犯罪的概念，並以權變的方式，運用不同的警政策略處理不同的治安狀況。

綜言之，當前的警察組織是具有相當專業性的，從第一次警政專業化年代開始為警政專業化奠立紮實的基礎，第二次警政專業化年代，在各個層面都達到專業性的標準，第三次警政專業化年代則與時俱進、因勢利導，結合最新科技，以權變的方式處理各類的治安問題。

許多人會將第二次警政專業化的成果——標準模式警政與當代的社區警政、問題導向警政、第三方警政、電腦統計等警政策略相比較，腦海常會浮現是強調科技器材的大量使用、警力集中、機動的車巡、以案件為導向、強調對報案快速反應的執法效率、以犯罪抗制者自居等形象，有些人會認為是一種過時的保守警政策略。

標準模式警政常會讓人們感受到警察組織強悍的一面，但在警政作為的危害防止及犯行追緝的兩個主要面向中，犯行追緝此一面向非常需要警察強悍的專業能力處理犯罪問題。此外，標準模式警政除了在犯行追緝中，可以發揮讓犯罪人無法遁逃的特殊嚇阻作用之外，警察的出現也能在危害防止面向中，發揮一般嚇阻的危害防止作用。

專業時期萌生的標準模式警政策略，固然有其不足之處，當代的警政策略，也多針對其缺點而萌生，但這並不意味要將標準模式警政加以摒除，而是要立於現有警政策略的基礎上引入活水。何況警政專業化是一個持續的過程，是讓警政在既有的基礎下，更能符合時代的趨勢，掌握社會的脈動，更能依據當前治安狀況，權變地處理治安問題。

第十二章　社區警政

第一節　社區警政的淵源

　　社區警政的出現，主要是由於發現到標準模式警政之傳統式的犯罪抗制策略的成效不彰，只靠警察在犯罪事件發生之後再被動地反應，並無法達到減少犯罪的目的，且僅藉由增加見警率以嚇阻犯罪，仍無法讓民眾產生足夠的安全感。因此警政研究學者，積極尋求能真正減少犯罪發生的有效策略（黃翠紋、孟維德，2017）。

　　社區警政的概念，大約是在 1980 年代中期被提出，其興起是基於當時警政學者及實務工作者對警民關係的反思，由於 1970 年代之後，高犯罪率已成為美國社會的一種常態，加上研究發現，刑事司法體系對於犯罪控制的效果相當有限，只依賴政府之正式社會控制來抗制犯罪的做法，其成效並不理想，因此許多學者認知到預防犯罪的重要性重於抗制犯罪，開始尋求犯罪預防的策略（周盈成譯，2006）。

　　因此，美國警政研究者開始思考「警力有限、民力無窮」的概念，認為維護治安、人人有責，提倡將犯罪控制的工作回歸社區，也因而推出了許多以社區為基礎的犯罪控制策略，「社區」開始成為刑事司法處理犯罪問題的重要途徑，促使社區警政概念的萌生。加上後來「問題導向警政」及「破窗理論」等概念陸續提出，促發了許多朝向社區警政策略的探討及研究（許福生，2018）。

　　近代有三個公認為是對社區警政的發展產生重大的影響的相關警政研究，甚至被視為是社區警政的主要理論依據。首先是美國 1974 年堪薩斯市（Kansas City）的巡邏警力研究，此實驗研究發現，警察隨機性的汽車巡邏，對犯罪控制的功效有限，而步巡、面對面的警政服務，以及重點性的巡邏才能達到較好的效果。

　　其次是 Wilson 和 Kelling 在 1982 年提出的破窗理論，此理論彰顯了對社區的輕微罪行或違序行為即時處理的重要性。第三是美國 Bayley 教授對日本警政的研究，此研究發現日本警察的小區域專責警勤區制度，對犯罪預

防具有極佳的效果（林信雄，2012）。

Bayley 對社區警政的推動有重大的影響，他曾經親身前往包括美國、加拿大、英國、澳洲、日本、新加坡等許多國家蒐集警政相關資料，並比較各國傳統及現代改良版的犯罪處理策略，再將這些改良版的策略之內涵具體標示出來，希望建構出有效的犯罪預防策略（陳連禎，2003）。

其中影響最大的，是 Bayley 在 1972 年及 1973 年，各花了三個月的時間，前往日本實際參與日本警察的活動。Bayley 發現日本的低犯罪率，是由於日本警政之「交番」的設計發揮了很大的作用，但由於美國並無鄉鎮村里等行政區域的劃分，因此 Bayley 便以「社區」之概念加以取代，提出「社區警政」的概念（林文全，2006）。

社區警政真正風行於世界各國是最近十餘年來的事，而對社區警政具有推波助瀾作用的，是美國柯林頓總統在 1992 年主政之後，為了貫徹其減少犯罪的決心，不但通過犯罪法案「Crime Bill」，管制槍械販賣，更於 1994 年撥專款由司法部統籌協助各地警察轉型為社區警察制（王進旺，2006；葉毓蘭，1996）。

第二節　社區警政的內涵

國內外學者對社區警政各有不同的定義，美國學者 Trojanowicz 等人對社區警政的定義是：「社區警政是一個主張建立警民『合夥』關係（partnership）的新哲學（philosophy）及組織策略（strategy）。」（Trojanowicz & Bucqueroux, 1990; 1994）。

這個制度的基礎在於由警民攜手共同發掘、認定社區中的問題，一起決定各個問題的優先順序，並共謀解決對策；其最終目的是在於增進整個社區的生活品質（quality of life）。社區警察制的實施需要全體員警對這個新哲學的共同認同，也需要每一個人設法在工作上將這個哲學付諸實現。經由這些努力，警察在因應處理犯罪案件及緊急事件的同時，也可即時發掘真正有效的預防措施，在星星之火尚未燎原前，就主動先發地將其撲滅。

社區警政主張每一位固定派駐在社區的警員都是各該轄區的「小主管」，當然，這項主張也需要幾個因素的配合：第一，社區警察需要「長

期」派駐在同一轄區。究竟要多久才夠長呢？莫衷一是，但一般以不短於一年為度，否則，難免有五日京兆之虞，員警無法對其服務的社區充分了解，更遑論為社區發掘問題、解決問題。

第二，警員必須得到上級長官的充分授權，對各轄區的問題認定及解決方式，得以享有完全的自主決定權。第三，社區警察必須與社區密切結合，以取得社區民眾的信任（王進旺，2006；葉毓蘭，1996；Trojanowicz & Bucqueroux, 1994）。

國內學者陳明傳（1992）則認為：「所謂社區警政者，無非是尋求預防與偵查犯罪並重，並且結合社區資源的較有效之治安新策略。其所發展出之措施，即對外要預防及偵查並重，運用社區資源，並以顧客及品質為警政運作之取向；對內則強調參與、授權及激發同仁的工作意願、成就與責任感。它與傳統標準模式警政之最大不同，即在傳統之模式較重警察本身能力之加強及以偵查破案為主的策略。而社區警政則強調預防及偵查並重，並且結合社區資源與民力，以便共同控制犯罪。」

Trojanowicz 及 Bucqueroux 曾為社區警政下了個被泛稱為「九 P」的定義：「社區警政是一種哲學（philosophy），由個人化（personalized）的警察從事警政活動（policing），並由特定的警察以巡邏（patrols）等方式，在同一個社區持續的（permanent）以特定處所（place）作為勤務據點，強調以事前主動的（proactive）及警民合作的夥伴關係（partnership），來共同確認與解決問題（problems）。」（林信雄，2012；Trojanowicz & Bucqueroux, 1994）。茲將社區警政的九 P 內涵介紹如下：

一、哲學（philosophy）

社區警政是一種哲學，也是一種判斷如何規劃警察活動重點的標準，社區警政的各種策略乃衍生自此一哲學，策略會隨著環境的不同即時代的脈動而變遷，但其哲學的本質則是不會變的。

二、個人化（personalized）

擔任社區警政職務的員警應該要能夠適配各個社區的特性，選派適合該社區特性的警員擔任，他們和社區居民之間，最好能夠做到互相叫得出名

字，此外，社區警政員警的態度必須能友善的、公平的處理民眾事件，如此才能獲得更多民眾的信任。

三、警政（policing）

社區警政中的「警政」，不僅只是街頭執法及打擊犯罪，尚包括除了執法性手段之外，能提升警察地位的策略，如犯罪預防作為、對報案電話迅速的回應、提供民眾諮詢、保護弱勢團體等。

四、巡邏（patrols）

警察不可以只待在警車中進行巡邏，而應該以徒步、自行車、機車，甚至在必要的場合以騎馬進行巡邏。在社區進行巡邏也是社區警政警員的重要工作，但執行此勤務的重點是必須要讓民眾看得見、接觸得到巡邏的警察，讓民眾安心、歹徒擔心。

五、持續（permanent）

社區警政的員警必須以常態性的派任方式，讓固定的員警在固定的地區，且在長期互動的基礎下和民眾建立夥伴關係，如此才能有足夠的時間和機會與民眾互動、熟悉。

六、處所（place）

上級將該社區的治安維護工作授權給社區警政的員警，處所則是此員警勤務的據點。社區警政員警是此一社區的治安小主管，處所是社區民眾有需要時，可以立刻找到小主管的駐地。

七、主動先發（proactive）

處理治安問題是警察的本質工作，但在犯行追緝及危害預防兩者間必須取得平衡。就社區警政而言，治安問題發生後，固須迅速正確地處理，但找到造成事件的原因，針對問題妥善的解決亦相當重要。社區警政強調鼓勵創新的治安策略，以長遠的視野來觀察環境，盡量於事前即抑制事件的發生，或防止擴大事件所造成的影響。

八、警民合作的夥伴關係（partnership）

社區警政不只是希望民眾和警方合作而已，更要鼓勵民眾積極的參與、投入治安工作，所以警察與社區民眾之間須形塑出彼此互惠的親密關係，建立一種相互尊重的情誼，以共同致力於維持社區秩序、解決社區問題、預防犯罪發生、降低民眾的被害恐懼感，為社區營造出具有預防犯罪及抗制犯罪能力的環境。

九、解決問題（problems）

社區警政將處理治安問題的警政策略，由被動式的事後反應轉變為主動介入，除了預防犯罪之外，亦強調事先就將可能的問題解決，防患於未然。所以社區警政希望加強犯罪分析的能力，以富創意、有彈性的方法，整合社區資源，集結眾人力量，共同解決治安問題。

Bayley 綜合了世界各國的各類警政策略，提出社區警政的四個核心要素：諮詢（consultation）、調適（adaptation）、動員（mobilization）及解決問題（problem solving），並取其四個核心要素的第一個英文字母，將社區警政策略簡稱為「CAMPS」策略。茲分述如下（林燦璋，1995a；Bayley, 1994）：

（一）諮詢：指諮詢民眾對治安的需求。可透過社區的相關集會，定期且有系統地了解民眾對治安的感受及需求。同時利用此機會教育民眾有關預防犯罪的常識。

（二）調適：決策權下放及調整指揮結構，以滿足社區需求的組織調適。由於各地犯罪及失序問題不同，警察認知處理方法也會隨地方的不同而有很大的差異，故透過擴大授權與賦能（empowerment），使地方及基層警察得以較彈性的運用資源、調整作為，以符合社區民眾的需求。

（三）動員：動員、整合社區資源，以達成治安維護的任務。指社區警察在發現治安問題之後，應設法動員社區及政府等單位的力量，以資源整合的模式，共同為解決治安問題而努力。如此可以減少警察對民眾不必要的干預，並可以節省治安成本。

（四）問題解決：社區警察應扮演治安問題的解決者之角色。以「問題」導向取代「案件」導向，以及以「先發」導向取代「反應」導向的勤務作為，

分析轄區內治安事件頻發之人、事、時與地等因素，以求有效達到問題解決之目的。

其中動員為這四個核心要素中最重要者，故此一「CAMPS」的模式亦被稱為動員模式，以有別於問題導向模式。

按照 Moore（1992）等人的觀點，社區警政是一個強調預警、分權、授權、合作等精神的組織策略，而其主要的工作內涵有四大實務工作要項（李湧清，2001；林燦璋，1995a；陳明傳，1992）：

（一）社區犯罪預防（community-based crime prevention）：結合社區民眾的力量，善用社區資源，以共同預防犯罪的發生。其重要工作有鄰里守望相助、民眾守望隊等。

（二）重組巡邏的活動（reorientation of patrol activities）：將巡邏之活動重組成主動迎合民眾需求及事前預防的方式，尤其強調徒步巡邏方式的推展。巡邏中應同時進行住宅的拜訪，以及了解社區民眾之需求。

（三）增加警察責任心與成就感（increased police account-ability）：社區警政增加警民接觸的機會，不但可使警察了解社區及民眾的真正需求，而且可以使警察洞悉民眾對警力的不滿意處與批評之處，如此可以增加警察執行工作之責任感與熱忱。而由於警民頻繁而正面的互動，員警較易從工作中獲得成就感與滿足感。

（四）指揮分權化（decentralization of command）：各社區都有其不同之狀況與環境，故而警察之策略必須考慮各社區之不同因素，授權各社區警察，使其提供的服務能更符合社區需求。

推展社區警政，並不代表就排斥傳統警政，只是在傳統的標準模式警政之外，針對警察的任務，衍生出新的策略；陳國恩（2005）在深入分析之後，認為社區警政與標準模式警政，在哲學思想、組織結構、管理策略、勤務策略、情蒐重點、執法順序、警察與社區的關係、民眾角色、訓練及升遷等各方面，有明顯的差異，茲分述如下（陳國恩，2005）：

（一）在哲學思想方面，傳統警政偏向於中央集權，將警察視為執法者，其權力受到中央政治和法律的影響較大，著重於對報案的快速反應、逮捕嫌疑犯、增加巡邏密度、壓制犯罪。社區警政則偏向地方分權，視警察為社會工作者，其權力來源除了法律的執行外，也需要社區的政治支持，認為事前維護社區的秩序和事後逮捕犯罪有同等減少犯罪的效果，主動積極推動

與治安有關的活動，重視社區的需求與民意。

（二）在組織結構方面，傳統警政的組織，其結構偏重於一元化的科層制組織型態，指揮體系為中央集權式，決策是由上而下的，是一個封閉的系統，接受 X 理論的人性假設及 Taylor 的科學管理理論。社區警政的組織是開放的系統，組織結構呈水平式，以授權的方式，增加基層員警的參與感及自主性，讓基層感受到真正的被尊重，其決策是由下而上的，鼓勵員警謹慎地主動自由判斷，並開發以及利用社區的資源，人性假設偏向 Y 理論。

（三）在管理策略方面，傳統警政依據階級分配權力，溝通方式多為半軍事化的命令，績效評量標準強調犯罪控制的績效。社區警政則強調盡量授權予基層並鼓勵參與，重視提振員警的工作意願，其績效評量標準以民眾對警察服務的滿意度為主。

（四）在勤務策略方面，傳統警政強調快速機動反應，重視警察的「反應時間」，認為只要增加巡邏的頻率與密度，便可以有效的嚇阻犯罪發生。社區警政則是強調依報案之輕重緩急，來訂定不同的報案管理系統，主張透過問題導向的分析管理，以節省警力及提高治安維護的效率，勤務模式以徒步、腳踏車巡邏為主。

（五）在情蒐重點方面，傳統警政重視對特定犯罪或連續犯罪等犯罪情報的蒐集。社區警政則主張蒐集有關社區中民眾個人及團體活動的資訊，以及對各類違序行為的敏感度。

（六）在執法順序方面，傳統警政重視對於嚴重犯罪、緊急電話及個人事件的迅速反應，希望能儘速逮捕及起訴嫌犯。執法以案件為基礎，行動多為事後反應。社區警政則是問題解決取向，重視對犯罪的預防及控制，希望能發掘並解決社區中潛在的問題。執法重在事前反應及維持社會秩序以及降低市民的被害恐懼感，並依據社區民眾重視的程度安排執法順序。

（七）在警察與社區的關係方面，傳統警政盡可能不介入社區事物，與社區民眾的接觸是片面、間歇性的，無固定規則。對社區民眾而言，警察是權威的、中立的及具備專業知能的，彼此關係建立在警察能否迅速回應民眾的緊急需求。社區警政則是要求警察能積極的參與當地社區事務，社區居民可隨時與警察接觸、溝通，警察與民眾的接觸是持續而且管道暢通的。

（八）在民眾角色方面，傳統警政中民眾是被動地接受警方保護的角色，強調民眾應配合警察的執法作為，只要扮演良好公民的角色即可。社區

警政則認為控制犯罪是所有社區民眾的共同責任，強調每個社區居民都是控制犯罪的關鍵角色。

（九）在訓練方面，傳統警政強調執法知識、技能的充實，訓練著重在使用武器、逮捕、保全犯罪現場、蒐集犯罪跡證以及相關的後勤規劃及勤務編排，以訓練警方與歹徒戰鬥為前提。社區警政則是強調執勤的技巧，善用教育、諮詢及為民服務等方式，與社區民眾建立夥伴關係，透過友善關係的建立，鼓勵居民參與犯罪預防工作。

（十）在升遷方面，傳統警政評比時，以績效及服務年資為主，並考量風紀、專長及領導能力等因素。社區警政則是考量員警在社區內的犯罪預防作為、解決問題能力、能否降低民眾被害恐懼感，以及與社區民眾關係之建立等面向。

第三節　社區警政的影響

社區警政的發端和問題導向警政類似，皆是針對標準模式警政之缺失而提出的新警政策略，但和問題導向警政不同之處，是其所採用的途徑。社區警政希望透過為民服務，增進社區中的警民關係，並藉由社區中警民的合作，預防犯罪，共同解決社區治安問題。

自從 Bayley 提出「社區警政」的概念，加上柯林頓總統搭配「反犯罪法案」，於 1994 年開始以聯邦經費撥專款推動之後，社區警政的策略在美國警界形成一股風潮，到了 1997 年，美國人口大於 10 萬的城市，多數已採用社區警政的警政策略。到了 2000 年，90% 以上人口在 25 萬以上的城市，多已推展社區警政，並對員警進行社區警政的相關訓練。

美國依社區警政推行的警政策略，除了為宣導民眾參與犯罪預防的重要性，將每年 8 月的第一個星期二晚上定為「全國打擊犯罪之夜」（national night out）之外，各城市也紛紛推出適合地方特性的社區警政策略。

美國各城市依地區特性推出的社區警政策略甚多，如紐約市警察局授權由社區員警因應轄區治安特性自行決定勤務時間，再送請執行之巡佐批准即可。麥迪遜市警察局則依社區警政的理念，提倡服務、顧客導向、重視基層、團隊等以及進行全面品質管理等概念，並採行「顧客之聲」、「市民

滿意度調查」、「員警滿足感調查」等調查活動與社區居民溝通（陳國恩，2005）。

芝加哥市警察局是藉由勤教與教育訓練，灌輸員警社區警政的精神與做法，要求員警主動與社區接觸；此外，為教育市民認識社區警政，要求各社區舉辦警民聯合訓練，以提高員警和社區居民共同解決社區問題的效率。明尼亞波利市則是推動了「守望組織／村里俱樂部」、「零犯罪多元租屋方案」、「貴重物品祕密辨識碼及標誌」及「麥格瑞福之家」等方案（陳國恩，2005）。

巴爾的摩市警察局為推行社區警政，成立「深入社區小組」，推動「市民巡邏」及 COPE（citizen oriented police enforcement）方案。休士頓市警察局則是推行「村里自衛組織」、「婦女諮商團」，以及利用有線電視的「talk show」及各種宣傳單，宣傳各種預防犯罪的做法（陳國恩，2005）。

波特蘭市警察局社區警政策略，對美國社區警政的推動扮演了重要的角色；波特蘭市從 1980 年開始實施市民協助巡邏的做法，在 1988 年視察了日本的派出所制度之後，決定採用社區警政，並列出從 1990 年至 1994 年波特蘭市警察局應加強的服務取向、夥伴關係、培力、責任及解決問題等五大目標。

同時警察局設立了「地區警察官」（district officer）、「社區聯絡官」（NLO）、「社區反應小組」（NRT）等專責的社區警政組織，並結合「社區協會」（neighborhood association）、「社區協會局」（ONA）、「公共安全行動委員會」（PSAC）及「地區聯合委員會」（DCB）共同推動社區警政。

警察勤務方式方面，則是將巡邏勤務改採自行車與步行的方式，以增加警察與民眾對話的機會，另外亦提出鄰里犯罪防範計畫、鄰里步巡、房東訓練計畫、警察活動聯盟（PAL）、社區互動辦公室、職業公會等社區警政作為及計畫（陳國恩，2005）。

英國在 1980 年代之後才開始注意社區警政此一議題，1983 年有些警察局，才開始推行社區警政中的「鄰里守望相助」活動。1984 年英國在「警察與刑事證據法」（The Police and Criminal Evidence Act）中，加入「警察機關必須安排一個委員會諮詢該地區民眾對警政工作」的明文規定，要求警察機關與民眾之合作，以共同來預防該地區之犯罪，並推行民眾需求的

調查（consumer demand）、民眾之教育與預防犯罪之宣導（consumer education）、公共關係之加強（public relation），以及犯罪預防（crime prevention）等四種警民合作計畫（陳國恩，2005）。

由於推行「社區鄰里守望」活動，英國實施鄰里守望相助的社區，從 1968 年不到 2 萬個社區，一直快速成長至 1989 年有 7 萬 4,000 餘個社區守望相助組織。除社區鄰里守望外，英國尚有 1981 年漢普夏警察局（Hampshire Constabulary）推展的「警政改革計畫」（the Havant policing scheme）、1979 年漢伯賽警察局（Humberside Police）的農莊計畫（the grange project）（陳國恩，2005）。

新加坡警察於 1981 年開始推展社區警政，重新發展徒步巡邏制度，要求編排相當大比例的徒步巡邏勤務（Kenneth & Ronald, 1996），其社區警政強調的重點為：1. 在警察分局內營造一個分權、地區性為主的指揮機制；2. 步巡；3. 發展以社區為基礎的犯罪預防（陳國恩，2005）。

1984 年新加坡警政署長並進一步與日本合作，引進日本式的「社區好鄰居」社區警政模式，由於因而使 1988 年新加坡的犯罪率降低，所以新加坡更於 1990 年擴大辦理，增設派出所以推動社區警察（陳連禎，2003）。

臺灣地區警政思維向來受美國警政研究的影響很大，所以當美國開始提倡「社區警政」時，臺灣地區警界就開始思考此一概念。臺灣地區社區警政的啟扉，可以溯源於 1973 年內政部訂頒的「守望相助推行要點」，而 1989 年的「警政再造方案」中，社區警政的用語已經出現。

1996 年行政院召開的「全國治安會議」中，便將「社區守望相助」列為犯罪預防對策之一，並提出「積極推行社區守望相助」、「普遍推廣家戶聯防警報連線系統」的具體建議。1998 年內政部頒布「建立全國治安維護體系－守望相助再出發推行方案」，強力推動成立社區守望相助巡守隊（許福生，2014；陳國恩，2005）。

2005 年的「全民拼治安」方案及「臺灣健康社區六星計畫」中，社區治安已經是其中重要的面向之一，內政部並隨後頒布「內政部推動社區治安補助作業要點」與「內政部補助社區治安守望相助隊作業要點」，以推動社區治安工作。2006 年行政院並選定「社區治安」為施政的主軸，全力動員政府各單位以及社區民眾一起維護社會治安。2009 年之後迄今，「社區治安」工作仍持續為警政署的重點施政計畫（許福生，2014）。

第四節　適用社區警政的警察組織——派出所

派出所為警察勤務執行機構之一種，為警勤區之組合體，是警察組織維護治安的重要據點，負責警勤區之規劃、勤務執行與督導[1]（郭志裕，2004），其中，分駐所之設置，以各鄉、鎮、市公所所在地未設置分局者為設置原則。就警察勤務的功能劃分而言，派出所是一個完全的執行機構，是負責勤務執行的分局派出單位（李湧清，1995a、1997）。

派出所的制度，可以說與臺灣警察同時誕生。派出所是日據時代留傳下來的制度，在日據時代及臺灣光復初期，派出所提供了民眾在申報各類治安事項上的方便，並能滿足民眾心理上的安全感。

派出所遍布全國、深入民間，同時派出所之員警常參與各種民間活動，與民眾接觸頻繁，是政府與民眾互動的重要網絡，也是最貼近民眾，第一線的刑事司法單位。所有的警察組織中，與民眾互動最頻繁的當屬派出所；其不但可以掌握轄區治安狀況，並可滿足民眾的安全感。在許多地方民眾的心目中，派出所感覺上就像是當地的土地公（郭志裕，2004）。

在「分駐（派出）所勤務手冊」中，明確指出，分駐（派出）所設置的目的為：組合警勤區、形成治安面及供作服務站（李湧清，1995b）。江裕宏（1985）認為派出所的功能有：1. 預防犯罪；2. 地區警察勤務活動中心；3. 提供民眾安全感；4. 提供員警休、膳之處所；5. 迅速有效處理地方治安事故；6. 了解民眾與社會需求，提供服務；7. 增進警民合作關係等七項（郭志裕，2004）。

派出所的制度，是日本首先倡用，在日本占領臺灣地區時引進我國，臺灣光復後，延用至今。由於日本在經歷過工業化、都會化的衝擊，雖已進入已開發國家之林，但不似其他已開發國家有犯罪率激增的現象，仍然維持相當低的犯罪率。日本可以維持低犯罪率，派出所制度也被認定是重要的原因之一。因此派出所制度，已逐漸被各國警政所重視[2]。

派出所在日據時代的功能是維繫政權與安定社會，在我國戒嚴時期，它有「保密防諜」的重要功能，解嚴以後，因著強調預防與服務的現代化警

---

1 警勤區為勤務的最基本單位，其功能的發揮則完全依附於派出所。
2 新加坡在派員考察日本的警察制度之後，於1983年也開始設立派出所（黃富源，2005）。

政脈絡，派出所的地位越顯重要。而我國派出所目前所面臨的最大問題是功能角色混淆，工作繁雜。派出所除了一般犯罪預防及為民服務工作外，尚需背負許多與服務及預防無關的業務，以及犯罪偵查，查捕逃犯等各項績效壓力[3]（洪春木，2006）。

　　社區警政的要求，是和社區民眾建立「合夥」的警民關係，以預防犯罪的發生。警民關係的建立，其前提是要能重視服務品質，滿足民眾需求，如此才能進而結合社區民眾的力量，整合社區的資源，達到預防犯罪的目的。

　　在此一要求之下，社區警政主張以社區的範圍作為實施警政作為的區域單位，有固定派駐在社區的警員，擔任各該轄區的小主管，而且，社區警察需要長期派駐在此一轄區，以不短於一年為原則。

　　派出所設置之原始目的即為深入社區、頻繁的與民眾接觸、掌握轄區狀況及預防犯罪，藉由其散在制之警力部署，將警察的觸角深入民間各階層、接近民眾、服務民眾。並以警民合作為基礎，運用勤區查察、情報諮詢、布建等各種手段，了解轄區的人、事、地、物。

　　派出所的條件，非常適合社區警政的實施。當世界各國的警政研究者正在為社區警政中之社區的地域範圍、定義不明，爭論不休的時候，我國已經有甚合乎社區警政要求的單位──「派出所」可以適用。

　　派出所無論在人、事、時、地等方面，皆適宜於社區警政。派出所中有管區員警，專門負責所屬的警勤區，且任期多為三年一任。由於長期服務於同一轄區，有訪視轄區民眾之責，同時需參與轄區之各種活動、集會，管區員警與轄區的民眾彼此大都熟識，容易組合民力，並可以善用資源。同時，管區員警對轄區內容易發生治安事故的人、地、時也都能掌握。

　　派出所 24 小時運作，當社區民眾有任何需要警察協助之處，派出所隨時都可以提供服務，同時，以派出所的轄區作為社區的地域範圍，無論在人口數或地理區域方面，大小都適當。

　　社區警察必須與社區密切結合，以取得社區民眾的信任，派出所制度則透過警勤區員警深入民間、主動服務，能掌握轄區實際現況。只要有心，所有社區警政建議的警政作為，在派出所都能實踐，也因此我國警政署大力提

---

3 績效壓力造成派出所必須編排同仁負責專案勤務，以爭取績效；但同時卻也排擠了派出所的其他正常勤務。

倡社區警政的理念，並在許多地方警政單位，試辦有關社區警政建議的警政作為。

　　警政署在各地試辦社區警政的「專責警勤區制」，大致評價不錯。惟試辦的結果，發現要達成社區警政的預期成果，在實施上會面臨一些問題。主要的問題在於試辦時警勤區員警仍需擔服共同勤務，工作繁雜，且有勞逸不均的現象、專責警勤區也導致只專門負責警勤區的員警功獎過少等。

　　社區警政中，也非常強調問題的解決，已經將問題導向警政的概念納入，所以問題導向警政在派出所中實施並不成問題，適用於警分局的問題導向警政也都適用於派出所。

　　我國警察單位在警政署的支持下，曾選擇多個縣市警察局所轄的分駐（派出）所，試辦推行社區警政的專責警勤區制度。這些試辦的專責警勤區停辦的原因，主要是專責警勤區的員警認為工作繁雜，勞逸不均且功獎過少（王進旺，2006）。因此，勤、業務分配及績效制度的改變，是我國推行社區警政時，首要解決的問題。

第十三章　問題導向警政

第一節　問題導向警政的淵源

　　問題導向警政策略被提出的最主要因素，是當時的研究發現警察對案件的處理方式，多是以案件為導向，強調案件發生時迅速抵達，快速反應，處理的是單一的事件，很少思考到去解決背後的問題根源。由於問題根源未解決，類似的案件會一再的發生，導致警察會疲於奔命的到處處理案件，對治安狀況的改善效用有限（林燦璋，1993；黃啟賓，1999）。

　　採用救火方式的「案件導向」運作模式，是等遇到有案件發生時，再派遣警力快速到達現場，每次處理的都是各別案件，事件的問題根源未去除，類似的案件即可能層出不窮的再發生，導致員警徒然疲於應付，但警察整體的勤務功能卻無法有效提升（蔡志和，2004）。

　　在專業時期，雖然在警察的裝備、設備上不斷充實、更新，勤務制度不斷推陳出新，警察的任務也以抗制犯罪為主，但犯罪現象仍然持續惡化，加以一些對警察哲學、勤務策略的驗證及評估的實驗，澄清了許多警察實務上的迷思。因此，許多有心的警政學者，亟思針對專業時期的缺失加以修補，希望提出警政策略的新方向（林燦璋，1993；姚信旭、施佳賢、陳志鵬，1994）。

　　有警政研究者發現，有證據顯示針對犯罪和違序行為的預防，要比光強調追緝犯罪的執法策略有效，而且基於 80/20 法則，有系統地整合警察機關與轄區資源，以之處理成因類似的犯罪案件，從問題的關鍵處著手解決，遠比疲於奔命的處理各別案件有效，問題導向的警政思維也因而慢慢被導出。

　　「問題導向警政」的概念起始於威斯康辛大學教授 Herman Goldstein，由於他觀察到警方處理的犯罪案件常常在相同的地點一再地發生，而且往往是由相同的一小群犯罪者所為；他的原始想法是警政不應該只是在犯罪案件發生再加以反應而已，更應該聚焦在去除導致犯罪問題重複發生的原因，而尋求如預防性巡邏等策略，預先阻止犯罪案件的發生（施源欽，2009）。

　　Herman Goldstein 是問題導向警政的建構者及倡導者，他在 1979 年發表

〈問題導向之警察策略〉論文於《犯罪與偏差行為》（*Crime & Delinquency*）期刊，並率先於1980年在Baltimore和Madison等地實行問題解決的警政策略。1990年，再度出版《問題導向警政》（*Problem-Oriented Policing*）一書，書中明確的闡釋問題導向警政的概念，並提出具體的作為方式（林燦璋，1993；林燦璋、蔡庭榕、鄧煌發、毛昆益、蔡培元、蔡田木，1999）。

Herman Goldstein主張「警察除了服務那些重複的請求之外，必須更有遠見的嘗試去發現那些經久不變、導致問題產生的起源；易言之，警察應將犯罪及失序行為視為需要妥善處理的『問題群』（problems），而非將其視為執法或緊急狀況下快速反應的『各別事件』（isolated events）」（Goldstein, 1990）。

Herman Goldstein認為警政策略應該從改變那些促使犯罪問題重複發生的因素著手，將治安相關之問題做整體之分析，並找出適宜的對策加以因應，而不僅只是於犯罪事件發生後再對其進行反應。他在《問題導向警政》書中重複且明確的闡釋此概念，同時也提出具體的做法及列舉許多成功的案例。

《問題導向警政》一書出版之後，由於美國聯邦政府研發部門有計畫的推展，許多州、郡的警察局也將之引進試辦。由於實驗的案例顯示其成效顯著，「問題導向警政」逐漸成為美國警政思潮中的一道主流（蔡志和，2004）。

第二節　問題導向警政的內涵

「問題導向警政」的警政策略是對治安問題採取事前主動先發（proactive）的立場，取代以往警察所採用的事後被動反應（reactive）的處理方式。問題導向警政的概念並不難理解，它強調針對特定的治安問題加以分析、了解其背後癥結、成因，並有效地加以處理、解決。

問題導向警政策略認為，要改善治安狀況，應該要解決相關案件背後的問題。所謂的「問題」，就是類似的各別案件所凝聚而成的集合群。亦即，將案件依據其相近的人、相似的原因、類似的場合等加以分類，分析治安事件頻發之人、事、時與地等因素，並對之進行系統化的歸納與分析，以找出

問題的根源所在。再針對其背後的潛在背景情況與其特性等共同原因加以處理，以「先發」導向取代「反應」導向的勤務作為，擬定最妥切、有效並能預防該問題發生的因應措施，然後再整合轄區的資源或協調各相關單位，共同執行所選定之解決問題的措施。最後，蒐集「回饋」的資訊以評估並強化解決問題的整體成效。對問題處理後的回應必須加以評估，以察覺新的處理方式是否有效，並依評估的結果修訂處理的方法，如此才能有效達到改善治安狀況之目的（王進旺，2006；林燦璋等，1999）。

問題導向警政的焦點是「問題」，Clarke 及 Eck（2003）強調所謂的「問題」是指在地區內重複發生、具有原因相似性，而民眾也期待警方能予以處理的一組犯罪事件。他們認為界定「問題」時，應利用社區性（community）、傷害性（harm）、期望（expectation）、事件（events）、重複發生（recurring）及相似性（similarity）等六個必要的要素加以檢視，Clarke 及 Eck 以這些要素的第一個字母，將之簡稱為 CHEERS 六要素。

六要素中，社區性指發生的事件，是社區中多數民眾都感受到問題的嚴重性；傷害性指必須有民眾或機關團體受到侵害；期望指民眾期待警方能加以處理；事件指能夠構成問題群的各別事件；重複發生指事件的持續重複發生性；相似性則是指重複發生事件的成因至少有某部分是相似的。CHEERS 也指出了在檢視問題時所需要回答的六個基本思考：在社區中誰受到問題的影響？問題所造成的傷害是什麼？對警方處理的期待是什麼？什麼樣的事件造成了問題？這些事件的重複發生有多頻繁？這些事件的相似性如何？（Clarke & Eck, 2003）

問題導向警政策略的模式中，認為問題解決的過程，應包括四個階段：掃描（scanning）、分析（analysis）、反應（response）及評估（assessment），也就是眾所周知的 S.A.R.A 模式。茲分述如下（李湧清，1995a；林燦璋等，1999；Stephens, 1996）：

（一）掃描：掃描是問題解決初期重要的程序。掃描的意義即是對問題的確認。掃描階段主要的目的是要先確認問題是否真正存在，以及有無更進一步分析的必要。同時辨識及確認其是否是由類似事件所集結而成的問題群、是否在警察業務範圍內，並妥切界定問題的範圍。

（二）分析：分析的目的，在於盡可能了解問題的成因，以及研擬解決之道。分析時要求廣泛的蒐集相關資訊，並加以深入研究，俾了解問題的特

性、嚴重性、範圍及成因。同時，也要考慮是否需要運用其他外部機構的資源來共同解決問題。

分析階段是四個階段中最重要的，分析的內容又可以區分為人物、事件及感應等三個部分。人物部分包括被害者、加害者與涉案的其他人；事件部分包括社會脈絡、周圍環境，以及事件開端、進行和結束；感應部分則包括公、私機構，以及民眾對問題的感應與反應（林燦璋，1993）。

Weick 同時對於問題的分析，提出了所謂「小勝利」（Small Wins）的策略；也就是將問題盡可能分解到可以掌控的因素。雖然，若只解決各別的細小因素，可能無法改善整體問題，但是集合眾多細小因素的解決，就可以期待大成功（Peak & Glensor, 1996）。

（三）反應：在幾種可選擇的解決方案中，配合實務狀況及分析結果，選擇最合適的作為策略，著手解決問題。選擇的解決方案，除了要能有效的解決問題之外，必須能預防該問題的一再發生。

（四）評量：評量是問題導向警政策略的最後階段；是針對解決問題所選擇的方案，評量其效能，以了解所付出的努力是否達到目的之效果評量。評量的結果可以被用來評估方案是否有效；是否需要修改因應措施、或者蒐集更多資料，以重新確認、分析及回應該問題。

除了 S.A.R.A 模式之外，Herman Goldstein 亦強調，警察單位實施問題導向警政時，應注意下列 12 項要領（林燦璋，1995a）：

（一）警察必須以主動先發的態度去確認並解決問題，而不是在已經造成傷害後才被動地採取行動。

（二）所謂的「問題」是一組性質類似的各別犯罪案件、民眾報案或事故所組合而成的集合群，必須是「問題」才是警察工作的基本單位，而不是一通電話、一則報案、一件事故或一項犯罪。

（三）「問題」不單只是針對警察工作而言，只要是對民眾造成傷害或民眾所憂心與關注的事務或現象都可以是「問題」。

（四）要由產生問題的根本成因去著手，而不是只想要盡快的控制或表面的應付。

（五）在設法解決問題之前，警察必須定期性且系統化的檢視處理問題之方法，正如警察在逮捕嫌犯之前，要經過仔細的偵查與蒐證一般。

（六）檢視問題的原則與偵查犯罪的原理是一樣的，並不一定要用非常

複雜的方法，但必須是徹底而深入的檢視。

　　（七）檢視問題必須由不同的面向思考，並加以正確的描述及分析。人們第一眼所看到的，未必就是問題的真實面貌。

　　（八）問題必須從與此問題相關的各方之權益影響去了解，因為每個人及團體受到該問題的影響程度不同，故對於該問題的回應方式自然也就會不同。

　　（九）必須確實明瞭現行處理問題的方式，同時讓大家知道這處理方式在效果上的極限為何，以便研發出能產生更好效果的回應方式。

　　（十）在回應問題的起始階段，對任何解決問題的建議都應予以考慮，以免遺漏任何可能有效的方法。在考慮執行的具體做法時，必須結合對問題檢視的結果，使用的手段更不應只侷限在使用強制性逮捕一種。

　　（十一）警察組織應讓員警可以有更大的決策及參與之空間，而員警也應對其所做的決定自行負責。

　　（十二）對問題採用新的回應方法之後，必須就其結果再加以評估；以使組織及員警能系統化的察覺出該方法是否能夠奏效，以及該方法應該如何修正。

　　紐約市在 1994 年推行警政改革時，依據美國各警察局實施問題導向警政的經驗，研擬出問題導向警政的五個實務推展之步驟，並用以對其 3 萬多名的員警進行教育訓練，希望能精進員警的工作之方法與技巧。此五個步驟分別是：1. 確認問題（identify the problem）；2. 分析問題（analyze the problem）；3. 設計妥適行動以處理此類問題（designing a response）；4. 實施上述設計之行動（implement the response）；5. 行動後的評估（evaluate the response）（Kelly, 1994）。

　　由檢視問題導向警政的內涵可知，問題導向警政是符合時代趨勢的一項警政策略，它具備現代科學管理中之目標管理、參與式管理及追求效率等三項特色。但在採行問題導向警政策略之前，要先了解的是，採行問題導向的警政策略，必須有三個前提：1. 必須是一組相類似的案件；2. 民眾對此類事件有相當程度的關心；3. 須是在警察任務及作用範圍之內（林燦璋，1993）。

第三節　問題導向警政的影響

　　問題導向警政的問題解決 S.A.R.A 模式中，每一個階段對警察問題的解決都非常重要，這四個階段在世界各地的警察局實施後，發現對問題解決效能的發揮非常有用。此警政策略利用現代化的犯罪分析技術，先主動先發的確認、分析犯罪問題，再結合所有可以運用的資源，以彈性、有創意的方式處理犯罪問題，事後並加以進行評估，將之作為往後處理類似治安問題的參考。

　　此一策略可以運用在警察組織管理、犯罪預防、刑事政策等學門，對提升警察執法效能有相當大的助益。該警政策略的概念於 1979 年提出之後，在美國警政思潮中引發許多討論和迴響，美國警政實務界也依其概念採行實施或進行實驗（王進旺，2006；林燦璋等，1999）。

　　1979 年美國 Michigan 州的 Flint 市，對該市各社區進行為期三年的問題導向警政策略實驗，事後評估發現 61% 的民眾感覺地區的安全性有增加，70% 的民眾覺得問題導向警政策略確實能提供民眾安全感（林燦璋，1995a）。

　　1982 年美國紐約市警察局採行問題導向警政策略，推動「社區警察巡邏計畫」（community patrol officer program），該計畫中要求警察必須從事治安情報的布建與掌握及犯罪分析的工作，主動預防犯罪，建立預警式治安維護策略。該計畫執行至 1996 年已呈現明顯的效應，該市的犯罪率大為降低，在推動該計畫之後，紐約市的重大犯罪減少三分之一、汽車竊盜降低了 40%、強盜減少了 24%、搶奪減少了 32%、謀殺罪也降低了一半（邱富勇，2008）。

　　1987 年 Virginia 州的 Newport News 市，也推動了「Newport News 市問題導向警政」（Problem-Oriented Policing in Newport News）計畫，運用問題導向警政策略分析轄區內的 24 種妨害安寧秩序、影響治安及降低居民生活品質等問題。該市警察局要求員警對轄區的治安問題仔細檢視、分析，確認問題的潛在成因後，再研擬並選出最妥適的方案。

　　此計畫對於地方治安的改善有相當大的助益，尤其是在對特定犯罪案件的查獲方面。計畫推動後，Newport News 地區的停車場車內竊盜案件減少55%、商業區強盜案件減少 40%、公寓住宅區的竊盜案件減少 35%，重點區

域的犯罪發生件數也有效地減少了許多（邱富勇，2008）。

美國 Maryland 大學 Lawrence Sherman 等人於 1997 年接受美國司法部委託，對世界各國執行的犯罪預防及犯罪控制計畫進行評估，以比較其對犯罪控制的成效。評估後發現在 1920 至 1990 年間警察推動控制犯罪的 136 項計畫中，有五項被認為是最有成效者，分別為「推動問題導向的警政」、「積極主動逮捕重複犯罪者（累犯）計畫」、「增加在街角犯罪熱點巡邏」、「在家暴攻擊案件中，逮捕有職業者」及「積極主動逮捕酒醉駕車」。其後，世界各國的警政單位及警政學者也爭相仿效這五項警政策略，分別進行測試或加以實施（林燦璋，1995a）。

第四節　適用問題導向警政的警察組織──分局

依警察法第 8 條規定，直轄市政府設市警察局，縣（市）政府設縣（市）警察局（科），掌理各該管區之警察行政及業務。警察局下設有分局，分局下再設分駐（派出）所。

在警察勤務條例第 10 條中規定，警察局為勤務規劃監督機構，負責轄區警察勤務之規劃、指揮、管制、督導及考核，並對重點性勤務，得逕為執行。第 9 條規定，警察分局為勤務規劃監督及重點性勤務執行機構，負責規劃、指揮、管制、督導及考核轄區各勤務執行機構之勤務實施，並執行重點性勤務。第 7 條規定警察分駐所、派出所為勤務執行機構，負責警勤區之規劃、勤務執行及督導。

而警察勤務條例第 4 條中，將警察勤務機構區分為基本單位、執行機構及規劃監督機構三類。警察勤務區為勤務的最基本單位；分駐所、派出所為勤務執行機構；分局兼具勤務規劃監督及執行機構性質；警察局則為勤務規劃監督機構。

警察局的設置，係以縣市為單位。但由於勤務的規劃及監督，必須對轄區有相當程度的熟悉，縣市所轄廣闊，實際上無法對全轄的治安狀況充分掌握、了解，必須透過分局加以彙整。故現行實務上的運作是，除了重點性勤務之外，警察局將勤務規劃的監督權，交由分局負責。

分局是警察局的派出機構，依警察局之指揮執行警政工作，並承警察局

之授權,督導、管理所轄的分駐(派出)所。警察分局的法律定位為警察勤務的規劃機構,可針對轄區的特性及需求,規劃本身的業、勤務[1]。

目前勤務規劃運作的實際狀況是,分駐(派出)所及分局各組、隊的勤務規劃表均陳送分局的勤務指揮中心,由勤務指揮中心的值日官管制。分局對轄區狀況熟悉,可以針對轄區特性,為較具體的勤務規劃,在勤務策略的規劃和監督方面,分局是自行運作的(郭志祥,2003)。

綜言之,分局具有如下三項法定功能:

(一)勤務監督:指揮、管制、監督及考核所屬各組、隊及分駐(派出)所。

(二)勤務規劃:統一規劃整體勤務運作,當分駐(派出)所轄區內發生重大事故時,由分局派員支援或指揮調配支援勤務。

(三)執行重點性勤務:執行春安工作、聯合警衛、臨檢及專案等重點性勤務。

在警察組織中,分局具有承上啟下的功能。分局內部的組織齊全,人力充足,並有相當數量承辦業務及執行勤務的員警。且分局擁有相當自主的策略決定權及資源的分配權,此為分局在警察組織中的特性。

分局具有警察官署的地位,可以對外發文,並有預算編列建議之權。因此,分局可以整合轄區的資源或協調各相關單位,執行解決問題之措施。分局有足夠的幕僚單位(各組)及相當數量的警力(偵查隊、警備隊及各分駐、分駐派出所),有專業幕僚可以徹底而深入的檢視問題,分析、評估特定的治安狀況,了解其來源、特性及成因,並有效地加以處理、解決。

分局更有協調、調派警力、案件管理的勤務指揮中心,可以定期性且系統化的檢視轄區問題。由於分局解決問題的能力及資源較充裕,轄區也不至於太大,所以對問題導向警政的適用而言,分局是適得其所(林燦璋,1995b)。

在分局的層級,並不像派出所有太多主動接觸民眾的機會,多是民眾上門報案,或是處理、申報相關資料。而且分局的轄區範圍,對社區警政而言也太大。因此分局對於社區警政,只能站在規劃、督導、支援派出所執行的立場,無法自身實施。

---

1 所有警分局的業務項目的都是為了遂行勤務的運作。

　　美國學者 Cox 在其所撰的《21 世紀的警政》（*Policing into the 21st Century*）中提到：「社區和問題導向之警政策略，是下一世紀警政發展的可能趨勢。」社區警政與問題導向警政的相同之處是，兩者都是針對「標準模式警政」所做的反思與檢討，倡導以主動先發預防的方式，替代事後被動反應，目的都是透過犯罪預防以減少犯罪的發生，兩者也都要求對基層充分的授權（王進旺，2006）。

　　惟社區警政與問題導向警政的不同之處是，問題導向警政以處理成組的犯罪問題為核心，處理的標的是問題，並不限定在社區的範圍之內。而社區警政則是以社區為核心，以對社區居民的服務為主，社區不一定要有問題存在。

　　問題導向警政要求警察人員循 S.A.R.A 的模式，以發現問題及解決問題；而社區警政則要求社區警察發現問題時，與社區成員共同決定問題處理的優先順序，並共同鑑定問題的原因。

　　採用社區警政和問題導向警政的警政策略，共同的先決條件是授權。社區警政和問題導向警政皆強調讓員警可以有更大的參與決策及自由裁量的空間，當然，員警同時也應對其所做的決定負責。

　　問題導向警政強調，警察單位要創造一個讓基層員警能夠獨立判斷，並可以做出適當決定的工作環境，同時賦予員警較大的自主空間，能讓員警可以獨當一面，以激發其工作潛能及意願（林燦璋，1995b）。

　　社區警政則認為每個社區都有其不同之狀況與環境，有不同的問題和警政需要；因此警察工作必須考慮各社區之不同因素，有需要將指揮分權化，以適合各地不同的需求。故社區警政強調授權與賦能予各社區之警察分支機構（派出所），提升其獨當一面的能力，讓第一線的基層人員有更大的權責，俾能釐訂符合該社區需求之策略。

　　其次，要適用問題導向警政及社區警政的警政策略，績效的評核指標，也應該要有所調整。績效評估是激勵及管理的重要機制，管理學大師 Thomas Peters 說：「What gets measured gets done!」（有列入考核的事才會有人做！），績效也是警察機關考核工作良窳的重要依據。

　　我國警察機關長期以來，績效制度多偏重於犯罪偵查，因此導致警察機關重偵查、破案而不重預防、服務的現象。此外，我國現行警察績效評估指標的性質，也只重「客觀」數據而輕「主觀」之民眾感受，並無法反映出犯

罪預防的成效及民眾對治安的滿意度（朱金池，2001、2007）。

目前世界各國警察機關所採用的警政績效測量中，多以問題解決（problem solving）、民眾滿意度（citizen satisfaction）、重複作為（repeat business）、轉移（displacement）及鄰里指標（neighborhood indicators）等五項為重要項目。警察機關若要導入問題導向警政及社區警政此二種警政策略，績效制度的修正為必要的措施（林燦璋等，1999）。

針對問題導向警政及社區警政，績效評比制度應該發展出以「質」取代「量」的衡量標準。根據各類警察的工作目標、策略與具體做法，發展出各種警察績效評估的指標。警察勤務執行機構為行政警察單位，行政警察與刑事警察的工作性質不同，其績效評核指標也應該有所不同；可以將績效制度區分為「刑事警察」及「行政警察」兩部分（朱金池，2001、2007）。

在問題導向警政方面，績效評比的標準，應該是要因地制宜、依業務劃分、依據所採行的措施、解決或處理之問題種類、性質及程度、所付出的心力等加以衡量（林燦璋等，1999）。對社區警員的考核，則可以採用多元評估的模式，如評核警員對轄區的了解程度、是否能有效運用問題解決的技巧、與民眾建立合夥關係的努力程度、是否有富創意、彈性的做法，以及民眾對社區警員的看法等（朱金池，2001）。

要採行新的警政策略，在勤務、業務上需要有一些調整。以此方面觀之，採行問題導向警政是較容易的。採行問題導向警政時，員警的角色並沒有改變，只需要在處理問題的態度及認知加以調整，在勤、業務及績效制度上做小幅度的配合，即可在短期內見到成效。

而社區警政，涉及到警察角色的轉變[2]，改革的幅度較大，潛在的阻力亦較多。雖然其具有前瞻性，但卻不易在短期內見效，加以需要在績效制度上做大幅度的改變，因此需要警察高層強力的推動及全力的支持（林燦璋，1995a）。

---

2 由「執法者」的角色轉變為帶有社工性質的「具有強制力的鄰里長」（林燦璋，1995a）。

第十四章　第三方警政

第一節　第三方警政的淵源

　　第三方警政是一種警察以勸說或強制等方式，結合非犯罪的第三方，要求他們參與犯罪預防及犯罪控制的活動。第三方警政及社區警政等強調建立夥伴關係之警政策略的誕生，是由於警察組織了解到，警察組織無法獨力擔負起危害防止及犯行追緝的犯罪控制任務，治安問題絕非單一警察機關可以解決與負責的，要有效改善社會治安狀況，除了國家公部門的警察組織之外，更需要有廣泛的政府組織、民間機構及社會大眾的積極參與。

　　第三方警政的概念則萌生於 1980 年代後期，其延續了社區警政的善用民力及建立夥伴關係的概念，並將警察的角色由犯罪控制之核心轉變為中介者之角色。本章對第三方警政進行探析，首先介紹第三方警政的發展淵源，其次由第三方警政的目的、運作過程、建立夥伴關係的對象、處理的標的、運用的法律規範等層面，探析第三方警政的內涵；最後再探討第三方警政對臺灣地區及各國所造成的影響。

　　「第三方警政」一詞係由英文「Third Party Policing」翻譯而來，所以有時又被翻譯為「第三方警力」、「第三方警察」、「第三造警政」等。第三方警政的概念可以簡單的理解為「讓警察成為聯結的平台，利用相關法規，將有關的政府單位、社會團體或個人納入為處理犯罪問題之環節，共同於事前以聯繫、鼓勵、說服及強制等方式，解決治安問題的策略性作為」。

　　此種利用相關法規要求其他團體或個人一起維持社會秩序及處理犯罪問題的方式，都屬於第三方警政的作為。例如：美國的「愛國法案」（Patriot Act）、英國的「犯罪與失序法」（Crime and Disorder Act）與「反社會行為法」（Anti-Social Behavioral Act），以及新南威爾斯的「保護及父母責任法」（Protection and Parental Responsibility Act）等（伍姿蓉，2012）。

　　第三方警政的概念萌生於1980年代，並與犯罪學中的「日常活動理論」及「情境犯罪預防策略」同樣都重視對犯罪標的之加強監控，彼此間有著理論和實踐的關聯性。情境犯罪預防策略也為第三方警政提供了警方可以如何

作為,以阻絕犯罪的情境機會之參考。

此外,第三方警政是在問題導向警政及社區警政風行之後出現,故其宣稱綜合運用了問題導向警政及社區警政的策略,是結合兩者優點的改良版(伍姿蓉,2012;李湧清、章光明、黃啟賓,2011)。

問題導向警政提供第三方警政有關管理的基本架構,以及解決問題的有效率程序;除了接受問題導向警政處理成組案件的概念外,第三方警政也會利用強迫或說服第三方的方式,以解決持續發生之成組問題(李湧清、章光明、黃啟賓,2011;Eck & Spelman, 1987)。

第三方警政也有許多作為源自於社區警政,例如將社區警政中警民合作的做法賦予法律依據,主張結合民眾共同參與犯罪預防,以增進維護治安之實質效率等(李宗勳、宣介慈,2009)。

論及「第三方警政」概念的起源,學界常會由澳大利亞昆士蘭省布里斯班市「流氓」拖車營區的故事談起。當時該大拖車露營場中發生許多違序及犯罪問題,但該露營場的管理人員根本無意處理,直到警方運用地方監管單位和保險公司理賠政策作為「手段」,以之當作處理治安問題的槓桿,終於「激勵」了露營場的經理改變其以往不積極處理的做法(Mazerolle & Ransley, 2005)。

該大拖車露營場是有名的犯罪熱點,當地警察局每月平均會接到 20 通報案電話,報案內容包括惡意破壞、喧鬧、家庭紛爭、侵入拖車竊盜及毒品交易等。警察雖然依法有權進入露營場處理,進行包括開單、驅逐違法者離開營區,或要求處理對象 24 小時不准再入內等強制作為,但仍無法有效解決問題,該露營場的上述問題依然重複發生(李湧清、章光明、黃啟賓,2011)。

警察在一連串挫敗經驗之後,發現該露營場的車輛與人數皆過量,違反了當地政府有關露營場容量的規定,警方因此與當地政府核准營業的單位及接受露營場投保的保險公司建立起夥伴關係,進行治安維護的工作。

警方聯繫當地政府核准營業的單位,一旦發現露營場違反容量規定時,立即依法處罰負責人,最高處予 3,750 美元之罰鍰,並告知若不改善將撤銷其營業執照;警方也請保險公司對露營場的經營方式進行調查,並告知露營場負責人若發現有違反保險契約內容時,保險公司將可隨即終止保險(李湧清、章光明、黃啟賓,2011;Mazerolle & Ransley, 2005)。

　　露營場負責人為避免受罰，被迫自行減少露營場的容量，容量較往常減少了約 20 輛汽車及 72 位客人，以符合營區容量的規定。此做法除了可以避免受罰外，也讓保險契約能保持有效。雖然負責人心不甘、情不願，但仍因此不得不成為警方的「第三方夥伴」，擔負起降低露營場治安問題的責任。而此舉成功地讓該地區檢舉露營場的報案電話，由每月 20 通，降至每月只有 3 通，並持續維持（李宗勳、宣介慈，2009）。

　　在此案例中，露營場負責人雖是被強制、非志願參與第三方警政，但經過思考後，他選擇了對自己最有利的方案，一方面能確保其營業的利益，另一方面也能幫助警方解決治安問題。這種結合多元的「第三方夥伴」（包含市政府、保險公司及露營場負責人等），解決治安問題的警政措施模式，就是所謂的「第三方警政」；而這種利用法律手段，聯繫、鼓勵、說服及強制第三方合作的過程，也就是「第三方警政」運作的核心（Mazerolle & Ransley, 2005）。

第二節　第三方警政的內涵

　　Buerger 和 Mazerolle（1998）首先在〈第三方警政政治〉（The politics of third-party policing）一文中對第三方警政做出定義並提出相關做法，他們將新興的第三方警政定義為：「警方努力去說服或迫使組織或者非犯罪者，如市府建管機構、建物業主、當事人父母、環保稽查員、建築監察員、教育機構、社區團體、保險公司、商業負責人等，要求這些非違法的第三方承擔一些預防犯罪和減少犯罪問題的責任。亦即要求第三方於日常活動的範圍內，實際從事某些作為，藉此以減少社會失序與犯罪的發生。雖然警察的最終目標仍是實際的犯罪者或是犯罪高危險群者，但目標不再直接以罪犯或偏行者為主，轉而強化透過一般守法市民的合作，擴展控管的層面。」（李湧清、章光明、黃啟賓，2011；Buerger & Mazerolle, 1998）。

　　Mazerolle 和 Ransley（2005）後來則將第三方警政較簡單的定義為：「是指對非犯罪之人或機構採取勸服或強制之手段，使其採取日常活動範圍之外的、針對直接減少現有犯罪問題或間接預防未來犯罪活動的行動。」（李宗勳、宣介慈，2009）。

　　由上述的定義中可知，「第三方」乃相對於警方、犯罪人之外，可以協助警方進行治安管理的團體或個人。在第三方警政的概念中，第一方指的是警察，第二方指犯罪人，第三方則是指其他能夠防止或控制犯罪的人。「第三方警政」即強調運用非警察的第三方力量，一起負責控制犯罪與失序行為，作為解決治安問題的手段（Buerger & Mazerolle, 1998; Mazerolle & Roehl, 1998）。

　　在第三方警政中，警察由犯罪控制之核心的角色，轉變為中介者的角色，警察的任務是透過聯繫、鼓勵、說服或強制的方式，影響有能力執行犯罪控制的第三方，進行以犯罪控制為導向的特定行動，藉以達成有效率、反應快的治安管理目的。

　　所以第三方警政不再強調警察是抗制犯罪的核心，而接受警察只是犯罪控制網絡中的一個重要節點，強調社會中的其他節點，如學校、家長、社區、企業、保險公司、監管機構和私人警衛等，在犯罪控制的機制中也都扮演重要的角色。第三方警政概念的提出，讓警方在傳統的以警察為中心的第一方思維，和以犯罪人為考量的第二方思維之外，找到另一條可行的道路（Weisburd & Braga, 2006）。

　　社區警政強調「警力有限、民力無窮」，第三方警政則延伸「善用民力」的概念，除了鼓勵民眾主動協助治安管理活動、降低犯罪機會之外，更以勸說、強制等方式讓民眾不得不參與協助治安管理。第三方警政倡導一種負責任的自主性，將管理的責任逐漸移轉給第三方民眾，民眾面對可能發生的犯罪問題，不能再定位自己為事不關己的旁觀者，不是單方面處於要求被保護的地位，也必須積極的參與治安管理之執行。

　　第三方警政善用民力的概念，是為達成犯罪預防及犯罪控制的目的，因此警方必須與第三方民眾充分合作，提供其所需要的訊息及資源；雖然有些第三方民眾是警方透過勸說、強制等方式使其合作，但雙方共同的目標是第二方的違序或違法者，所以警方和第三方民眾間是夥伴關係；而且是在合法的架構下，法定授權的夥伴關係。

　　第三方警政與社區警政在「善用民力」部分的不同之處，是警方與其他政府組織、民間機構及有關民眾等第三方要形成夥伴關係，往往是藉由法律的規範而達成；這些法律規範除了刑事法令之外，還包括民事法律與行政法規，警方在法律的規範下邀請政府組織及民間機構一起合作，而對部分民間

機構及第三方民眾，則往往必須透過法律後果及其對市場機制影響的威嚇，迫使他們順從及配合（李湧清、章光明、黃啟賓，2011）。

以下由第三方警政的目的、運作過程、建議夥伴關係的對象、處理的標的、運用的法律規範、實施的原則及其注意事項，探析第三方警政的內涵。

壹、第三方警政的目的

Mazerolle 及 Ransley 認為第三方警政的目的是進行犯罪預防及犯罪控制，主要藉由犯罪預防以控制未來可能導致犯罪的潛在問題。在犯罪預防策略方面，警方尋求以預先處理的方式，事前處理可能導致犯罪的根本原因，以降低或改變犯罪問題發生的機率，故第三方警政在行動層面，強調控制潛在的影響因素，以避免其未來進一步發展或逐步擴大為犯罪問題（陳斐鈴、沈明昌，2009）。

犯罪預防進行的方式主要是藉由動員第三方，並與其建立夥伴關係以達到預防犯罪的目的。針對此一層面，警方作為的方式是與其他政府組織合作、與當地業主建立良好的夥伴關係，以聯繫相關單位共同擔負犯罪預防的工作，努力遏止犯罪因子。但在第三方警政中，雖然如同社區警政一樣重視犯罪預防工作，但兩者在中心思想及作為方面仍有所不同；第三方警政較強調犯罪預防是犯罪控制中的一環，其最終目標仍在於犯罪控制層面（伍姿蓉，2012）。

由於第三方警政認為犯罪預防工作是犯罪控制中的一環，所以在實務執行上，其對犯罪控制的重視是較優於犯罪預防的，這方面可以由國外案例觀察到，其多數第三方警政的實施，都是以社會秩序混亂、貧窮地區裡的犯罪控制為目標，而不重視犯罪預防的作為（李宗勳、宣介慈，2009）。

貳、第三方警政的運作

大部分的第三方警政是專案性、個案性的，運作時則運用問題導向警政的問題解決策略，再加上社區警政的善用民力、建立夥伴關係的概念，並結合情境犯罪預防計畫綜合而成（李湧清、章光明、黃啟賓，2011）。

在問題導向警政部分，第三方警政運用其 S.A.R.A（掃描、分析、反

應、評量）模式的問題解決過程來解決犯罪問題，尤其是該模式中的「分析」及「反應」兩個階段。過程中透過掃描找出轄區的犯罪熱點，再經由分析找出問題的節點，並從諸多可能的反應方式中，例如利用第三方，選擇一個最佳方案，執行後，最終還需進行評量，以了解所用的方案是否有效（孫義雄，2010）。

若分析後覺得發動第三方警政是可行的，便開始啟動善用民力、建立夥伴關係等社區警政策略，警方利用聯繫、鼓勵，或必要時透過法律規範說服及強制等方式，尋求第三方協助進行犯罪預防及犯罪控制的工作。

此外，情境犯罪預防策略則是第三方警政中透過第三方能發揮犯罪預防及犯罪控制功效的重要因素，Cornish 和 Clarke（2003）構想出的 25 個情境犯罪預防技巧和方法，在實行第三方警政時，都可以加以規劃、運用（李宗勳、陳連禎、宣介慈、劉柏良，2009）。

第三方警政中警方與第三方建立夥伴關係的方式，不外聯繫、鼓勵、說服及強制等四種。聯繫主要是針對政府單位、民間團體，由警方作為犯罪預防及犯罪控制的平台，協調、聯絡各相關團體、單位，提醒相關的法令規範，並協調各機關間橫向聯繫、律定各別的權責歸屬並落實執行，對於不盡責者則提醒其法律責任。

對於民間團體、地點管理者與民眾部分，警方擬請他們成為犯罪預防及犯罪控制的第三方時，與他們建立夥伴關係的方法首先是予以鼓勵，鼓勵的方式如進行拜訪、以關心的心態釋出善意、提供相關法律上的資訊、利用合作協議提供誘因再賦以責任等，鼓勵他們與警方合作，擔任犯罪預防及犯罪控制的第三方。

警方提供如何透過環境設計防止犯罪、如何利用契約的規範以約制不良的客人等相關資訊，以鼓勵方式建立夥伴關係，是較理想的第三方警政模式（李湧清、章光明、黃啟賓，2011）。

研究發現，第三方警政中大約只有 30% 的第三方是因為聯繫或鼓勵而擔任的，警方以胡蘿蔔式的鼓勵方式與第三方的團體或個人建立夥伴關係時，不見得會被接受，這時候警方還可以以利害相關的理由說之以理，加以說服。警方也可以透過政治管道或地區居民給予第三方公共責任的壓力，或者讓他們自行選擇覺得合適的預防或控制犯罪問題的方法（李宗勳、宣介慈，2009）。

如果第三方是不太情願的參與者，且聯繫、鼓勵及說服等柔性方式都無效時，警方就會在「胡蘿蔔或棒子」中，選擇以強制的方式，要求第三方承擔部分犯罪預防及控制的責任。Mazerolle 及 Ransley（2004）便認為利用民法、行政法規及刑法等法規來管理、及強迫第三方夥伴參與的過程，是第三方警政的核心概念（陳斐鈴、沈明昌，2009）。

第三方警政的特色，就是以合法的手段呈現警察的強制力，強制方式的使用是第三方警政最鮮明的形象，也是其與第三方建立夥伴關係的最後手段。而在第三方警政運用的法規中，除了刑事法令及行政規章之外，民事法規是警察執法的新利器，警方可以擴大民事規範的執行，以使第三方負起先前法規並未強制要求其擔負的一些預防或控制犯罪之責任（李湧清、章光明、黃啟賓，2011）。

以前述「流氓」拖車營區的故事為例，營區負責人原來並不想處理在營區內所產生的許多問題，直到警方運用當地政府管理法規及保險契約作為手段，強制營區負責人改變做法，因而成為警方的第三方夥伴，這就是第三方警政的典型作為（Buerger & Mazerolle, 1998）。

參、第三方夥伴

第三方警政是一種「透過勸說或強制等方式聯結非犯罪的第三方，要求他們參與以犯罪控制為指向的活動」，第三方夥伴則是警方為達成預防犯罪及控制犯罪等任務，而運用法律相關規定為依據，並以聯繫、鼓勵、說服或強制等方式，與警察認為「有權律定規範者」，以及那些「主要擔負責任者」（burden-bearers，有責任應負起約束或控制某些情況，以免鼓動或防止違法行為惡化之人）的非犯罪者建立夥伴關係，令其採取特定行動，以共同承擔預防犯罪及降低犯罪問題之責任的對象（李宗勳、宣介慈，2009；Buerger & Mazerolle, 1998）。

在第三方警政中，警察的職責在於找出，並賦權予有能力監督高犯罪危險地點或人物的適當監督者，警察相信這些團體或個人對於處理犯罪問題，具有一定程度影響力，故將這些對高犯罪頻率區有管控能力者，以合作、諮商、激勵或說服等方式，使他們成為第三方夥伴，納為控制犯罪的中介者。或運用警察的強制權，要求第三方夥伴負起監控原本無人監管的地區，承擔

更多的犯罪控制或預防責任，以減低犯罪或失序行為發生之機會（伍姿蓉，2012；Mazerolle & Ransley, 2004）。

適合以聯繫方式建立夥伴關係的第三方夥伴，主要是設立及執行相關法規的政府管理機構或個人。他們具有執行法規的法定強制功能，有權力律定規範，也有權進入市民的私有區域進行檢查，並對違規者進行開罰，他們實質上握有廣義的警察權。

適合成為第三方夥伴的政府管理機構或個人，如建築物檢查部門、國宅管理部門、房屋管理機構、工商業管理部門、環境保護部門、安全管理部門、衛生監察部門、消防管理部門、公共設施管理部門，以及環保稽查部門及其承辦人員等。臺灣地區的義警、義交、民防、社區巡守隊人員等，亦可歸類為此種第三方夥伴。

例如控管及核發酒類執照之公務部門，可以協助共同解決青少年飲酒問題；社工人員在訪視時若發現有家庭暴力，就告知警方處理；房屋、消防、公共設施等管理部門，可以對常有毒品犯罪的場所進行檢查，並執行當地必要之房屋、防災、安全法規，以改善問題場所之環境，藉以減少人們參與非法活動之意願（李湧清、章光明、黃啟賓，2011）。

適合以鼓勵方式建立夥伴關係的第三方夥伴，有社區管委會、教育機構、保險公司、企業團體、住宅管理委員會等社區團體，例如鼓勵保險公司利用保費的不同費率，要求車商或車主安裝防盜的設置；學校及教育機構可以對逃學學童的父母課責，告發逃學學生的家長，以協助處理逃學問題；鼓勵購物中心廣設 CCTV，以加強監控及嚇阻犯罪；鼓勵國際航空公司在旅客登機前查核，以防止非法入、出境等。

對於前述以聯繫或鼓勵的方式建立夥伴關係的第三方夥伴，仍可利用相關法令加以說服或強制其配合；而強調維護安全的保全業者及私人團體的私人警衛，警方則適合以說服的方式與其建立第三方夥伴關係。至於下列的「主要責任擔負者」（burden-bearers）或「有權律定環境規範者」則適合先進行說服，若說服的方式無法使其配合時，再以相關法令強制其成為第三方夥伴。

適合以說服或強制方式建立夥伴關係的第三方夥伴，如：財產擁有者（如房東、企業負責人）、商場領袖、房仲業、信貸銀行、家長及企業主等。例如告知屋主居家環境安全的重要，要求房東需對其房屋內進行的毒品

交易負責；要求家長對其子女的不當行為負責，父母若未制止子女在家長車內吸食毒品就加以扣車，未制止子女在住家販毒就扣押家長的住宅；也可以要求酒吧老闆與警方合作，保證不提供酒醉顧客酒精飲品，以降低街頭酗酒鬧事之情事發生（李宗勳、陳連禎、宣介慈、劉柏良，2009）。

肆、第三方警政處理的標的

第三方警政處理的對象主要是違序及犯罪問題，針對不同犯罪問題的情況，其處理的焦點又可以區分為人（包括個人或團體）、物品及地點，其中又以處理人及地點的狀況居多（Uittenbogaard & Ceccato, 2012; Wells, Wu, & Ye, 2012）。

第三方警政適合處理的問題類型從學生逃學、青少年飲酒、酗酒鬧事、塗鴉、遊民及乞丐等一般的失序行為，以及虐待兒童、家暴、槍枝濫用等犯罪問題，到較嚴重的搶奪、幫派、毒品等嚴重犯罪問題皆有。

在人的部分，第三方警政處理的對象類型有遊民、乞丐、藥癮者、幫派分子、毒販等社會邊緣人及高犯罪危險分子，此外，也包括有偏差行為的年輕人。在物品類型部分，第三方警政要求加強控管可能用於犯罪之工具，如塗鴉之噴漆罐、偽造的身分證、酒類及武器等（李湧清、章光明、黃啟賓，2011）。

在第三方警政處理的對象中，最常被提及的是地點（Braga, Papachristos, & Hureau, 2012; Mazerolle, Higginson, & Eggins, 2013），而其處理的方式多數是吸收經常發生事端地點的地主或房屋管理者成為警方的第三方夥伴。所謂經常發生事端的地點通常是當地居民經常反應、勤區員警認定、報案電話資料分析顯示，或犯罪熱點分析發現的特定地點，例如青少年經常徘徊的車站及公園、百貨公司、購物中心等公共商圈、酒店（酒吧）、毒品交易角落、非法製毒廠等地點（李宗勳、宣介慈，2009）。

伍、第三方警政運用的法律規範

在警察與第三方建立夥伴關係的聯繫、鼓勵、說服及強制等四種方式中，都可能運用到一些相關的法律規範。聯繫及鼓勵方式，警方主要是提醒

及告知第三方有相關的法律規範需執行或可以運用;說服及強制方式,警方則是有利用相關的法律規範,對非自願的第三方加以威嚇。

以相關的法律規範為基礎的第三方警政,讓警察有權干涉並使第三方夥伴自願或不得已與警察合作,是一種獨特的警政策略,有學者就認為利用相關法律規範,迫使第三方夥伴參與的過程,是第三方警政的核心概念。這些相關法律規範為警方提供威嚇非自願第三方合作的基礎,促使第三方參與犯罪預防或犯罪控制的行動(李湧清、章光明、黃啟賓,2011;Weisburd & Braga, 2006)。

第三方警政利用的法律規範包括各種民事、行政規則和刑事法律,其中許多法律規範原始設計目的與犯罪預防或犯罪控制並沒有直接關聯,但只要警方善加利用,就可以變成警方與第三方建立夥伴關係的利器(Weisburd & Braga, 2006)。

第三方警政常利用相關的法律規範,包括中央法規、地方法規或是行政規章、衛生與安全章程、消防檢查、販酒執照規定、交通法規、統一建築標準、金融檢查等,若違反這些法律規範,則會產生影響市場機制、民事賠償,乃至刑罰等有強制約束力的制裁後果(施永昭,2010)。

第三方警政的特點,就是常利用民法的規定以達成與第三方建立夥伴關係的目的,因為民法雖是規範私領域的買賣等行為,但其通常會列有一些基本的要求,如衛生、安全的準則、建物的完整性等規定。對未符標準者,檢查單位通常可以就一事連續處罰,直至其改善為止。由於多數的犯罪活動多會伴隨著一些違犯民法或行政規定的行為,警方就可以利用這些規範,要求第三方進行一些犯罪預防或犯罪控制的作為(伍姿蓉,2012;Ericson & Haggerty, 1997)。

例如為了根除滋生毒品問題的居住地區,警方可以與包括房屋、防火、公共設施在內的其他管理機構協調,對有毒品問題的房屋進行房屋和防火安全標準檢查,對違法的建物業主開出罰單;對不配合之建物業主施予處罰,以改善該場所的物理環境。業主為保護其財產,便會降低其成為犯罪據點的可能性(李宗勳、宣介慈,2009)。

美國西雅圖警察局便曾運用民法的相關規定,控管與毒品有關之處所。其他如立法限制未成年人購買噴漆、禁止向青少年販售菸酒、縮短問題酒吧的營業時間、旅館住宿名單傳送警察機關備查及洗錢防制通報等,都是

第三方警政對相關法律規範的運用（施永昭，2010）。

第三節　第三方警政的影響

由於標準模式的警政作為有著對犯罪反應過於被動的缺點，問題導向警政及社區警政兩種警政思維模式因而被提出。到了1980年代之後，警政策略的推展進入了理性權變的時代，許多以此三種警政思維（包括標準模式警政）為基礎而發展出的警政策略也陸續出現（孫義雄，2010）。

第三方警政即是在這種趨勢下，希望結合問題導向警政及社區警政兩者的特點，形塑而成的警政策略。第三方警政容納了問題導向的概念，尋求治安問題的解決之道，而其提供的處理方式，則是汲取社區警政的善用民力及建立夥伴關係之想法，希望透過第三方夥伴，達到預防或控制犯罪問題的目的。

第三方警政首先跳脫對犯罪之被動的反應模式，提出利用第三方夥伴以解決犯罪問題的創意；其次是改變了傳統警察的強悍形象，以剛柔並濟方式執法，強調警民互動，而不是僅以公權力強勢的進行管制、管理。另外亦開始重視警方與政府其他行政單位之間的互動與彼此建立共識。第三方警政的另外一個優點，是警方針對預防及控制犯罪問題，找出了一種比傳統方式降低大量成本的執法策略（李湧清、章光明、黃啟賓，2011）。

近數十年來第三方警政主要在澳大利亞、英國及美國推行，也有許多成功案例，其中澳大利亞流氓拖車營區的故事，是推動第三方警政者最津津樂道的，也可以說是第三方警政概念的起源。澳大利亞基於第三方警政的概念，2001年就在新南威爾斯（New South Wales）制定了「警察權力法」（The Police Power Act），規定警察基於某些理由，如加厚的門窗、丟棄的針筒等，就可以申請核發搜索票（伍姿蓉，2012）。

2002年昆士蘭也頒布了「犯罪所得沒收法」（Criminal Proceeds Confiscation Act），警察可以藉由民事禁制令，防止犯罪嫌疑人脫產。警察聯合緝毒局與檢察官等單位，運用民事法規，在2003年至2004年中旬的一年半時間，共對112位嫌疑人禁制2,200萬美元的財物（伍姿蓉，2012）。

在英國實施的第三方警政推行，首先是1992年推出的「安心停車場」

（Secured Car Park, SCP）獎勵計畫，該計畫中警方先對停車場進行一連串高標準的評估訪視，評估通過者給予合乎標準的認證。評估的項目包括了停車區的設計、監控錄影、照明、安全人員和管理程序等。停車場若符合此高標準，警察機關就會聯繫相關政府機構給予獎勵，允許獲認證者在一年之內可以公開推銷其停車場能提供高層次的安全保障，以吸引更多的顧客（Mazerolle & Ransley, 2005）。

　　警方推出安心停車場獎勵計畫，其原始目的是鼓勵經營者提高停車場的安全性，透過高度標準的安全措施預防犯罪，藉以減少犯罪活動和降低民眾的被害恐懼感。該計畫對停車場經營者的改善安全措施建立了激勵機制，吸引許多停車場經營者改善自身停車場的安全條件，也使得他們停車場的犯罪數量大量降低。由於此計畫的推動成功，目前在英國及澳大利亞已陸續出現 safer parking and secured car park 及 secure parking 等停車場聯盟出現，提供顧客安全的停車空間（施永昭，2010）。

　　1998 年英國國會通過「犯罪與失序法」（Crime and Disorder Act），要求警察與地方機關共同合作，建立夥伴關係，共同規劃與執行防制方案，以有效降低地區的失序與犯罪問題（李湧清、章光明、黃啟賓，2011；Loader, 2000）。該法的內容分為「預防犯罪和失序」、「刑事法」、「刑事司法系統」、「罪犯處置」及「雜項與補充規定」五大部分，其中第一部分「預防犯罪和失序」的重點在於引進父母規範、性犯罪規範及反社會行為規範等，賦予地方機關更多減少犯罪和騷亂的責任（Mazerolle & Ransley, 2005）。

　　該法要求地方政府機關必須檢視犯罪數據，並公布對該地區犯罪及失序類型的分析，同時以具體行動與警察及其他相關機關相互合作。該法也要求地方機關，在建立工作目標，及短、長程績效指標以追求各自業務發展的同時，也必須考量這些作為對犯罪及失序行為所產生的效應。該法認為警察在協調其他機構、確認問題，以及選擇合適的干涉作為方面，扮演重要角色，警察也被授權可以對本質屬民事的案件，同時給予民、刑事的懲罰（李湧清、章光明、黃啟賓，2011）。

　　2003 年，英國更訂定了「反社會行為法」（Anti-Social Behavioral Act），此法要求警察提供對於犯罪與非行行為的資訊及分析，並與地方政府相關單位共同研究，選擇出合適的介入方案；此法賦予警方驅散涉嫌違反社會秩序的群眾、塗鴉者及噪音製造者，警察也因此擁有了更廣泛的制裁手段。

　　除了要求警察執行該法之外，英國另外增聘了 4,000 位社區支援官（community support officers）在治安高風險地區推行鄰里警衛計畫，由社區支援官負責加強街道巡邏及對違序行為開立違規告發單等工作（伍姿蓉，2012）。

　　在美國，第三方警政的概念首先於 1985 年維吉尼亞州的報紙被提出，並引發了廣泛的討論，之後就有許多地區正式的開始採用第三方警政。較有名的方案如加州奧克蘭市的 SMART 專案、洛杉磯的消除滋擾計畫等，都是警方對容易發生失序或犯罪問題的地方，運用第三方的力量加以控管的例子（伍姿蓉，2010）。

　　加州奧克蘭市推行之 SMART 方案，是利用衛生、建築和消防法規控制有毒品問題的住宅。警方藉助對法律專業知識的研究，並根據實際需要，採用多種民事法律對有毒品問題的住宅所有人提起訴訟，從而迫使住宅所有人採取行動，主動協助警方，以處理他們名下住宅中的毒品問題，降低住宅內與毒品有關的活動。在 SMART 方案實施後，奧克蘭因毒品而被逮捕者減少 34%，當地毒品犯罪的情形獲得明顯的改善（Green, 1996）。

　　另外，加州洛杉磯市政府也於 1997 年實施了「消除滋擾計畫」（nuisance abatement programs），此計畫是結合了包括警察局、地檢署、建築安全局、住宅局及企劃局等五個機構，共同處理毒品犯罪問題。他們鎖定廢棄或違規建築物，對這些房屋實施聯合查察，並開出違規通知；利用處以罰金、以木板封閉建築物、扣押及沒收等制裁方式，解決當地毒販運用這些房屋進行販毒的問題（李湧清、章光明、黃啟賓，2011）。

第十五章　電腦統計警政

第一節　電腦統計警政的淵源

　　20 世紀中葉大都會興起之後，世界各地的犯罪現象日益嚴重，犯罪問題成為各國亟需解決的重要社會問題，警政研究者體認到標準模式警政之以犯罪抗制者自居，強調對報案的快速反應、機動車巡、警力集中的治安管理模式，已不足以處理大都會區域的犯罪問題。各種創新的警政策略，如問題導向警政、社區警政、第三方警政，以及電腦統計警政陸續被提出。

　　其中，電腦統計警政延續問題導向警政之優點，結合了課責制度，並搭配發展日新月異的電腦科技，利用快速統計、精確分析的特性，且善用犯罪熱點、治安斑點圖、地理資訊系統、犯罪製圖、地緣剖繪系統等犯罪辨識科技，成為當代的熱門警政策略。尤其是美國原先犯罪惡名昭彰的紐約市在採行電腦統計警政策略之後，十年之內竟然被評為美國最安全的城市之一，更引起美國及世界各大城市爭相效法。

　　本章首先介紹電腦統計警政的起源，再進而探析其治安資料的整合與剖析、研判與治安策略的規劃、治安會議的討論與學習及治安作為的步驟與檢討等四大重要措施，以及成功實施電腦統計警政的六大關鍵，最後再呈現電腦統計警政在美國各地的運作情形。

　　CompStat 是 Computer Statistics 的縮寫，電腦統計警政（CompStat Policing）顧名思義為一種利用電腦特性進行統計分析的警政策略。CompStat 警政的起源可以追溯至 1994 年，當時紐約市警察局局長 William Bratton 想到可以將紐約地區的犯罪紀錄加以彙整，建立成有系統的資料庫，再進一步對資料庫的犯罪資訊進行分析，以擬定治安管理的適宜策略（例如在犯罪密度高的地方加強巡邏等），期望能有效制止犯罪的發生。自 1994 年紐約市警察局推出 CompStat 系統分析以來，許多美國大城市紛紛引用這套警政系統進行治安的分析與運用（黃啟賓、章光明，2011；Joshi & Sorenson, 2010）。

　　1990 年 William Bratton 接任紐約市交通警察局（New York City Transit

Police）局長後，使用了一種「未來圖表」（charts of the future）系統[1]。其做法是在辦公室裡的地圖上，將搶案發生的數量及地點以圖釘加以標記，再依據標記的地點及數量多寡進行警力的分配，在標記較多的地方加強巡邏。

交通警察局實施後發現，第二年（1991 年）的地鐵搶案件數與 1990 年相較起來下降了 27%。William Bratton 開始相信這種「未來圖表」的犯罪分析方式對打擊犯罪是有效的，便開始運用「未來圖表」的原理分析、處理其他類型的犯罪，而在電腦普及化之後，並開始以電腦取代實體地圖進行犯罪資料的整理及分析。

1994 年 Rudolph Giuliani 在第二度當選紐約市市長後，將紐約市的交通警察局併入警察局內，並任命 William Bratton 為紐約市警察局局長。William Bratton 就任後便將這種「未來圖表」系統引進紐約市警察局，同時將之改良，更名為「CompStat」，並在紐約市警察局內大力推廣。

Bratton 開始廣泛的使用電腦將犯罪記錄下來，建立犯罪紀錄資料庫，並將彙整起來的資料傳送給各個分局，提醒警察應該要注意的地方，並要求各分局在犯罪密度較高的地方加強巡邏，希望藉此能大幅度的減少紐約市的犯罪數量（Weisburd & Braga, 2006）。

William Bratton 要求利用電腦，依據地圖上的區域分布，進行轄區犯罪資料的彙整。紐約市警察局所建立的這個犯罪紀錄資料日漸累積，進而發展形成資料庫系統，並被視為是一種可行的警政模式。其後，美國其他各大城市也參考紐約市警察局的做法，陸續導入類似的資料庫系統，且證實這種系統的確能夠降低犯罪率，電腦統計警政的警政模式也因此在美國風行開來。

因為治安是紐約市市長 Rudolph Giuliani 競選市長時的重要政見之一，故對於電腦統計警政給予強力的支持，為了顯示市長的重視，他甚至會親自出席並主持每週一次的電腦統計警政會議。

此外，Rudolph Giuliani 也說服紐約市議會支持電腦統計警政，因此議會不僅配合修改相關法令，同意警察機關針對諸如逃票、塗鴉等微小的偏差行為予以處罰，也同意市政府的請求，撥出大筆預算支持電腦統計警政，警政部門的預算從 1993 年的 1.7 億，增加到 2001 年的 3.1 億（施源欽，

---

[1] William Bratton 擔任紐約市交通警察局局長時，一位紐約市交通警察局的課員 Jack Maple 設計了一套透過地圖追蹤犯罪的簡易系統，並將之命名為「未來圖表」。

2012；Beckett & Godoy, 2010; Henry, 2002）。

　　除了要求市議會全力支持之外，市長也賦予局長絕對的人事權，William Bratton 上任之初為配合實施電腦統計警政，起用了一些勇於承受風險且具有豐富經驗的年輕主管，重整了警局的中高階主管結構，依屬員的特質、專長、經驗將他們調整職位；並透過電腦統計會議，課以各階層主管治安成敗的完全責任，同時也將電腦統計警政相關的績效，作為中高階主管調任、升降之重要依據[2]。對 Bratton 來說，電腦統計警政是警察達爾文主義下的成果，最適任的指揮官有留存晉升的機會，無作為的則會喪失指揮權（陳信良，2009；Walsh & Vito, 2004）。

　　在與各分局長舉行每週例行會議時，William Bratton 都會要求分局長報告轄區的犯罪狀況，並擬定可以有效遏止犯罪發生、降低犯罪率的策略，且要求報告進行了哪些可以降低犯罪率的措施。William Bratton 要求所轄的 76 個分局分局長，在每週一向局長進行一對一的簡報，並對表現不如要求的分局長立即給予處分。紐約市在實施了電腦統計警政一段時間之後，治安管理的成效果然如 William Bratton 的預想，犯罪率逐年下降（Walsh & Vito, 2004）。

　　Giuliani 市長卸任前宣稱電腦統計警政是他市政管理中「王冠上的寶石」，認為其在施政中的重要性，就如同皇冠上的明珠一般。且因其理念的創新及績效的卓著，1996 年電腦統計警政也獲得福特基金會及哈佛大學 Kennedy 政府學院聯合頒發的美國政府創新獎，認為它是 20 世紀後半在組織及管理上非常重要的一項革新。美國犯罪學及公共政策（CPP）期刊亦認為，電腦統計警政是過去幾十年來提出的警政策略中最重要的革新。（Weisburd & Braga, 2006）。

第二節　電腦統計警政的四大層面

　　William Bratton 曾說：「電腦統計警政是一個適用於不斷變動環境的管理模式，不論是在有 3 萬 8,000 名警力的紐約市警察局或是民風純樸的

2　在改革的第一年 Bratton 總共換了 76 區中約三分之二的分局長（Sugarman, 2010）。

小鎮，在所有的警察組織中，電腦統計警政都行得通。」認為只要掌握其重要層面及關鍵要素，無論規模大小的警察組織都適宜推展電腦統計警政（Walsh & Vito, 2004）。

電腦統計警政是用電腦及統計兩個詞之英文單字的字首結合而成，原意係指將電腦的統計、分析技術有效地運用。電腦統計警政便是利用電腦的快速統計、精確分析的特性，進行警察勤務的規劃。具體的做法是系統性的蒐集治安相關資訊，先將轄區的犯罪資料輸入電腦，建立資料庫，據以分析整個轄區的犯罪狀況，再以圖示的方式標記出來，以使警政單位在做決策時，能使用最新、最正確的資料。

有了即時的正確資訊之後，再利用電腦進行分析、評估，並透過治安會議研擬適宜的治安管理策略，以採取必要的勤務作為，規劃警力的最有效運用，進而達到減少犯罪事件發生的效果（曾兆延、李修安，2007）。電腦統計警政是一種「策略性的管制系統」，DeLorenzi 等人定義其流程為「定期蒐集、分析犯罪資料，並將犯罪資料及其他警察績效測量值以犯罪製圖展示，並據以要求警政管理人員為這些績效測量值負起責任」（DeLorenzi, Shane, & Amendola, 2006）。

採行電腦統計警政的最基本要求，是各地區的警察單位能確實提供正確的犯罪數據，俾能了解轄區的犯罪活動是何人、在何處、何時發生等。數據是推行創新解決方案的一種基礎，有了正確數據建立的資料庫後，再進行分析及評估，並據以形塑出適當的治安管理策略，冀期能適切的處理治安問題（Carter & Carter, 2009; Willis, 2011）。

電腦統計警政的重要措施，含括了治安資料的整合與剖析、研判與治安策略的規劃、治安會議的討論與學習，以及治安作為的步驟與檢討等四大層面（施源欽，2009）。

壹、治安資料的整合與剖析

治安資料的整合與剖析是將治安相關數據電腦化，將之與相關資訊進行聯結，以建立完整資料庫，其過程又包括製作治安斑點圖、描繪犯罪現場及治安資料分析等三大部分（Serpas, 2004）。

一、製作治安斑點圖

電腦統計警政不僅要求詳細、完整的記錄所有的犯罪資料，同時也運用了包括治安斑點圖、地理資訊系統、地緣剖繪系統等其他方面的資訊科技，用以進行資料的管理與分析（Santos, 2014）。

地理資訊系統（Geographic Information System, GIS）是治安斑點圖的進化版，它是一種利用電腦處理地圖、空間等相關資料的系統。此系統在處理資料的過程中，可將轄區的時間資料、屬性資料與空間資料進行犯罪製圖，藉由電腦整合形成疊合的圖層，精確顯示轄區犯罪狀況在時空上的分布、變化情形及其相互間關係（劉擇昌、黃俊能，2011）。

犯罪製圖則是利用 GIS 為資料的平台，資料圖層包含了人口、住家、建築物、街道圖及市鎮中心等資料，透過基本圖層與各種不同資料的圖層來套疊。透過犯罪製圖可豐富地展示整體犯罪資料及資訊，以提供電腦統計警政的決策者進行犯罪預測，規劃警察勤務及進行資源分配，以達到預防犯罪之功用（劉擇昌、黃俊能，2011）。

二、描繪犯罪現場

電腦統計警政要求詳實記錄犯罪案件的細節，包括犯罪人及被害人的人種、衣著、身高、體重、髮型（色）、特徵、人數，犯罪發生時間、地點、犯罪工具、犯罪手法、歹徒出現及逃逸方向等。犯罪案件記錄完成後，須送給警察局之資料整合單位審核，以確認資料是否完整與正確。

三、治安資料分析

資料輸入電腦建檔之後，由犯罪分析部門以每日發生的案件為整理的基本單位，進行犯罪模式分析。犯罪分析時會先將同類型犯罪模式資料及分布區域進行歸納，並研判可能擴散的情形，再由犯罪分析專家制定犯罪防處的對策，最後才交由外勤基層員警執行，並以副本知會其他分局。

電腦統計警政中，結合犯罪現場描繪進行治安資料分析的現代科技是「地緣剖繪系統」（Geographic Profiling System, GPS），地緣剖繪系統是一種運用環境犯罪學理論為基礎的犯罪偵查新技術，係在取得犯罪人的犯罪相關位置之地理環境脈絡及空間行為（Spatial Behavior）後進行的犯罪分析。

地緣剖繪往往是針對一組類似案件的發生地緣加以剖析，以推測犯罪人可能的居住地，重建犯罪人與被害人在犯罪前後行經的路線，剖析其可能再度犯案的地點即時間。因為犯罪人日常活動的空間，就是犯罪最易發生的區域。

貳、研判與治安策略的規劃

　　研判與治安策略的規劃，包括分析預判、歸納分類、研判屬性及規劃執行等四個部分。分析預判是透過治安斑點圖分析，研判可能發生犯罪、犯罪人可能出現之區域、犯罪可能擴散、蔓延情形，並預判可能再次犯罪的地點。歸納分類則是利用電腦將相關資料予以分類、歸納，以分析犯罪人的習性及犯罪手法，並研判可能的犯罪類型。

　　研判屬性是研判犯罪的人數、時間，以了解犯罪是否具有集團性即時間週期性等犯罪屬性；規劃執行則是依據分析預判、歸納分類及研判屬性等分析的結果擬定策略，規劃勤務，並確實的督導勤務。電腦統計警政可說是最能辨識、剖繪各種治安問題，以及規劃警方該如何部署、行動的一種警政策略。

參、治安會議的討論與學習

　　電腦統計警政會議被形容為是一個依據電腦化統計數字進行的會議，透過精準且即時的犯罪數據，將傳統的官僚式開會轉換成為靈活的、有效率的會議。會議中常見到的一幕是將犯罪斑點圖打開，要求各地區的單位主管評估所蒐集的資料，釐清問題所在，設定努力的目標，並在會議中讓所有部門的人員一起腦力激盪，思索解決方案，以及溝通協調如何運用各方的資源。在系統化的發展及評估策略之後，地區的單位主管再提出如何規劃勤務策略的報告，以處理轄區的犯罪熱點（曾兆延、李修安，2007）。

　　William Bratton 的做法是每週於警局召開一次電腦統計警政會議，由局長（有時候是市長）親自主持，出席人員有副局長、各分局分局長，以及幕僚主管、承辦人員。首先由總局犯罪分析中心於會議室大螢幕，顯示該週的治安斑點圖及犯罪分析數據。局長常會選定兩、三個分局，要求提出對轄區治安報告，與會人員再就治安狀況逐一進行檢討，並詢問重大案件偵辦進度。

對於該週犯罪率升高之地區，William Bratton 則會要求提出勤務規劃策略，以及認為有效的因應措施，藉由下放決策權給各轄區的單位主管，由中層管理人員對結果負責，並提高組織對於轄區嚴重犯罪的識別、理解和監測應對能力。因此，各分局長除須全力以赴之外，亦須熟悉轄內的勤務部署及治安狀況（黃啟賓、章光明，2011；Willis, 2011）。

電腦統計警政會議原則上是每週舉行一次，就轄區的治安狀況逐一檢討，同時檢討重大案件偵辦進度。對地區犯罪率升高之單位主管，要求提出有效的因應措施，並報告勤務規劃策略（曾兆延、李修安，2007）。電腦統計警政會議除了強調發現問題，也重視問題的解決；要求各單位於會議中提出成功及失敗的案例，以及各種創新的做法，希望在檢討之餘，也同時產生相互鼓勵與共同學習的效果。

電腦統計警政會議的成功之處，即是單位主管能在每週的即時報告中看到轄區最新的犯罪資料，也可以比較轄區前一週或是前幾年的資料。單位主管會在首長面前呈現犯罪預防的結果，也需要回應其他同層級的同事所詢問有關犯罪偵查的規劃，故不得不採用創新的策略以適應新的規則（Sherman, Williams, Ariel, Strang, Wain, Slothower, & Norton, 2014; Sugarman, 2010）。

肆、治安作為的步驟與檢討

William Bratton 卸任後，1996 年接任紐約市警察局局長職務的 Howard Safir，宣示持續採用電腦統計警政，並訂定電腦統計警政的「行動領導」（Leadership in Action）原則，提出「降低犯罪率的四大有效步驟」，並強調其中每一步驟，均是減少犯罪的關鍵（曾兆延、李修安，2007；Jang, Hoover & Joo, 2010; Santos, 2014; Worcester Regional Research Bureau, 2003）。

一、正確且即時的情資（accurate and timely intelligence）

Howard Safir 認為要降低犯罪的發生，需要有詳細、正確且即時的現況資訊。首先需要先對犯罪人的特徵、犯罪發生時間、地點、犯罪型態及原因有所了解。這些資訊來源包括什麼時候、發生什麼樣的犯罪、在哪裡發生、為什麼等，地區單位主管的責任，就在確保犯罪相關資訊的取得，以了解常發生事件的地點，作為擬制策略與警力部署的依據（Sherman et al., 2014）。

二、有效的戰術（effective tactics）

戰術必須有彈性、範圍廣泛，且能適應趨勢的變化，例如需要嚇阻時，就以制服巡邏方式展現；需要隱藏身分的狀況，則運用便衣進行埋伏；週末及假期前一晚加強各項勤務的強度；高樓大廈的建築，則採用垂直上下巡邏的方式，因時因地制宜的針對性策略。Howard Safir 要求必須依據電腦統計警政每週提供之犯罪統計資料，分析各地區的警力部署是否足夠，反應是否快速。

三、迅速的人力、資源部署（rapid deployment of personnel and resources）

一旦掌握犯罪資訊，戰術計畫確認之後，轄區的主管就須盡快部署勤務，善用資源，以迅速解決治安問題。電腦統計警政認為迅速動員是非常重要的，地區主管須想辦法讓警力能夠順暢調度，並加強犯罪熱點的巡邏。

而人力資源則包括所有制服和便衣警力，除了巡邏單位的警察外，亦包含特殊單位之人員與專家，且警力的部署必須集中在重點時段及地區，將資源集中在處理特定的問題上。必要時也可以動用管轄區以外的警察資源，以及其他的刑事司法機關，諸如檢察官、市政府、州政府、聯邦調查局、假釋委員會等。而社區的非執法機關與社會公眾團體資源，如藥品管理局、煙酒與武器管制局、社區團體、市鎮守望組織等外部資源的運用也非常重要。

四、持續的追蹤和評估（relentless follow-up and assessment）

所有的行動都必須持續追蹤與評估，方能確保達到所期望的成果，一旦確定問題所在，並擬定處理策略、整合資源及實行行動之後，轄區的主管必須藉由如書面報告和會議等各種管道，持續追蹤每個案件的發展，並評估策略是否有效、有沒有產生新的問題、是否會造成紛擾等。在整個警察局的層次，則需藉由「犯罪策略會議」檢視各管轄區的犯罪統計，並追蹤個案發展狀況。電腦統計的精確分析是評估的重要工具，因為透過電腦統計系統，可以檢測或追蹤考核各分局長對轄區犯罪狀況之掌握，以及治安管理的成果。

追蹤考核是減少紐約市犯罪最重要的關鍵因素，故一方面授予主管更大的權限，另一方面也要求主管要負起減少轄區犯罪的責任。「課責」是電腦

統計警政的另一個核心價值，各地區指揮官須對治安問題擬制詳細的策略規劃，並肩負轄區治安成敗的責任，而各地區執行的績效，也將被當作考量指揮官升遷或調職的考核依據（Serpas, 2004）。

第三節　電腦統計警政的六大關鍵要素

在經過深入研究之後，美國警察基金會提出了成功的電腦統計警政所需具備的六項關鍵要素，即任務明確化、內部責任制、地域性的勤務指揮組織、靈活性的組織、以資料為導向的確認與評估問題、創新的問題解決策略等六項（Weisburd, Mastrofski, McNally, Greenspan, & Willis, 2005）。

一、任務明確化（mission clarification）

電腦統計警政要求警察機關應像軍事組織一般，必須有一個明確的組織使命，如此才能有效地發揮作用。任務明確化也意味著要求警政高層必須達成對民眾承諾的具體目標，例如承諾每年要減少轄區內 15% 的犯罪率等具體成效（Weisburd & Braga, 2006）。

二、內部責任制（internal accountability）

警察機關必須釐清各人所應擔負的責任，建立內部責任制度，如此組織裡的同仁才能夠全力執行組織目標，達成上級所賦予任務。在電腦統計警政中，警察組織內部的責任主要課責於管理階層，賦予他們執行組織目標的任務和使命，而同時也要求他們對部屬的行動負有督導和評鑑的責任。電腦統計警政會議的召開，目的在讓所屬的員警能夠具體明瞭上級所下達的命令；各地區指揮官須對治安問題擬制詳細的策略規劃，並肩負轄區治安成敗的責任。各地區執行的績效，也將被當作考量指揮官升遷或調職的考核依據（曾兆延、李修安，2007；Weisburd & Braga, 2006）。

三、地域性的勤務指揮組織（geographic organization of operational command）

雖然電腦統計警政認為管理階層需承擔高度的治安責任，但它也強調

對地區的指揮官充分授權，使其能依轄區治安狀況而選擇適合的治安管理策略；故授權賦能，將權力下放至各地區分局。電腦統計警政要求在組織及管理上需要有所轉變，讓組織盡量扁平化、授權給地方，讓地區的指揮官擁有更大的決策權、裁量權和人事權，以提升其問題解決的能力。警察局並針對各地區的特性，提供符合需求的專家以及各種功能的專業警力支援，以符合各地區完成其任務的需求。因此，電腦統計警政將許多權力賦予地區指揮官，但同時也課以改善轄區治安的責任（陳信良，2013；Serpas, 2004）。

四、靈活性的組織（organizational flexibility）

電腦統計警政的管理階層不僅提供地區警察必要的資源和支持，也授權地區主管擬定對治安問題反應的決策權，例如紐約市允許利用便衣員警辦案等，使其能夠靈活彈性的運作。因此一個運作良好的電腦統計警政，會是一個適應力強、有活力、能解決問題的執法組織。

五、以資料為導向的確認與評估問題（data-driven problem identification and assessment）

電腦統計警政要求確實提供治安相關數據，辨識出犯罪易發地區和高風險罪犯，透過仔細檢視犯罪趨勢，辨認和分析治安問題，並深入追蹤和評估警政部門所採取勤務作為的成效。犯罪資料應以適當的格式呈現，且能馬上提供線上執勤員警使用，透過策略性的規劃，將犯罪易發區改變為低犯罪率的地區或完全零犯罪的地區，以達到即刻處理治安問題的效果（陳信良，2013；Costello, 2013）。

Maple 認為「我們需要蒐集並呈現所有轄區每天的犯罪數字，而不是每六個月才整理一次，以儘早發現問題；我們也需要剖繪每天的犯罪行為，如此我們可以找出熱點、模式和趨勢，並分析其根本原因」、「必須把警力放在重點（刀口）上」（Costello, 2013; Weisburd & Braga, 2006）。

六、創新的問題解決策略（innovative problem-solving tactics）

電腦統計警政除了以上所描述五個要素之外，另一特性是鼓勵創新。電腦統計會議以座談會的方式尋找精準的問題解決方案，透過共享與腦力激盪發展治安策略，就是一種創新的思維；電腦統計警政非常鼓勵以創新的實驗

性勤務作為解決治安問題，強調要「將知識做最佳的運用」，任何有創意的意見都是非常受歡迎的（Sugarman, 2010; Willis, 2011）。

第四節　各地電腦統計警政的運作情形

壹、紐約市的CompStat

自從紐約市警察局實施利用電腦科技追查犯罪及強調責任管理的電腦統計警政以來，迅速且大幅的改善治安，在數年間將紐約市從全美國犯罪率最高的城市，轉變為全美國治安最好的大都市之一，並成為各大城市爭相仿效的對象，也是近二十年來美國警察組織變革最成功的案例（陳信良，2013）。

依據聯邦調查局的犯罪統一報告（Uniformed Crime Report, UCR），紐約市在 William Bratton 採行了電腦統計警政策略之後，1994 年的犯罪率減少了 12%，而同期全美國的犯罪率僅減少 2%；1995、1996 年的犯罪率則都減少了 16%。紐約市在數年之間有效降低了市民的犯罪恐懼感，該市不但由治安的黑名單中除名，反而成了全美各大城市中犯罪率最低，治安最好的大都市之一（陳信良，2013）。

電腦統計警政是近十餘年來，影響美國及世界警政的重要警政策略之一，許多相關研究都顯示，自從美國紐約市警局實施電腦統計警政以後，治安有大幅度的改善。自 1993 年起至 2000 年止，紐約市七個主要犯罪項目的總犯罪率下降了 57.26%，其年度報案次數也是三十年來最少的。其中謀殺案件、搶劫案件、重傷害案件、重大竊盜案件、汽車失竊與擄人勒贖案件都有非常顯著地下降（陳信良，2009）。

以 1995 年為例，紐約市的整體犯罪率與前一年的同時期相比降低了 18.4%，殺人案下降到了 31%。若以 2011 年與 1900 年間發生的犯罪件數相比較，謀殺案減少了 77.2%；強暴案減少了 54.8%；搶奪案減少了 80.3%；侵入住宅竊盜案減少了 84.6%（陳信良，2013）。

1996 年，紐約市的矯治機構參考電腦統計警政的模式，創設了類似的「TEAMS」計畫；透過即時且精準的統計資料、強調責任的賦予，以及與

相關單位間的合作，使監獄內部的暴力事件因此而大幅的降低。1997 年，紐約市的公園及休憩部門參觀了紐約市警察局之後，也仿效電腦統計警政會議規劃了名為「Parkstat」的電腦統計策略，將公園部門的資料分析與管理責任結合在一起，透過每個月的 Parkstat 會議，紐約市公園之安全和清潔的被接受度從 1993 年的 47%，到 2001 年提升為 86%（Weisburd & Braga, 2006）。

New York Times 於 1998 年 3 月對全國民眾進行了問卷調查，發現有超過六成的美國民眾對紐約市印象良好，比起兩年前（1996）的民意調查結果，高出二成；此外，美國民眾對紐約市「犯罪很多」的不好印象則下降了 2 倍（陳信良，2009）。在 1997 年 9 月，紐約市市長也提出 Today-Gallup 與 Horris Poll 兩位學者的研究報告，證明紐約市成為當年全美國人最想居住的城市（陳信良，2013）。

1993 年紐約市在人口超過 10 萬的 217 個城市的犯罪率比較中，治安管理的排名為 165 名，到了 1996 年則進步到 144 名。另以 1993 至 1999 年為例，UCR 的統計顯示，紐約市不但犯罪率的下降是全國之最，同時也拉低了全國犯罪率，而且下降的幅度幾乎是全國相同案件犯罪率的兩倍；也因此在 1999 年，紐約市被評選為美國最安全的大城市之一（陳信良，2013）。

1994 年時電腦統計警政系統只在紐約市使用，但不久全國各地的警察部門看到紐約市犯罪率逐年下降的現象之後，各地警察機關爭相效法實施，陸續導入電腦統計警政系統或出現其修訂的類似版本。在紐約市推行電腦統計警政六年後，美國其他員額編制在 100 人以上的警察局，有超過三分之一以上均宣稱已經實施類似的警政方案（黃啟賓、章光明，2011）。

許多紐約市警察局擅長使用電腦統計警政的警官，也因此被禮聘到美國各大城市的警察局推展警政；而且所得到的結果，也都顯示出這個系統確實能夠有效降低犯罪率。在美國司法研究機構警察基金會提出的一份研究報告中指出，2001 年之前約有三分之一的美國警察局實施類似電腦統計警政的治安管理計畫（Weisburd & Braga, 2006）。

貳、Texas州Fort Worth市的ASM

2002 年 Texas 州的 Fort Worth 市警察局（FWPD）參考紐約市的電腦統

計警政，發展出 CompStat 的 Texas 州版本「ASM」（All Staff Meeting，全員會議）。在 ASM 會議上，FWPD 各部門的 GIS 分析專家提供依據 24 小時內犯罪地圖分析的犯罪資料，確定犯罪熱點，讓各分局長能迅速研判轄區發生的治安事件，並擬定預防犯罪的策略。

FWPD 除了進行犯罪分析之外，ASM 會議並採用 CompStat 標準模型中的課責制，要求地區指揮官針對轄區的治安問題提出合宜的解決方案，並須對執行結果負責，藉對警官們施加的壓力，促使他們更主動的去執行犯罪預防策略。

FWPD 另外針對犯罪熱點，創立了一個以目標導向的執行單位 ZTU（Zero Tolerance Units，零容忍單位），各 ZTU 單位分別由約 12 名警官組成，專門針對特定的地點、特定的時間、特定犯罪以及犯罪人，透過進行目標性執法，解決長期存在的犯罪問題。在實行特別強調善用 GIS 地圖系統的 ASM 一段期間之後，透過結合課責制及 ZTU 單位的主動出擊，Fort Worth 市的治安狀況有了顯著的改善（Jang, Hoover, & Joo, 2010）。

參、California州Los Angeles市的COPLINK

California 州 Los Angeles 的洛杉磯市警察局（LAPD）採用一種被稱為 Crime Mapping CompStat 的 COPLINK 治安管理系統，使用多層動態之方法進行治安管理。COPLINK 利用 GIS 對包括時間和空間等資訊進行分析，並以圖形、圖表等分析工具呈現，主管透過對轄區內的治安事件發生在何處，何時與何人等資訊的了解，可以有效地部署警力，讓特定區域內的治安事件減少發生，從而改善各地區的治安狀況（賴淑賢，2012；Muniz, 2012）。

COPLINK 的系統中，包括 CompStat Analyzer 與 Incident Analyzer 兩套模組，並結合 MapObjects 地理資訊系統，以對資料進行各種各樣方式的分析及整理。其中的 CompStat Analyzer 模組，提供了細分為 16 項的犯罪類型、所屬轄區及日期、地點等四大範圍，列出以半徑 1 英哩內，包括案件編號、案件位置、案件類別、案件描述、管轄單位及發生日期等刑案資料，以及治安斑點圖等治安管理相關統計圖表（賴淑賢，2012；Muniz, 2012）。

肆、Washington州的SAF

Washington 州的 Washington State Patrol（華盛頓州巡警，WSP）於 2000年參考紐約市的電腦統計會議，推展 SAF（Strategic Advancement Forum，策略推展論壇），並擷取電腦統計警政的準確即時的數據、分權決策、快速的部署、有效的勤務作為，以及不間斷的行動等特性，研創了一種「課責導向領導模式」（accountability-driven leadership model）（Serpas, 2004）。

「課責導向領導模式」的一個基本做法是對主管課責，要求主管能以有效的方式帶領部屬，並透過每週舉行的 SAF 會議，提供一個鼓勵積極作為及培養勇於任事的環境，但同時也要求設置一個不會因此而發生失誤的安全網。

WSP 要求各分局長及單位主管每年至少與局長開會 2 次，並報告他們如何實行各該管業務的策略性計畫。會議中特別關注逮捕多少人、發出多少傳票、寫了多少報告等執法的效率，以及減少了多少案件發生等執法的成效；透過定期開會，讓各單位彼此交換資訊，再加以整合運用。「課責導向領導模式」的內涵大致如下（Serpas, 2004）：

（一）聚焦於效率和效果（focus on effectiveness and efficiency）。

（二）測量性的策略（measurement strategies）。

（三）分權化的預算管理（decentralized budget management）。

（四）提高績效門檻（raising the performance bar）。

（五）強調全體員工的優秀表現（highlight excellence by all staff）。

（六）建立團隊（building teams）。

（七）開誠布公（facilitating honest dialogue）。

（八）問題的即刻解決（solving problems immediately）。

（九）培訓勇於任事者（creating positive risk takers）。

（十）處理混雜的回響（dealing with mixed reactions）。

伍、美國其他城市

Louisiana 州的 New Orleans 地區在使用電腦統計警政之後，從 1994 年到 1999 年間，謀殺案件有了大幅的減少，由 421 件下降到只有 162 件。Minneapolis 警察局將電腦統計警政加以改版為「CODEFOR」模式，在 1998

年到 1999 年間，其謀殺、攻擊、搶劫、汽車及一般竊盜等案件都有 2 位數以上的下降。2000 年，Baltimore 也因為由紐約市警察局禮聘來的副局長引進電腦統計警政，使該地區二十年內第一次出現整體犯罪率有 25% 的下降；而該地區的謀殺案件也降到 300 件以下（Weisburd & Braga, 2006）。

　　在紐約市警察局推展電腦統計警政模式成功之後，其制度不但被美國其他地區的警察組織所模仿，在風行全美國之後，世界各國的警察組織或其他行政部門也相繼採用電腦統計警政的系統管理概念，臺灣地區警察組織在許多方面也已經採用了電腦統計警政的概念（曾兆延、李修安，2007；Harcourt, 1998）。

第十六章　情資主導警政

　　隨著科技進步，犯罪型態日趨複雜，但相對也讓警察在偵辦犯罪時增加很多辦案的利器；尤其電腦科技發展日新月異，不僅可以儲存巨量資料，快速統計、瞬間彙整、精確分析的特性，加上網路可以不分時空，廣泛的汲取各層面的資訊，此一性質讓犯罪分析人員可以立即從巨量資訊中，提取出有意義的犯罪情資。

　　當代各種創新警政策略，皆是針對標準模式警政缺點的反思與策進，包括強調犯罪預防的重要，及以權變的警政作為處理犯罪問題；在社區警政、問題導向警政、第三方警政、電腦統計警政出現之後，情資主導警政結合了政治、軍事蒐集、整理、分析情報的技巧，同時去除其政治性及神祕性，並巧妙的運用標準模式警政及各種創新警政的優點，呈現出不同風貌的創新警政策略。

　　情資主導警政最早的原型，是 1993 年英國在 John David Phillips 爵士領導下，於 Kent 警察局推行的 Kent 警政模式（Kent Policing Model, KPM）；其後英國「警察首長協會」（Association of Chief Police Officers, ACPO）針對 Kent 警政模式的成功進行研究，並加以改良，在英國內政部認可後，提出日後成為世界情資主導警政典範之國家情資模式（National Intelligence Model, NIM）。而在美國發生 911 恐怖攻擊事件之後，國家情資模式更促成了世界各國採行情資主導警政的風潮。

　　本章首先介紹情資主導警政出現的淵源，其後導引出英國 Kent 警政模式及國家情資模式的發展、運作過程，最後透過世界各國不同的情資主導警政機構，以及專家學者個別對情資主導警政的定義，呈現出 Ratcliffe 在考察各國運作方式之後的歸納，並由犯罪環境、犯罪情資分析、決策者等三個核心主體，以及闡釋、影響、衝擊等三個運作過程要素組合而成，用以詮釋情資主導警政的「三 I 模式」，以及 Ratcliffe 於 2016 年修正模式，再加入了第四個運作過程要素「意圖」的「四 I 模式」。

第一節　情資主導警政的淵源

　　Intelligence-Led Policing 的中文翻譯有「情資主導警政」、「情資導向警政」、「情報主導警政」、「情報導向警政」、「情資主導警務」、「情報導向警務」等，本書採用「情資主導警政」的中文翻譯，主要是基於下述幾個理由。

　　「Intelligence」的中文可以翻譯成「情報」或「情資」，本書之所以將「Intelligence」翻譯為「情資」，主要的著眼點是在於，此一警政策略是希望蒐集大量有關治安的資料，資料的來源包括可以公開取得，以及須透過特定方式取得的資料，再將資料加以分析，彙整成有用的資訊，最後依據資訊呈現的訊息，結合現有資源，擬定出有效的警政策略。而「情報」一詞隱含有政治性及祕密性的意味，較不符合此一警政策略對資料來源的描述。

　　「Led」可以翻譯為引導、主導、帶領，也有帶路、指揮的意味，加以為了和「問題導向警政」（Problem-Oriented Policing）的「導向」（oriented）加以區分，故本書採用「主導」而非「導向」作為「led」的中文翻譯。

　　「Policing」可以翻譯成「警政」或「警務」，但「警務」偏向於是中國大陸的用語，我國則多採用「警政」作為「policing」的中文翻譯。當前較被廣泛討論的警政策略，有標準模式警政、社區警政、問題導向警政、第三方警政、電腦統計警政、循證警政，以及本章探討的情資主導警政等。

　　在這些警政策略中，除了循證警政是一種驗證相關警政策略及警政作為是否有效的另類警政策略，而不是實際處理治安相關問題的警政策略外。在規劃警察活動的實用性警政策略中，其他警政策略的概念或做法，或多或少被情資主導警政汲取並加以善用。

　　標準模式警政，主要是採用隨機巡邏、快速和被動反應作為，並結合當代最先進的辦案科技，一體適用所有治安狀況的警政策略。其主要缺點則是過度聚焦及不夠主動，只著重犯罪發生後的偵辦追緝，而輕忽犯罪發生前的危害防止。情資主導警政汲取了標準模式警政之運用當代最先進的電腦及數位資訊科技的方式，並以大數據的方式進行情資蒐集及分析的工作。此外，強力執法也是情資主導警政採用的反應策略中之重要警政作為。

　　社區警政秉持「警力有限、民力無窮」概念，提倡警民合作，結合社區資源與民力，將犯罪控制的工作回歸社區。自美國總統柯林頓於 1994 年撥

專款由司法部統籌協助各地警察轉型為社區警察制之後，在全球警界蔚為風潮。情資主導警政汲取了社區警政善用社區民力之概念，從社區及民間廣泛蒐集治安相關情資，再加以分析、彙整、運用。

　　許多學者認為情資主導警政不但借用問題導向警政的 CHEERS 六要素（社區性、傷害性、期望、事件、重複發生及相似性）作為評估治安問題的準則，整體的運作過程更是將掃描（scanning）、分析（analysis）、反應（response）及評估（assessment）的「S.A.R.A 模式」融入，並加以擴充應用（呂文廷，2010）。

　　情資主導警政也是一種提倡以合作方式進行的警政，所以會運用第三方警政的聯繫、鼓勵、說服及強制等方式，以之和「有權律定規範者」，以及「主要擔負責任者」的第三方建立關係。希望除了獲取可以公開蒐集得到的情資以外，再加入這些第三方的機關、組織、單位、個人所能提供的訊息，其中善用第三方的方式也包括運用線民。

　　電腦統計警政可以說是加入了「科責制」的一種情資主導警政，差別是在電腦統計警政蒐集、整理、分析，以作為規劃警政作為，依據的是一個將各項治安情資彙整而成的治安資料庫；電腦統計警政透過治安資料的整合與剖析，將治安相關數據電腦化，並以之與相關資訊進行聯結，以建立完整的資料庫。電腦統計警政利用的治安斑點圖、地理資訊系統、地緣剖繪系統及犯罪製圖等，都是現行情資主導警政常利用的情資蒐集工具。

　　針對標準模式警政缺失所提出的當代各種權變警政策略，共同的特點是加入了「犯罪預防」的概念，而且在處理犯罪問題策略的面向各擅其長。1980 年代才開始崛起的情資主導警政，巧妙地汲取了前面各警政策略的優點，並加入了獨特的情資蒐集、整理、分析、歸納架構，展現出另一種風貌的警政策略。

壹、英國的情資主導警政做法

　　情資主導警政的原始版本是英國於 1993 年在 Kent 警察局局長 Phillips 爵士領導下，發展出來的 Kent 警政模式，當時 Phillips 局長要求充分利用情資來源，針對汽車犯罪、盜竊、毒品和搶劫等四類犯罪進行系統性的分析，再依據分析的結果妥適規劃勤務編排，同時實施各種干預性的警政作為。實

施 Kent 警政模式之後，Kent 地區此四類犯罪的犯罪率均有非常顯著的下降（呂文廷，2010）

1999 年英國「警察首長協會」委託「國家犯罪情資處」（National Crime Intelligence Services, NCIS）研究，規劃如何將「Kent 警政模式」推廣到全國運用。「國家犯罪情資處」經過仔細研究後，提出了國家情資模式的建議。英國內政部首先於 2000 年試行國家情資模式方案，並獲得顯著成效。故英國內政部於 2002 年，將國家情資模式加入 2003 年至 2006 年的「國家警政計畫」（National Policing Plan, NPP）之中（Osborn, 2012）。

國家情資模式是英國版的情資主導警政，它是 Kent 警政模式的增強版，是在 Kent 警政模式中，補充了「戰略要素」，並擴大其對一般犯罪和警政的影響。2005 年英國「警察首長協會」出版《國家情資模式指南》（*Guidance on the National Intelligence Model*），以敘明國家情資模式的基本原理和應遵守的實務工作守則（Osborn, 2012）。

貳、美國的情資主導警政做法

美國警察組織大致可以區分為聯邦、州及地方三個層級，地方又細分為郡治安官（county sheriff）、郡保安官（county constable）及城市警察（city police）等系統。而美國的聯邦政府中並沒有一個專業的警察機構，聯邦的執法工作權責，實際上是分散在聯邦各執法機構執掌中（章光明，2018；LaGrange, 1998）。

美國約有 60 個聯邦執法機構，這些聯邦執法機構的主要工作是執行各項聯邦法律，以及打擊全國性的重大犯罪事件，但並不涵蓋維護社會秩序的警察基本工作（朱金池，1998；蔣基萍，1996）。嚴謹而言，美國並沒有推行所謂的情資主導警政，各州和地方警察單位，只是為「情資融合中心」（Intelligence Fusion Center）提供情資和必要的支援。

2001 年美國發生自殺式恐怖襲擊的 911 事件，當時蓋達組織恐怖分子劫持 4 架民航客機，攻擊紐約州的雙子星摩天大樓，造成此兩座具指標性的巨型建築倒塌，並致使臨近幾棟建築損毀。由於 911 事件發生之前，就有政府單位掌握了相關情資，但因為情資訊息嚴重混亂，無法正確、快速地傳達給重要決策人士，也因此錯失了化險為夷的契機。

　　911 事件發生之後，美國政府決定重新建構其國家保護政策，同時也認為美國遭到恐怖攻擊的原因之一，是負責蒐集情資的各單位間沒有足夠的聯繫與協調，故美國參議院先於 2002 年正式通過「國土安全法案」，送交總統簽署，後並於 2003 年正式成立新的聯邦行政部門「國土安全部」（Department of Homeland Security, DHS）。

　　2003 年新成立的「國土安全部」，負責美國境內的邊境管制、情資統籌、緊急應變、防止恐怖活動以及移民事務；此外，負責保護美國總統等重要政要的特勤局，亦隸屬於「國土安全部」。而針對美國國家安全情資的統籌工作，「國土安全部」則特別設立「情資與分析辦公室」（Department's Office of Intelligence & Analysis, I&A），負責分析與國土安全有關的情資。

　　「情資與分析辦公室」為依法負責向各州、地方執法機構提供情資，並且和各部門共享信息的聯邦機構；同時也負責向這些執法機構要求開發情資，送給辦公室彙整、分析，以識別、減輕和應對國家安全威脅。「情資與分析辦公室」蒐集及分析的情資，包括反恐、網路、經濟安全和跨國組織犯罪等相關資訊，並和各國執法機構進行多方位情資交流，設法避免遺漏關鍵情資。

　　由於美國國土領域遼闊，故「情資與分析辦公室」主要是透過各地的「情資融合中心」蒐集及彙整情資。「全國情資融合協會」（National Fusion Center Association, NFCA）是根據 911 事件的檢討報告所創建的，其初始設立的概念非常簡單，就是要透過整合各地區多個執法機構的資源和專業知識，來處理跨司法管轄區的犯罪問題，以促進美國全國各執法機構共享國土安全和犯罪相關的資訊和情資（Carter & Carter, 2009; Gardner, 2020）。

　　建立「情資融合中心」模式的靈感，就是來自 1990 年代情資主導警政的概念。所以早在 2001 年之前，美國聯邦以下的各州和地方，就開始建立各級「情資融合中心」了，而 911 事件如催化劑般，促成它們在全美國各地的快速發展。根據美國司法部（2005）的規定，「情資融合中心」的主要作用，是彙編、融合、分析及傳遞犯罪情資和其他資訊（包括但不限於威脅評估、公共安全、執法、公共衛生、社會服務和公共工程）以預測、識別、預防和監控犯罪活動（Gardner, 2020）。

　　「情資融合中心」不僅從各政府單位蒐集情資，也從私營部門的合作夥伴處蒐集情資；美國許多州和主要城市中心，也都希望改善他們的犯罪情資

共享，並協調共同努力。依據「全國情資整合協會」的資料，迄 2022 年 8 月止美國各地共有 80 個各級的「情資融合中心」，這些中心為「國土安全部」之「情資與分析辦公室」，以及聯邦和地方各級執法部門，帶來了豐沛的國土安全和犯罪相關情資（Gardner, 2020; NFCA, 2022）。

世界各國由於受到英國國家情資模式成功的激勵，以及美國 911 恐怖襲擊事件的借鏡，紛紛開始重視情資主導警政，其中又以加拿大、澳大利亞、紐西蘭等英語系國家最快跟進，歐洲安全與合作組織（Organization for Security and Cooperation in Europe, OSCE）也出版了《情資主導警政指南》（*OSCE Guidebook: Intelligence-Led Policing*），用以指導情資蒐集、彙整的運作（吳傳銘，2022）。

第二節　英國Kent警政模式

情資主導警政公認的起源，是始自 Phillips 爵士擔任 Kent 警察局局長期間，於 1993 年在人口約 12 萬的 Thanet 區（Thanet district），針對汽車犯罪、盜竊、毒品和搶劫等四類犯罪，試行了為期十二個月的「以減少犯罪為主要目標，利用情資為主導的方式，主動的解決犯罪問題」的警政策略（呂文廷，2010; Osborn, 2012; Ratcliffe, 2016）。

Kent 警政模式被描述為「在英國大陸展示的，最廣泛和最有影響力之情資主導的警政倡議」。當時 Kent 警察局針對犯罪數據進行分析，希望能有助於擬定有關預防和應對犯罪的決策。其運作機制為先系統性地分析了汽車犯罪、盜竊、毒品和搶劫等四類犯罪，發現其中少數長期犯罪人犯了大部分的犯罪。Kent 警察局利用這些情資，規劃並實施各種策略性干預措施，有效地讓這四類犯罪的犯罪率顯著下降（Osborn, 2012）。

Phillips 爵士日後回顧 Kent 警政模式，認為其包含情資主導警政的如下幾個核心要素（吳傳銘，2022）：

（一）聚焦於管控慣犯和嚴重犯罪等核心犯罪人：主要做法是針對核心犯罪人，強化主動出擊能力。

（二）透過分類篩選，排除大部分不需要繼續調查的案件：做法是建立報案中心，並減少不必要的現場調查和重複使用警力。報案中心可以對所

有案件進行後續處理，篩除那些明顯不需要進一步處理／調查的案件，節省的警力則用來深入調查其他重要案件。

（三）強化監控和調查等策略層次的應用：要求即使是最小的警察組織，也需要具備監控能力。強化刑事幹部的案件管理職能，並指派專責偵查人員，負責蒐集關於重點案件及犯罪人的資訊。

（四）將情資置於決策的核心地位：主張情資分析部門應處於警政運作的樞紐地位。

Kent 警政模式強調除了針對核心犯罪人，並更有策略性地運用線民，將情資納入決策的「情資戰略」（intelligence strategy）。此外，Kent 警政模式採用的警政作為還包括（Osborn, 2012）：

（一）透過評估公眾的電話（如 911 等）並提供最適當的回應，以滿足民眾對警政服務的需求。

（二）進行犯罪情資的開發、分析和利用，以確保最有效地運用資源。

（三）建立並發展專業團隊處理犯罪現場、犯罪紀錄，以及分析犯罪情資。

（四）重視對被害者的關懷，並設立與被害者訪談的專業單位。

Phillips 爵士在 1993 年對此警政策略進行十二個月的前導性實驗，於 1994 年實驗期滿後檢視成果，發現此一警政策略頗具成效，他便於 1995 年進而全面在全郡推廣實施，並將之稱為 Kent 警政模式。1996 年和 1997 年 Kent 全郡的犯罪率因而大幅下降（1996 年犯罪總數下降 6.5%，1997 年下降 16.3%），也因此在英國引領學習 Kent 警政模式的熱潮（Smith, 1997）。

Phillips 爵士被譽為「情資主導警政的建築師」（the architect of Intelligence-Led Policing），他於 1993 年至 2003 年擔任 Kent 郡警察局局長，並在 2001 年成為英國警察首長協會主席；1994 年 Phillips 爵士因為推行 Kent 警政模式的成功，以及推廣情資主導警政的貢獻，被授予英國女王警察勳章（Queen's Police Medal）。此外，為了表彰他對警政的貢獻，其在 2000 年被封為英國皇家的爵士。

第三節　英國國家情資模式

英國情資主導警政概念的由來，最早可溯及至 1975 年，當年英國「警

察首長協會」在其內部「犯罪情資小組委員會」（Subcommittee on Criminal Intelligence）的「Baumber 報告」（Baumber Report）中，建議了所有警察部門應更有系統地使用和應用犯罪情資，並明確區分「資訊」（information）和更有用的「情資」（intelligence）之差別（Osborn, 2012）。

1978 年在英國「警察首長協會」內部的「Pearce 報告」（Pearce Report）中，再對犯罪情資紀錄（criminal intelligence records）和犯罪紀錄（criminal records）進行了進一步的區分。將犯罪情資紀錄定義為包含關於罪犯及不構成犯罪紀錄之一部分犯罪事項的推理（inferential）和推測（speculative）；而犯罪情資紀錄中，也不排除包含一些如定罪摘要（summaries of convictions）等犯罪紀錄的相關資訊（Osborn, 2012）。

1984 年英國「倫敦大都會警察局」（Metropolitan Police Service, MPS）進行改革時，經過評估後，將情資主導的戰略規劃引入「倫敦大都會警察局」運作，對類似於線人（informant）或臥底（undercover）的祕密人類情報來源（Covert Human Intelligence Source, CHIS，未被英國軍情處正式僱用，但出於各種原因與軍情處合作，提供維護英國安全重要信息來源的志工）進行制度化管理，並對情資處理的過程，進行改革及重建（Osborn, 2012）。

1985 年英國成立「國家毒品情資處」（National Drugs Intelligence Unit, NDIU），其主要職責為蒐集、整理、分析和傳播來自英國或國外的毒品販運情資。NDIU 下轄「營運」（operations）及「支持和發展」（support and development）兩個部門，並都透過電腦聯接到 NDIU 資料庫。每項資訊都由資訊的蒐集者及接收者兩端評估其來源的可信度，並且賦予資訊重要性的權重分數（Stockley, 1988）。

1986 年英國「警察首長協會」其內部情資運作工作組的「Pearce 報告」中，強調情資蒐集時，單位間協調的重要性，要求對所蒐集到的情資做最好的運用。此外，也指示須重視情資蒐集業務之活動和資源的分配，以強化警察對情資的善用（Osborn, 2012）。

1992 年英國再將「國家毒品情資處」重新命名為「國家犯罪情資處」（National Criminal Intelligence Service, NCIS），改組後的「國家毒品情資處」，職能不再侷限於針對毒品犯罪問題，而是蒐集並分析所有組織犯罪的情資，以提供警察辦案時參考（呂文廷，2010）。

日後成為英國「國家情資模式」原型的「Kent 警政模式」，1993 年在

警察局長 Phillips 爵士的帶領下啟動，推展成果豐碩。Osborn 認為即便「Kent 警政模式」還稱不上是英國「國家情資模式」的核心和靈魂，那它至少稱的上是「國家情資模式」的初胚（the embryo, if not the heart and soul）（Osborn, 2012）。

英國版的情資主導警政模式──「國家情資模式」是由 Kent 警政模式發展而來，是當時 Kent 警政模式的主導者 Phillips 爵士，成功地讓他任職之「警察首長協會」支持國家情資模式方案，並將之提交英國內政部建議試行（Osborn, 2012）。

國家情資模式首先在 England 和 Wales 地區試行，試行的目的是希望產生一個理想警政情資模式，使警察指揮官能夠了解和預測各地公共安全領域的風險和威脅。試行後，證明該模式「能改善警察情資蒐集、分析和管理，以及警察部署、管理的能力」，故於 2002 年 11 月，國家情資模式被英國內政大臣 David Blunkett 納入 2003 年至 2006 年第一個「國家警政計畫」（Osborn, 2012）。

2005 年英國「國家卓越警政中心」（National Centre for Policing Excellence, NCPE）代表「警察首長協會」出版了《國家情資模式指南》，陳述國家情資模式的基本原理。指南中提出國家情資模式的目的，是「促進標準化情資主導的主動性」，期望能夠「促進從事犯罪調查的不同組織之間的兼容性；明確警察首長和警察機關的責任；確保遵守原則和實施標準，以形成一個持續發展、實踐和有能力的系統性計畫」（Osborn, 2012）。

《國家情資模式指南》強調國家情資模式是一種採用以情資為主導的警政策略，也是一種關於情資的部署系統，更是 England 和 Wales 地區執法行動管理的基石。英國政府要求所有警察機構自 2004 年 4 月起實施國家情資模式，並要求各地的地區指揮單位（Basic Command Unit, BCU）、營運的指揮單位（Operational Command Unit, OCU）和各武裝警察部隊（force level）等各級別警察組織，都應依循該指南運作（NCPE, 2005）。

《國家情資模式指南》認為國家情資模式也是一種犯罪識別模式，可以根據對犯罪事件和問題的精確理解，有效地分配資源。國家情資模式提倡以合作方式推行警政，因為許多問題的解決方案，需要其他機構或團體的參與，而在與其他夥伴機構協調時，將情資納入戰略評估，彼此合作會得到進一步加強（NCPE, 2005）。

國家情資模式要求構建許多情資處理能力，以便改進情資的判斷、蒐集、分析及統整工作，要求能夠編譯出標準化的情資資訊。所以《國家情資模式指南》針對處理情資的風險管理、財務和技術資源分配、與合作夥伴機構的協調，以及策略的擬定和審查都有具體的規範（NCPE, 2005）。

指南指出國家情資模式針對三個警政級別分別有不同的運作模式，第一級是基層的地區指揮單位，著重在鄰里層面部署資源，針對當地犯罪和違序行為（包括反社會行為）的行為，運用當地的資源，對情資的蒐集和傳播，以及任務分配做出適當的安排（潘志成，2019；NCPE, 2005）。

第二級則是涉及兩個武裝警察部隊，或一個武裝警察部隊轄區內的多個地區指揮單位，這類跨區域的跨境犯罪活動，通常需要提供他們額外的資源。第三級則是處理全國性嚴重組織犯罪或國際性組織犯罪的層級，此一層級的警政單位，需透過積極主動的方式進行判斷、蒐集、分析及統整相關情資，並由專責單位進行聚焦性的行動，在全國或跨國採取預防性應對措施（潘志成，2019；NCPE, 2005）。

在各級別的警政工作中，為使警察局以情資為主導，善用國家情資模式，特別重視下列四大基礎資產（foundations assets）（呂文廷，2010；NCPE, 2005）：

（一）知識資產（knowledge assets）：充分了解警政業務，並熟悉法律、政策和工作指導規範。

（二）系統資產（system assets）：擁有適當的系統和組織結構，包括安全的環境和運作空間。

（三）資源資產（source assets）：確保盡可能從多方來源有效蒐集和管理。

（四）人員資產（people assets）：建立一個專業的人員結構，配備訓練有素且具適當技能的人員。

指南中也指出國家情資模式除了上述知識資產、系統資產、資源資產及人員資產等四大基礎資產外，還包括資訊來源（information sources）、情資／資訊紀錄（intelligence/information recording）、研究、開發和分析（research, development and analysis）、情資產品（intelligence products）、任務分配和協調（tasking and co-ordination）、戰術分辨率（tactical resolution）、運營審查、績效措施和組織記憶（operational review, performance measures and organizational memory）等七項資產。國家情資模式運作的核心，就是由

這 11 個各自獨立運作的「資產」所組成（NCPE, 2005）。

國家情資模式強調建立流程標準化的國家情資資料庫，也強調共用情資資源、重視情資人才的培訓，以及各領域專家的參與。此模式為管理警察情資的人員，提供了擬定情資策略的方向，期望搭配所擁有的資源和對可能風險的管理，能對日益複雜的犯罪型態，研擬出適合的戰術及做出最佳的決策（吳傳銘，2022；NCPE, 2005）。

Tilley 描述國家情資模式為「在英國實施情資主導警政的主要工具」，Newburn、Williamson 及 Wright 認為它旨在「標準化警政的實踐」。英國「警察首長協會」出版的《國家情資模式指南》則指出，「國家情資模式提倡以合作方式推行警政策略，許多問題的解決方案將需要其他機構和團體的參與」（Osborn, 2012）。

綜言之，國家情資模式是一個典型的情資主導警政模式，是在 Kent 警政模式中，補強「策略要素」（strategic element），並擴大其對一般犯罪和警政影響的增強版。《國家情資模式指南》則提供了有關資產和程序所需的實施細節，以確保警察機構運用情資時，能遵循國家情資模式的實踐準則（Osborn, 2012）。

第四節　情資主導警政的內涵

迄今為止，情資主導警政尚無讓各界都一致認可的定義，加上由於國情不同，世界各國的情資主導警政策略，雖然都是強調善用情資的創意理念，目的也都在預防犯罪及處理治安相關問題，但實施運作的模式有明顯差異（田孝良、張曉菲，2010）。

世界公認情資主導警政的典範為英國國家情資模式，在其《國家情資模式指南》中的定義是「情資主導警政係以犯罪情資的分析與解讀為決策的依據，以證實行之有效的警政策略，並與建立夥伴關係的政府各部門合作，綜合情資，作為預防犯罪最有效的武器」（吳傳銘，2022）。

美國的司法互助局（Bureau of Justice Assistance）將情資主導警政定義為「一種合作協調的執法模式，結合了問題導向警政，資訊分享，強化課責機制，並且加強情資上的實務運作」（呂文廷，2010）。美國司法部「全球

情資工作小組」（Global Intelligence Working Group, GIWG）對情資主導警政的定義則為「情資主導警政是一套相互關聯的原則、程式、標準和方法，由專門設計、挑選並結構化的情資體系所引導；期能不斷提升警察工作的效率和效能，並以之作為長期策略和短期戰術行動之決策的基礎」（吳傳銘，2022）。

歐洲安全與合作組織在《情資主導警政指南》中，定義情資主導警政為「犯罪情資管理架構和有計畫的警察勤務規劃，其中情資是犯罪預防和防制及其他安全威脅的優先事項，也是戰略和警務目標的基石；它還包括對警察業務和行動作出適當決策，以合理運用及分配現有的人力、物質和技術等資源」（吳傳銘，2022）。

在個別學者方面，美國學者 Ratcliffe 定義情資主導警政是一種「以資料分析與犯罪情資作為決策架構的核心，透過策略性管理及有效鎖定重覆與嚴重犯罪之執法策略，作為減少犯罪問題、且能有效嚇阻以及預防犯罪的一種管理模式與哲學」（施志鴻、廖清霖，2019）。Carter 和 Carter 對情資主導警政下的操作性定義，則是「蒐集且分析與犯罪有關的資訊，以及為何會導致犯罪的成因，使能產生情資產品，期對於執法有所助益」（呂文廷，2010；Carter & Carter, 2009）。

由於各界對於情資主導警政一直沒有明確一致的標準定義，加上各國的運作模式各有不同，Ratcliffe 在考察各國的運作方式之後，於 1993 年提出了一個以「犯罪環境」（Criminal Environment）、「犯罪情資分析」（Crime Intelligence Analysis）、「決策者」（Decision-Maker）等三個核心主體，以及「闡釋」（Interpret）、「影響」（Influence）、「衝擊」（Impact）等三個運作過程要素組合而成的「三 I 模式」（圖 16-1），以之詮釋情資主導警政（Ratcliffe, 2008）。

圖 16-1 的「三 I 模式」可以簡單理解為「犯罪情資分析」單位針對「犯罪環境」進行「闡釋」，再將詮釋的結果提供給「決策者」參考，「犯罪情資分析」會「影響」「決策者」的思考方向與判斷；「決策者」再依據「犯罪情資分析」的詮釋擬定對「犯罪環境」會產生「衝擊」的警政策略以及警政作為，期望能解決犯罪等治安相關問題。在這個模式中，「犯罪情資分析」扮演著發動情資主導警政運作的核心角色。

「三 I 模式」啟動的第一個步驟是闡釋「犯罪環境」，所謂的「犯罪環

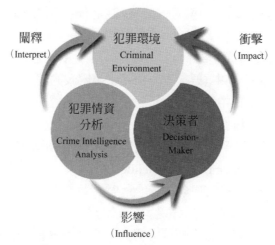

圖 16-1　情資主導警政「三 I 模式」

資料來源：Ratcliffe (2016). p. 82.

境」是指所有可能會產生犯罪的動態及靜態資訊，「犯罪環境」包括與犯罪相關的人、事、時、地、物等，尤其是犯罪熱點（容易發生犯罪的人、事、時、地、物）。欲闡釋「犯罪環境」的前提，是要能透過各種方式廣泛、完整的蒐集「犯罪環境」情資。

蒐集「犯罪環境」情資，方法包括建立犯罪資料庫，利用科學證據蒐集情資等，以及利用聯繫、鼓勵的方式與其他政府部門、民間機構或媒體建立夥伴關係。或者善用說服、強制的方式，讓那些「有權律定規範者」、「主要擔負責任者」以及線民等，成為處理犯罪問題的第三方，以獲取「犯罪環境」相關情資（孫義雄，2021）。蒐集和共用情資是情資主導警政的核心之一，如果沒有持續、即時和準確的情資，「犯罪情資分析」單位可能難以正確識別犯罪問題，尤其如果蒐集的情資不正確，更有造成誤判「犯罪環境」的可能。

「闡釋」是一個將大量零碎、片段的資料（data），整理成有系統的資訊（information），經過分析成為知識（knowledge），最後再賦予意義，形成情資的過程。在整個過程中，分析是「闡釋」成功與否相當重要的一個關鍵。如同在問題導向警政中，分析階段被視為是 S.A.R.A 模式四個階段中最重要的，Ratcliffe（2016）也認為情資主導警政就是「將犯罪情資進行分析，

作為客觀決策工具的應用，再基於證據，制定有效的警政策略，以預防犯罪和減少犯罪」。

將資訊分析提煉成犯罪情資知識，以作為後續進行決策判斷的出發點，此點對於決策者至關重要。實施情資主導警政的警察機構，應該設置情資分析單位。而且單位中的分析人員對解讀犯罪環境，應該具有高度的敏感度，能夠積極分析，確認犯罪熱點的人、事、時、地、物，萃取出犯罪環境中的犯罪跡證，賦予犯罪發展趨勢和特定犯罪群體動向的意義，而不是僅僅接收和整理資訊（Pournara, 2020; Ratcliffe, 2016）。

「犯罪情資分析」單位應全力滿足「決策者」對情資應用的需求，而「犯罪情資分析」單位「闡釋」「犯罪環境」的分析結果，對「決策者」的思維模式及策略擬定，會產生很大的「影響」，「決策者」會根據分析結果，運用所掌握的資源「衝擊」「犯罪環境」，以求解決犯罪等治安相關問題（潘志成，2019）。

「決策者」泛指所有能做成決定的人，但大多數「決策者」都是警政單位的主管。情資主導警政的「決策者」，除了要有解決犯罪問題的熱情之外，還必須有足夠的實務歷練，熟悉犯罪偵查業務，最好能夠了解轄區的犯罪現況及各犯罪熱點之所在，以求能夠充分利用犯罪情資及所掌握的資源，擬定最佳改善犯罪環境之策略（吳傳銘，2022）。

「衝擊」意味著衝撞及打擊，亦即「決策者」為了達到控制犯罪和預防犯罪的目的，針對「犯罪環境」所實施的各種策略及作為。「衝擊」的方式不外乎依據「犯罪環境」的狀況，權變運用各種當代的創新警政策略，和各類有效的犯罪預防作為，以震懾或柔性的方式，改變犯罪環境（田孝良、張曉菲，2010）。

圖 16-1 的「三 I 模式」呈現的是一個靜態的畫面，但因為「犯罪環境」是動態的，隨著時空背景及針對「衝擊」的反應會有所變動，因此模式中銜接在後的「犯罪情資分析」、「闡釋」、「影響」、「決策」、「衝擊」也都必須能夠適當的因應。所以情資主導警政「三 I 模式」的運作，是一個反覆循環回饋的複雜過程。

由於「三 I 模式」能夠簡要清楚地呈現情資主導警政的運作過程，所以在 Ratcliffe 於 1993 年提出之後，被警政學界及實務界廣泛的接受，並加以推廣宣介，將「三 I 模式」視為情資主導警政的核心概念。

　　Ratcliffe 於 2016 將原有的「三 I 模式」再加以擴充，修正為「四 I 模式」，他強調身為警察組織領導人的「決策者」，過去應該有足夠處理犯罪的實務歷練，所以他們可以指導「犯罪情資分析」單位蒐集更合乎其需求的情資，而為了確保「犯罪情資分析」單位能夠充分理解其需求，讓「犯罪情資分析」單位了解「決策者」的「意圖」也相當重要。

　　Ratcliffe 認為，「決策者」可以更周延地指導「犯罪情資分析」單位，以確保他們的「意圖」被「犯罪情資分析」單位完全理解，並就他們所需求的優先事項和「犯罪情資分析」單位的重要職責提供建議。因此除了「闡釋」、「影響」、「衝擊」等三個運作過程要素之外，Ratcliffe 在模式中再增加了「意圖」（Intent）此一運作過程要素，型塑出新的情資主導警政「四 I 模式」（圖 16-2）（Ratcliffe, 2016）。

圖 16-2　情資主導警政「四 I 模式」

資料來源：Ratcliffe (2016). p. 83.

第五節　結語

美國 911 恐怖攻擊事件發生後，促成世界各國紛紛推行情資主導警政的風潮，但實際上，情資主導警政早已在英國以 Kent 警政模式，以及國家情資模式推展著。911 事件則是對世界各國情資主導警政的推展，起了推波助瀾的作用。

情資主導警政在運作時有幾個重要節點，對於情資的蒐集、彙整、分析判斷，以及依據情資做出決策，每個節點都非常重要，任何一個節點出差錯，就無法對犯罪環境產生所期望的衝擊。故對於情資相關資訊的蒐集，需要鉅細靡遺，以免漏失重要的訊息。

對於所蒐集到的巨量訊息，彙整時除了善用電腦強大的巨量儲存、快速統計、瞬間彙整的功能之外，也需要設定適當的儲存格式，以建立情資資料庫（Database）。資料庫可以透過結構化、格式化的規範，將資料轉換成有用資訊，同時讓使用者可以透過檢索、排序、計算、查詢等方法，有效率使用資訊，充分發揮彙整的效能。

情資主導警政要求警察機關必須設有情資分析單位，單位中的情資分析判斷人員，除了必須充分理解情資訊息之外，也必須對轄區的治安狀況有充足的背景知識，同時需要對犯罪相關訊息具備敏銳的敏感度，俾能研擬出有創意並有建設性的因應方案及建議。

決策者依據情資，並結合所擁有的資源做出決策，選擇適當的警政反應作為，但由於同時也須負成敗之責任，所以擔任決策者的機構指揮官，除了必須具備豐富的實務經驗，對犯罪相關背景知識有充分理解外，果決判斷的決策力，更是決策者應具備的特質。

我國各警政機構於推動情資主導警政時，Ratcliffe 所歸納出，以犯罪環境、犯罪情資分析、決策者等三個核心主體，以及闡釋、影響、衝擊、意圖等四個運作過程要素，建構出情資主導警政核心內涵的「四 I 模式」，可以作為推行時的重要參考。

第十七章 循證警政

　　近二十年來臨床實務界颳起了一陣推動循證實務（Evidence-Based Practice, EBP）的風潮，循證實務串聯了學術研究和實務工作，也彌平了學術研究和實務工作互相輕視的鴻溝。循證為實務工作提供了學術界常用的驗證研究方法，也為學術性的理論、政策提供堅實的研究證據，讓實務工作者可以放心採行所建議的策略，兩者間相得益彰。

　　循證實務的概念源自於醫學界，後來被圖書館界所引用，之後教育、公共行政、犯罪預防、警政及其他重視學術研究背景的實務工作領域，紛紛採行循證實務的概念。在 Sherman 教授的倡導推行之下，循證警政（Evidence-Based policing）的概念首先在美國、英國和加拿大的警政研究引發一番重視循證實務的風潮，繼而陸續推廣到世界各國。

　　本章首先自循證實務概念的由來開始探討，繼之介紹循證在各學門應用的情形，再切入循證警政此一主題。除了探索循證警政概念的由來之外，亦介紹對循證警政影響重大的「什麼有效，什麼無作用，什麼是有展望的」及「預防犯罪警政」兩個研究。之後再剖析循證警政的內涵，介紹 Sherman 建議運用循證警政的「三 T」（Triple-T）原則，以及循證警政使用的證據、研究方法、評鑑的標準，以及它對世界各國警政所造成的影響。

第一節　循證概念的源頭──循證實務

壹、何謂循證實務

　　循證警政的概念源自於循證實務，循證實務指的是政策的擬定必須要以證據為基礎，要求擬定問題解決策略時，必須要有充足、客觀、經過驗證的實證證據為基礎，亦即在決策中融入了研究的精神。循證實務主張實證的證據必須是透過嚴謹的系統性方法蒐集而得，再經過周延的分析，如此形塑而成的問題解決策略才能稱得上客觀（吳寂絹、卜小蝶，2015）。

　　我國對於「Evidence-Based Practice」（EBP）的翻譯，在不同領域、學

門各有不同，最常見的是將「Evidence-Based」直接意譯為「循證」或「證據為基礎」，「Evidence-Based Practice」譯為「循證實務」或「以證據為基礎的實務」；其他各領域學門亦有譯為「循證實踐」、「證據本位」、「實證實務」等。本章基於「信」、「雅」、「達」及「精簡」的原則，採用「循證實務」為「Evidence-Based Practice」此一名詞的翻譯。

　　循證實務的觀點是由實證主義（positivism）的精神延伸而來，實證主義凡事講求證據，強調有多少證據說多少話，故循證實務要求在研擬策略、方案之前，必須要先蒐集及分析相關的具體證據，主張以實證的具體證據為基礎，擬定出的策略才是可行的。方案有效性的判定必須基於客觀的事實，需要事先蒐集相關的具體事證，以嚴謹的系統性方法來得到證據進行評估，不可完全依靠個人的主觀經驗（吳寂絹、卜小蝶，2015）。

　　Brice 及 Hill（2004）強調循證實務決策的形塑，應植基在其有效性及可信賴性的具體證據上，其核心精神是利用適合的研究方法蒐集充足的具體證據，並認為「證據」的品質和數量都很重要（Koufogiannakis & Crumley, 2006）。莊文忠則將循證實務定義為「依據一套明確的、透明的標準和指標，藉由各種方法有系統地蒐集資料，利用多元分析技術取得客觀的、嚴謹的及可靠的資訊，作為制定、監測和評估方案的重要證據」（莊文忠，2018）。

貳、循證概念的由來

　　循證的概念最早啟扉於醫學學門中的循證醫學（Evidence-Based Medicine, EBM），20 世紀末期再陸續被其他社會科學所引用（Weisburd & Braga, 2006）。循證醫學之概念的起源，是 1968 年加拿大的 McMaster 醫學院成立時，當時醫學院的 David Sackett 等年輕教師想要改變傳統的權威教學模式，便以「問題本位學習法」（problem based learning）的模式進行教學，強調提出解決問題的證據，以處理問題為前提的學習模式（吳寂絹、卜小蝶，2015；Bayley & McKibbon, 2006）。

　　英國學者 Archi Cochrane 繼之在 1972 年提出循證醫學的概念，認為醫學專業應採用實證來協助制定醫療照顧相關決策，並以最佳的臨床實證來進行醫療工作。Cochrane 尤其強調隨機對照試驗（Randomized controlled trials,

RCTs）的重要性，認為所有醫療行為都應經過嚴謹試驗研究，提出證實有效的依據，才能將醫療資源做最有效的應用（吳寂絹、卜小蝶，2015）。

　　秉持提倡在醫療資源有限的情境下，醫療必須具有實效的循證醫學精神，目前推動循證醫學最著名的單位 Cochrane Collaboration，即是以 Cochrane 命名的，而且其相關機構或產品均冠有 Cochrane 一詞，以彰顯世界醫療界對 Archie Cochrane 的肯定（李淑敏，2002；Brice & Hill, 2004）。

　　1987 年醫學界開始有第一篇採用循證醫學概念的系統性文獻回顧評論發表，至 1991 年 Gordon Guyatt 所領導的學術研討組織，才正式將 Archie Cochrane 所提出之觀念正式命名為「Evidence-Based Medicine」（循證醫學），強調醫療實務應植基於具即時性、有效性及可信賴性的嚴謹研究上（李淑敏，2002；Bayley & Mckibbon, 2006; Brice & Hill, 2004）。

　　由於循證實務串聯了學術研究和實務工作，隨著循證實務的概念在醫學界產生重大影響，許多學門領域也引發了帶入循證實務取向的風潮；護理學、教育學、心理學、警察學及管理學也陸續將循證的概念帶入各自的學門領域中。其中尤其是圖書資訊學更是引發了一股對循證的跨領域研究趨勢（吳寂絹、卜小蝶，2015）。

　　在循證醫學研究的風潮引領下，醫學圖書館界也開始進行循證實務的相關研究，並隨之逐漸在所有圖書館界蓬勃發展起來，並將之稱為循證圖書館學（Evidence-Based Librarianship, EBL），或循證圖書資訊學（Evidence-Based Library and Information Practice, EBLIP）；希望圖書館界的決策也能如同循證醫學一樣，從實務面臨的問題出發，以嚴謹的研究方法進行實驗，分析比較相關研究數據，呈現嚴謹的研究證據，以協助形成決策（Eldredge, 2000）。

　　循證圖書館學的概念最早是由 Eldredge 在一篇短文中提出，他將循證醫學中的 Medicine 轉換為 Librarianship，倡導推展循證圖書館學，希望促發圖書館界從事實證研究。而 Booth 則在 2000 年融合循證實務的概念，將循證圖書館學定義為「屬於資訊科學領域，是提升蒐集、詮釋及整合確實、重要且可應用證據的一種方法」（吳寂絹、卜小蝶，2015）。

第二節 循證警政的倡導者及重要研究

壹、循證警政的倡導者——Lawrence W. Sherman

隨著循證實務的風行,「循證」的概念也慢慢地影響到刑事司法及警政界。論及循證警政,首先應該先認識被譽為循證警政之父的美國學者 Lawrence W. Sherman,他同時也被視為實驗犯罪學領域的關鍵創始人。Sherman 目前是美國馬里蘭大學的傑出大學教授(Distinguished University Professor)。

Sherman 曾任英國劍橋大學 Jerry Lee 實驗犯罪學中心主任及劍橋大學 Wolfson 犯罪學名譽教授,也是劍橋警察執行計畫(Police Executive Program)的主席。他目前同時還是劍橋循證警政中心(Cambridge Centre for Evidence-Based Policing)的主任,並且擔任該中心《劍橋循證警政期刊》(*Cambridge Journal of Evidence-Based Policing*)的主編。

Sherman 於 1997 年帶領美國馬里蘭大學犯罪學團隊接受美國國會委託,對聯邦政府所資助,耗費超過 40 億美元共 500 多項美國各州或地區實施的犯罪預防方案進行評估,該研究案的名稱為「預防犯罪:什麼有效,什麼無作用,什麼是有展望的」(Preventing Crime: What Works, What Doesn't, What's Promising)(Weisburd & Braga, 2006)。

身為警政研究學者,Sherman 從此研究案中得到一個體悟,認為只有經得起實驗驗證的警政策略,才能真正發揮預防犯罪及控制犯罪的效果(Weisburd & Braga, 2006)。因此在 1998 年美國「警察基金會」主辦的一次「美國警政理念」(Ideas in American Policing)研討會中,Sherman 便以循證實務的思想為藍本,發表〈Evidence-Based Policing〉論文,文中勾勒出了「循證警政」的概念(Sherman, 1998)。

Sherman 的核心概念是,任何警政策略均應經過嚴謹的科學評估,以確定策略是否真正有效,他認為若將所有複雜的變項,都在受到控制的場域進行測試,如果能通過實驗的驗證,才是真正有效的警政策略(Weisburd & Braga, 2006)。

2000 年,Sherman 和一群學者共同創立了「Campbell 犯罪與司法協作

社群」（Campbell Crime and Justice Coordinating Group, CJCG），該犯罪與司法協作社群之所以命名為 Campbell，是因為循證警政涉及的相關研究方法，多和實驗設計大師 Donald T. Campbell 有關。

Campbell 和 Julian C. Stanley 在 1963 年出版的《*Experimental and Quasi-experimental Designs for Research*》，以及 Campbell 和 Thomas D. Cook 在 1979 年出版的《*Quasi-experimentation: Design & Analysis Issues for Field Settings*》兩本書，對循證警政概念的形成有很大的啟發作用。

「Campbell 犯罪與司法協作社群」致力於有關警政和其他犯罪預防措施有效性證據的研究，同年 Sherman 也開始在聯邦調查局國家學院（FBI National Academy, FBINA）開設了一門關於循證警政的課程（Campbell Crime and Justice Coordinating Group, August 14, 2022）。

2008 年，Sherman 在劍橋大學開設一個為來自世界各地高級警察領導人員而設立的碩士學位在職學程「警察執行方案」（Police Executive Programme），強調這是他所提倡的「警政研究的未來」（future of policing research）的重要部分。學程中並以循證警政作為課程的核心，課程聚焦於使用可用的最佳證據和統計等研究方法以精確定位、測試和追蹤各種警察的治安方案（Institute of Criminology, University of Cambridge, August 14, 2022）。

2010 年，第一個專業的循證警政學會（Society of Evidence-Based Policing）在劍橋大學成立，並且推舉 Sherman 以及英國大 Manchester 警察局局長（Chief Constable of the UK's Greater Manchester Police）Peter Fahy 爵士為名譽主席（Honorary President），該學會目前有大約 2,000 名來自英國各警察機構的會員（Society of Evidence Based Policing, August 14, 2022）。

Sherman 因其在犯罪學和警政領域的工作而獲得了無數榮譽和獎項，在和循證警政有關的獎項方面，基於 Sherman 對循證警政的推廣，1993 年獲美國社會學協會（American Sociological Association）頒發「犯罪、法律及偏行研究傑出獎學金」（Distinguished Scholarship Award in Crime, Law and Deviance）。

2011 年，倫敦皇家藝術學會（Royal Society of Arts）頒授他 Benjamin Franklin 獎章，以表彰他在循證犯罪預防方面的貢獻；2013 年 George Mason 大學授予他循證犯罪政策傑出成就獎（Distinguished Achievement in Evidence-Based Crime Policy）。

2016 年，Sherman 獲美國犯罪學學會實驗犯罪學部頒發 Lee Jerry Lee 終身成就獎（Lee Jerry Lee Lifetime Achievement Award），以及美國犯罪學學會警政部終身成就獎（Lifetime Achievement Award of the American Society of Criminology's Division of Policing）。

Sherman 在 1997 年進行美國國會委託的「預防犯罪：什麼有效，什麼無作用，什麼是有展望的」研究案中，體悟到以嚴謹而足夠的科學證據進行評估，方能確認預防犯罪方案是否有效的重要性，並結合循證實務的思考模式，提出了循證警政的概念。並在 2002 年主編的《循證預防犯罪》（*Evidence-Based Crime Prevention*）書中，和 John E. Eck 合寫了〈預防犯罪警政〉（Policing for crime prevention）一章，闡述如何善用循證警政。

貳、預防犯罪 —— 什麼有效，什麼無作用，什麼是有展望的

當初美國國會徵求委託案時要求的前提是「採用嚴格和科學認可的標準及方法評估美國各種犯罪預防方案的有效性」，Sherman 率領馬里蘭大學研究團隊，開發了一種稱為「馬里蘭科學方法量表」（Maryland Scale of Scientific Methods），先將所要評估的方案分別歸類在七個方案執行的場域中，再將每項方案的整體內部有效性從 1（最弱）到 5（最強）進行排名。最後再將各方案依照評估的結果區分為「有效」、「無作用」、「有展望的」，以及「無法判定」四類（Sherman, Gottfredson, MacKenzie, Eck, Reuter & Bushway, 1998）。

Sherman 帶領的馬里蘭大學研究團隊強調，對這個針對 500 多項犯罪預防方案進行的後設分析，主要是透過下列三個因素進行總體評鑑，以盡可能使它們之間具有最大的一致性：

一、在分析時，盡量控制那些對方案與犯罪之間關聯性會有影響的其他變項。

二、去除造成各種測量誤差的因素，如樣本會隨時間流失，或訪談或問卷回覆率低等。

三、檢測方案效果的統計效能（包括樣本量、基本犯罪率和其他影響研究發現真正差異可能性的因素），避免由於偶然性所造成的影響。

　　該研究首先將美國 500 多項犯罪預防方案，分別歸類到社區（In communities）、家庭（In families）、學校（In schools）、勞力市場（In labor markets）、如企業公司、旅館和其他地點等地方（In places, such as businesses, hotels, and other locations）、警察（By police），以及被捕後由刑事司法機構執行（By criminal justice agencies after arrest）這七種場域中，之後再運用「馬里蘭科學方法量表」進行評鑑、分析（Sherman et al., 1998）。

　　「馬里蘭科學方法量表」是由「美國藥物濫用預防中心」（Center for Substance Abuse Prevention）於 1995 年對藥物濫用預防工作的一次重大審查中，用以評估類似系統的量表修改而來的，該量表原是用於評估醫學臨床試驗內部有效性的量表。「馬里蘭科學方法量表」依據下列標準，將這 500 多項方案個別予以評估，五個級別的評估標準如下（Sherman et al., 1998）：

第 1 級：在相同時間點測量犯罪預防方案與犯罪或犯罪風險因素間的相關性（Correlation between a crime prevention program and a measure of crime or crime risk factors at a single point in time）。

第 2 級：可以清楚地觀察到方案與犯罪或犯罪風險的結果之間的時間順序，或對照組與實驗組沒有呈現出可比性（Temporal sequence between the program and the crime or risk outcome clearly observed, or the presence of a comparison group without demonstrated comparability to the treatment group）。

第 3 級：兩個或多個可比較的分析單位之間的比較，一個有採用此方案，一個沒有用此方案（A comparison between two or more comparable units of analysis, one with and one without the program）。

第 4 級：在有和沒有採用方案的多個單位之間進行對照比較，控制了其他因素，或使用僅顯示些微差異的比較單位（Comparison between multiple units with and without the program, controlling for other factors, or using comparison units that evidence only minor differences）。

第 5 級：將可加以比較的單位，隨機分派到方案和對照組，並且進行比較分析（Random assignment and analysis of comparable units to program and comparison groups）。

　　「馬里蘭科學方法量表」主要是運用下列兩種表格將這 500 多項犯罪預防方案進行評鑑、分析：

表 17-1　方案的研究設計

	前後測	控制	單位多寡	隨機化
方法得分級別				
第 1 級	○	○	×	○
第 2 級	×	○	○＊	○
第 3 級	×	×	○	○
第 4 級	×	×	×	○
第 5 級	×	×	×	×

× ＝呈現、○＝未呈現

＊除了在缺乏可比性的對照組的情況，會使用對照組（Except where a comparison unit is employed without demonstrated comparability）。

資料來源：Sherman, Gottfredson, MacKenzie, Eck, Reuter and Bushway (1998).

表 17-2　對內部有效性的威脅

	因果方向	歷史	機會因素	選擇之偏見
方法得分級別				
第 1 級	×	×	×	×
第 2 級	○	×	×	×
第 3 級	○	○	×	×
第 4 級	○	○＊	○	×
第 5 級	○	○＊	○	○

× ＝呈現、○＝未呈現

＊同表 17-1 說明。

資料來源：Sherman, Gottfredson, MacKenzie, Eck, Reuter and Bushway (1998).

　　經過評鑑、分析之後，將各方案的整體內部有效性，由第 1 級（最弱）到第 5 級（最強）進行排序，最後再將各方案依照評估的結果，區分為「有效」、「無作用」、「有展望的」以及「無法判定」等四類。

　　歸類為「有效」的方案，必須在經過統計顯著性檢驗的評鑑後，至少有兩項評鑑呈現出有第 3 級的有效性，並且所有證據都顯示出優勢的有效性。有足夠理由確定這些計畫可以預防犯罪或減少犯罪風險因素，其研究結果也

可以推廣到其他環境類似的地方。

歸類為「無作用」的方案，是那些在經過統計顯著性檢驗的評鑑後，至少有兩項評鑑呈現出第 3 級的無效，並且所有可用證據大多都支持相同的結論，如果統計顯著性檢驗的評鑑在至少一項第 3 級以上顯示方案有效，而且有優勢證據，則該方案就歸類為「有展望的」。任何不屬於上述三個類別之一的方案，就歸類為「無法判定」（Sherman et al., 1998）。

該研究評鑑的結果，有 15 個方案歸類為「有效」，23 個方案歸類為「無作用」，30 個方案歸類為「有展望的」，其餘的方案，則因提供的證據不足，歸類為「無法判定」。此研究建議如果國會需要知道一個計畫的有效性，它可以在合理程度的科學確定性上得到解答。如同美國最高法院要求聯邦法官成為陪審團的守門人（gatekeeper）一樣，政府推行方案的影響評估，至少需有一項在第 3 級或更高的科學方法分數，方能認可此方案是有效的。

Sherman 非常肯定此國會委託研究案要求的「採用嚴格和科學認可的標準和方法」之評估準則，透過此一研究案的進行，Sherman 發現科學規則提供了一種一致且合理客觀的評估方式，透過這種評估方式可以得出有關因果關係的結論。

此外，Sherman 也感知到利用科學方法評估的優點是「有廣泛認可的規則，可用以評估擬測試方案的有效性」。他在研究報告中，非常頻繁地使用「科學證據」（scientific evidence）一詞，甚至提出只有透過如隨機分配樣本的嚴格控制實驗之途徑，方足以針對方案效能進行有意義的評量，此也啟發了他倡導循證警政的想法（Sherman et al., 1998）。

參、預防犯罪警政

Sherman 率領馬里蘭大學研究團隊完成美國國會委託的「預防犯罪：什麼有效，什麼無作用，什麼是有展望的」研究案之後，在警政及犯罪學領域引起極大的迴響，同時也引發了他推廣以「證據」檢視警政策略的想法。之後 Sherman 再結合了循證實務的概念，開始在警察學術及實務界倡導循證警政。Sherman 也為此和馬里蘭研究團隊另外一位成員 John, E. Eck 一起合寫一篇〈預防犯罪警政〉論文，並收錄在他 2002 年主編的《循證預防犯罪》專書中。

〈預防犯罪警政〉文中首先回顧相關文獻，歸納出關於警察如何預防犯罪的八個主要警政方案，再將這八個警政方案結合 1997 年美國國會委託研究案結論中對評估標準的建議，對原研究案中與警政相關的方案進行進一步嚴謹的後設分析，進而提出更深入的結論，並同樣以「什麼有效」、「什麼無作用」、「什麼是有展望的」，簡要的將這些結果分為三類。

關於警務和犯罪的八項主要警政方案，是假設在其他條件相同的情況下，會產生如下的影響（Sherman & Eck, 2002）：

（一）在警察人數（Numbers of Police）方面，假設一個城市僱用的警察越多，犯罪率就會越低。

（二）在快速回應（Rapid Response）緊急呼叫方面，假設警察抵達犯罪現場的時間越短，犯罪率就會越低。

（三）在隨機巡邏（Random Patrol）方面，假設警察的隨機巡邏越多，讓人們會感覺警察「無所不在」，就越能阻止公共場所的犯罪。

（四）在有針對性的巡邏（Directed Patrol）方面，假設巡邏人員越集中在犯罪活動的「熱點」和「熱時」，這些地方和時間的犯罪就越少。

（五）在反應性逮捕（Reactive Arrests）方面，假設警方對報案或觀察到的任何類型的犯罪行為進行的逮捕越多，犯罪率就越低。

（六）在主動逮捕（Proactive Arrests）方面，假設警方對高風險犯罪人的逮捕率越高，嚴重暴力犯罪的發生率就越低。

（七）在社區警政（Community Policing）方面，假設警察與市民接觸的數量和質量越高，犯罪率就越低。

（八）在以問題為導向的警政（Problem-Oriented Policing）方面，假設警察越能識別和聚焦特定犯罪模式的成因，犯罪就越少。

〈預防犯罪警政〉文中延續 1997 年對評估標準的建議，對警察犯罪預防的評估遵循五種基本研究設計，並根據它們對因果關係提出之推論的整體強度進行排名。這些設計是：1. 在相同時間點的相關性（correlations at the same point in time）；2. 在沒有對照組的情況下比較前後犯罪率的差異（before-and-after differences in crime without a comparison group）；3. 前後對比的差異（before-and-after differences with comparison）；4. 實驗組和對照組的前後大樣本比較（before-and-after large sample comparisons of treated and untreated groups）；5. 隨機對照實驗（RCTs）（Weisburd & Braga, 2006）。

　　該文並描述了關於這些受評估警政方案的科學證據的不同強度，以及用於測試它們的科學方法的「嚴謹性」，評估方案之科學證據的要求，是在上述五種基本研究設計中，至少兩個有相同的結果，並且都支持此結論（方案是「有效」、「無作用」、「有展望的」）的優勢證據（Sherman & Eck, 2002）。

　　該文對 1997 年研究案中與警政相關的方案，進行進一步嚴謹的後設分析，評估認為有效的方案有：「推動問題導向的警政」、「積極主動逮捕重複犯罪者（累犯）計畫」、「增加在街角犯罪熱點巡邏」、「在家暴攻擊案件中，逮捕有職業者」及「積極主動逮捕酒醉駕車」等五項，認為這五種警政作為是高度精準的，對於減少犯罪是有效的。

　　評估認為無作用的方案有：「鄰里街區守望」、「因輕罪逮捕一些少年」、「逮捕因家庭襲擊而失業的嫌疑人」、「毒品市場中的逮捕」、「沒有聚焦在犯罪風險因素重點的社區警政」、「城市增加額外的警察，無論任務或活動如何」等六項。

　　而評估認為是有展望的方案有：「警察交通執法巡邏打擊非法攜帶的手槍」、「以社區參與為優先的社區警政」、「側重於提高警察合法性的社區警政」、「家庭暴力時警方對不在場嫌疑人的逮捕令」（Weisburd & Braga, 2006）。

　　該文結論認為在循證模式下，預防犯罪是警政工作最需要關注的，經過以現有證據評估警察對犯罪預防的效果，該文有兩個重要發現。一是警察對犯罪的影響是常常令人驚訝的複雜，另一個是警察策略越有針對性，預防犯罪的可能性就越大。而若僅是增加更多警察，或全面縮短警察回應時間，可能無法達到預防犯罪的目的（Weisburd & Braga, 2006）。

　　證據為基礎的政策強調「有效性」或「可行性」，Sherman 認為要兼具「有效性」及「可行性」，警察實務運作的多樣性就很重要，因為不同的地區有不同的警政需求，一個有效的警政作為，並不會只適合在某一個地區實施，應該是可以被各地的警察部門運用。透過適當程度的複製，再透過研究獲得有效預防犯罪的證據，就可以確認這是一個有效的警政作為（Davies, Nutley & Smith, 2000）。

第三節　循證警政的內涵

19 世紀開始，探究各種事物的科學方法日新月異，社會學之父 Comte 提倡將物理科學的研究方法應用到社會科學的研究上，主張以嚴謹的科學方法為根基，探究社會現象的真實本質，並將利用自然科學的研究方法研究社會科學事物的方式稱為實證，強調所有的知識，都必須要以有實際的證據為基礎，亦即知識必須建立在循證的基礎上。

Guba 及 Lincon（1989）根據後實證論（也稱自然論，強調廣博地確認多元利害相關人的觀點，並兼顧過程及結果的公平性與公正性）的典範，將政策評估研究的演進區分為四個階段：第一階段評估研究的期間從 20 世紀初至第一次世界大戰結束；第二階段是從第一次世界大戰以後到 1957 年；第三階段是指 1957 年至 1980 年代之間，以上三階段評估的理論基礎均是實證論典範，自 1980 年代迄今的第四階段評估研究，則是方法論典範已轉變，聚焦於回應性評估（吳定，2017；曾冠球，2007）。

Cook 與 Campbell（1979）認為，對於方案評估來說，實驗是最好的研究途徑，警察政策評估長久以來也多採古典實驗設計（Copes & Vieraitis, 2005），Sherman 是對古典實驗設計最忠實的支持者。就 Sherman 而言，惟有採用實驗設計，才能消除警察實務工作者及政策制定者對於學術理論及研究結果的疑慮，並回應學術界犯罪學與警察學是弱勢學科（weak science）的批判。

在此思潮之下，由 Sherman 引入循證實務的概念，在警察學術研究及實務界，倡導推行循證警政。Sherman 主張有效的警政策略和犯罪預防方案，均應該如同醫學及公共政策等學門一樣，以科學證據為基礎。他認為過去警察及刑事司法界都不太重視這一種做法，也因此導致警察學術研究及實務界在觀念上相互藐視。

以往警察實務界往往認為學術研究過度理想化，不食人間煙火；學術研究則認為實務界盲從未經過驗證的經驗法則，做法粗糙而且過於重視強悍。但循證警政搭起了警察學術研究及實務界之間的橋梁，透過實證科學呈現的證據，可以檢視由學術理論導出的方案是否正確，也向警察實務界證實警政策略或方案的可行性，而這些證據則又是從實務工作者的實際執行中蒐集而得。

　　Sherman 強調循證警政的觀點，就是力求透過全面和嚴謹的科學評估，找出真正有效性的方案，而不受政治、公共意見或意識型態等其他因素的影響。他認為有效的警政作為需要以科學證據為基礎，其核心特徵是「遵循研究證據進行實踐」，要求融入研究精神，嚴謹地蒐集、詮釋及整合那些確實、重要且可應用的證據（Boulton, Phythian, Kirby & Dawson, 2021）。

　　Sherman 定義循證警政是「一種就警政中『什麼有效』做出決策的方法：哪些實踐和策略以最具成本效益的方式完成警察任務。與基於理論、假設、傳統或慣例的決策不同，基於證據的方法是不斷用實證研究結果檢驗警政方案」，強調「什麼有效」是循證警察的核心理念（Sherman, 2013）。

　　Weisburd 和 Braga（2006）認為循證警政是「指運用系統性的方法，蒐集警察活動之相關資訊，評估其效果，進而採取必要的勤務作為」；章光明則將循證警政稱為「以證據為基礎的警政」，認為警察政策應有堅實的數據或證據作為基礎，方能彰顯政策的正當性（章光明，2008）。

　　Sherman 指出早期的專業化標準警政模式，主要是採用隨機巡邏（random patrol）、快速反應（rapid response）和被動調查（reactive investigations）等「三R」（Three Rs）作為，以之一體適用所有治安狀況的警政策略。概念的核心是希望透過嚇阻達到遏止犯罪發生的目的，但以循證的觀點加以檢視，發現成效不彰。

　　他建議循證警政應該聚焦在「三T」（Triple-T）概念框架上，以「定位」（targeting）、「測試」（testing）和「追蹤」（tracking）等「三T」原則檢視各種警察作為（police actions），期能善用珍貴的警察資源。Sherman 並強調循證警政是一種決策方法，而不是規劃警察活動的實用性警政策略（Sherman, 2013, 2020）。

　　所謂的定位是指警方應該針對可預測的犯罪和違序行為，以及其所造成的危害，進行優質的研究；測試是指當警方選擇了他們的優先標的後，接著應該審查或測試警察的應對方案，以協助選擇最能減少犯罪和違序行為造成的傷害之方案；追蹤則是指警察機構在針對他們測試過的方案進行研究時，應該使用證據以追蹤這些方案造成的影響（Sherman, 2013）。

第四節　循證警政使用的證據及研究方法

循證警政強調要選最高品質的證據資料，並強調過去研究的重要性，會將過去經常應用的警政作為運用嚴謹的研究方法加以比較分析，以呈現其效果的優劣，也非常重視研究方法的嚴謹度，並要求警政作為必須能夠與面臨的狀況相契合。循證警政並認為單純只有實驗還不夠，重點是要將實驗所得的結論，應用在實際的警察勤務執行上（Sherman, 2020）。

施行循證警政的先決條件，是要以高品質的科學證據為基礎，強調「讓我看見證據」（show me the evidence），再以嚴謹的研究方法加以分析評鑑，所以探析循證警政時，首要之務是必須先定義何謂「證據」。循證警政的證據，指的是科學性的證據，而非法庭上依據法律及法定程序所提出的犯罪證據（陳敦源、蕭乃沂、廖洲棚，2015）。

循證警政強調評估警政策略、方案時，都要有客觀的科學研究證據支持，才具有足夠的說服力。所謂科學的證據是強調警政策略、方案的擬定，是利用科學的方法從理論或實證研究中分析出資料，是可以用以支持結論的科學證據。這些科學證據包括有系統的文獻，以及相關實證研究證據的證實（Koerner & Staller, 2022）。

循證警政主張慎重、準確和明智地應用當前所能獲得的最好研究證據，所以除了檢視證據來源以外，確認證據品質也很重要。資料分析時常會強調一句話「輸入垃圾資料，輸出得到的也是會是垃圾」（Garbage in, garbage out, GIGO），建議在揀選證據資料時，這句話應謹記於心。要嚴謹地判斷每一項獨立研究或文獻回顧所得資料的品質，致力於使用最高品質的科學證據，再採用最嚴謹的方法進行分析（Weisburd & Braga, 2006）。

循證研究強調透過系統性的探究，聚合零散的證據，逐漸累積、拼湊就可以得到整體的知識，故要求以嚴謹的系統性方法蒐集、驗證與應用證據。循證研究認為對證據的理解與評析也非常重要，而且在評析時要盡量排除個人的主觀認定，其目的就是為了維持證據的客觀性（黃蘭媖，2007）。

在取得最佳品質的證據資料之後，接下來就是要分析、研判和綜合整理所蒐集到的研究證據，這時候就需要運用信、效度高的研究方法進行分析評鑑。Weisburd 和 Braga（2006）認為「遵循科學規則和慣例，以及研究的透明度（transparency），才是嚴謹的循證警政研究方法之核心」。

他們強調所謂堅守科學的規則和慣例，是指使用適合的量化方法分析所有的證據資料，以及以適當的方式呈現所得到的結論。研究方法的透明性，則是指其他的研究者若使用同樣的研究標準和量化技術，也可以得出相同的結論，亦即所謂的可驗證性。

由於循證的概念衍生自實證主義，在研究方法及研究工具的選擇上，會較偏向採用著重歸納性質的量化取向研究方法，故常採用各種統計分析、後設分析研究和隨機對照試驗等量化的研究方法；而兼具有演繹及歸納性質的質化研究方法，因為具有較強烈的主觀性，在循證研究中則較為少見（吳寂絹、卜小蝶，2015）。

後設分析（Meta-Analysis，又稱整合分析），有人稱之為量化的文獻探討法，是一種針對過去研究的結果，運用較佳的統計技術重新分析、評述，或統整一些主題類似的相關研究，重新作有系統的分析，以探討新的面向，擴充研究文獻意義的研究方法，也可以說是一種對過去研究分析之結果的再分析。

隨機對照實驗研究，是評估警政策略或方案是否可行的最有效方法。這個設計是將研究對象隨機分成對照組（接受介入措施）及控制組，透過隨機分配，就可於警政方案對照組與控制組在受到警政策略或方案介入措施之前，使所有可能外在變項是均衡分配的（如年齡、性別、社會階層、學校表現等）是相同的（Weisburd & Braga, 2006）。

Weisburd 和 Braga（2006）認為相對於隨機對照實驗，非隨機對照的實驗並未將相同類別的對象區分為對照組及控制組，而實驗評估如果沒有控制組的話，將會缺乏內部效度，因為它沒有辦法處理對於內部效度造成威脅的因子，例如歷史、成熟及工具產生的影響。而隨機對照實驗，在因果關係上有著高度的內部效度，因為任何後來兩組所產生出不同的結果，都可歸因於警政策略或方案的介入。

在蒐集高品質的證據資料，以及適當的研究方法之後，循證實務的最後階段工作，就是運用具體有效的指標進行評鑑了。Sackett、Strauss、Richardson、Rosenberg、Hayes 等人建議用「5A 模式」評估一個方案是否合乎循證實務的要求。「5A 模式」指的是使用提問、取得、評估、應用、行動和評核（Ask, Acquire, Appraise, Apply, Act and Assess）等五個步驟對方案進行評鑑（Johnson, 2008）。

「5A 模式」應用在循證警政針對警政策略、警政作為等相關方案的評鑑上，其應用的第一個步驟是提問（Ask），先將所面臨的狀況轉化為可回答的問題（Formulate an answerable question），追查問題的根源，以認清問題的本質。所以利用時間擬定一個詳細且概念清晰的問題很重要，因為其中的用詞通常會在進行文獻檢索時用到，問題越精確、詳實，越有可能找到正確的答案（Johnson, 2008）。

第二個步驟是資料的取得（Acquire），此步驟著重在查找回答該問題的最佳證據（Track down the best evidence）。在所有的警政、刑事司法及犯罪預防相關文獻中，搜尋高品質的最佳可用證據，要盡量避免先入為主的侷限在少數範圍搜尋，相關文獻則要包括已經發表以及未發表的證據資料。此外，也可以善用觀察、問卷、量表、訪談等方法，盡可能全面性的蒐集證據（Johnson, 2008）。

第三個步驟是證據資料的評估（Appraise），此步驟著重在批判性地評估證據的效度、影響效果的大小和可運用的適用性（Critically appraise the evidence for validity, impact, and applicability）。這個部分要請熟悉該領域的學術界學者及警察實務界專家幫忙進行批判性和深思熟慮的評估，確定證據資料是否適用於該情境（Johnson, 2008）。

第四個步驟是資料的應用（Apply），著重在將評估的證據與專業知識整合，並要考慮到處遇對象的價值觀（Integrate with our clinical expertise and patient values）。此步驟應用在循證警政時，是在整合評估的證據與警政專業知識時，也要考慮到民眾的感受，盡量不要對當事人造成不合比例原則的傷害（Johnson, 2008）。

第五個步驟是資料的評核（Assess），此步驟著重在有效性和效率的評估（Evaluate our effectiveness and efficacy）。應用在循證警政時，就是評核所採用的警政策略或警政作為是否能提高警察的執法效率，以及提升與預防犯罪的效能（Johnson, 2008）。

第五節　循證警政的影響

壹、英國內政部警察學院

2012 年，英國內政部（the UK Home Office）成立了警察學院（College of Policing），該學院的目標是「使用循證的知識，幫助警察、工作人員、研究人員、學者、國際警務界和社會大眾，在標準、技能和能力方面為專業警政發表意見」（College of Policing, August 14, 2022）。

英國內政部警察學院認為在循證警政中，分析師扮演著關鍵角色，分析師使用「馬里蘭科學方法量表」，以現有的最佳研究技術來了解警政中哪些有效，哪些無效。由於循證警政強調「三 T」——定位、測試和跟蹤執法活動，分析師可以在完全客觀的情況下，為所需的科學證據做出貢獻，告知決策者哪些有效，哪些無效，並檢視其原因。

英國內政部警察學院發展出一套「減少犯罪工具包」（The crime reduction toolkit），用於檢視有關減少犯罪的最佳可用研究證據，並且強調該工具包可以確定哪些方案可以減少犯罪，哪些方案則是無效。「減少犯罪工具包」有系統的總結了現有一系列與犯罪相關主題的評價證據，對運用循證警政而言，是一種相當有用的工具。

「減少犯罪工具包」包含每個方案干預措施的系統評價級別，系統評價總結了針對特定主題的多項研究的研究證據，並使用嚴格的標準以排除不符合某些質量和方法要求的研究。主要著重於下列關於減少犯罪的最佳可用研究證據（College of Policing, August 14, 2022）：

（一）不同方案對犯罪的影響和證據的強度。

（二）方案干預的方式和地點（在何處實施最有效）。

（三）方案如何實施干預措施及其經濟成本。

「減少犯罪工具包」並運用由倫敦大學學院研發的「EMMIE 框架」（EMMIE framework），以包括「效果」、「機制」、「調節因素」、「實施」和「經濟成本」（effect, mechanism, moderators, implementation and economic cost）等要素來解釋、評鑑和呈現來自系統評價的證據。其內涵包括（College of Policing, August 14, 2022）：

（一）效果：證據是否呈現方案導致犯罪增加或減少，或者沒有影響。

（二）機制：可以解釋其效果的干預措施是什麼。

（三）調節因素：方案可能有效或無效的情況和背景。

（四）實施：在本地實施方案時應考慮的條件。

（五）經濟成本：與方案相關的直接或間接成本，以及成本效益的任何證據。

貳、澳大利亞－紐西蘭循證警政學會

2013 年，澳大利亞和紐西蘭警方與昆士蘭大學合作，建立了「澳大利亞－紐西蘭循證警政學會」（Australian-New Zealand Society of Evidence-Based Policing, ANZSEBP），學會提出的宗旨是「我們的目標是使循證方法成為日常警政的一部分」，該學會目前有 2,800 多名來自英國、澳大利亞，阿根廷和北美各國的會員（ANZSEBP, August 14, 2022）。

ANZSEBP 是一個由警察從業人員主導的學會，學會成員包括澳大利亞和紐西蘭的現任在職警察，以及在警察單位工作，但未具警察身分的文職警政人員、警政研究專業人員等榮譽成員。ANZSEBP 的工作重點是開發、傳播和倡導警察使用科學研究證據，以指導警政各個層面能做到最佳實踐。

ANZSEBP 倡導的循證警政策略，主張在警政工作的各個方面，包括巡邏、偵查、犯罪預防、人力資源管理，以及所有其他形式的警政作為，都應採用合理、科學的方法進行評估。並要求在評估證據顯示該警政作為的實施，應在能夠有效預防及控制犯罪，或能提高民眾生活品質的情況下使用。ANZSEBP 推動循證警政的策略是（ANZSEBP, August 14, 2022）：

（一）首先要提升社會對有助於改善警察實踐之證據的認識和理解，透過塑造、支持和分享，之後才能實際應用。

（二）透過支持警察建立獲取研究專業知識的能力和能力，並展示研究結果對警察實踐和政策的影響，以提高對循證實踐價值的認識。

（三）鼓勵研究人員和現職警察能夠進行嚴格而即時的研究，然後將其提供給所有警察機構參考。

（四）透過建立和加強學術界和警政部門的夥伴關係，支持合作研究項目和倡議的發展，以促進證據的使用和應用。

ANZSEBP 自 2016 年起，開始出版每年兩期的《警察科學期刊》（*Police*

Science Journal: The Australia & New Zealand Journal of Evidence Based Polic-ing），鼓勵警察現職人員、警察文職行政人員、或有關方面的學者，在期刊發表符合主題的文章，希望透過期刊的發行，將各項循證警政的研究成果，轉化為警察組織內切實可行的戰略，將循證警政的概念灌輸到警察組織的DNA中。

　　ANZSEBP推動循證警政最具體的成效，是於2015年在西澳大利亞（Western Australia, WA）警察局成立了循證警政部門（Evidence Based Polic-ing Division, EBPD），EBPD希望透過分析研究，以識別、實施和評估警政方案，以了解什麼有效，什麼無作用，什麼是有展望的。

　　EBPD針對那些對西澳大利亞社區的治安造成最大影響的地區和人員，制定了定位、測試和跟蹤的方法，目的是找出能有最佳成果的最合適方案。EBPD透過西澳警察人員的參與，以及發展內部和外部合作夥伴的合作關係，對犯罪資訊進行一致和即時的訪問、蒐集、記錄、分析和管理。最後根據相對危害程度，列出犯罪類型參考列表。該清單最終成為資源配置和部署決策、內部和外部績效衡量以及預算分配的基準。

　　在以定位、測試和追蹤等「三T」原則驗證之後，西澳大利亞的EBPD發現下列幾種警政作為，能夠發揮預防及控制犯罪，優化治安狀況的作用（ANZSEBP, August 14, 2022）：

（一）將資源投入於犯罪集中，且高度可預測的小地理區域或熱點，針對犯罪和混亂地區，利用大量突然出現的警察壓制和逮捕的鎮壓行動。

（二）對低傷害犯罪者簽訂延期起訴，並要求達成特定條件的合同，以之作為替代起訴的方案，在阻止未來的犯罪具相對有效性，此方案同時也具有降低成本的效益。

（三）針對「有風險」司機發送行動公報，這是一種低成本、低資源的方案，可以減少這些司機在道路上發生致命和嚴重撞車的事故。

（四）數據分析發現，在過去五年中，50%的家庭暴力相關傷害，是由2%的人造成，針對這「少數人」的群體進行監督，可以減少對家庭暴力受害者的影響或潛在傷害。

參、美國循證警政學會

　　2015 年，美國和加拿大分別設立了循證警政學會。「美國循證警政學會」（The American Society of Evidence-Based Policing, ASEBP）在美國警察基金會（National Police Foundation）的資助下成立，該學會強調「透過循證實務推進警政」（Advancing Policing Through Evidence-Based Practices），其宗旨是「促進確定和實施最有效，危害最小，最公平和最安全的研究型戰略，以防止犯罪和減少傷害」（ASEBP, August 14, 2022）。

　　ASEBP 是由一群志同道合的警察專業人士所組成，成員包括美國現任在職警察，以及未具警察身分但在警察單位工作的文職警政人員、犯罪分析師等警察專業人士。ASEBP 聚焦於以循證實踐為中心，希望在專業警政的內部進行變革，主張政策的擬定應基於最有效的證據，而不僅僅是依循傳統做法。

　　ASEBP 為了推廣循證警政，開設了許多應用犯罪學和資訊管理課程的實體和線上課程，招生的對象包括警政專業人員、研究人員、警察政策制定者，以及關心警政的社區成員。課程內容涵蓋了基於證據的研究方法、常見的警察問題、先進的統計技術、應用犯罪學、人類行為理論、警察人員的心理模式等。希望培養學生的批判性思維、以科學證據為基礎的資訊分析，以及尋求解決問題方法等能力，以培養警政領域的領導者。

　　ASEBP 自 2017 年開始，每年舉辦年度研討會（annual conference），研討循證警政相關主題。2022 年 5 月舉辦的第六屆 ASEBP 年度研討會由位於華盛頓特區的美國大學公共事務學院主辦。研討的主題是了解當前在循證警政領域進行的警察研究，子題則包括減少暴力犯罪、招募和保留員警福利、家庭暴力和警察隨身密錄器等。第六屆 ASEBP 研討會並邀請到循證警政倡導者，劍橋循證警政中心首席執行長 Lawrence Sherman 擔任主講嘉賓。

　　ASEBP 和其他警政研究學會的一個不同特點，是開設了許多部落格（Blogs）、臉書（Facebook）、推特（Twitter）及 LinkedIn，提供關心循證警政的警政專業人員、研究人員、警察政策制定者，以及社區民眾討論的空間，透過集思廣益以激盪出更多關於循證警政的創新概念（ASEBP, August 14, 2022）。

肆、加拿大循證警政學會

加拿大 2015 年成立「加拿大循證警政學會」（Canadian society of evidence-based policing, Can-SEBP），這是一個由加拿大警察、警察學術研究人員、警察政策制定等人組成的學會。學會的願景是「加拿大警察機構在警察從業人員、公眾、政策制定者和研究人員之間，積極開展、使用和分享高質量的應用研究」。

「加拿大循證警政學會」強調他們的使命是「授權加拿大警察機構在其機構內發展內部能力，以生成、使用和分享高品質的應用研究，以幫助加拿大的循證警察實務提供信息」；其核心價值觀則是「將優質的教育工具交到警察手中，以幫助他們參與使用基於證據的決策，來進一步提高加拿大的警政水平」（Can-SEBP, August 14, 2022）。

Can-SEBP 為了推動加拿大的循證警政，幫助加拿大警察實務工作者和警政決策者了解當前實施的方案或規劃中的計畫是否有足夠的證據支持，因此參考「馬里蘭科學方法量表」的評估標準，研發了一套名為 Square 1 的評鑑方法，認為該方法可以快速評估警政方案是否具有證據基礎。

Square 1 評鑑方法進行的流程強調透明度和科責制，每項方案或計畫的評鑑均先由一名學術研究人員進行評估，之後該評鑑結果再委託該領域公認的專家，在雙盲過程中進行獨立審查——亦即初始評鑑人員及審查的專家都不知道對方的身分。Square 1 是透過回答五個關鍵問題進行評鑑（Can-SEBP, August 14, 2022）：

（一）該方案或計畫是否基於現有研究？
（二）該方案或計畫是否經過獨立評估？
（三）該方案或計畫是否經過嚴格測試？
（四）方案或計畫是否被複製？
（五）該方案或計畫是否曾經在加拿大進行過測試？

Can-SEBP 列出了加拿大進行過 Square 1 評鑑的方案或計畫，總共包括了 Bait Vehicles、Bicycle Registries、Block Parent、Critical Incident Stress Debriefings （CISD）、Crisis Intervention Teams (CITs)、Co-Response Teams (CRTs)、Cybercrime & Cybersecurity Training Programs、Gun Buyback Programs、Home Security Inspections、Hubs/Situation Tables、International Per-formance Resilience and Efficiency Program (iPrep)、Lock It or Lose、Peers as Law Enforcement Support (PALS)、Project Lifesaver、ProTraining、Road to Mental Readiness (R2MR)、Risk-Based Policing (RBP)、Risk Terrain Model-ing (RTM)、Silver Alert、Training and Education About Mental Health for Police Organizations (TEMPO)、Verbal Judo、Vulnerable Persons Registries 以及 Safe-guard 等 24 項。

　　Can-SEBP 全力推動加拿大警察實務工作人員和學術研究者（如犯罪學或刑事司法學者）建立夥伴關係，合作進行循證警政的研究。2019 年，Can-SEBP 與加拿大警察學會（Canadian Police Association）和安大略省警察學會（Police Association of Ontario）合作，推動「Virtual Scholars」計畫，聯合選派有心尋求第一手研究經驗的警察實務工作人員，為駐地區的虛擬學者（Virtual Scholars in Residence）。

　　此外，Can-SEBP 也鼓勵警察實務工作人員和各國學者間進行交流。2018 年起，Can-SEBP 與美國國家司法研究所（U.S. National Institute of Jus-tice）合作，為加拿大警察提供一個名為「Leads Scholars Canada」的研習計畫，每年遴選 2 到 3 名警察人員參加研習（Can-SEBP, August 14, 2022）。

第六節　結語

　　世界警政的發展，自從著重快速反應強和強悍執法的專業化警政標準模式，因為無法遏止都市化後急劇上升的犯罪而受到質疑之後，各種針對標準警政模式的缺失而提出的警政策略如雨後春筍般冒出。面對琳瑯滿目的各種警政策略，何者有效？何者無法見效？總是要等到一段期間之後方能見真章。循證警政則為百花齊放的各種創新警政策略，訂出了以證據為基礎、合乎科學法則的評鑑標準，也縮減了警察實務與學術研究間的落差。

　　Sherman 對刑事司法領域的犯罪學及警察學都有深入的研究，1997 年他主持美國國會委託的研究案，對聯邦政府資助超過 40 億美元共 500 多項的犯罪預防方案進行評估，從主持此研究案中，他深深覺得將循證實務的概念帶入刑事司法領域的重要性。2002 年，Sherman 在主編的《循證預防犯罪》

（*Evidence-Based Crime Prevention*）書中，便和 John E. Eck 合寫了〈預防犯罪警政〉（Policing for crime prevention）一章，進一步將循證實務的概念帶入警察學，闡述如何善用循證警政。

循證警政是一種以科學證據及科學方法，透過嚴謹的評鑑過程，驗證相關警政策略及警政作為是否有效的一種另類警政策略，而不是實際處理治安相關問題的警政策略。而循證警政評鑑警政方案中，所謂的有效性，指的是該方案對犯罪控制及犯罪預防，是否達到減少犯罪發生的預期效果。

重視循證實務是世界的趨勢，推動循證警政更是國際警界的潮流，正如 Sherman 率領馬里蘭大學研究團隊完成之美國國會委託研究案的標題所示，循證實務可以呈現出現行的策略及方案中，「什麼有效，什麼無作用，什麼是有展望的」。循證警政可以協助警政決策者，透過科學證據的鑑定擇優汰劣，找出能展現最佳成果的最合適方案。

國內犯罪學界已經引入循證犯罪預防的概念，以之驗證各種犯罪預防策略的有效性，法務部也設有專門的犯罪研究機構「犯罪問題研究中心」，可以用來推動循證犯罪預防。而國內的循證警政概念則仍處於剛啟蒙的階段，更缺乏在背後支持推動的相關機構和學會。

建議目前國內推動警政研究的研究中心或學會，可以結合警政署及刑事警察局等警察機構、警政學術研究學者，以及警察實務工作人員，開始推動循證警政。推行之初可以先將「馬里蘭科學方法量表」依據我國國情加以略加修改，用以檢視當前實施的警政策略及警政作為方案，評鑑這些策略及方案在我國施行的有效性，等時機成熟，再進而成立我國的循證警政相關學會，並研發出適合我國國情的循證警政評鑑量表。

循證警政的出現，搭起了警察學術研究及實務界之間的橋梁，此一警政策略除了立基於科學證據，並善用研究方法評鑑警方處理治安相關問題之警政方案的有效性。由於方案是否能夠真正預防犯罪的發生事，是其有效性的一個重要評估因素，循證警政也促使警政單位更加重視犯罪預防的重要性。

第十八章　犯罪學與警政策略的交會
——犯罪分析六十步驟

第一節　犯罪分析六十步驟

犯罪分析六十步驟（Crime analysis for problem solvers: In 60 small steps）嘗試將處理犯罪問題的警政策略與研究犯罪問題的犯罪學兩個領域的知識，以犯罪預防為核心加以整合。其中，運用警政策略分析、處理犯罪問題，是犯罪分析六十步驟的主幹。

當代警政策略以犯罪預防為核心，而犯罪分析六十步驟手冊中，也特別強調犯罪預防的重要性。此手冊將以犯罪預防為主的當代警政策略，與犯罪學的相關理論及犯罪預防策略加以結合，並以問題導向警政的 S.A.R.A 模式加以貫穿，是一種科技整合的嶄新嘗試。

犯罪分析六十步驟概念的形成，係源自美國「問題導向警政中心」（The Center For Problem-Oriented Policing, POP Center）的學者 Ronald V.Clarke 和 John E.Eck。「問題導向警政中心」是一個透過各種不同的管道，蒐集警察處理各類相關問題，出版問題導向警政作為綱領，並廣泛推廣問題導向警政各種相關資訊的專業機構。

Clarke 曾擔任「問題導向警政中心」的副主任，以及 Herman Goldstein「問題導向警政卓越獎」（Award for Excellence in Problem-Oriented Policing）年度評委會的主席。Eck 則是「問題導向警政中心」的會員，並曾任 Tilley 問題導向警政卓越獎（Tilley Award for Excellence in Problem-Oriented Policing）的評委，以及美國「國家科學院」（National Academy of Sciences）「警察政策與實踐研究評委會」（Committee to Review Research on Police Policy and Practice）的評審委員，他也曾研發出許多問題導向警政的專業技術。

Clarke 及 Eck 希望為警界的犯罪分析家開啟一條更寬廣及具潛力的犯罪分析途徑，因此，二人結合了他們所進行的犯罪預防研究與對警政的熟悉這二項專長，蒐集了與犯罪分析家有關的知識與方法，為犯罪分析家提供說

明，使其在尋求解決特殊問題之方案，或在實施、評估這些方案時，了解所應扮演的角色（Clarke & Eck, 2005）。

Clarke 和 Eck 也希望藉由六十步驟的清楚呈現，讓警察在當前預算緊縮、人力不足的環境下，仍能有效地維持地區的治安。由於手冊內包含了許多重要且複雜的犯罪預防策略資訊，使得此手冊被列為美國警政領域最重要的出版品之一（許春金、陳玉書，2013）。

犯罪分析六十步驟運用了問題導向警政、環境犯罪學和情境犯罪預防等相關領域之專業知識，其每一步驟的安排，係根據 S.A.R.A 模式之邏輯性加以排列組合，認為犯罪分析人員應主動觀察治安問題，知道如何界定問題範疇、分析問題成因，以及協助尋找有效回應方案，一旦方案被採行後，事後應該再進行成效評估，並從結果中學習、精進。

犯罪分析六十步驟手冊中，依據步驟運用的特性及依據的理論、策略，大致將其區分為準備好你自己、學習問題導向警政、研究環境犯罪學、掃描犯罪問題、深入分析、尋求務實的反應方案、評估影響，以及有效地溝通等八大範疇（孫義雄，2019）。

表 18-1　犯罪分析六十步驟之八大範疇

範疇	步驟
準備好你自己	1. 重新思考你的工作 2. 成為在地的犯罪專家 3. 在警政策略上知道什麼是（和不是）有效的
學習問題導向警政	4. 成為 POP 專家 5. 忠於 POP 6. 具體針對特定的犯罪 7. 謹依 S.A.R.A 法則——勿走錯方向！
研究環境犯罪學	8. 使用問題分析三角圖 9. 知道機會促發竊盜 10. 從犯罪者的角度思考 11. 預測犯罪者的反應 12. 勿因犯罪轉移而氣餒 13. 期待利益擴散

表 18-1 犯罪分析六十步驟之八大範疇（續）

範疇	步驟
掃描犯罪問題	14. 定義問題時，使用 CHEERS 檢視 15. 知道你面對的是什麼樣的問題 16. 研究犯罪之旅 17. 了解熱點如何發展 18. 是否可適用 80-20 法則？
深入分析	19. 研究你的問題 20. 制定假設 21. 自己蒐集資料 22. 檢查資料的分布情形 23. 診斷你的熱點 24. 知道何時使用高解析地圖 25. 注意每日和每週的節奏 26. 考慮到長期變化 27. 以犯罪率進行分析 28. 辨認具犯罪被害風險的場所 29. 了解重複被害的情形 30. 重複犯罪的探討 31. 了解竊盜犯 CRAVED 的物品 32. 案例控制研究 33. 測量關聯性 34. 尋找犯罪促進因子 35. 了解犯罪的始末 36. 確定回答了五個「W」與一個「H」的問項 37. 認知人類本來就會犯錯
尋求務實的反應方案	38. 發揮你在反應措施中的關鍵角色 39. 增加犯罪的困難 40. 增加犯罪風險 41. 降低犯罪報酬 42. 降低犯罪誘因 43. 移除犯罪藉口 44. 找出問題的源頭 45. 選擇最可行的方案
評估影響	46. 執行過程評估 47. 如何使用控制組 48. 考慮地理與時段轉移 49. 檢視是否轉移至不同的犯罪目標、手法或類型 50. 注意其他犯罪成員的加入 51. 注意利益擴散效應 52. 期待先期效益 53. 顯著性檢定

表 18-1　犯罪分析六十步驟之八大範疇（續）

範疇	步驟
有效地溝通	54. 清楚地說明一個故事 55. 製作清楚的地圖 56. 使用簡單的表格 57. 使用簡單的圖形 58. 組織有力的簡報 59. 當個有效的報告人 60. 對知識的累積貢獻一己之力

資料來源：整理自 Crime Analysis for Problem Solvers in 60 Small Steps, pp. viii-ix。

第二節　警政策略的比較分析

　　警政策略乃指警察組織為達成警察的任務，所採用的決策與行動。策略（strategy），即軍事中所謂的「戰略」，是指組織為達成其任務，依據其任務內容，擬定之決策，內容包括「目標」、「計畫」和「行動」等要素。策略最初為軍事計畫用語，後來引申為為了達成某種目標所擬定的行動方案（朱金池，1999）。

　　現代的基本警政策略包含四個要素：逮捕率（arrest rate）、諮詢（counseling）、教育（education），以及可見度（visibility）。逮捕率指警察逮捕犯罪嫌疑人，警察可藉逮捕之成果以嚇阻具犯罪意圖之行為人，並防止犯罪之再度發生。

　　所謂諮詢就是以調解及提供建議等方法解決治安問題，其目的在於不使用逮捕的手段就能預防犯罪之發生；教育則是指警察對於社會大眾，以及容易成為犯罪目標的人或物提供資訊，減少其被害的機會；可見度係指穿著制服的警察出現之頻率，是具有一般嚇阻特色的策略作為（許春金、孟維德，2002）。

　　警政策略區分為「對內的警政策略」與「對外的警政策略」。「對內警政策略」是指為達成所擬定的對外警政策略，規劃妥適的組織環境，善用各方資源，並統合所有人力、物力，使組織成員能全心投入工作，確保順遂達成組織目標；「對外警政策略」則是指警察組織為達成警察任務，所規劃並採行的具體方案及作為（鄭善印，1999）。

　　「維持秩序」與「處理犯罪」是不論中外學者，都共同認定的警察組織任務之核心，長久以來，各國警察機構也都竭盡所能，運用各種警政策略，以達成維持秩序與處理犯罪的核心任務。當代警政策略都以此二核心任務為標的，規劃適切的警政作為。

　　基於近三十年相關研究實證顯示，短期內在犯罪熱點上密集地執法，能減少犯罪發生率，同時也發現，除了執法作為之外，結合其他警政作為，更能相當程度地減少犯罪發生。故此手冊不但在第五步驟中對各個不同的警政策略進行比較分析，也在第三步驟中，以美國國家科學學院（National Academy of Sciences）採用的「執法途徑的多元化」及「執法聚焦程度」兩項指標進行評估警政策略的有效性（如圖 18-1）。圖 18-1 中是以 Y 軸代表途徑的多元化程度（由幾乎完全依靠執法→應用包括執法等多種方法），X 軸則代表警政策略的聚焦程度（由低聚焦→高聚焦）（Weisburd & Eck, 2004）。

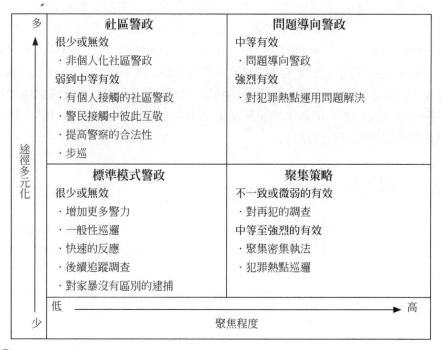

圖 18-1　以「執法途徑的多元化」及「執法聚焦程度」兩項指標評估警政策略的有效性

資料來源：譯自 Crime Analysis for Problem Solvers in 60 Small Steps, p. 5。

壹、標準模式警政

在此手冊的第三步驟中，首先探討了標準模式的警政策略（standard model）。標準模式警政是一種「專業型」的警察組織，目標完全針對抗制犯罪，此種警政策略積極改革警察執勤的效率，強調提升警察能力，重視人才的挑選，以及專業的訓練，期以提高員警素質（陳國恩，2005）。

標準模式警政藉由集權化的組織設計，強調處理犯罪的專業性及效率性，並以見警率及逮捕率為主要警政作為；強調警察的犯罪抗制績效，希望藉以達到嚇阻及逮捕犯罪之目的。警察被要求嚴格遵守法律規定，以及有效地抗制犯罪。功能定位在犯罪控制、運用機動警車巡邏、通訊器材等科技提高組織效率。標準模式警政迄今仍是目前世界各國普遍採用的核心警政策略（許春金，1996；孟維德、朱源葆，2006）。

依據「執法途徑的多元化」及「執法聚焦程度」兩項指標的評估，標準模式警政策略要求有更精良的裝備、更多的警力，透過更高的見警率、更高的調查成功率、減少反應的時間，以及更快、更多的拘捕，以達到控制犯罪的目的。但標準模式警政完全依賴執法作為，缺乏聚焦，只靠警察在犯罪事件發生之後才被動的反應，並無法達到真正減少犯罪的目的，且僅藉由增加見警率以嚇阻犯罪，仍無法讓民眾產生足夠的安全感。故此手冊評估，標準模式警政策略的有效性偏低。

貳、破窗警政

在後續提出來的警政策略中，1982 年 James Wilson 及 George Kelling 在其發表之〈警察與社區安全：破窗〉（Police and neighborhood safety: Broken windows）一文中提出了「破窗理論」（broken window theory）。破窗理論的觀點源自於美國 Stanford 大學社會心理學家 Philip Zimbardo 於 1969 年進行的實驗，該實驗之目的在探討街頭破壞行為於何種情境下會引發（江慶興，1998）。

1975 年 Wilson 研究發現，一個地區在治安惡化之前，必定先有一些徵兆產生，例如塗鴉、惡意破壞、色情氾濫等，若是對這些問題不聞不問，就

好像是不在意破了的窗戶一樣,真正的犯罪問題就會接續著發生(曾兆延、李修安,2007)。

在〈警察與社區安全:破窗〉一文中,Wilson 及 Kelling 認為「破窗」是發生「真實」犯罪的前兆;「破窗」會衍生出「真實」犯罪,就如同建築物中的一片窗戶破了不馬上修復之,顯示的是住戶不關心的態度,會導致整棟建築物的其他窗戶很快地會被陸續破壞,最後蔓延至整個社區。而對治安來說,這第一扇破窗就是失序行為(陳國恩,2005)。

破窗警政強調二項原則:1. 小的違序行為累積起來會危害社區生活;2. 若對小的犯罪容忍,則會鼓勵更大犯罪的產生。採行破窗警政時,必須要了解哪些小的犯罪會引發更大的犯罪,而哪些則不會。透過對較輕微的違序及反社會行為的嚇阻,可以進而預防重大犯罪的發生(曾兆延、李修安,2007;Wilson & Kelling, 1982)。

此手冊在第五步驟中分析,破窗警政的原理是在違序行為萌生之初,便要即時去除,處理的焦點在「惡化的鄰里」,認為惡化的鄰里會使一般民眾失去道德感,更會使有犯罪傾向的人進行更嚴重的犯罪行為。破窗警政採用的方法是警察針對違序行為進行排除的警政作為,推行破窗警政首先要進行的第一步,是確認出哪裡是惡化的鄰里,其目標在防止鄰里附近違序行為情況逐漸惡化,以防因此而衍生出嚴重的犯罪行為(Clarke & Eck, 2005)。

依據「執法途徑的多元化」及「執法聚焦程度」兩項指標的評估,破窗警政在執法途徑的層面,具有途徑多元化的特色;但是在執法聚焦的層面則較為鬆散,偏向在處理輕微的違序行為,而非聚焦於針對重大犯罪、犯罪人,進行密集執法。

參、社區警政

社區警政的內涵以及概念,在本書的第十二章已經有了詳細的介紹,故本章不再加以贅述。此手冊在第五步驟中分析,社區警政的基本原理認為,組織的支持對警政效率的有無至關重要,組織變革對社區警政而言是相當必要的。

而問題解決則是處理犯罪和社會認為問題的核心方法。社區警政處理問題的焦點,集中在建立良好的警民關係、組織變革,以及解決問題,採用的

方法是透過社區會議的接觸，與居民建立彼此的信任，實施組織變革以支持社區警察工作，並致力於解決問題。

推行社區警政進行的第一步，是要為社區任命一名社區員警，並確定需要關注的問題，以及推動支持社區工作所需的組織變革。社區警政的目標，則是在積極預防犯罪和社會失序，並增加公眾對警察的信任和對社區員警的支持（Clarke & Eck, 2005）。

依據「執法途徑的多元化」及「執法聚焦程度」兩項指標的評估，社區警政在執法途徑的層面，若是非個人化的社區警政，是不具備途徑多元化的，效果很小，甚至無法產生效果；而有個人接觸性的社區警政，則是具有從弱到中等的效果。但是在執法聚焦的層面，由於社區警政比較不是著重於針對重大犯罪、犯罪人進行密集執法，因此其聚焦程度偏低。

肆、情資主導警政

「情資主導警政」出現於 1990 年代，當時是英國的肯特警察局（Kent Constabulary）研發出一套針對轄內竊盜與機車失竊問題的解決模式，在對案件做出系統性分析後發現，其實有少數累犯與慣犯要為大多數的犯罪負責，而這些人就是犯罪學常提到的慢性（chronic offender）或核心犯罪者（hard-cord criminal）（呂文廷，2010）。

英國司法互助局（Bureau of Justice Assistance）定義情資主導警政為：「乃是一種合作協調（collaborative）的執法模式，結合了問題導向警政，資訊一同分享，強化課責機制，且更加強情報上的實務運作。」（呂文廷，2010）。另有學者對情資主導警政下的操作性定義是：「蒐集且分析與犯罪有關的資訊，以及為何會導致犯罪的情形，使能產生情報產品，對於執法有所助益。」（呂文廷，2010；Carter & Carter, 2009）。

David Phillips 另外提出，施行情資主導警政應具有以下幾個基本原則：1. 隨時注意有前科及犯行重大的核心犯罪者；2. 經由進一步的調查分析，能減少犯罪的黑數；3. 對於監控與線索的來源，能採用更具策略性的作為；4. 情資是制定決策時的重要考量依據（呂文廷，2010）。

手冊中分析了情資主導警政，認為其基本的概念是，認定只有基於完整的情報，警政作為才能發揮效用，主張處理治安狀況的焦點，應該著重在蒐

集、分析，以及傳遞情資的過程。情資主導警政採用的方法是精緻化蒐集、
評估、整合、分析，以及傳遞情資的循環週期，推行此警政模式第一步是要
先蒐集情資，繼之為透過仔細規劃，擬定妥適的處理和傳遞情資之過程。情
資主導警政期望的目標，則是希望讓基本的警政策略和警政作為，能更為靈
活的運用（Clarke & Eck, 2005）。

　　依據「執法途徑的多元化」及「執法聚焦程度」兩項指標的評估，情資
主導警政之執法途徑，尚不是非常的多元化，但已經跳脫出傳統標準模式警
政的單一警政作為，其執法途徑的多元化屬於中等。由於此一種策略非常注
意有前科及犯行重大的核心犯罪者，所以其執法聚焦程度相當高，在警政策
略的有效性評估方面，是屬於中等有效的警政策略。

伍、電腦統計警政

　　電腦統計警政的內涵以及概念，在本書的第十五章已經有了詳細的介
紹，故本章不再加以贅述。此手冊分析電腦統計警政後，認為其基本原理是
主張只要處理少數的犯罪熱點，就可以減少整體犯罪。電腦統計警政處理的
焦點在於處理急性、短期，具有地緣性的犯罪型態。

　　電腦統計警政採用的方法是利用電腦識別犯罪熱點，輔以密集的巡邏
和強力執法，推行電腦統計警政進行的第一步，是要製作治安斑點圖，以
及貫徹地區責任制，目標則是要減少現已存在的犯罪熱點（Clarke & Eck,
2005）。

　　依據「執法途徑的多元化」及「執法聚焦程度」兩項指標的評估，電腦
統計警政是兼具多元化的執法途徑，以及執法聚焦程度高；在警政策略的有
效性評估方面，是具有中等至強烈效應的警政策略。

陸、問題導向警政

　　問題導向警政的內涵以及概念，在本書的第十三章已經有了詳細的介
紹，故本章不再加以贅述。此手冊認為問題導向警政基本原理很簡單，即預
防比案件發生後的執法作為更能有效地控制犯罪問題。處理的標的聚焦在具
體、重複出現，而且具備 CHEERS 六要素的犯罪問題。

問題導向警政採用的方法是針對問題，以 S.A.R.A 模式進行的重點行動研究，發動時所要進行的首要步驟，就是找出需要注意的問題並加以確認，最終的目標是在消除問題發生的原因。

其後，再以警政策略有效性的「執法途徑的多元化」及「執法聚焦程度」兩項指標進行評估，問題導向警政針對警方面臨且具備 CHEERS 六要素的各類問題，認真細緻地分析各方的成因，提出各種具體可行的解決方案，由其中擇一較佳方案加以實施，之後再進行各個層面的評估。不但在執法方面具有途徑多元化的特性，其明確地以 CHEERS 六要素評估是否是要處理的問題，執法聚焦程度相當高，所以評估問題導向警政為中等有效至強烈有效的警政策略。

第三節 探討問題導向警政的相關步驟

此手冊中對問題導向警政的介紹及運用的探討，主要是集中在第三、四、五、七、十四等幾個步驟中，另外在第六、十五、十九、二十一、五十四、六十等步驟中，也都有提及問題導向警政、定義「問題」的 CHEERS 六要素，以及所運用的 S.A.R.A 模式。

第三步驟「在警政策略上知道什麼是（和不是）有效的」中，首先介紹美國國家科學學院（National Academy of Sciences）提出的「執法途徑的多元化」及「執法聚焦程度」兩項指標，並進而發展出以四個象限的方式評估警政策略的有效性（詳見圖 12-1）。

此步驟中，先以此兩項指標評估標準模式的警政策略，認為其幾乎沒有區分民眾、地點、時間或情況等特徵的差異，一律施行幾乎完全相同的執法作為，而且沒有聚焦在重要的人、事、時、地、物，故認為此一警政策略的有效性偏低。

而在以此兩項指標進行評鑑之後，發現問題導向警政結合使用各種不同的方法處理治安問題，以及警政作為強調集中資源、聚焦在處理重點的問題及對象。此兩個特色不但符合評估指標中有效性的要求，也確實減少了違序和犯罪行為的發生，是一種中等有效到強烈有效的警政策略。

第四步驟「成為問題導向警政專家」中，首先介紹問題導向警政概念

的起源，以及 Herman Goldstein 在 1979 年發表的〈問題導向之警政策略〉論文中，對問題導向警政概念的闡述，並介紹了處理犯罪問題時，運用的掃描、分析、回應、評估等四個階段為核心的 S.A.R.A 模式。步驟中也提到 Goldstein 主張在解決犯罪問題的四個階段中，分析和評估可能是最困難的兩個階段，以及他認為警察部門的分析能力，是問題導向警政是否能夠成功的重要關鍵（Goldstein, 2018）。

基於各種創新的警政策略百家爭鳴，因此第五步驟「忠於問題導向警政」中，針對破窗警政、社區警政、情資主導警政、電腦統計警政，以及問題導向警政，分別由原理、目標、焦點、方法，以及進行的首要步驟等層面進行比較分析。

第五步驟中，除了肯定問題導向警政的有效性之外，並且比較了問題導向警政和其他不同警政策略的異同之處。認為和民眾建立夥伴關係，是此兩種警政策略的共同點，但社區警政更注重警察與民眾的互動。若在兩種警政策略配合良好的狀況下，社區警政可以提供問題導向警政一些哲學思想層面的參考。

在和破窗警政的比較方面，破窗警政重視的是對輕微的違序行為投入更多的關注，認為避免惡性擴大是維護治安及維持社會秩序的最佳方式。而問題導向警政強調的則是針對各種不同問題的成因予以認真詳細分析，在分析之後，規劃出針對特定問題的具體解決方案，對認為有可能惡性擴大的偏差行為，問題導向警政也會將之視為嚴肅的治安問題，想辦法消除其背後的成因。

情資主導警政非常重視嚴謹的蒐集、評估、整合，以及分析情資的過程，而對問題導向警政而言，這個過程可以含納在其掃描及分析的兩個階段中，可以說是其進行 S.A.R.A 模式的前導性作業。一旦含納了情資主導警政策略，可以使掃描及分析的過程變得更加周延。

電腦統計警政可視之為問題導向警政的科技進化版，它們有許多共同的特徵。兩者的差別，在於電腦統計警政通常都運用在犯罪熱點、犯罪熱區的處理，希望能夠快速的找到犯罪的地理標點，再進行犯罪的地緣剖析；而問題導向警政在警政作為的應用上則是相當的多元。在警政策略運作的期程上，問題導向警政重視長期的效應，電腦統計警政則是多在處理急性的狀況。此手冊認為，此兩種警政策略若能夠搭配應用，將會產生極佳的效益。

第七步驟「謹依 S.A.R.A 法則——勿走錯方向！」重申在問題導向警政中，依循由 John Eck 及 Bill Spelman 所創發之 S.A.R.A 法則運作的重要性。S.A.R.A 的四階段流程，是一種解決問題之嚴謹的社會科學方法，也是一種由研究人員與實務工作者一起解決問題的行動研究。透過將整個問題解決的過程劃分為四個不同的階段，S.A.R.A 法則有助於確保按照適當的順序進行必要的步驟，而且至少可以避免犯了在分析問題之前，就已經決定了所要採取的解決方案之常見通病。

S.A.R.A 法則的問題解決方法，不是一種按部就班、單向性的靜態線性路徑。如果在分析、反應、評估等各個階段，發現前面任何階段進行的不夠周延，都可以再回復到前面任一階段，重新進行流程。S.A.R.A 法則的運作是一種反覆修正、檢核的動態反饋系統，整個過程往往會在不同階段間重複的循環。問題越大、越複雜，其反饋的迴路結構就會越繁雜，這種重複的循環會一直運作到成功解決問題為止。

第七步驟中也介紹了由英國警政專家 Paul Ekblom 所倡導，將 S.A.R.A 法則加以發展的「5I's」問題解決步驟，「5I's」的內涵了包括了情資（intelligence）、干預（intervention）、實施（implementation）、參與（involvement）、影響（impact）和過程評估（process evaluation）等五個階段。此一概念在警政實務的運作上，也已經獲得了許多實證研究的支持。

第十四步驟是「定義問題時，利用 CHEERS 檢視」，主要是在介紹問題導向警政處理的問題應該具有社區性、傷害性、期望、事件、重複發生及相似性等六個必要的 CHEERS 要素。強調並非所有警方被要求解決的都是問題導向警政的「問題」。

問題導向警政中所謂的「問題」，概念上並不等同日常談話中對「問題」兩個字所指涉的語意，而是必須符合 CHEERS 等六個要素的判準，才是問題導向警政所要處理的問題。所以建議在 S.A.R.A 法則的掃描階段，可以用六個基本提問加以檢視是否屬於適格的「問題」：

（一）社區中誰受到這種問題的影響？
（二）這個問題造成的危害為何？
（三）社會大眾對警方的回應有何期望？
（四）導致問題發生的背後成因為何？
（五）問題相關事件發生的頻繁性？

（六）問題相關事件的相似程度？

第四節 結語

犯罪分析六十步驟強調犯罪分析在警政工作中的重要性，也認為犯罪預防在犯罪控制中扮演著極重要的角色，故希望透過步驟化的配置，導引警察實務工作者逐步漸進的，以優越的警政策略結合犯罪學中有效的犯罪預防策略，確實有效地處理好治安問題。

在警政策略的選擇方面，此手冊首先以美國國家科學學院推薦的「執法途徑的多元化」及「執法聚焦程度」兩項指標評估警政策略的有效性。評估發現傳統的標準模式警政雖然重視抗制犯罪，不斷精進警察的訓練、充實裝備，以及引進先進科技，強調案件發生時的迅速抵達，快速反應，但其缺失是只重視「案件導向」的運作模式及對犯罪的被動反應。又其警政作為過於依賴單一的強力執法，面對不同類型的治安事件亦毫無區分的以相同策略因應，彰顯出其執法方式不夠多元，且缺乏聚焦，面對當代社會層出不窮的治安問題，已不足以應付挑戰。

在當代創新的警政策略中，此手冊針對破窗警政、社區警政、情資主導警政、電腦統計警政，以及問題導向警政等警政策略，以策略原理、期望目標、處置焦點、運用方法，以及進行的首要步驟等層面分別加以剖析，再結合「執法途徑的多元化」與「執法聚焦程度」兩項判準指標，發現問題導向警政，在諸多的警政策略的比較中，具有其相當程度的優越性。

因此此手冊選擇以問題導向警政為運作的警政策略，首先介紹了確認「問題」的 CHEERS 六要素，以及 S.A.R.A 模式的運作過程，再以犯罪預防為核心，透過問題導向警政的 S.A.R.A 模式，串連起犯罪分析的整體六十個步驟。

此手冊除了以問題導向警政為警政策略，同時也結合了犯罪學中日常活動理論及情境犯罪預防等環境犯罪學的知識，創發出一套處理警政治安問題的步驟化系統性流程，除了可以當作指導警察新進人員的操作手冊之外，並能提供作為警察實務工作者處理治安問題時的參考。

第十九章　警政策略的綜合應用研究
——The Woodlands之警政管理策略

第一節　The Woodlands城鎮

　　美國德州 The Woodlands 城鎮並未設立警察局，而是委託鄰近郡的警察單位協助維持地區治安，再結合民間的保全組織，以及強化地區的鄰里守望功能進行治安管理。在各相關單位相互配合之下，該地區的治安相當良好，地區的犯罪率也非常低。

　　筆者受邀到美國聖休士頓大學刑事司法學院擔任訪問學者，研究主題是「美國警察組織警政治安管理之規劃與執行」，居住在距離聖休士頓大學約1小時車程的 The Woodlands 地區。而筆者在與刑事司法學院的教授討論時，多位教授不約而同的提到，The Woodlands 地區的治安管理模式相當有趣，值得研究。

　　筆者在經過一段時間的觀察，並與許多當地的居民交談之後發現 The Woodlands 地區的治安管理之規劃與執行，是一個相當值得深入研究的主題，於是著手蒐集 The Woodlands 地區治安管理的相關文獻，並開始以參與觀察及訪談等方式，進行對 The Woodlands 警政管理的個案研究。

　　The Woodlands 位於美國德州休斯頓以北約 45 公里處，是沿著 45 號州際公路沿線形成的城鎮。The Woodlands 範圍大約有 44 平方英里，大部分位於 Montgomery 郡之內，只有一個 Creekside Park 村莊位在 Harris 郡境內。

　　The Woodlands 城鎮是由 Alden Bridge、Indian Springs、Cochran's Crossing、Panther Creek、College Park、Research Forest、Creekside Park、Sterling Ridge、Grogan's Mill 等九個村莊，以及一個 Town Center 區域組合而成，各村莊及區域之下再細分為社區及鄰里。

　　The Woodlands 城鎮估計 2018 年人口約 116,278 人，擁有 2,000 多個商業、娛樂和藝文場所，每年吸引數十萬遊客。The Woodlands 城鎮中心有一

個 1.25 英里長的水景河道，沿途有公園、商業區和高級住宅，河道附近經常舉辦各種國際活動。此外，城鎮中心的 Cynthia Woods Mitchell Pavilion 場館可容納近 1 萬 7,000 名觀眾，全年常舉辦各類型的大型娛樂會活動（The Cynthia Woods Mitchell Pavilion | Official Website, 2020）。

The Woodlands 城鎮係由第 73 屆德州立法機構於 1993 年所創設，目前尚不是一個正式的城市，也不是傳統的鄉鎮政府，而是屬於特殊目的地區（special-purpose district）。在 2000 年代中期，一些當地居民擔心 The Woodlands 被 Houston 市整併，於是發起讓 The Woodlands 成為一個獨立城鎮的活動。

目前 The Woodlands 地區的行政及政治相關事務，是由 2007 年成立的 The Woodlands Township 負責處理。2007 年 The Woodlands 地區的居民，以壓倒性的票數，同意成立 The Woodlands Township，以滿足地方的治理需求。由 Township 負責處理地區的行政及政治相關事務，以及提供地區關於執法、消防、環境服務、公園和娛樂、經濟發展等方面的相關服務。

目前 The Woodlands Township 是由一個經過居民在普選中直接投票，選出的 7 人所組成的城鎮董事會負責管理。所有 7 位董事均是義務服務的榮譽職，7 人並交錯服務兩年。此董事會亦是 The Woodlands 地區的立法機構，根據 Township 的授權立法、負責制定政策，以及批准預算（The Woodlands Township, 2020）。

董事會的 7 位董事包括 1 位主席、1 位副主席、1 位秘書長、1 位財務長，以及 3 位獨立董事，董事會之下再分設各部門。The Woodlands Township 組織架構詳如圖 19-1。

2012 年時，由於 The Woodlands 和鄰近的 Conroe 居民合計超過 20 萬人，美國人口普查局因而將其周圍地區指定為「大型城市化過渡區」，使 The Woodlands 城鎮有資格申請聯邦運輸資金。

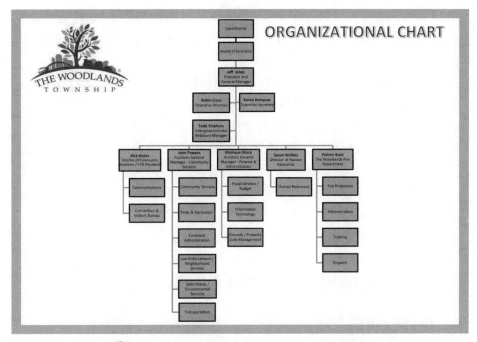

圖 19-1　The Woodlands Township 組織架構圖

資料來源：取自 https://www.thewoodlandstownship-tx.gov/DocumentCenter/View/38/Township-Organizational-Chart?bidId=。

第二節　研究方法

壹、個案研究

　　本研究是採用民族誌研究法的個案研究方式進行，主要的研究方法還包括觀察法及訪談法。個案研究是一種對案例的個案進行近距離、深入和詳細探查的研究策略，以及談討個案的相關背景條件，研究現實生活中出現的各種現象，是一種對各別的個人、團體或事件的描述性和探索性深入分析（Denzin & Lincoln, 2018）。

　　進行個案研究時，被研究的「案例」可能是在特定時間和地點存在的個人、組織或事件。個案研究法會廣泛蒐集相關的資料，仔細整理和分析個案

產生與發展的過程，以對有關問題能夠有深入、全面的認識。為了盡可能完整地了解案例的情況，研究者會採用各種方法蒐集資料（Denzin & Lincoln, 2018）。

社會學研究的個案研究，通常會依賴多種證據來源，利用到多種研究方法。研究時主要採取參與觀察法和訪問法進行，並輔之以對文字資料的分析。其蒐集的資料包括文檔、檔案紀錄、訪談、直接觀察、參與觀察等。

個案研究法的優點，在於透過各種研究方法得到的資料可以相互驗證，研究方法的運用具有靈活性，因此對研究問題能有確切深入的認識。此外，個案研究往往是探索性的，故研究結果可以成為進一步研究的發展基礎（Denzin & Lincoln, 2018）。

本研究聚焦於探討、分析 The Woodlands 地區的治安管理策略、執行方式及其成效，進行本個案研究時，採用的具體研究方法包括文檔及檔案紀錄分析、正式及非正式訪談，以及直接觀察與參與觀察等方法。

貳、民族誌研究

民族誌研究（又稱人類學研究法或人種學研究法）是質化研究的一種，為研究者在現實生活環境中，長期在一個團體或社會中生活、觀察，並與研究對象互動，以便深入了解探索的研究主題。民族誌研究是社會研究的一種普遍接受的研究途徑，被許多學科所採用（王文科、王智弘，2018）。

民族誌研究鼓勵研究者走入研究場域，進行長時間的田野研究，真正的了解當地民眾。進行研究時，將注意力集中在某個社區、區域、社會、文化或其他單位。研究者盡可能地掌握當地日常生活的社會過程，並以全觀的方式，完整描繪所探索的研究主題。研究期間，研究者不但是研究對象的觀察者，也是其生活的參與者（王文科、王智弘，2018；Denzin & Lincoln, 2018）。

「長期參與」是民族誌研究的一個特性，民族誌研究法往往比其他許多方法需要更長的時間來蒐集資料，因為需要了解研究對象在某種特定社會情境中的認知，並理解他們對這種認知的解釋，所以研究者有必要長時間密切地和被研究者接觸（王文科、王智弘，2018）。

民族誌研究強調身處於「自然發生的環境」，探索研究對象的「日常活

動及其社會意義」，研究者關注而不干預地蒐集研究區域內與研究主題相關的所有資料，包括人們做什麼、說什麼等社交互動，以及如何生活等日常活動內容，很大程度上仰賴於近距離的個人體驗（Denzin & Lincoln, 2018）。

　　民族誌研究的研究方法除了廣泛蒐集現有的文檔、人工製品等相關資料外，其在進行田野工作時，主要是運用觀察（尤其是參與觀察）和面對面訪談等方法，對研究主題之特定環境中的人們進行研究，這兩種研究方法對於深入理解研究對象非常有價值，可以用來發展對研究主題環境的理解（王文科、王智弘，2018）。

　　由於資料來源多元，民族誌研究很重視運用「三角交叉校正法」。「三角交叉校正法」指研究過程中採用多種且不同形式的方法、資料，以確認資料的正確性，確保資料的品質，是質化研究中不可或缺的檢證方式。

　　本研究中，筆者長期（自 2018 年 8 月至 2019 年 5 月底，計十個月）生活在 The Woodlands 的環境中，透過對不同情境及場域的間接、直接及參與觀察，訪談對象包括學者、刑事司法實務工作者、警政規劃及街頭實務工作員警、鄰里守望員、騎士保全人員，及許多 The Woodlands 居民，研究過程中也透過「三角交叉校正法」對資料進行交叉比對驗證，以確保資料正確性。

參、觀察法

　　參與觀察是個案研究常用的研究方法，也是民族誌研究中的一大特徵，參與而不僅僅是觀察，是參與觀察法有別於其他研究方法的關鍵之一。在民族誌研究過程中，常利用參與觀察法，蒐集特定文化團體的資料（Denzin & Lincoln, 2018）。

　　本研究除了運用直接觀察法，實地觀察 The Woodlands 居民的日常生活外，也大量應用參與觀察法，蒐集 The Woodlands 之治安管理的相關資料，茲將本研究中較具體的觀察活動整理如下。

表 19-1　觀察活動及場域

代號	場域	性質	形式
O1	Old Cedar Circle 街區	鄰里街區派對	參與觀察
O2	Old Cedar Circle 街區 Pleasant Hill 公園	社區日間觀察（每週4至5次，每次1.5至2小時，邊運動邊觀察）	參與觀察
O3	Alden Bridge、College Park、Research Forest 等村	社區夜間安全（平均每週1次，每次1至1.5小時，時間晚上9點到12點不等，最晚一次是深夜2點到3點）	參與觀察
O4	Town Center	日間巡邏車巡邏	參與觀察
O5	College Park 村	夜間巡邏車巡邏	參與觀察
O6	Town Center	假日巡邏車巡邏	參與觀察
O7	Sandal branch 街區	鄰里街區派對	非參與觀察
O8	Pleasant Hill 街區	鄰里親子棒球友誼賽	非參與觀察
O9	Old Cedar Circle 街區	鄰里守望員工作實務	非參與觀察
O10	The Woodlands Township	Township 執法服務及鄰里服務／守望部門工作實況	非參與觀察
O11	The Woodlands 巡邏隊部	觀察 The Woodlands 巡邏隊部環境，認識巡邏員警	非參與觀察
O12	The Woodlands 巡邏隊部	犯罪斑點圖與犯罪分析	非參與觀察
O13	The Woodlands 巡邏隊部	巡邏勤務編排	非參與觀察

肆、訪談法

　　除了參與觀察，個案研究及民族誌研究者也常以訪談方式蒐集資料，研究者會運用許多結構性程度不同的訪問方式進行訪談。訪談法是一種以對話為主的研究方法，研究者與研究對象間以語言為媒介，並且是目標導向的面對面溝通。訪談可能是結構性、半結構性或無結構的訪談（包括閒話家常、提供對當下活動之看法等較長時間訪談）（孫義雄，2007）。

　　由於本研究採用民族誌研究法的研究取向，故未擬定具體的訪談大綱，而是彈性的以 The Woodlands 鎮的治安管理為核心，依據受訪者的特

性、當時的狀況，以及筆者所欲澄清或想了解的問題提問，並依據受訪者回答的內容，再延續提問。

　　本研究依據對研究主題是否進行聚焦、深入的討論，將訪談對象區分為正式訪談及非正式訪談兩部分。正式訪談部分，筆者會先擬定一份訪談大綱，基本上進行 1 小時左右的半結構式訪談；非正式訪談則是在對談中，會有一部分內容聚焦討論本研究主題，並且討論的時間至少在 5 分鐘以上，討論時間不足 5 分鐘的，則不列入非正式訪談對象的名單。

表 19-2　正式訪談對象

代號	背景	相關性
A1	SHSU 刑事司法學院院長兼刑事司法中心主任	專長為刑事司法的警政、執法，以及法律心理學
A2	SHSU 刑事司法學院資深教授、曾獲頒 SHSU 卓越研究獎	專長犯罪率和趨勢，執法問題，執法安全問題
A3	SHSU 刑事司法學院資深教授、SHSU 國際課程主任	專長為比較／國際刑事司法問題，犯罪學
A4	SHSU 刑事司法與犯罪學系系主任、LIMIT 研究主任	專長為刑事司法的警政和執法
A5	SHSU 刑事司法學院資深教授、曾獲頒 SHSU2018 教師卓越獎	專長為刑事司法（警察）組織和管理、社區警政
A6	SHSU 刑事司法學院資深教授、法律研究中心聯合主任	專長為刑事司法（警察）法學
A7	SHSU 刑事司法學院教授	專長為刑事司法（警察）組織和管理、社區警政
A8	SHSU 刑事司法學院副教授	負責管理警察研究中心所有相關數據資料，專長為刑事司法資料分析
A9	The Woodlands Township 董事	兼任 Township 執法諮詢委員
A10	The Woodlands Township 執法服務部主任，並兼任鄰里服務／守望主任	負責 The Woodlands Township 的執法及鄰里服務和守望之所有事務
A11	The Woodlands Township GIS 高級分析師	經常接觸 The Woodlands Township 執法部門相關事務

表 19-2　正式訪談對象（續）

代號	背景	相關性
A12	The Woodlands Alden Bridge 村委員兼鄰里地區代表	負責 Old Cedar Cir 地區的鄰里服務及守望相關業務
A13	The Woodlands 巡邏隊隊長	The Woodlands 巡邏部門負責人
A14	The Woodlands 巡邏隊副隊長	負責巡邏勤務派遣工作
A15	The Woodlands Township 巡邏員警	負責 Alden Bridge 區巡邏勤務
A16	Alpha & Omega 巡邏騎兵	具有執法背景的資深巡邏騎兵

表 19-3　非正式訪談對象

代號	背景	相關性
B1	SHSU 圖書館代理館長兼研究與指導主任	居民
B2	SHSU 刑事司法學院教授	居民
B3	SHSU 農業科學與工程技術副教授	居民
B4	SHSU 資訊科技部門 ERP 分析師	居民
B5	程式設計師	居民
B6	資訊科技程式設計師	居民
B7	上班族	居民
B8	家務管理	居民
B9	退休人員	居民
B10	教會義工	居民
B11	中小企業負責人	居民
B12	SHSU GIS 研究助理	居民
B13	程式設計師	居民
B14	飛航機師	居民
B15	退休牧師	居民
B16	LYFT 司機，由 Denver 搬來約三個月	居民
B17	Smith 鎖業公司員工	居民
B18	自由業	居民

伍、次級資料分析法

次級資料分析是指對次級資料的分析應用，次級資料是官方資料的一種資料來源，官方資料大致可區分為原始資料和次級資料兩種。相對於研究者個人親自到官方或有關機構裡就其原始的紀錄、數據、報告或公文等資料，次級資料是指間接取得之由官方或有關機構整理過的資料（許春金等人，2016；董旭英、黃儀娟譯，2000）。

次級資料分析法是對現成的資料做再進一步的分析，此一研究方法不會只依賴單一資料來源，資料來源包括政府部門的報告、有關機構的研究、文件紀錄資料庫、機構或組織的資料，以及圖書館中的文獻，並且會將多重來源的資料比較後，進行三角交叉校正（董旭英、黃儀娟譯，2000）。

本研究廣泛蒐集了 The Woodlands Township 與治安管理相關的資料，也透過聖休士頓大學圖書資源資訊系統，廣泛蒐集 The Woodlands 鎮的治安管理相關文獻，並利用對各相關公私部門進行觀察、訪談時所蒐集到的文件資料，進行次級資料分析。也以之和觀察、訪談所得資料進行三角交叉校正，同時也利用這些資料作為進行訪談時的素材，請受訪者告知、澄清筆者所不了解之處。

陸、資料分析

本研究採用紮根研究法的精神及技巧進行分析，依據紮根法的原則及概念，將觀察筆記及訪談內容的字句通盤進行解構、分析。經過長時間多次細讀、檢視觀察筆記及訪談文稿後，發掘、揀選出其中出現頻率高且蘊含意義的一些重要概念，再依據其屬性及面向進行範疇分類，最後再依照故事線的詮釋脈絡，整理出本章的研究分析（句末的 O1~O13 代表觀察活動及場域的編號、A1~A16 代表正式訪談對象的編號、B1~B18 代表非正式訪談對象的編號）。

第三節　研究分析

壹、The Woodlands治安管理現況

一、The Woodlands Township執法服務部與鄰里服務部

　　由 The Woodlands Township 的組織架構圖中可以得知，The Woodlands 並沒有設立「警察部門」，治安維護是交由處理公共安全服務層面的執法服務部負責【O10、A1~A13、B1~B7、B10~B15】。目前，執法服務部是透過一系列與不同地區政府和民營保安公司簽訂合約的公私協力方式，提供 The Woodlands 地區的執法及公共安全服務【O10、A1、A4、A5~A13、B1、B3、B7、B10~B15】。

　　在 The Woodlands Township 的組織架構中，執法服務部被歸類在社區服務的群組中，與鄰里服務部同列。而執法服務與鄰里服務兩者又有一個共同交集，即 The Woodlands 鎮鄰里守望。所以執法服務部進行治安管理，是透過執法及鄰里守望兩大區塊分頭併進，目前執法服務部主任 Marian Leck，同時兼任鄰里服務部主任【O10、A9~A11、A13】。

　　從前揭組織架構執法服務部與鄰里服務部同列於社區服務群組中可知，The Woodlands Township 非常強調社區警政的治安管理模式，希望透過這兩部門的相互合作，與社區建立合作夥伴關係，協助組織鄰里巡邏活動，提供社區居民有關治安的教育與諮詢，動員支援社區，鼓勵其主動解決社區問題【O10、A9、A10】。

　　由於 The Woodlands 的地理位置，是位於 Montgomery 郡及 Harris 郡兩個郡的境內，目前，The Woodlands 鎮位於 Montgomery 郡內區域的執法服務是委由 Montgomery 郡治安官辦公室、Montgomery 郡警司和德州高速公路巡邏隊提供【O10、A9~A11、A13】。

　　位於 Harris 郡區域部分的鎮區，則委由 Harris 郡警司第 4 管理區負責。這些警察機構主要著重於巡邏和犯罪調查等職能，並利用以社區為導向的警政理念，在鄉鎮範圍內執行州和郡的法律【O10、A9~A11、A13】。

　　執法服務部並和私人保全公司 Alpha & Omega 簽訂合約，推行公園遊俠騎警計畫，以增強市中心的安全性，並為 The Woodlands Waterway 地區提

供保安服務【O10、A9~A11、A16】。此外，執法服務部也透過鄰里居民之社區會議和相關守望計畫，讓居民成為治安維護的「眼睛和耳朵」，能在第一時間提供資訊，讓警察可以即時回應，並能迅速地處理犯罪和違序問題【O10、A9~A11、A12】。

二、The Woodlands地區治安現況

The Woodlands 地區雖然沒有設置警察局，但治安相當良好【O2~O6、O9~O12、A1~A15、B1~B18】，本研究茲將 Township 執法服務部提供的 The Woodlands 地區 2016 年至 2018 年之犯罪數據，整理如表 19-4。

表 19-4　The Woodlands 地區 2016 年至 2018 年之犯罪數據（單位：件）

中文罪名	英文罪名	2016 年	2017 年	2018 年
攻擊（含家庭暴力）	Assault-Family Violence	220	254	248
攻擊（不含家庭暴力）	Assault (excludesfamily violence)	132	129	110
大樓竊盜	Burglary Building	63	52	34
住宅夜盜	Burglary Habitation	106	94	63
汽車夜盜	Burglary Motor Vehicle	410	438	371
刑事毀壞	Criminal Mischief	277	272	271
偽造文書／詐欺	Forgery/Fraud	373	341	297
殺人	Homicide	0	1	0
搶劫	Robbery	24	18	24
自殺／企圖自殺	Suicide/Attempted Suicide	25	80	115
汽車竊盜	Theft-Auto	50	40	28
盜竊（含輕罪和重罪）	Theft-Misdemeanor & Felony	892	732	734

資料來源：The Woodlands Township 執法服務部。

由表 19-4 中，可以得知 The Woodlands 地區 2016 年至 2018 年之犯罪趨勢有略微下降，但整體犯罪狀況並沒有太大變化。以人口數約 11 萬 6,000 人左右的城鎮而言，犯罪率可說相當低，尤其故意殺人、強盜、傷害及攻擊等暴力犯罪的發生率，與其他城市、城鎮比較，治安狀況算是相當良好的【O10、O12、A9~A13】。

表 19-5　The Woodlands 針對各類犯罪的犯罪分數權重

犯罪統計 （Crime Statistics）	The Woodlands 分數 （The Woodlands Crime Score）	德州犯罪分數 （Texas Crime Score）
人身犯罪（Personal Crime）	47	111
故意殺人（Murder）	52	106
性侵害（Rape）	62	114
搶劫（Robbery）	23	111
攻擊（Assault）	32	113
財產犯罪（Property Crime）	42	125
夜盜（Burglary）	21	130
一般竊盜／偷竊（Larceny/Theft）	70	126
汽車盜竊（Motor Vehicle Theft）	29	102
總犯罪率（Total Crime）	46	123

註：全國平均值＝ 100（The Woodlands Township, TX | Official Website., 2020, April 16）
資料來源：The Woodlands Township 執法服務部。

　　表 19-5 是 The Woodlands 針對各類犯罪的犯罪分數權重，這些數字表明了 The Woodlands 和德州的犯罪狀況。表中設定每個犯罪統計數據的全國平均值為 100，若得分為 50 意味著犯罪率是全國平均值的一半，得分為 200 則意味著犯罪率是全國平均值的兩倍。表 19-5 的犯罪分數權重顯示，The Woodlands 的犯罪率遠低於德州的平均值，其總犯罪權重是德州平均值的 0.37%（46：123），是全國平均值的一半以下（46）【O10、A9~A13】。

貳、維護The Woodlands地區治安之相關單位

一、Montgomery郡治安官辦公室

　　The Woodlands 城鎮大部分地區的是位於 Montgomery 郡的境內。Montgomery 郡是美國德州東南部的一個郡，郡政府所在地是 Conroe，郡名的起源是為了紀念 Montgomery 郡的建城者 Andrew Montgomery【O10、O12、O13、A1、A3、A5、A7、A9~A11、A13】。

Montgomery 郡治安官辦公室協助 The Woodlands 治安維護的方式，是將負責的 The Woodlands 地區，劃分成包括 7 個住宅村和一個商業區的 8 個警察「區」；這些區域組成了 Montgomery 郡治安官辦公室的 The Woodlands 巡邏分部的巡邏轄區【O4~O6、O10~O13、A10、A11~A15】。

Montgomery 郡治安官辦公室派駐 The Woodlands 巡邏分部共計 108 名人員，包括 1 名負責部門管理的隊長、2 名副隊長、13 名警務佐、6 名偵查佐、83 名巡邏警察，一名 k-9（警犬訓練）代表、1 名行政助理和 1 名兼職秘書。Township 則派了 1 位駐守的全職人員。巡邏分部內，又分設了包括偵探、預防犯罪，以及步行和自行車巡邏等專業部門【O10、O11、O13、A10、A13】。

Montgomery 郡治安官辦公室的 The Woodlands 巡邏分部，提供轄區如財產和證據處理、調度和通信、犯罪實驗室服務，以及拘留等基本警政服務。此外，由於 The Woodlands 大多數地區位於 Montgomery 郡內，警長認為他們有義務提供一些基本的服務，因此 Montgomery 郡各地的警政部門，也會提供此一分部相關的協助及支援服務，包括警力派遣調度、補充刑事調查、行政支持、特勤警察隊、犯罪現場調查和汽車防盜特遣隊等【O10、O11、O13、A10、A13】。

Montgomery 郡治安官辦公室透過和 Montgomery 郡警司，及 Harris 郡警司辦公室第四管理區合作，組成 The Woodlands 警政服務單位，負責 The Woodlands 地區的執法工作，除了配合 Township 執法服務部與鄰里服務部，推行社區警政的警政策略之外，他們也相當重視電腦統計警政策略的運用【O10、O11、A10、A13】。

在 The Woodlands 巡邏部門中，勤務指揮中心系統性的蒐集治安相關資訊，將轄區的犯罪資料建立完整的資料庫，並善用治安斑點資料來源、地理資訊系統、犯罪製圖、地緣剖繪系統等犯罪辨識科技，標出犯罪熱點、熱時、熱區，將巡邏警力做最有效率的應用，而且每部巡邏車上，都有設置電腦統計警政相關的配備，善用這些最先進的警政科技【O10~O13、A9~A11、A13~A15】。

巡邏部門隊長能在電腦統計的即時報告中，看到 The Woodlands 最新的治安斑點圖、地理資訊系統、犯罪製圖、地緣剖繪系統等犯罪資料，據以決策巡邏勤務如何派遣，也可以比較轄區前幾天、前一週或是前幾年的資料，

作為規劃下階段勤務派遣的依據【O10~O13、A3~A15】。

執法服務部並與 Montgomery 郡警司辦公室簽訂了合約，讓居民能夠從該辦公室接受包括巡邏、交通執法、駕車輔助計畫、度假守望計畫和社區教育計畫等專業服務。此外，Montgomery 郡警司辦公室第三管理區也為 The Woodlands 提供主要聚焦於防止虐待／剝削兒童的專門偵探服務【O10、A10、A13】。

The Woodlands 警政服務部門除了關注交通聯繫、車禍、毒品逮捕、呼叫回應等專業服務之外，它有一個部門，專門處理虐待兒童及網路分享和販賣兒童色情內容等案件，部門內所有的巡邏員警都接受過家庭暴力應對和防制虐待兒童的培訓。此部門也添購了跟蹤網路犯罪、兒童犯罪技術所需的鑑識設備，以追蹤兒童色情內容的網路在線上分享，以及在針對兒童的犯罪中所使用的電子產品【O10、A10、A13】。

此部門並與眾多地方、州和聯邦的執法機構，以及兒童保護中心、兒童避風港和兒童保護服務機構時常保持聯繫。Montgomery 郡警司也是 Houston 地鐵針對兒童網路犯罪特別工作組的合作機構。Houston 地鐵針對兒童網路犯罪特別工作組是全國 61 個網路針對兒童犯罪工作組之一，這些工作團隊以密集互助的方式開展作業，以打擊兒童的網路被害情況【O10、A10、A13】。

在為民服務方面，Montgomery 郡警司第三管理區也規劃了「假期守望計畫」，居民如果要度假或出差一段時間，可以透過網站填寫申請表，郡警司將免費提供在居民外出時會每天前往幫忙查看住家的服務【O10、A10、A13】。

另外他們也增加對學校的隨機巡邏、為轄區內居民籌建公民警察學院，並舉辦與警察一起喝咖啡、國家之夜等各種依據社區警政理念發展的活動，以促進和參與社區的互動【O10、A10、A13】。

二、Harris郡警司

The Woodlands 還有一個 Creekside Park 警察「區」，由於地理位置在 Harris 郡的境內，故委由 Harris 郡警司辦公室的第四管理區協助維護治安【O10、A10、A13】。

Harris 郡也是位於美國德州東南部，是德州人口最多的郡，也是美國人

口第三多的郡。郡名是以於 1826 年在 Buffalo Bayou 建立了 Harrisburg 鎮的 John Richardson Harris 命名。Harris 郡的郡城是 Houston，Houston 是德州最大的城市，同時是美國第四大城市【O10、A10、A13】。

執法服務部與 Harris 郡警司第四管理區簽訂的合約，由第四管理區分派 12 名全職警察至 Creekside Park 村巡邏，以提高 Creekside Park 的見警率，並協助預防該地區的犯罪。執法服務部另通過與 Harris 郡警司第四管理區的獨立合約，提供每週額外 30 小時的服務【O10、A10、A13】。

除了定期巡邏和交通執法外，合約副計畫另為居民或企業主提供度假和特殊監視，這些居民或企業主如在城外或有特殊問題需要解決，此等資訊透過管理指揮系統發送給負責巡邏的警察，故巡邏警察知道那些居民何時不在家，並可在該些居民不在時定期巡邏檢查其住家【O10、A10、A13】。

三、德州高速公路巡邏隊

The Woodlands 境內高速公路上的犯罪及交通事故，是由德州高速公路巡邏隊負責，高速公路巡邏隊隸屬於德州公共安全部，早期的編制是德州高速公路汽車巡邏隊，但隨著德州車輛交通量激增，巡邏隊被提升到公共安全部轄下，並改名為德州高速公路巡邏隊【O10、A10、A13】。

德州高速公路巡邏隊負責交通監督、處理高速公路上的交通事故、擔負高速公路上的執法及一般警察工作，以及推動公共安全教育，編制人員共有 2,162 名，主要任務是【O10、A10】：

（一）透過高效和有效地管理該部門的各種計畫，以協助維護德州高速公路的公共安全。

（二）維持現有法規規定的高速公路交通秩序，確保高速公路行車安全，用路人可以順暢的通行。

（三）教育德州公民遵守公共安全、犯罪預防等方面的法律規定。

四、Alpha & Omega馬巡

執法服務部與 Alpha & Omega 馬巡公司簽訂合同，希望在警察公權力的執法之外，增加第二層的「準專業人員」，為整個市中心區域的特定領域提供安全巡邏，協助維護社區治安【O10、A9、A10、A16】。

The Woodlands 的 Alpha & Omega 馬巡，被暱稱為「公園遊騎兵」，

Alpha & Omega 是一家由其執行長 Frank Keller 於 1980 年代所創立的國際私人企業，也是美國歷史最悠久，規模最大的私人巡邏隊。Frank Keller 本身是一名經過認證的警察授課講師，目前也是 Alpha & Omega Mounted 培訓部的首席培訓官【A16】。

執法服務部認為 Alpha & Omega 馬巡隊雖然沒有武裝，但騎士坐在馬上有廣泛的視野，他們可以看見遠處的人、車其他障礙物。騎士的能見度可以產生威懾效果，進而發揮阻止犯罪活動的作用。在行動、偵察和人群控制方面，一名馬巡騎士加上一匹馬，等同於有 10 名步行的安全維護人員，而且馬巡騎士可以透過無線電，通報警察人員任何見到的可疑現象，從而增加 The Woodlands 地區的安全【O10、A9、A10、A16】。

許多 Alpha & Omega 馬巡人員都具有執法背景，並均接受過美國國土安全部的「See Something、Say Something」訓練。該訓練教導相關人員識別各類犯罪行為，特別是與恐怖主義有關的犯罪活動，並將信息傳遞給適當的州或地方當局，扮演執法的眼睛和耳朵【O10、A9、A10、A16】。

Alpha & Omega 馬巡隊採用紅色和黑色軍裝風格，騎士身著頭盔、襯衫、騎馬褲、佩黃銅扣腰帶、黑色靴子、馬刺、名牌、刺刀和手電筒。馬匹的設備則包括露背、馬籠頭、韁繩、馬鞍和配件、A&O 蓋板、馬鞍包、胸圈、金頸繩和反光包裹【A16】。

Alpha & Omega 馬巡隊是 The Woodlands 公共安全的一個特色元素，這些馬巡隊另有一個任務：「品牌化」The Woodlands。馬巡隊人馬及馬匹被分配到市中心，他們的可見性，以及馬匹對公眾的自然吸引力，為市中心提供了重要的景點，被視為具有行銷 The Woodlands 觀光的積極效益，這樣的計畫也符合 Township 推動的旅遊導向警政【O10、A9、A10、A16】。

參、The Woodlands鎮鄰里守望

基於社區警政的理念，Township 執法服務部除了透過與非 Township 所屬的相關公私單位簽訂合同，以維護 The Woodlands 地區的治安之外，另一個重要工作是透過 The Woodlands 鎮鄰里守望維護地區的公共安全【O10、A9、A10】。

在 The Woodlands Township 中，鄰里守望的業務是由執法服務部與鄰里

服務部兩個部門共同負責。兩個部門共有 9 位專職人員負責處理此項業務，這是 Township 相當重視的一項業務【O10、A9、A10】。

執法服務部與鄰里服務部的共同主任 Marian Leck 認為，處理治安問題，必須了解最基本的預防犯罪原則和日常活動理論的「犯罪三角」，也就是犯罪發生時必然存在的三個要素：犯罪者犯罪的意願、犯罪的能力，和犯罪的機會。幸運的是透過控制犯罪三角的一個要素——「機會」，可以打破犯罪三角，避免犯罪發生【A10】。

要控制犯罪機會，情境犯罪預防策略提供了非常具體的做法，此策略重視增加犯罪的功夫、增加犯罪的風險、減少犯罪的誘因、減少犯罪的刺激、移除犯罪的藉口等五大類情境犯罪預防概念，以及導出的 25 項具體預防作為，為 The Woodlands 社區犯罪預防提供了工作的方針。在社區鄰里會議、週三守望演講，以及鄰里服務部工作人員到各單位演講時，都會特別強調，並加以宣導【O1、O7、O10、A3、A9~A13】。

三十多年來，Township 鄰里守望計畫透過教育和建立夥伴關係的方式，強化了鄰里意識及安全社區的觀念，也為 The Woodlands 的所有地區提供了鄰里教育、鄰里守望會議及睦鄰日等屢獲殊榮的犯罪預防計畫，在社區警政的工作中，發揮了相當重要的作用【O10、A9、A10】。

美國地方政府的組織架構，大致是由 city、county 及 town、village 所組成，大部分的 city 是在 county 的轄區之內（但是也有少數是 city 比 county 範圍大），town 隸屬於 county，village 則又隸屬於 town 下面的地方政府單位。village 是由許多社區所組成，社區裡又區分為許多的鄰里，故鄰里可謂是美國由住屋所組成的最小集合體【O10、A10】。

鄰里守望計畫是運用社區警政中之「警力有限、民力無窮」的概念，在每個鄰里當中，尋找幾位志願擔任鄰里守望這項工作的熱心居民，再加以組訓，以擔任 Township 具有「Eyes and Ears」功能的守望協調員。他們平日經常在社區巡迴散步，發揮巡邏的功能，並扮演居民和 Township 之間的橋梁，將居民的意見和關注事項，透過執法服務部與鄰里服務部傳遞給 Township，也幫忙將 Township 的施政理念和活動，傳遞給鄰里居民知道。守望協調員並負責聯繫、宣導犯罪預防概念、警示鄰里附近的犯罪現況，以及舉辦鄰里街區派對的活動等【O1、O10、A5、A6、A10、A12、B6~B8、B14、B15、B17、B18】。

Township 在每個鄰里都有遴選幾位守望協調員，以幫助鄰里居民了解他們所在地區當前的犯罪問題。該計畫幫助鄰里居民識別和報告可疑活動、了解他們的鄰居，並降低侵入住宅竊盜或在公共場所被害的風險。而鄰里守望計畫在每個村莊都設有 5 名有職給的兼職村聯絡員，以負責聯絡村莊內各社區及鄰里守望的工作，並在村莊內提供宣導教育和犯罪預防計畫【O9、O10、A9、A10、A12、B13、B14】。

除了鄰里守望之外，執法服務部也推展了許多和犯罪預防相關的活動，這些活動都是依據社區警政的概念而衍生出來的，比較重要的活動有國家之夜、鄰里街區派對、週三守望演講等【O10、A9、A10、A12、A13、B13、B14】。

一、國家之夜

自 1984 年起，在美國和加拿大的「國家鄰里守望協會」的聯合贊助之下，美國及加拿大開始每年舉辦一次「國家之夜」，鼓勵所有的鄰里居民在 8 月的第一個星期二（德州是 10 月的第一個星期二）晚上，鎖上家門、打開住家外面的門廊燈，坐到家門前和鄰居一起度過一個夜晚【O10、A9、A10、A12】。

「國家鄰里守望協會」是一個致力於社區建設的非營利組織，他們邀請警察、消防員和護理人員一起參加活動，並為所有鄰里居民提供表演、安全示範、展覽或教育宣導，希望透過「國家之夜」的活動，促進警察、消防員和護理人員等與鄰里居民的夥伴關係，使鄰里更安全，更適宜居住。2018年是該活動第三十五年舉辦，估計全美有 1 萬 6,000 個社區，約 3,800 萬民眾參加【O10、A9、A10、A12】。

「國家鄰里守望協會」強調「國家之夜」的目的主要是在【O10、A10】：

（一）提高預防犯罪和拒絕毒品的意識。

（二）為鄰里的預防犯罪工作提供支援。

（三）加強鄰里精神，並促進警察與社區鄰里的夥伴關係。

（四）透過社區的組織和犯罪預防措施，讓犯罪分子知難而退。

The Woodlands 舉辦的國家之夜，也是利用 10 月的第一個星期二，宣導 The Woodlands 的居民，在住家外面和鄰居一起共度一個晚上。執法服務部

與鄰里服務部的人員，並利用此一機會，搭配 Montgomery 郡治安官辦公室和 Harris 郡警司辦公室第四區之警察及消防局人員，對許多當地鄰里居民進行簡短的訪問及教育宣導【O10、A9、A10、A12】。

二、鄰里街區派對

　　鄰里街區派對，也是在社區警政的「促進警民關係」及「建立警民夥伴關係」概念下，所推動的一個活動。鄰里街區派對舉辦的方式與國家之夜的形式有些類似，但改為利用白天的時間在鄰里間找一個定點舉辦【O02、O07~O10、A9、A10、A12】。

　　舉辦鄰里街區派對活動的過程，大致是由鄰里守望協調員選定時間、地點之後，逐家挨戶的告知鄰里的所有居民，並發送印製鄰里街區派對的通知單，請每戶家庭準備一些飲料以及可以手拿的點心。守望協調員會準備幾張長條桌子及椅子，長條桌用以擺放每個家庭帶來的飲料及點心，鄰里居民們則可以或站或坐的享用美食，相互聊天暢談【O02、O07~O10、A9、A10、A12】。

　　多數鄰里居民會帶家中的兒童和寵物前來參與活動，守望協調員也會準備一些姓名貼條，讓大家將名字貼在自己胸前，以便大家相互認識。執法服務部、鄰里服務部的工作人員，以及負責這個地區巡邏及治安維護的社區警員也會參與，活動的氣氛有鄰里社區嘉年華會的感覺【O10、A9、A10、A12】。

　　The Woodlands Township 認為鄰里街區派對具有下列諸多功能【O10、A9、A10、A12】：
　　（一）增加對鄰里社區的歸屬感。
　　（二）與鄰居建立友誼。
　　（三）與鄰居相互學習，了解哪些鄰居可能需要一些額外的幫助。
　　（四）鼓勵鄰居相互照顧。
　　（五）提供機會了解鄰居及其居住地。
　　（六）透過了解誰住在何處，以幫助鄰里社區的安全及預防犯罪。
　　（七）透過了解彼此的日程安排，來提高鄰里社區的安全性。
　　（八）提供機會與一些舊時鄰居會面，並了解社區的歷史。

三、週三守望演講

　　週三守望演講是由鄰里守望部主辦的免費系列，於選定的日期在 Township 舉行。每次演講都針對一個不同的主題，但每個主題都著重在預防犯罪或公共安全的層面，並由來自其專業領域的各種專家介紹【O10、A9、A10】。

　　週三守望演講原則上於單月分第二週的星期三舉行，但發展到後來，有時也會應邀在民間組織、教堂、商業或其他聚會上進行。演講活動由執法服務部與鄰里服務部主辦，演講內容以社區安全與犯罪預防為主，Township 會在線上的行事曆上，將預訂發表的演講文稿臚列。週三守望演講有下列較受歡迎的演講主題【O10、A9、A10】：

　　公寓安全、與律師打交道、如何運用 9-1-1、人身安全、假日安全、居家安全及如何防止盜竊等。

肆、居民安全感

　　「生活在 The Woodlands 非常的安全」是所有受訪對象共同的看法，The Woodlands 到處綠意盎然，風景非常優美，每隔不遠就會有一座或大或小的公園。Township 並規劃在整個城鎮開闢互相聯結的散步小徑，目前整個城鎮散步小徑的完成率已經到達九成以上，在 The Woodlands 不管是散步、跑步或騎腳踏車都是非常舒服的事，每天從清晨到傍晚的白天時間，四處可以看到居民悠閒的散步、跑步或騎腳踏車【O02、A6、A8、A10~A12、B1~B18】。

　　The Woodlands 很少有犯罪案件發生，尤其是商業區 Town Center 以外的村莊，讓居民感覺生活相當舒適、安全，甚至深夜外出在小徑散步也不會擔心受到騷擾，全天候可以在小徑悠然的散步，是 The Woodlands 居民的一大樂事【O02、O03、A6、A8、A10~A12、B1~B18】。

　　The Woodlands 居民多為中產階級以上的民眾，追求良好的生活品質。而 The Woodlands 的學區相當好，自小學到高中，都在德州乃至在全國名列前茅，加上生活、舒適安全，許多在 1 小時多車程外休士頓上班、工作的居民，願意忍受交通的擁塞，選擇定居在 The Woodlands，也有許多在 50 多

分鐘車程外 Huntsville 聖休士頓大學教書、上班的教職員，在此購屋、定居【A11、A13、B1~B18】。

多位專家、學者認為，良好的居民素質，與地區生活的安全度，是相得益彰的；Town Center 以外的村莊，雖不常看到警車巡邏，但在需要的時候警察就會出現，加上社區的鄰里守望制度發揮功能，常能看到鄰里守望員，以及他們發動的退休人員等居民在街頭散步，遇有陌生人或陌生的車輛出現，就會詢問來意，相互告知，或通報相關單位【A2、A3、A5、A7、A11~A13、B1~B18】。

鄰里協調員的發揮功能，除了規劃國家之夜、鄰里街區派對等活動，也常協助辦理，例如里親子棒球友誼賽等鄰里聯誼活動，促進鄰里居民的交誼，連繫街區居民情感，讓大家彼此關懷，進而關心街區、鄰里、社區，這些對增進居民的安全感，都是相當有助益的【O01、O02、O07~O10、A5、A7、A9~A12、B1~B18】。

第四節　結語

The Woodlands 城鎮並未設立警察局，但地區的治安相當良好，是個相當值得研究探討的個案。The Woodlands Township 對處理地區治安的相關事宜，採用的對策是委託鄰近地區警察單位協助維持地區治安，同時結合民間保全組織，並透過強化地區的鄰里守望功能進行治安管理。其對策、作為顯然相當奏效，不但總犯罪率的犯罪分數權重不到全國平均值的一半（大約是休士頓市的三分之一），各類型的犯罪率也多遠低於美國全國的平均值。

本研究發現 The Woodlands 地區能夠治安良好，應該歸功於「警政策略及作為」、「鄰里守望之規劃」，以及「居民鄰里意識之建立（居民關心居住的鄰里）」等三者搭配良好，在交互作用之下產生的，此三者都是其治安管理中不可或缺的要素。

早期刑事司法的研究，發現警察的功能實際上在一般嚇阻（預防）上的效用有限，真正的功能是呈現在特別嚇阻（預防）的方面，認為警察只能在犯罪偵查及追緝等犯罪發生後的處理，產生避免以後犯罪再發生（不能、不敢）的作用。

　　正確的警政規劃及作為，是維護地區治安的基本要件。The Woodlands 所施行的警政作為，基本上是有發揮了警察執法的特殊嚇阻，以及些許一般嚇阻的犯罪預防功能。而 The Woodlands 雖然沒有設立警察局，但其所採用的警政作為及警政策略，與美國其他各地區警察局（甚至是世界上大部分民主自由地區警察單位）所採用的警政作為及策略並沒有太大的差異。

　　本研究發現，The Woodlands 城鎮之所以能維持良好的治安環境，其原因主要是能落實鄰里守望的工作，能夠將鄰里守望強調的概念實踐在居民鄰里的生活之中。由於將警政執法的相關事宜皆委託鄰近地區警察單位協助，所以 The Woodlands Township 對鄰里守望功能的發揮特別重視。

　　The Woodlands Township 的做法是透過教育和建立夥伴關係的方式，強化鄰里意識及安全社區的觀念。在各個鄰里中，找幾位志願擔任守望協調員的熱心民眾，加以組訓，讓他們在鄰里中發揮「Eyes and Ears」的功能。另在每個村莊再設村聯絡員，以負責聯絡村莊內各社區及鄰里守望的工作，並在村莊內提供宣導教育和犯罪預防計畫。

　　The Woodlands Township 並搭配舉辦國家之夜、鄰里街區派對、週三守望演講等相關活動，除了強化鄰里概念之外，也教育民眾預防犯罪、避免被害的情境犯罪預防知識，在相關活動中逐漸建立警民一體的夥伴關係。

　　與我國推行的「守望相助」不同之處是，The Woodlands Township 將鄰里守望的推動縮小到以街區為單位，並透過一系列的活動讓同一街區的居民相互熟識，使該同一街區民眾之間關係更緊密。由於街區的狀況與自己的生活息息相關，加上鄰居互相熟識，很容易使居民產生對街區的歸屬感，自然而然地就建立了居民的鄰里意識。居民建立了「共同守護鄰里」的「共同體概念」觀念，這也符合了情境犯罪預防中「有能力的監控者」的要求，很自然的就產生了預防犯罪的功能。

　　由本個案研究的發現，本研究建議我國的守望相助工作可以善用退休人士。由於醫學的進步，現代人的壽命延長，平均退休後還可以有約二十年的生活，很多人退休後身體健康，活力十足，而且有非常充裕的時間可以運用，故可以善用這些退休人士當作鄰里的耳目，協助維護鄰里的安全。

　　其次，建議我國守望相助的推動，可以採「鄰」為單位。我國各地方政府有「鄰長」的編制，但「鄰長」卻沒有發揮太多功能，相當可惜。「鄰」是最能建立鄰里意識的，讓同一鄰的居民互相認識，互相關懷，互相幫忙，

守望相助的功能自然而然就會產生。

　　建立鄰里意識可以從鼓勵見面時互相微笑、打招呼做起。可以讓「鄰長」舉辦同一鄰居民的聚會或派對，先讓大家互相認識，並進而鼓勵同一鄰的居民見面時互相微笑、打招呼，慢慢大家互相熟悉了，就會展現出鄰居的善意，關懷鄰居的需求，對鄰里非正常的狀況也會加以注意。

　　若能做到這一步，鄰里的每一個居民都會是鄰里的非正式守望員，鄰里的守望相助就自然而然的形成了。這種鄰里意識的建立，串連起來就形成了一個友善且安全的社區，各個安全的社區再加總起來，就會形塑出地區良好的治安環境。

第二十章 警政策略的特殊應用研究 ——觀光博弈產業之警政治安管理策略

第一節 整體研究過程

目前臺灣地區透過法律特許，讓經政府許可經營觀光博弈產業及從事博弈活動者，不適用刑法博弈罪章之規定，以特許的方式讓博弈在離島除罪化。既是除罪化，在離島博弈除罪化之餘，政府當然也應該修訂一些相關的行政法規，以防範博弈除罪化後對離島可能會產生的負面效應。

離島設置觀光博弈產業地區的警政治安管理，雖是處理開放觀光博弈產業後的後段工作，但卻是相當重要，若離島開放博弈產業只是提升了經濟的效益，卻造成嚴重的社會問題，那是得不償失的。開放觀光博弈產業，可說是一條不歸路，當其負面作用形成之後，想要再回頭處理，相當的不容易。所以在規劃之初，就應該仔細擘劃，研擬適宜的因應方法。

為了形塑我國觀光博弈產業警政治安管理策略，筆者首先蒐集、了解美國（尤其是內華達州及紐澤西州）、英國、澳大利亞、澳門、新加坡等較具代表性國家、地區的觀光博弈產業安全治理對策，並探討我國博弈專法的立法經過及專法內容。

其次探討觀光博弈產業與犯罪之關聯性，除了解國內、外對觀光博弈產業與犯罪關聯性的相關研究外，並加以分析探討。接著探討理性選擇理論、日常活動理論、情境犯罪預防策略、三級犯罪預防策略等與觀光博弈產業警政治安管理相關之犯罪預防理論與策略。

筆者也進行了借鑑美國經驗及落實在地化檢視的相關研究，包括赴美國進行「美國聖休士頓大學專家學者訪談研究」及「美國拉斯維加斯參訪研究」。在完成借鑑美國經驗的兩個相關研究之後，筆者接續在國內舉辦「觀光博弈產業警政治安管理對策」學者專家座談會，以及「觀光博弈產業警政治安管理」實務專家座談會，以了解國內專家學者之相關建議。

由於馬祖是我國首個經過公民投票有效投票數超過二分之一同意,通過得設置觀光博弈特區的離島,筆者接著赴馬祖進行了三個階段的研究。首先,針對連江縣警察局在地員警進行探索性的深度訪談研究;其次,進而對連江縣警察局全部基層員警進行普查性的問卷調查研究;最後,再針對馬祖地區所有居民中,抽樣 420 位民眾,進行民眾對馬祖地區設置觀光博弈之警政治安管理認知及需求的問卷調查研究。

最後筆者綜合各種由各相關理論、策略及研究結果萃取的精華,將所有文獻探討及研究所得的資訊,結合當代各種警政策略,以及美國、英國、澳大利亞、澳門、新加坡各國家、地區針對觀光博弈產業所採行的警政治安管理對策,形塑出逐步由外而內,適用於我國的三層面觀光博弈警政治安管理策略。

整體研究的進行,是先汲取外國的經驗,經過國內實務專家的檢驗,並調查地區員警及民眾的認知與需求,再落實為策略。故先進行美國觀光博弈產業安全治理的參訪研究,再回國內舉辦兩場專家學者座談會,最後在已經通過博弈公投的馬祖地區,進行對警察幹部、基層員警及民眾治安認知與需求的訪談及問卷調查研究。是由國際視野出發,最後落實為在地本土化的警政治安管理作為。

本章謹呈現與警政策略相關的各國對觀光博弈產業之警政治安管理策略,以及由各相關理論、策略及研究結果萃取精華形塑而成,適用於我國的三層面觀光博弈警政治安管理策略規劃。

第二節　各國對觀光博弈產業的警政治安管理策略

壹、美國

美國內華達州拉斯維加斯警方主要採用問題導向警政策略來解決觀光博弈產業相關的治安問題,同時也非常重視錄影監視系統,並將其與犯罪熱點分析及情境犯罪預防結合運用。此外拉斯維加斯警方為防制與觀光博弈產業相關犯罪,特別設置「旅遊安全局」,專門處理 strip 大道上及兩側觀光博弈產業內犯罪及違序行為(孫義雄,2009)。

拉斯維加斯警方會將負責該觀光博弈產業的「旅遊安全局」探員之徽章號碼告知博弈產業的保全人員，並將博弈產業內秩序維護責任交由保全人員維持。要求「旅遊安全局」探員與保全人員間彼此保持密切聯繫，當博弈產業內有犯罪發生時，保全人員除立即聯繫「旅遊安全局」探員，也可協助警方處理犯罪事件（孫義雄，2009）。

美國紐澤西州大西洋城警方針對觀光博弈產業相關治安問題成立「博弈執法局」，執行大西洋城內所屬觀光博弈產業內所發生，包括遊客犯罪與業者違法行為之各類刑案調查，並依據博弈產業控制法，協調州內各司法相關單位（Kilby, Fox, & Lucas, 2005）。

大西洋城警方「博弈執法局」設有刑事偵查隊、服務課、特殊偵查課及金融犯罪調查課等單位，負責偵查各類刑案、偵查組織犯罪及賄賂貪瀆等重大犯罪、處理緊急危害事件、犯罪證物之保管，以及調查洗錢、信用卡詐欺、偽造票券等違反金融事件（曾忠祿，2010）。

紐澤西州警方另外亦成立「反恐局」、「情報局」及「掃蕩街頭幫派局」，以處理觀光博弈產業外圍地區的犯罪問題。反恐局負責州內各種恐怖活動之情報蒐集、分析、偵查、傳遞等工作；情報局長期監控州內大型幫派成員、組織，以及其不法活動；掃蕩街頭幫派局則蒐集、分析地區幫派活動與影響地區治安等相關資訊，並執行地區掃黑及各項掃蕩專案勤務（澎湖縣警察局，2006）。

貳、英國

英國警方針對觀光博弈產業相關治安問題，其治安管理策略是採用社區警政、第三方警政，並著重警察犯罪防治教育，以及錄影監視系統的運用。在社區警政方面，英國在其警察與刑事證據法中，加入「警察機關必須安排一個委員會諮詢該地區民眾對警政工作之要求」的明文規定（陳國恩，2005）。

英國除實施「多部門犯罪預防方案」、「警政改革計畫」、「農莊計畫」及「分部警察策略」等方案之外，並在全國成立超過16萬個社區單位，要求居民監督、巡視自己的社區，並請居民將發現的重要訊息報告警方。警察機關則必須定期召開治安諮詢委員會議，了解地區治安需求，並運用「問

題導向警政」的 S.A.R.A 模式，處理設有博弈產業地區的治安問題。在設有博弈產業等治安高風險地區，英國則另外增聘「社區支援官」，執行加強街道巡邏及對違序行為開發違規告發單等工作（伍姿蓉，2012）。

在第三方警政方面，英國犯罪與失序法要求設有博弈產業地區的警察與地方機關建立夥伴關係，共同規劃與執行防制方案，以有效降低地區的失序與犯罪問題。反社會行為法則賦予警察更廣泛的制裁手段，警方在設置博弈產業地區，擁有驅散涉嫌違反社會秩序的群眾、塗鴉者及噪音製造者權力（黃蘭媖，2009）。

在犯罪防治教育方面，英國警察及治安法庭法要求警察職權委員會在洽詢警察局長和社區居民後，建立當地的治安管理計畫，並由內政部提供執行這項計畫所需要資源及預算。此治安管理計畫主要藉由犯罪預防以控制設置博弈產業等治安高風險地區未來可能導致犯罪的潛在問題（陳斐鈴、沈明昌，2009）。

由於錄影監視系統已經成為英國警察治安管理的利器，在設置博弈產業地區對錄影監視系統的運用方面，主要是在博弈產業附近治安高風險地區找出轄區犯罪熱點，經過詳細觀察，縝密規劃在適當空間密集裝設錄影監視系統。對於博弈產業經營者，英國警方亦要求在博弈產業的內外相關空間，密集裝設錄影監視系統，英國警方也善用博弈產業裝設的錄影監視系統，用以偵辦、處理治安相關問題（孫義雄，2015b）。

英國在博弈法中，賦予警察處理博弈場所和博弈設施的一些權力，當博弈產業內有相關治安事件發生，或警方懷疑可能有犯罪發生時，在符合博弈法規範的情況下，警察有權力進入博弈產業進行警政治安管理作為（Gambling Commission, 2013）。

參、澳大利亞

澳大利亞警方在墨爾本市推行「公共場所的公眾安全」計畫，透過主動執法、提高見警率，及加強許可營業場所之查察等執法手段，對於博弈產業及夜店區域及其週遭長期遭受酗酒滋事、喧鬧、鬥毆，以及違反社會秩序等違序行為侵擾區域，有效壓制反社會行為及降低妨害公共秩序事件之發生（劉耀欽，2011）。

　　澳大利亞警方推動「澳大利亞舉報犯罪」活動，透過媒體公布沒有偵破之刑案，請求公眾協助，鼓勵公眾以電話隱名方式向警方舉報罪行並提供各種犯罪行為的詳情，澳大利亞警方在博弈產業及附近區域亦推展此一活動，用以嚇阻相關犯罪（劉耀欽，2011）。

　　澳大利亞警方對博弈產業周圍地區民眾厭惡的違序行為，如在深夜大聲放音樂、酒醉及塗鴉等現象高度重視，並採取積極措施、立刻處理，亦請有關部門增加街道燈光照明，拆除廢棄房屋等，以減少博弈產業附近地區的犯罪環境。澳大利亞警方也教育民眾識別犯罪嫌疑犯，以及提高個人與房屋安全的防範方法，並鼓勵在鄰里間通道上和在個人房子懸掛鄰里守望標識，以預防犯罪（馬麗華、陳曉宇，2004）。

　　澳大利亞規定街區守望警察每月須召集一次警民聯繫會，藉以與民眾互通治安狀況，分享犯罪預防經驗。警察局並指定特定警員擔任「聯絡警察」，以加強對社區民眾的教育和進行彼此資訊交流。警方巡邏方式也增加徒步巡邏的步巡及自行車巡邏，以增加警察與民眾接觸的機會（張君周，2004）。

　　針對博弈產業地區等犯罪熱區，澳大利亞警方創設「七類犯罪策略管理委員會」，並依據蒐集到的治安情資進行分析，據以靈活部署勤務作為，規劃名為「雞尾酒」的勤務派遣策略。針對市中心及博弈產業等地區，警方也推動改善監視、強化進出口通道之控制和增強領域感等三個情境犯罪預防的核心策略，同時廣設錄影監視系統，以發揮犯罪預防效果（陳明傳，2003）。

　　在電腦統計警政的運用方面，澳大利亞的警方「罪犯追蹤」資料庫系統，整合了各州、各地區包括博弈產業相關犯罪等治安管理所需相關資料，為澳大利亞各地警方提供更完整、更新的警政治安管理資訊服務（王生安，2006）。

　　新南威爾斯州博弈產業管制法規定，與博弈產業相關的違序及犯罪行為，州立警察單位皆有權加以管理、調查，並送請州的司法單位起訴，以預防犯罪情事發生。該法也授權警察可以進出博弈產業之所有公共區域，進行相關調查。在博弈產業鄰近地區社會秩序維持方面，則要求博弈產業的保安人員擔負起維護博弈產業及其周圍地區秩序的責任（蔡敏琪，2009）。

　　在洗錢防制方面，澳大利亞昆士蘭州犯罪所得沒收法規定，警察可以藉

由民事禁制令，防止博弈產業中洗錢等犯罪嫌疑人脫產，嫌疑人如果無法對自己財物的來源有合理解釋，也無法證明其所攜帶資金或財物是合法的，警方就有理由懷疑這些財物的來源，有權予以沒收（伍姿蓉，2012）。

肆、澳門

澳門警政部門負責博弈產業相關治安管理單位，主要是「司法警察局」所轄「博彩及經濟罪案調查廳」，其下設有「博彩罪案調查處」、「經濟罪案調查處」、「清洗黑錢罪案調查處」及「資訊罪案調查處」等處。「博彩及經濟罪案調查廳」並搭配「刑事調查廳」與「情報及支援廳」，一起處理澳門博弈產業相關治安問題（蔡敏琪，2009）。

澳門警方在觀光博弈產業附近區域，除於人潮匯聚時段密集巡邏之外，也在各觀光博弈產業派有刑事偵查員 24 小時輪值駐守，除進行監察，也積極蒐集治安管理相關情報，密切注意博彩犯罪的發展與趨勢。而澳門警方對澳門比較特殊的博弈治安管理問題「疊碼仔」，也特別進行監察，密切注意其運作情形，以不同的特殊對策加以管理（澎湖縣警察局，2006）。

伍、新加坡

新加坡政府認為博弈產業產生的相關治安問題，透過正確規劃，是可以有效管理及控制的，故要求執法面向由警方負責，社會安全與預防性公共教育面向，由社區發展、青年暨體育部負責，而「社區發展、青少年及體育部」也須與「衛生部」共同處理與博弈問題有關的治療與處遇（澎湖縣警察局，2006）。

新加坡「警政委員會」及警察總監都擁有核發「禁入令」的權力，禁止曾犯媒介色情、涉及非法放貸、洗錢、參與組織犯罪、販毒，以及被懷疑涉及嚴重犯罪的犯罪人及嫌疑人進入博弈產業（蔡敏琪，2009）。

隸屬於刑事偵查局的「博弈產業罪案調查組」，專責處理與博弈產業相關之犯罪，其分別在聖淘沙名勝世界和濱海灣金沙博弈產業內設衛星辦公室，全天候 24 小時監督博弈產業內治安管理，同時也預防其他犯罪與非法金錢借貸活動。並在博弈產業周邊部署警力巡邏，以防止搶劫與扒竊案件

（Swafford, 2006）。

新加坡警方亦採取一些特殊警政治安管理對策，如取締觀光博弈產業周圍的色情活動、強力治理非法金錢借貸活動，以及因非法金錢借貸而引起的滋擾活動、規定只有通過「警政委員會」審查，由 CRA 發證照認可的仲介人，才可在博弈產業工作、打擊組織犯罪、要求觀光博弈產業建立專職安全警衛組織，以及設置完整攝影監錄系統、建構跨部會整合網絡，以及加強與外國警察部門合作關係，培訓處理博弈產業治安事務的專責人員等（蔡敏琪，2009）。

第三節　文獻萃取之警政治安管理建議

本章從所探討的各種文獻中，萃取出與觀光博弈產業相關的警政治安管理作為（詳表 20-1、表 20-2），其中以「錄影監視系統」的運用與整合，以及「加強見警率」出現次數最多，各有 14 次。其次是「設置專責警力」、「取締地下錢莊、組織犯罪」、「觀光博弈產業保全配合」各有 12 次，「取締洗錢活動」也有 11 次之多。

其他「與各國警察單位合作」、「守望相助、家戶聯防」、「設立犯罪分析單位」、「治安跨域聯防」、「熱點分析」、「增加員警」、「徒步、自行車巡邏」、「便衣人員巡邏」、「S.A.R.A 模式」、「強化勤指中心功能」、「社區治安會議」，以及「強化應勤裝備」等，出現的頻率也至少有 5 次以上；而「加強員警專業訓練」、「建立犯罪資料庫」、「治安斑點圖」，以及「犯罪製圖」等警政作為，也多次被提及。

要做好觀光博弈產業相關之警政治安管理工作，須有政府配合，方能竟其全功，此方面的作為中，在相關文獻萃取中出現次數最多的是「設置專責博弈管制機構」，被提及次數有 13 次；其次是「洗錢防制規範」有 11 次，再其次為「一定金額籌碼申報與列管」、「設置處理問題博弈機構」、「十八歲以下青少年禁止進入」、「禁入令」、「錄影監視系統的運用與整合」、「要求觀光博弈產業設有週全的保全系統」等（表 20-2）。

其他「入境告知規範」、「觀光博弈產業不准提供借貸」、「禁止擴張信用」、「博弈區域不設提款機」、「限制博弈廣告的播放」、「求助熱

線」，以及「轉介問題賭徒」，至少有 5 次以上被提及；其他的「入場電腦驗證」、「觀光博弈產業不准提供酒類」、「業者提撥安管經費」、「進行博弈產業影響相關研究」，以及「病態賭徒強制診療」等作為，也都出現多次。

　　在文獻所萃取中出現頻繁的管理作為，必然是設置觀光博弈產業地區警政治安管理中，非常重要的措施，但出現頻率不是那麼多的管理作為，雖非理論探討或研究所關注的焦點，但既然有多次被提及，在規劃設置觀光博弈產業地區的警政治安管理時，也應探討其在實務上的重要性。各種治安管理作為出現次數的多寡，或可作為警政單位在規劃相關策略時安排優先順位的參考。

表 20-1　警政作為

	理性選擇理論	日常活動理論	情境犯罪預防	三級犯罪預防	問題導向警政	社區警政	第三方警政	電腦統計警政	各國管理策略					專家學者訪談			馬祖地區研究			出現次數
									美國	英國	澳大利亞	澳門	新加坡	休士頓大學	拉斯維加斯	國內座談	警局幹部訪談	員警普查	民眾調查	
監視系統		★	★		★				★	★	★	★	★	★	★	★	★	★	★	14
加強見警率	★	★	★						★	★	★	★	★	★	★	★	★	★	★	14
專責警力	★	★	★						★			★	★	★	★	★	★	★	★	12
取締地下錢莊、組織犯罪	★	★	★						★			★	★	★	★	★	★	★	★	12
保全配合		★	★				★		★	★				★	★	★	★	★	★	12
取締洗錢活動	★	★							★			★	★	★	★	★	★	★	★	11
與各國警察單位合作		★	★				★							★	★	★	★	★	★	9

表 20-1　警政作為（續）

	理性選擇理論	日常活動理論	情境犯罪預防	三級犯罪預防	問題導向警政	社區警政	第三方警政	電腦統計警政	各國管理策略					專家學者訪談			馬祖地區研究			出現次數
									美國	英國	澳大利亞	澳門	新加坡	休士頓大學	拉斯維加斯	國內座談	警局幹部訪談	員警普查	民眾調查	
守望相助、家戶聯防		★	★			★				★	★		★	★			★			8
設立犯罪分析單位				★	★							★		★	★		★	★	★	8
治安跨域聯防							★						★	★	★	★	★	★	★	8
熱點分析		★	★			★			★	★				★	★		★			8
增加員警			★										★	★	★		★	★	★	7
徒步、自行車巡邏						★				★	★	★	★	★	★					7
便衣人員巡邏						★				★	★	★	★	★	★					7
S.A.R.A模式				★				★	★	★				★	★		★			7
強化勤指中心功能	★	★				★											★	★	★	6
社區治安會議						★				★	★		★				★			5
強化應勤裝備			★													★	★	★	★	5
加強員警專業訓練								★								★	★	★	★	5
治安斑點圖								★	★		★									3
犯罪製圖								★	★		★									3

表 20-1　警政作為（續）

	理性選擇理論	日常活動理論	情境犯罪預防	三級犯罪預防	問題導向警政	社區警政	第三方警政	電腦統計警政	各國管理策略 美國	英國	澳大利亞	澳門	新加坡	專家學者訪談 休士頓大學	拉斯維加斯	國內座談	馬祖地區研究 警局幹部訪談	員警普查	民眾調查	出現次數
建立犯罪資料庫					★						★									2
巡邏車設置衛星定位			★				★													2

表 20-2　政府作為

		理性選擇理論	日常活動理論	情境犯罪預防	三級犯罪預防	問題導向警政	社區警政	第三方警政	電腦統計警政	各國管理策略 美國	英國	澳大利亞	澳門	新加坡	專家學者訪談 休士頓大學	拉斯維加斯	國內座談	馬祖地區研究 警局幹部訪談	員警普查	民眾調查	出現次數
專責博弈管制機構	一元化										★	★		★	★		★	★	★	★	13
	二元化		★	★						★			★			★					
洗錢防制規範		★	★	★						★	★	★	★	★	★	★	★				11
一定金額籌碼申報與列管			★							★	★	★	★	★	★	★	★				9
處理問題博弈機構		★	★	★						★			★			★	★	★	★		9

表 20-2　政府作為（續）

	理性選擇理論	日常活動理論	情境犯罪預防	三級犯罪預防	問題導向警政	社區警政	第三方警政	電腦統計警政	各國管理策略					專家學者訪談			馬祖地區研究			出現次數
									美國	英國	澳大利亞	澳門	新加坡	休士頓大學	拉斯維加斯	國內座談	警局幹部訪談	員警普查	民眾調查	
禁入令		★	★						★		★	★	★	★		★	★			9
18歲以下青少年禁止進入		★	★						★	★		★	★	★		★	★			9
監視系統		★	★										★	★	★	★	★	★	★	9
保全系統		★	★									★		★	★	★	★	★	★	9
不提供借貸		★	★								★	★	★			★				6
博弈區域不設提款機		★	★								★	★	★			★				6
轉介問題賭徒	★		★											★	★		★			5
限制博弈廣告的播放		★	★									★	★				★			5
禁止擴張信用		★	★								★		★				★			5
入境告知規範		★	★														★	★	★	5
求助熱線		★							★		★			★			★			5
不提供酒類		★	★									★					★			4
病態賭徒強制診療	★	★	★																	3

表 20-2　政府作為（續）

	理性選擇理論	日常活動理論	情境犯罪預防	三級犯罪預防	問題導向警政	社區警政	第三方警政	電腦統計警政	各國管理策略					專家學者訪談			馬祖地區研究			出現次數
									美國	英國	澳大利亞	澳門	新加坡	休士頓大學	拉斯維加斯	國內座談	警局幹部訪談	員警普查	民眾調查	
進行博弈產業影響相關研究					★							★	★							3
一般嚇阻策略	★	★																		2
入場電腦驗證		★														★				2
業者提撥安管經費			★														★			2

第四節　設置觀光博弈產業地區之三層面警政治安管理策略規劃

　　本章依據三級犯罪預防模式，謹由警政治安管理的角度，規劃出「情境治安管理策略」、「特別治安管理策略」，以及「犯罪及社會問題治安管理策略」等三層級的警政治安管理策略，各層級內再區分為「警政作為」及「政府作為」兩個面向。其中，「警政作為」面向是警察機構可以自行規劃、推動的治安管理作為；「政府作為」面向則是需要政府單位配合執行，警察機構應建議政府相關單位推動的管理作為。

壹、情境警政治安管理策略

　　情境警政治安管理策略主要是針對一般民眾，係藉由對環境的規劃，避免引發犯罪或出現社會問題的行為，以減少產生治安問題的機會。此一策略

乃採用日常活動理論的觀點，日常活動理論認為偏差行為的發生是「機會」和「有動機及能力之偏差行為人」等要素在時空上聚合。偏差行為會因為減少犯罪機會，而得到預防。因此，針對特殊治安問題型態，設計、操縱和管理立即環境，以降低治安問題發生的機會，情境警政治安管理策略具體的作為如下：

一、警政作為面向

（一）調整地區警察人力組織，增加轄區警察局警力配置。除增加人員之外，同時也要加強員警的專業訓練與強化應勤裝備，以及加強見警率。強化巡邏員警人力，增加巡邏次數與密度，藉見警率的幽靈效應，產生嚇阻作用，減少犯罪者僥倖心理。再加上強化裝備與專業訓練，讓觀光博弈產業周圍的治安及旅客安全獲得保障。此項作為也是屬於「增加犯罪風險」策略中「擴大監控」策略之做法。

（二）以錄影監視系統進行治安監控，依據日常活動理論及情境犯罪預防的觀點，廣設錄影監視器，可以發揮嚇阻作用。除要求博弈產業內外廣設錄影監視器外，其周邊易發生犯罪之地點亦應裝設，以發揮嚇阻作用。

一部監視器相當於 5 位勤務不間斷，亦不需休息的員警監視效果。此項作為是屬於「增加犯罪風險」中「強化自然監控」及「擴大監控」策略之做法。而除了廣泛設置錄影監視器之外，亦應考慮錄影監視器整合的問題。

（三）強化社區家戶聯防的聯結，凝聚博弈產業附近社區民眾生命共同體意識，增設保全設施與社區巡守隊，透過警民協力維護社區安全。由於警力有限，民力無窮，運用居民的社區意識，並利用居民對鄰里的熟諳，組成社區巡守隊，結合社區家戶聯防，增加非正式監控，維護居住社區的安全。此項作為也是屬於「增加犯罪風險」中「擴大監控」策略之做法。以社區家戶聯防的聯結及監視系統的監控，可以形成設置觀光博弈產業地區警政治安管理的天網。

（四）在博弈產業設置之初，警方基於犯罪防制立場，應針對其建築型式、周遭燈光亮度、街道重新規劃等設計，提供符合情境犯罪預防理念之環境。此外，在假日及重點時段，可以針對博弈產業內外營業場所及其周邊道路，實施臨檢等專案勤務，以確保周邊交通維護及地區治安平穩。

（五）因為臺灣地區目前只開放在離島設置觀光博弈產業，故在旅客由

海、空入境時，就可以明確告知治安管理的相關規範，使旅客明瞭相關規範並要求確實遵行。此項作為是「移除犯罪的藉口」中「訂定規範」策略之做法。臺北捷運系統的良好秩序，即是此種策略的成功案例。

（六）警方應積極參與政府跨部會對民眾價值觀教育工作的網絡，透過整合各相關部門力量，以預防與解決博弈可能衍生的社會及治安問題。

二、政府作為面向

（一）成立類似「博弈管制局」之專責單位，核發經營及工作執照，過濾從業人員並列檔管制，有特定犯罪前科者不發給執照。觀光博弈產業的設置，在設置初期，應訂定較高門檻，務必排除黑道等組織勢力介入，做好嚴格的背景調查。在觀光博弈產業數量管制方面，採行有限執照特許的方式開放，並制定執照競標、審核、公告和核准之嚴格規範。透過各項嚴格管制來確保觀光博弈產業免於罪犯的影響，以及讓各種非法活動受到控制。此項作為亦是「增加犯罪風險」中「強化正式監控」策略之做法。

（二）讓觀光博弈業者及其從業人員清楚明瞭治安管理的相關規範，並定期宣導，要求業者及其從業人員確實遵守。此項作為是「移除犯罪的藉口」中「訂定規範」策略之做法。

（三）禁止 18 歲以下青少年進入觀光博弈產業。由於 18 歲以下青少年心智尚未完全成熟，亦欠缺從事生產能力，故禁止他們進入觀光博弈產業。刑事政策的比較研究顯示，各國都限定必須已達到 18 歲法定年齡的民眾才能參與各類博弈活動，並嚴格執行此一規定。此項作為是屬於「減少犯罪刺激」中「減少情緒刺激」及「避免模仿」策略之做法。

（四）限制博弈廣告的播放，勿使民眾深化其博弈行為。各國刑事政策的比較研究顯示，許多國家、地區，都訂有限制播放博弈廣告的規範。政府若要許可播放，也應該像煙、酒廣告一樣，限定在晚上 10 點以後播出，以免誘導未成年青少年參與博弈。而且也應該像煙、酒廣告一樣，在廣告中提醒民眾不要進行過量博弈活動。此項作為是屬於「減少犯罪誘因」中「分類廣告控管」及「減少犯罪刺激」中「減少情緒刺激」策略之做法。

（五）禁止遊客擴張信用，觀光博弈產業不准提供借貸服務，也不得設置提款機。不提供借貸服務之目的在避免問題博弈及病態性博弈產生。觀光博弈產業嚴格限制遊客擴張信用，不僅可以降低賭癮，也可免於將來暴力討

債情事發生。此項作為是屬於「減少犯罪刺激」策略之做法。新加坡規定禁止擴張信用，博弈產業不得接受本國人使用信用卡及未到期支票，也不能讓本國人擴張信用，避免超出他們的負擔能力。

（六）要求業者在博弈區域內只提供無酒精成分飲料，不得提供酒類，乃至希望業者在遊客進入博弈區域時隨機進行酒測，超過一定標準者不得入內博弈。此項作為是「移除犯罪的藉口」中「管制藥、酒」策略，以及「增加犯罪的功夫」中「管制通道」策略之做法。

（七）要求觀光博弈業者設置保全系統。要求觀光博弈產業強化對產業內及四周之安全管理能力、並廣設錄影監視器，建立自我防禦系統，以確保特區範圍內的安全。業者應僱用保全人員，設有專職保全組織，並建立一組完整的錄影監視系統。觀光博弈業者設置的保全體系，並應該與警方保持密切聯繫，以配合遏止犯罪。此項作為是屬於「增加犯罪風險」中「強化正式監控」策略之做法。

（八）地區設立博弈產業後，應要求學校與社會等主管機關，共同分擔正確從事博弈行為觀念的宣導工作，並建立系統性教育計畫，甚至規劃成為公民性課程及法治教育的一部分，減少民眾因博弈產業的設立而衍生諸多社會及治安問題。

貳、特別警政治安管理策略

特別警政治安管理策略主要是針對犯罪或相關社會問題傾向高、有犯罪意圖者，以及高風險時、地進行警政治安管理。此一策略是在情境警政治安管理策略的基礎上，再加入日常活動理論中「有動機及能力的偏差行為者」此一條件。日常活動理論強調偏差行為者有其特定生活型態，會在特定時、空出現。希望藉由特別警政治安管理策略，管控潛在偏差行為者，並防範他們在高風險的時、地滋生社會問題。特別警政治安管理策略具體作為如下。

一、警政作為面向

（一）實施問題導向警政，透過掃描、分析、反應及評估等系統性S.A.R.A模式，針對觀光博弈產業產生的相關治安問題，將類似的治安狀況聚合成為一組問題群，對之進行系統化的歸納與分析，以找出問題根源。再

針對問題潛在背景情況與其特性，擬定最適切、有效並能預防該問題發生的因應措施，最後再整合所有資源或協調各相關單位，共同解決相關治安問題。此項作為屬於「增加犯罪的功夫」中「使犯罪者轉向」策略之做法。

（二）運用犯罪熱點分析。觀光博弈產業的錄影監視系統，與犯罪熱點分析的警政策略可以彼此結合運用，警政單位可以在犯罪活動頻繁地區裝設錄影監視器，潛在犯罪者知道這個地方會被監視到，可以減少許多犯罪行為的發生。以問題導向警政策略，結合犯罪熱點分析的方法，配合錄影監視器的使用，可以達到減少治安問題的目的。此項作為屬於「增加犯罪風險」中「擴大監控」策略之做法。

（三）強化警察局勤務指揮中心的指揮管控功能。依據犯罪斑點圖，針對犯罪熱時、熱點加強巡邏，巡邏車設置衛星定位系統，以對犯罪能立即反應。犯罪熱點分析、觀光博弈產業錄影監視系統與警政策略可彼此結合運用，展現警政單位的強力治安管理能力。警方可在附近犯罪活動頻繁地區裝設錄影監視器，潛在犯罪者知道這個地方會被監視到，犯罪行為都會減少。此項作為亦屬於「增加犯罪風險」中「擴大監控」策略之做法。

（四）購置高科技或先進裝備，強化警察執法能力。引進電腦統計警政概念，善用衛星定位、治安斑點圖、地理資訊系統、犯罪製圖、地緣剖繪系統等現代科技，配合治安資料庫的建立，進行地區治安管理工作。

（五）加強觀光博弈產業及其周邊地區的守望及巡邏勤務，在案發高峰期或人潮密集時段提高巡邏密度。規劃徒步、腳踏車及便衣巡邏等勤務方式交互運用，俾能適時、迅速有效處理治安問題。

（六）警方應與觀光博弈產業保全部門保持良好、密切的聯繫管道，或定期召開會議，彼此交流情資及犯罪資訊，達到資料分享，共同預防犯罪發生之目的。要求博弈產業從業人員協助執行治安管理規範，遇有犯罪事件或治安疑慮情事，立刻通報警政單位，利用第一線面對旅客或遊客的博弈產業從業人員協助進行治安管理監控。此項作為是屬於「增加犯罪風險」中「運用地點管理者」策略之做法，也是第三方警政的運用。

（七）要求觀光博弈產業的保全部門，提供遊客在停車場與博弈產業主體之間的護送工作，以減少遊客成為潛在性犯罪人眼中合適的標的物。

（八）與各國警察單位合作，彼此交換與觀光博弈產業有關之犯罪活動相關情資，以監督、隔離曾有犯罪紀錄之人士，防範類似事件發生。此項作

為也是類似「增加犯罪的功夫」中「管制通道」策略之做法。警方也應建立本身的情報能力，及加強與他國警察部門合作關係，以交換關於博弈犯罪組織與其他相關犯罪活動的資訊與情報。

二、政府作為面向

（一）觀光博弈產業入場採用完善的入場者身分驗證機制（如電腦驗證），並應與地區警方連線，有效過濾重大犯罪者與通緝要犯，凡領取社會救助金者、破產者、信用不佳者、有酒醉或吸毒狀態者也不得進入。對於那些曾經在觀光博弈產業鬧事或有素行不良的遊客，可以建議觀光博弈產業輸入博弈產業電腦系統，列為拒絕往來戶，或是列為觀察對象，減少這些素行不良者進入觀光博弈產業製造治安問題。此項作為類似「增加犯罪的功夫」中「管制通道」策略之做法。

（二）除有問題人士的禁入令之外，民眾可以為自己申請「自願禁入令」，家屬也可向政府申請「家屬禁入令」阻止其親人進入博弈產業，以禁止或限制自己、家人每個月進入博弈產業的次數。

（三）整合社會網絡，防範問題博弈。如設置輔導問題博弈 24 小時專線電話與專屬網站，提供問題博弈之諮商、矯治等服務。由於設置觀光博弈產業，勢必會導致病態性博弈的增加，政府應正視此一問題，進行相關研究，並設立治療或輔導病態性博弈機構。

（四）發現造成違序或犯罪等治安問題的問題賭徒，除了警方偵辦、逮捕之外，另應轉介給政府設立的輔導問題博弈機構，使其在問題更惡化之前，得到適當的諮商、輔導、矯治，防範因問題博弈而導致治安問題再度發生。此項作為是「移除犯罪的藉口」中「促使守法」策略之做法。

（五）中央應成立專責研究監控單位，針對社會秩序、風氣影響等社會問題，進行長期檢視，嚴密監控，並負責博弈產業相關政策分析、評估及擬定，並與他國博弈產業監督部門合作，交換博弈產業相關影響的資訊，以尋求回應及改善之道。

（六）博弈產業稅收項下，每年提撥固定經費充實警政預算，藉以充實治安管理所需器材及設備，以及適時支援警察日愈繁重的勤、業務所需，除可確保警察服務品質，持續保有優勢的執勤警力與裝備之外，並可減輕政府之負擔與支出。

參、犯罪及社會問題警政治安管理策略

犯罪及社會問題治理策略是對已經出現社會問題的民眾或犯罪者，以公權力強制介入，使問題不致惡化或擴散，避免造成治安問題及增加社會成本。

犯罪及社會問題治理策略乃植基於特別預防及社會防衛的觀點。特別預防強調去除偏差行為者的社會危險性，使其不會再有偏差行為產生，所用的方法是嚇阻、輔導、治療處遇；社會防衛觀點則是強調將偏差行為者與社會隔離，使社會不再為其所擾。犯罪及社會問題治理策略具體作為如下。

一、警政作為面向

（一）警政機關成立觀光博弈特勤單位，專門負責偵辦與觀光博弈相關，以及觀光博弈產業內所發生之各類刑案。此特勤單位成員須受過相關特殊專業訓練，並專責處理觀光博弈產業內之組織犯罪等相關特殊類型犯罪，以專業能力嚇阻、鎮壓與博弈相關的非法活動。此項作為是屬於「增加犯罪功夫」中「強化標的」策略之做法。

（二）設置觀光博弈產業後，組織犯罪最可能介入的犯罪活動是地下錢莊及討債，所以設置之初，警方就必須強力取締地下錢莊，避免形成風氣。地區設置觀光博弈產業，不論觀光博弈產業內外，可能會有幫派及黑社會分子會利用遊客對博弈資金的需求，設立地下錢莊進行高利借貸，或可能衍生出暴力討債的行為，所以在設置觀光博弈產業初始，警方即應確實、嚴厲強力取締地下錢莊、高利借貸及暴力討債等犯罪，展現警政單位強力管理治安的決心，以避免其形成風氣。此項治安管理作為亦是「增加犯罪風險」中「擴大監控」策略做法的一種。

（三）對於不受監督管制的地下非法博弈活動應強力取締，因該不法博弈活動往往與幫派角頭勢力活動有關，易造成嚴重家庭及社會治安問題。

（四）針對治安顧慮人口（特別是有黑道背景、組織犯罪前科）加強監控作為，並落實情報布建工作，建立預警機制。除針對活躍於博弈場所人士進行監控之外，並應積極蒐集有關情資，密切注意與博弈產業相關犯罪的發展與趨勢，以便制定因應的對策與勤務作為。

二、政府作為面向

（一）建議政府結合社會網絡，輔導有問題博弈民眾接受矯治，防範其再發生問題博弈。針對問題博弈的預防及治療訂定各種辦法和措施，如周邊的求助熱線、急難救助及協助戒除博弈習性的心理諮商等輔助機制也應一應俱全，協助警政單位將問題賭徒轉介接受矯治。

（二）病態性博弈者須接受強制診療，政府應在觀光博弈產業附近規劃與設置醫療院所實施賭癮戒治計畫、方案，讓這些具有病態性博弈的觀光客一旦發現有此種病徵時，即時有醫療院所收容、治療。此項作為是屬於「減少犯罪刺激」中「減少挫折與壓力」策略之做法。

（三）觀光博弈產業是許多國際人士最喜歡用來進行洗錢活動之處。在設置觀光博弈產業之後，警方應配合博弈專責管理機構，嚴厲確實的全力杜絕非法洗錢活動，以減少犯罪者僥倖心理。在非法洗錢活動防制方面，應該建立觀光博弈產業內部金融管理及監督規範，要求遊客兌換一定金額籌碼者，即要申報與列管，以減少洗錢情事發生。並透過國際刑事司法互助與艾格蒙聯盟、亞太反洗錢組織等國際性防制洗錢組織合作，共同合作防制洗錢犯罪。此項作為亦是「增加犯罪風險」中「強化正式監控」策略之做法。

參考文獻

一、外文資料

Australia & New Zealand Society of Evidence Based Policing (n.d.). *About Us.* Retrieved August 14, 2022, from https://www.anzsebp.com/about-us/.

Bayley, D. H. (1994). *Police for the future.* New York: Oxford university press.

Bayley, D. H. (1985). *Patterns of policing*: *A comparative international analysis.* New Brunswick: Rutgers University Press.

Bayley, L. & McKibbon, A. (2006). Evidence-based librarianship: A personal perspective from the medical/nursing realm. *Library Hi Tech*, 24(3), 317-323.

Becker, G. B. (1968). Crime and punishment: An economic approach. *Journal of political economy*, 76(2), 169-217.

Beckett, K. & Godoy, A. (2010). A tale of two cities: A comparative analysis of quality of life initiatives in New York and Bogo tá. *Urban Studies*, 47(2), 277-301.

Boulton, L., Phythian, R, Kirby, S. & Dawson, I. (2021). Taking an evidence-based approach to evidence-based policing research. *Policing: A Journal of Policy and Practice*, 15(2), 1290-1305. https://doi.org/10.1093/police/paaa057.

Braga, A., Papachristos, A. & Hureau, D. (2012). Hot spots policing effects on crime. *The Campbell Library of Systematic Reviews,* 8. https://doi.org/10.4073/csr.2012.8.

Brewer, J. D. (1988). *The police, public order and the state: Policing in Great Britain, Northerner Ireland, the Irish Republic, the USA, Israel, South Africa, and China.* Hampshire: Macmillan Press.

Brice, A. & Hill, A. (2004). *A brief history of evidence based practice.* In A. Booth & A. Brice (Eds.), Evidence Based Practice for Information Professionals (pp.13-23). London: Facet Publishing.

Buerger, M. E. & Mazerolle, L. (1998). Third party policing: A theoretical analysis of an emerging trend. *Justice quarterly*, 15(2), 301-328.

Campbell Crime and Justice Coordinating Group (August 14, 2022). *CJCG home page.* Retrieved from https://www.campbellcollaboration.org/contact/coordinating-groups/

crime-and-justice.html.

Canadian society of evidence-based policing (n.d.). *Home.* Retrieved August 14, 2022, from http://www.can-sebp.net.

Carter, L. D. & Carter, G. J. (2009). Intelligence-led policing: Conceptual and functional considerations for public policy. *Criminal Justice Policy Review*, 20(3), 310-325.

Clarke, R. & Eck, J. (2005). *Crime Analysis for Problem Solvers in 60 Small Steps.* Washington, D.C.: United States Department of Justice Office of Community Oriented Policing Services.

Clarke, V. R. & Eck, E. (2003). *Crime analysis for problem solvers in 60 small steps.* U.S. Dept. of justice, The center for problem-oriented policing.

Clarke, V. R. & Felson, M. (1993). *Routine activity and rational choice.* NJ: New Brunswick.

Cohen, L. E. & Felson, M. (1979). Social change and crime rate trends: A routine activity approach. *American sociological review*, 44, 588-605.

College of Policing (August 14, 2022). *About us.* Retrieved from https://www.college. police.uk/about.

Copes, H. & Vieraitis, M. L. (2005). Evaluation Research in the Social Science. In Kerley, K. R. (ed.), *Police and Program Evaluation*, (pp. 1-13). Upper Saddle River.

Costello, J. A. (2013). *Reduction of observable robbery and larceny-theft in the twelve largest cities in the United States from 1980 to 2009.* Unpublished doctoral dissertation, NY: City University of New York.

Cullen, F. T. & Gilbert, K. E. (1982). *Reaffirming rehabilitation.* Cincinnati, OH: Anderson.

Davies, H. T. O., Nutley, S. M. & Smith, P. C. (Eds.). (2000). *What Works? Evidence-based Policy and Practice in Public Services.* Bristol: The Policy Press.

DeLorenzi, D., Shane, J. M. & Amendola, L. K. (2006). The compstat process: Managing performance on the pathway to leadership. *Police Chief*, 73(9), 34-38.

Denzin, N. K. & Lincoln, Y. S. (2018). *The Sage handbook of qualitative research (Fifth Ed.).* LA: Sage.

Drenkhahn, K. (2006). *Long-term imprisonment and human rights–findings of an international study.* AGIS financial support Program, European Commission–Directorate General Justice, Freedom and Security.

Eck, J. E. & Spelman, W. (1987). *Problem solving: Problem-oriented policing in newport news*. Washington DC: Police Executive Research Forum and National Institute of Justice.

Eldredge, J. (2000). Evidence-based librarianship: An overview. *Bulletin of the Medical Library Association*, 88, 289-302.

Erickson L. M. (Maynard L. Erickson, 1973). Delinquency in a birth cohort: A new direction in criminological research? *The Journal of Criminal Law & Criminology*, 64(3), 362-367.

Ericson, R. V. & Haggerty, K. D. (1997). *Policing the risk society.* Toronto: University of Toronto press.

Felson, M. & Clarke R. (1998). *Opportunity makes the thief.* London: Home Office.

Gambling Commission (2013). Police powers created by the Gambling Act 2005. *The Gambling Act 2005 Advice for British police services*, 8-11. UK.

Gardner, V. J. (2020). *Intelligence fusion centers for homeland security.* NC: Glasstree Academic Publishing

Goldstein, H. (1987). Toward community-oriented policing: Potential, basic requirement, threshold questions. *Crime and Delinquency*, 30, 6-30.

Goldstein, H. (1990). *Problem-oriented policing.* US: McGraw-Hill, Inc.

Goldstein, H. (2018). On problem-oriented policing: The Stockholm lecture. *Crime Science*, 7(13), 1-9.

Golub, A., Johnson, B. D., Taylor, A. & Eterno J. (2004). Does quality-of-life policing widen the net? A partial analysis. *Justice Res Policy*, 6(1), 19-42.

Gottfredson, R. M. & Hirschi, T. (1990). *A general theory of crime.* CA: Standford University Press.

Green, L. (1996). *Policing places with drug problems.* Thousand Oaks: Sage.

Harcourt, B. E. (1998). Reflecting on the subject: A critique of the social influence conception of deterrence, the broken windows theory, and order-maintenance policing New York style. *Michigan Law Review*, 97, 291-389.

Henry, E. V. (2002). *The CompStat paradigm.* NY: Loose leaf law publications.

Institute of Criminology, University of Cambridge (August 14, 2022). *MSt in applied criminology and police management (police executive programme)* Retrieved, from https://www.crim.cam.ac.uk/Courses/mst-courses/MStPolice.

Jacobs, J. (1961). *The death and life of great American cities.* NY: Vintage Books.

Jang, H., Hoover, T. L. & Joo, H. (2010). An evaluation of CompStat's effect on crime: The Fort Worth experience. *Police Quarterly*, 13(4), 387-412.

Johnson, C. (2008). Evidence-based practice in 5 simple steps. *Journal of Manipulative and Physiological Therapeutics*, 31(3), 169-170.

Jones, A. D. (1986). *History of criminology—A philosophical perspective*. CT: Greenwood Press.

Joshi, M. & Sorenson, S. B. (2010). Intimate partner violence at the scene: Incident characteristics and implications for public health surveillance. *Evaluation review*, 34(2), 116-136.

Kelly, R. W. (1994). *Problem-solving strategies for community policing—A practical guide*. NY: New York city police department.

Kilby, J., Fox, J. & Lucas, A. F. (2005). *Casino operations management*. NJ: John Wiley & Sons.

Koerner, S. & Staller, M. S. (2022). Towards reflexivity in police practice and research. *Legal and Criminological Psychology*, 00, 1-5. https://doi.org/10.1111/ lcrp.12207.

Koufogiannakis, D. & Crumley, E. (2006). Research in librarianship: Issues to consider. *Library Hi Tech*, 24(3), 324-340.

LaGrange, R. L. (1998). *Policing American society*. Chicago: Nelson Hall Publishers.

Lemaire, É. (2016). How specialization is used in the police - Discrete forms of public management of policing. *Revue Française de Science Politique*. 66(3), 461-482.

Loader, I. (2000). Plural policing and democratic governance. *Social and Legal studies*, 9(3), 323-345.

Mazerolle, L. & Ransley, J. (2004). Third party policing: Prospects, challenges and implications for regulators. In Richard Johnstone and Rick Sarre (Editors) *Current issues in regulation: Enforcement and compliance* (Research and public policy series, No 57), pp 61-76. Australia: Australian Institute of Criminology, Canberra.

Mazerolle, L. & Ransley, J. (2005). *Third Party Policing*. NY: Cambridge Uni. press.

Mazerolle, L. & Roehl, J. (1998). Controlling drug and disorder problems: The role of place managers, *Criminology*, 36, 371-404.

Mazerolle, L., Higginson, A. & Eggins, E. (2013). Third party policing for reducing crime and disorder: A systematic review. *The Campbell Collaboration Library of Systematic Reviews*, 2016, 1-77.

Muniz, A. (2012). Disorderly community partners and broken windows policing. *Ethnography*, 13(3), 330-351.

National Centre for Policing Excellence (NCPE) (2005). *Guidance on the national intelligence model*. Association of Chief Police Officers of The United Kingdom. UK.

National Fusion Center Association (NFCA) (September 14, 2022). *The national network of fusion centers*. Retrieved from https://nfcausa.org/fusion-centers/.

Osborn, N. (2012). *To what degree have the non-police public services adopted the National Intelligence Model? What benefits could the National Intelligence Model deliver?*. Professional Doctorate in Criminal Justice of the University of Portsmouth.

Peak, J. K. & Glensor, W. R. (1996). *Community policing and problem solving: Strategies and practices*. NJ: Prentice Hall, Upper Saddle River.

Pournara, M. (2020). *Strategic police decision-making in tackling organized crime* (Unpublished doctoral dissertation). School of Social Sciences Cardiff University.

Ratcliffe, H. J. (2016). *Intelligence-led policing (2nd ed.)*. OR: Willan Publishing.

Santos, B. R. (2014). The effectiveness of crime analysis for crime reduction: Cure or diagnosis? *Journal of Contemporary Criminal Justice*, 30(2), 147-168.

Serpas, W. R. (2004). Beyond CompStat: Accountability-driven leadership. *The Police Chief*, 71(1). Retrieved January, 2020 from http://www.policechiefmagazine.org/magazine/index.cfm?fuseaction=display_arch&article_id=198&issue_id=12004.

Sherman, W. L., Gottfredson, D., Mackenzie, D., Eck, J., Reuter, P. & Bushway, S. (1998). *Preventing crime: What works, what doesn't, what's promising*. Washington, DC: National Institute of Justice.

Sherman, W. L. (1998). *Evidence-based policing. Ideas in American Policing*. Washington, DC: Police Foundation.

Sherman, W. L. (2013). The rise of evidence-based policing: Targeting, testing, and tracking. *Crime and Justice*, 42, 377-451.

Sherman, W. L. & Eck, J. E. (2002). Policing for crime prevention. In L. W. Sherman, D. P. Farrington, B. C. Welsh, & D. L. MacKenzie (Eds.), *Evidence-based crime prevention* (pp. 295-329). New York: Routledge.

Sherman, W. L. (2020). Evidence-based policing and fatal police shootings: Promise, problem and prospects. *Annals of the American Academy of Political and Social Science*, 687, 8-26.

Sherman, W. L., Williams, S., Ariel, B., Strang, R. L., Wain, N., Slothower, M. & Norton, A. (2014). An integrated theory of hot spots patrol strategy: Implementing prevention by scaling up and feeding back. *Journal of Contemporary Criminal Justic*e, 30(2), 95-122.

Smith, A. (1997). *Intelligence-Led Policing-International Perspectives on Policing in the 21st Century*. N.J.: International Association of Law Enforcement Intelligence Analysts, Inc.

Society of Evidence Based Policing (August 14, 2022). *About the Society*. Retrieved from https://www.sebp.police.uk/about

Spleman, W. & Eck, J. E. (1987). *Newport news tests problem-oriented policing*. NIJ Reports.

Stephens, D. W. (1996). Community problem-oriented policing: Measuring impacts, in Larry T. Hoover (ed.), *Quantifying quality in policing* (pp.95-129). Washington D. C.: Police executive research forum.

Stockley, D. (1988). National drugs intelligence unit. *Police Journal*, 61(4), 295-303.

Sugarman, B. (2010). Organizational learning and reform at the New York City police department. *The Journal of Applied Behavioral Science,* 46(2), 157-185.

Sullivan, R.F. (1973). The economics of crimes: An introduction to the literature. *Crime and delinquency*, 19(2), 138-149.

Swafford, W. A. (2006). *Estimating the economic effects of legalized casino gambling in Singapore*. Published master's thesis , University of Nevada, Nevada.

The American Society of Evidence-Based Policing (August 14, 2022). *About ASEBP*. Retrieved from https://www.americansebp.org/about_asebp.php.

The Cynthia Woods Mitchell Pavilion | Official Website. (n.d.). *The Cynthia Woods Mitchell Pavilion*. Retrieved April 16, 2020, fromhttps://www.woodlandscenter.org/about.

The Woodlands Township, TX | Official Website. (n.d.). *Township Organizational Chart*, Retrieved April 16, 2020, from https://www.thewoodlandstownship-tx.gov/.

Tong, S. & O'Neill, M. (2020). Professionalizing criminal investigation—An examination of an early attempt to support specialization in criminal investigation. *Policing: A Journal of Policy and Practice*. 14(2), 337-348.

Trojanowicz, R. & Bucqueroux, B. (1990). *Community policing: A contemporary perspective*. Cincinnati, OH: Anderson publishing Co.

Trojanowicz, R. & Bucqueroux, B. (1994). *Community policing: How to get started*. Cincinnati, OH: Anderson publishing Co.

Uittenbogaard, A., & Ceccato, V. (2012). Space-time clusters of crime in Stockholm, *Sweden. Review of European studies*, 4(5), 148-156. doi: 10.5539/res.v4n5p148.

Walker, S. (1999). *The police in America: An introduction, 3rd ed.* New York, New York: McGraw-Hill Book Company.

Walsh, F. W. & Vito, F. G. (2004). The meaning of compstat: Analysis & response. *Journal of Contemporary Criminal Justice*, 20(5), 51-69.

Weisburd D. & Braga A. (2006). *Police innovation: contrasting perspectives.* Cambridge Studies in Criminology; Cambridge University Press.

Weisburd D., Mastrofski, S. D., McNally, M. A., Greenspan, R. & Willis, J. J. (2005). Rerorming to preserve: ComPstat and strategic problem solving in American policing, In Tim Newburn (Eds), *Policing Key Readings* (p2). UK: Willan publishing.

Weisburd, D. & Braga, A. A. (2006), *Policing innovation contrasting perspectives*. NY: Cambridge University Press.

Weisburd, D. & Eck, J. (2004). What can police do to reduce crime, disorder and fear? *The Annals of the American Academy of Political and Social Science*, 593, 42-65.

Wells, W., Wu, L. & Ye, X. (2012). Patterns of near-repeat gun assaults in Houston. *Journal of Research in Crime and Delinquency*, 49, 186-212. doi: 10.1177/0022427810397946.

Willis, J. J. (2011). First-line supervision and strategic decision making under compstat and community policing. *Criminal Justice Policy Review*, 24(2), 235-256.

Willits, D. & Nowacki, J. (2016). The use of specialized cybercrime policing units: An organizational analysis. *Criminal Justice Studies*, 29(2), 105-124.

Wilson, J. Q. & Kelling, G. L. (1982). Broken windows. *The Atlantic Monthly*, March, 29-38.

Worcester Regional Research Bureau (2003). *CompStat and CitiStat: Should worcester adopt these management techniques?*, Report No.03-01,5-7. MA: Worcester Regional Research Bureau.

二、中文資料

MBA 智庫百科（2020a）。**第一次工業革命**。上網日期：2020 年 9 月 26 日，檢索自 https://wiki.mbalib.com/zh-tw/ 第一次工業革命。

MBA 智庫百科（2020b）。**第二次工業革命**。上網日期：2020 年 9 月 26 日，檢索自 https://wiki.mbalib.com/zh-tw/ 第二次工業革命。

MBA 智庫百科（2020c）。**第三次工業革命**。上網日期：2020 年 9 月 26 日，檢索自 https://wiki.mbalib.com/zh-tw/ 第三次工業革命。

小世界（2022 年 1 月 3 日）。**無差別事件潛藏社會 提升危機意識預防犯罪**。上網日期：2022 年 9 月 26 日，檢索自 http://shuj.shu.edu.tw/blog/2022/01/03/%E7%84%A1%E5%B7%AE%E5%88%A5%E4%BA%8B%E4%BB%B6%E6%BD%9B%E8%97%8F%E7%A4%BE%E6%9C%83-%E6%8F%90%E5%8D%87%E5%8D%B1%E6%A9%9F%E6%84%8F%E8%AD%98%E9%A0%90%E9%98%B2%E7%8A%AF%E7%BD%AA/。

中山醫學大學身心健康中心（2022 年 5 月 27 日）。**性騷擾**。上網日期：2022 年 9 月 26 日，檢索自 https://osa.csmu.edu.tw/p/412-1011-426.php?Lang=zh-tw。

內政部警政署刑事警察局（2022）。**中華民國刑案統計**。台北：內政部警政署刑事警察局。

內政部警政署刑事警察局資訊網。**犯罪預防寶典**。上網日期：2022 年 9 月 26 日，檢索自 https://cib.npa.gov.tw/ch/app/folder/37。

方文宗（2010）。重刑累再犯不得假釋之探討。**警學叢刊**，40（4），133-147。

王文科、王智弘（2018）。**教育研究法**。台北：五南圖書。

王生安（2006）。情報資訊導向警務模式的實踐與思考。**中國人民公安大學學報**，2006-4，90-94。

王皇玉（2022）。**刑法總則**。台北：新學林。

王進旺（2006）。**論問題導向之社區警政**。國立台北大學犯罪學研究所碩士論文。台北：未出版。

王寬弘等中央警察大學教授合著（2001）。**警察行政**。台北：五南圖書。

田孝良、張曉菲（2010）。西方發達國家「情報主導警務」模式的共性分析。**湖北警官學院學報**，4，90-93。

伍姿蓉（2010）。**美國警政系統及警政新哲學**。臺灣警察專科學校 98 年度赴美國奧克拉荷馬市大學進修計畫。台北：臺灣警察專科學校。

伍姿蓉（2012）。書評：第三造警政。**執法新知論衡**，8（1），73-97。

全華研究室、王麗琴（2019）。**網際網路應用實務（第十版）**。台北：全華圖書。

朱金池（1998）。各國警察組織類型之研究：以美國、日本及中國大陸為例。**警學叢刊**，29（2），1-36。

朱金池（1999）。警政策略規劃之理論與實際：以屏東縣新世紀願景警政治安藍圖之規劃為例。**警學叢刊**，30（3），35-51。

朱金池（2001）。社區警政取向的警察績效管理。**警政論叢**，創刊號，69-86。

朱金池（2007）。**警察績效管理**。桃園：中央警察大學出版社。

朱金池主編（2013）。**警察倫理**。桃園：中央警察大學。

江慶興（1998）。破窗理論與犯罪偵防──以美國紐約市警察局為例。**警學叢刊**，29（3），71-92。

江慶興、韋愛梅（2010）。如何打造安全金融環境。**刑事雙月刊**，34，4-8。

行政院主計總處（2016）。**行業標準分類**。台北：行政院主計總處。

何明洲（2009）。**住宅竊盜犯罪安全設計與防制之研究**。中央警察大學警察政策研究所博士論文。桃園：未出版。

吳宗憲（1997）。**西方犯罪學史**。北京：警官教育出版社。

吳定（2017）。**公共政策（二版）**。台北：五南圖書。

吳寂絹、卜小蝶（2015）。實務與研究的整合：以實證為基礎之圖書資訊學研究初探。**圖書館學與資訊科學**，41（2），48-76。

吳傳銘（2022）。**情報主導警政之運作──以桃園市政府警察局為例**。中央警察大學公共安全研究所碩士論文。桃園：未出版。

呂文廷（2010）。情報導向警政與其他警政模式比較及其分析架構之初探。**警學叢刊**，41（3），175-214。

呂文廷（2010）。三振法案與減少犯罪之研究──以美國加州為例，**警學叢刊**，40（6），213-242。

宋浩波（2002）。**犯罪經濟學**。北京：中國人民公安大學出版社。

李宗勳、宣介慈（2009）。第三造警政與治安治理之初探。**警察行政管理學報**，5，1-26。

李宗勳、陳連禎、宣介慈、劉柏良（2009年12月）。**『第三造警政』運用於治安治理的理論與策略**。論文發表於中央警察大學主辦之「第四屆海峽兩岸香港、澳門警學研討會」，台北。

李淑敏（2002）。**證據醫學之應用性研究**。國立成功大學工業管理研究所碩士論文。台南：未出版。

李湧清（1995a）。問題導向的勤務策略──一個方法應上與認識論上之批判與質疑。**警學叢刊**，26（3），1-20。

李湧清（1995b）。論警察分駐所與派出所的問題與難題。**警學叢刊**，25（4），

33-54。

李湧清（1997）。派出所再造論。**警學叢刊**，28（2），1-20。

李湧清（2001）。社區警政的必然與偶然。**警學叢刊**，32（2），1-18。

李湧清（2002）。警政新思維──修辭或現實。**警學叢刊**，32（5），1-14。

李湧清、章光明、黃啟賓（2011）。第三造警政之未來與挑戰。**警學叢刊**，42（3），35-63。

每日頭條（2017 年 8 月 14 日）。**及時溝通遠離家庭暴力**。上網日期：2022 年 9 月 26 日，檢索自 https://kknews.cc/society/m35v9e9.html。

每日頭條（2018 年 2 月 16 日）。**當遇見家庭暴力的時候，該怎麼處理？**。上網日期：2022 年 9 月 26 日，檢索自 https://kknews.cc/news/p656mze.html。

David Garland 著，周盈成譯（2006）。**控制的文化──當代社會的犯罪與社會秩序**。台北：巨流圖書公司。

周愫嫻、曹立群（2007）。**犯罪學理論及其實證**。台北：五南圖書。

孟維德（2019）。**犯罪分析與安全治理**。台北：五南圖書。

孟維德、朱源葆（2006）。警察的功能與組織發展。載於許春金主編，**刑事司法──體系、組織與策略**（頁 83-112）。台北：三民書局。

宜蘭縣政府警察局礁溪分局（2019 年 1 月 30 日）。**性侵害犯罪預防**。上網日期：2022 年 9 月 26 日，檢索自 https://ilcpbjs.e-land.gov.tw/News_Content.aspx?n=8AB1DDC9AAA8408C&sms=5C1B2744F6CDAEE2&s=5E17F3BEF9FA4CDA。

林山田（1995）。**刑罰學**。台北：三民書局。

林山田（2008）。**刑法通論（上冊）（增訂十版）**。台北：元照。

林山田、林東茂、林燦璋、賴擁連（2020）。**犯罪學（修訂六版）**。台北：三民書局。

林文全（2006）。**戶口查察理論與實務**。台北：作者自版。

林東茂（2016）。**刑法綜覽（修訂版）**。台北：一品文化。

林東茂（2019）。**刑法總則**。台南：一品文化。

林信雄（2012）。**從公衛鐵三角模式建構我國犯罪偵防策略之研究**。中央警察大學犯罪防治研究所博士論文。桃園：未出版。

林信睿（2009）。英國警察制度的分析與借鏡。**警學叢刊**，40（1），205-230。

林燦璋（1993）。警察之任務、業務與勤務──以問題為導向之警察策略。**警學叢刊**，24（2），61-74。

林燦璋（1995）。**論問題導向警察**。桃園：中央警官學校出版社。

林燦璋（1995b）。問題導向警察的本土化。**警學叢刊**，26（1），67-85。

林燦璋、蔡庭榕、鄧煌發、毛昆益、蔡培元、蔡田木（1999）。**社區與問題導向警政在犯罪預防策略之實證研究**。行政院國家科學委員會委託專題研究（計畫編號：NSC 87-2414-H-015-004）。未出版。

林麗珊（2008）。**警政倫理學導論**。桃園：中央警察大學。

法務部司法官學院（2021）。**犯罪狀況及其分析**。台北：法務部。

邱炎輝（2005）。**中央行政機關組織基準法公布施行後警政機關可能之改造方案──中日警察組織比較**。中央警察大學行政警察研究所碩士論文。桃園：未出版。

邱富勇（2008）。**問題導向警政策略在防制竊盜犯罪效果及提升警察服務滿意度之實證研究──以基隆市某社區為例**。中央警察大學犯罪防治研究所碩士論文。桃園：未出版。

邱華君（2000）。**各國警察制度概論**。桃園：中央警察大學。

姚信旭、施佳賢、陳志鵬（1994）。問題導向之警察策略。載於鄭善印、蔣基萍、林燦璋合編。**警察專題研究（一）**（頁191-209）。桃園：中央警察大學出版社。

施永昭（2010）。第三造警政之理論初探及「住屋安全認證制度」個案檢視。**警察行政管理學報**，6，197-221。

施妙宜（2004）。**變遷社會中警察角色定位之實證研究**。中央警察大學行政管理研究所碩士論文。桃園：未出版。

施志鴻、廖清霖（2019）。情資導向策略於青少年飆車偵防應用之實證研究。**警學叢刊**，49（5），19-42。

施源欽（2009）。**地理資訊系統與問題導向警政在犯罪偵防之應用**，上網日期：2019年6月21日，檢索自 http://621227.blogspot.tw/2009/09/blog-post.html。

施源欽（2012）。**警政治理成效評估──臺南經驗「咱ㄟ派出所」**。中央警察大學警察政策研究所博士論文。桃園：未出版。

洪春木（2006）。**從犯罪預防觀點探討警察機關實施社區警察勤務制度對社區警政成效評估之研究**。中央警察大學犯罪防治研究所碩士論文。桃園：未出版。

Bodenheimer, E. 著，范建得、吳博文譯（1996）。**法理學──法哲學與法學方法**。台北：漢興書局。

孫義雄（1991）。都市化與犯罪。**警學叢刊**，21（4），146-150。

孫義雄（1992）。淺論標籤理論。**警學叢刊**，23（1），81-88。

孫義雄（1998a）。犯罪學古典學派的誕生。**警學叢刊**，29（1），67-85。

孫義雄（1998b）。犯罪學古典學派之思想起源。**警大學報**，33，271-297。

孫義雄（2007）。深度訪談法與犯罪成因探索。**警學叢刊**，38（3），37-55。

孫義雄（2009）。拉斯維加斯觀光博弈產業相關犯罪預防策略之研究。**警學叢刊**，40（3），1-28。

孫義雄（2010）。淺介警察組織的特色、淵源及其功能。**警學叢刊**，41（2），51-79。

孫義雄（2014）。第三造警政策略之探析。**警政論叢**，14，67-83。

孫義雄（2015a）。探析電腦統計警政。**警學叢刊**，46（1），27-46。

孫義雄（2015b）。英美博弈產業地區警政治安管理對策。**中央警察大學學報**，52。209-230。

孫義雄（2019）。犯罪分析六十步驟與警政策略。**警察行政管理學報**，15，37-52。

孫義雄（2020）。美國「德州地區警政創新中心」（TRCPI）對社區警政之推廣與人才培育貢獻之研究。**警察行政管理學報**，16，41-58。

孫義雄（2021）。**當代犯罪預防與警政策略（初版）**。台北：五南圖書。

孫義雄主編（2010）。**警察組織與事務管理**。桃園：中央警察大學。

孫維康（2016）。**網路與雲端應用：**Google、O365、Evernote **雲端活用教學**。台北：碁峰資訊。

徐章哲（2006）。**我國與日本警察組織法制之比較研究**。中央警察大學法律學研究所碩士論文。桃園：未出版。

徐鎮強（2009）。警察專業化發展問題研究。**江蘇警官學校學報**，24（2），138-142。

涂雄翔（2007）。**警察在政治體制中角色之研究**（1949～2005）。國立中山大學中山學術研究所碩士論文。高雄：未出版。

馬麗華、陳曉宇（2004）。談澳大利亞的社區警務。**公安教育**，9，48-50。

高仰止（2007）。**刑法概要**。台北：五南圖書。

國立屏東大學學生諮商中心。**性騷擾的預防**。上網日期：2022 年 9 月 26 日，檢索自 https://counsel-s.nptu.edu.tw/p/412-1078-111.php?Lang=zh-tw。

國家發展委員會（2012）。「M-Police 行動警察建置案」簡介。**政府機關資訊通報**，291，9-13。

康健網站（2015 年 1 月 28 日）。避免交往到「**恐怖情人**」，**精神科醫師：小心這三種類型**。上網日期：2022 年 9 月 26 日，檢索自 https://www.healthnews.com.

tw/article/19482。

康健網站（2021 年 12 月 1 日）。**辨識恐怖情人的 7 大警訊**。上網日期：2022 年 9 月 26 日，檢索自 https://www.commonhealth.com.tw/article/73798。

張平吾（1984）。犯罪學古典學派與實證學派的誕生與發展。**警學叢刊**，14（4），57-71。

張君周（2004）。多元文化下的澳洲社區警務。**山西警官高等專科學校學報**，12（2），62-65。

張宏生、谷春德（1993）。**西洋法律思想史**。台北：漢興書局。

張玲（2006 年 11 月 29 日）。**認識約會強暴**。上網日期：2022 年 9 月 26 日，檢索自 https://www.hlmrs.hlc.edu.tw/uploads/1593747030158tKph8Spf.pdf。

梅可望、陳明傳、李湧清、朱金池、章光明、洪文玲（2008）。**警察學**。桃園：中央警察大學。

章光明（2000）。警察與政治。**警學叢刊**，30（6），177-202。

章光明（2006）。各國警政發展歷程之簡述。**警政論叢**，6，1-28。

章光明（2008）。美國四十年來的警政策略與刑事政策。**刑事雙月刊**，26，55-58。

章光明（2018）。**警察政策**。桃園：中央警察大學。

章光明（2019 年 11 月）。**科技、制度與員警勤務策略：比較的觀點**。論文發表於中央警察大學警政管理學院、行政警察學系主辦之「2019 警政與警察法學學術研討會」，桃園。

莊文忠（2018）。循證的政策制定與資料分析：挑戰與前瞻。**文官制度季刊**，10（2），1-20。

許春金（2017）。**犯罪學**。台北：三民書局。

許春金、孟維德編著（2002）。**警察組織與管理**。台北：三民書局。

許春金、馬傳鎮等（1999）。**少年偏差行為早年預測之研究（總結研究報告）**。台北：行政院青年輔導委員會。

許春金、陳玉書（2013）。**犯罪預防與犯罪分析**。台北：三民書局。

許春金、楊士隆、周愫嫻、鄭瑞隆、沈勝昂、陳玉書等（2016）。**刑事司法與犯罪學研究方法**。台北：五南圖書。

許春金主編（1996）。**警察行政概論**。台北：三民書局。

許春金主編（2022）。**刑事政策與刑事司法（二版）**。台南：一品文化。

許春金等（2006）。**刑事司法——體系、組織與策略**。台北：三民書局。

許福生（2008）。犯罪學上慢性習慣犯防制之省思與未來展望。載於法務部（主

編），**刑事政策與犯罪研究論文集**（11）。台北：法務部。67-88。

許福生（2012 年 5 月）。**古典犯罪學派與現代國家犯罪治理模式之評析**。論文發表於中央警察大學警察政策研究所主辦之「2012 年警察政策學術研討會」，桃園。

許福生（2014 年 5 月）。**論我國社區治安之推動——以建置大學租屋安全認證為例**。論文發表於「社區警政在台灣的實踐：過去、現在與未來」研討會，桃園。

許福生（2018）。**犯罪學與犯罪預防**。台北：元照出版社。

郭志祥（2003）。**我國警察分局組織設計之研究：全像圖組織設計的觀點**。中央警察大學行政管理研究所碩士論文。桃園：未出版。

郭志裕（2004）。警察分駐（派出）所實施整併（組合警力聯合服勤）之調查研究——以屏東縣警察局恆春分局為例。**警學叢刊**，34（4），61-76。

郭淑芳（2012）。**我國中小學教師專業化制度指標體系建構之研究**。台北市立教育大學教育行政與評鑑研究所博士論文。台北：未出版。

陳宜安（2004）。**我國國家體制與警政發展（1950～1997）**。中國文化大學中山學術研究所碩士論文。台北：未出版。

陳明傳（1989）。變遷社會中警察角色的調適。**警政學報**，15，45-56。

陳明傳（1992）。**論社區警察的發展**。桃園：中央警察大學。

陳明傳（2003 年 10 月）。**全球警政管理新策略**。論文發表於中央警察大學行政管理學系主辦之「警政管理學術研討會」，桃園。

陳明傳（2019）。**警察勤務與策略**。台北：五南圖書。

陳明傳、李湧清、朱金池、章光明（2008）。**警察行政**。台北：國立空中大學。

陳信良（2009）。警政發展的新典範——COMPSTAT 初探。**中央警察大學學報**，46，169-182。

陳信良（2013）。COMPSTAT 警政的發展與困境探討。**中央警察大學學報**，50，33-49。

陳國恩（2005）。**社區化警政制度運作模式之研究**。中央警察大學犯罪防治研究所博士論文。桃園：未出版。

陳連禎（2003）。**我國社區警政之理論與實務**。國立台北大學公共行政暨政策學系碩士在職專班碩士論文。台北：未出版。

陳惠貞（2019）。**2020 新趨勢計算機概論**。台北：碁峰資訊。

陳敦源（2000）。人為何投票——理性抉擇觀點的緣起與發展。**民意研究季刊**，212，31-64。

陳敦源、蕭乃沂、廖洲棚（2015）。邁向循證政府決策的關鍵變革：公部門巨量資料分析的理論與實務。**國土及公共治理季刊**，3（3），33-44。

陳斐鈴、沈明昌（2009）。第三造協力警政與網絡治理。**警專學報**，4（5），175-191。

傅恆德（1996）。集體行動的整合理論：理性選擇和心理動機理論。**東海學報**，87（5），107-132。

曾兆延、李修安（2007）。朱利安尼之警政措施爭議與啟示。**警學叢刊**，37（6），201-218。

曾忠祿（2010）。大西洋城賭場監管及其對澳門的借鑒意義。**澳門理工學報**，13（1），1-9。

曾冠球（2007）。評估研究的演進與挑戰：政策民主化觀點的檢視。**中國行政**，78，55-87。

曾榮汾（1989）。**中國近代警察史料初編**。桃園：中央警官學校。

曾靜欽（2001）。**警察組織專業化之研究**。中央警察大學行政管理研究所碩士論文。桃園：未出版。

黃啟賓（1999）。社區警政與問題導向之關係。**中央警察大學學報**，34，135-166。

黃啟賓、章光明（2011）。警政革新與犯罪預防：20年來之警政發展。**警學叢刊**，41（6），29-60。

黃富源（2003）。社區警察與犯罪防制。**中央警察大學犯罪防治學報**，4，55-74。

黃富源（2005年5月）。**警民合作犯罪預防模式之理論與實務**。論文發表於中央警察大學犯罪防治研究所主辦之「全民拼治安」研討會，桃園。

黃富源、范國勇、張平吾（2012）。**犯罪學新論**。台北：三民書局。

黃嘉莉（2008）。教師專業制度的社會學分析。**師大學報：教育**，53（3），125-151。

黃翠紋、孟維德（2017）。**警察與犯罪預防**。台北：五南圖書。

黃瀞瑩（2021年1月18日）。**遇到恐怖情人怎麼辦？桃園張老師：記住3不原則！**。上網日期：2022年9月26日，檢索自 https://tyenews.com/2021/01/105940/。

黃蘭媖（2006）。被害調查的國際比較：兼論對我國被害者研究理論與政策啟示。載於法務部編著。**刑事政策與犯罪研究論文集（九）**。台北：法務部。145-173。

黃蘭媖（2007）。知識為基礎與證據為前提的刑事政策——英美經驗。**刑事政策與犯罪研究論文集（十）**。台北：法務部。

黃蘭媖（2009）。英國警察角色的演變與犯罪預防。**犯罪學期刊**，8（2），37-84。

新北市政府警察局（2014年7月25日）。**預防約會強暴守則**。上網日期：2022年9月26日，檢索自 https://www.police.ntpc.gov.tw/cp-21-1171-1.html。

新北市政府警察局（2018年4月2日）。**住宅防竊安全檢測表**。上網日期：2022年9月26日，檢索自 https://www.police.ntpc.gov.tw/cp-1095-6832-1.html。

新竹縣政府警察局婦幼警察隊。**性騷擾防治**。上網日期：2022年9月26日，檢索自 https://www.hchpb.gov.tw/hchpb08/index.php?catid=174&id=180。

新竹縣政府警察局橫山分局（2021年10月27日）。**預防宣導**。上網日期：2022年9月26日，檢索自 https://www.hchpb.gov.tw/hchpb04/index.php?catid=103&cid=2&id=2539&action=view。

楊永年（1999）。**警察組織剖析**。桃園：中央警察大學。

楊永年（2006）。**組織行為**。桃園：中央警察大學。

葉毓蘭（1996）。警政新取向——談社區警政的理論與實際。**警學叢刊**，27（3），1-17。

David W. Stewart、Michael A. Kamins 著，董旭英、黃儀娟譯（2000）。**次級資料研究法**。台北：弘智文化。

嘉義市政府警察局（2014年8月13日）。**預防詐騙三不原則**。上網日期：2022年9月26日，檢索自 https://www.ccpb.gov.tw/news/?mode=data&id=1421&parent_id=11096&type_id=10507。

維基百科（2022）。**憲法**。上網日期：2022年12月26日，檢索自 https://zh.wikipedia.org/wiki/ 憲法。

嘉義市政府警察局（2018年11月14日）。「**一聽、二掛、三查證**」。上網日期：2022年9月26日，檢索自 https://www.ccpb.gov.tw/news/?mode=data&id=9411&parent_id=10321&type_id=10327。

臺中市政府警察局清水分局（2016年8月31日）。**我該如何預防家庭暴力**。上網日期：2022年9月26日，檢索自 https://www.police.taichung.gov.tw/qingshui/home.jsp?id=30&parentpath=0,3&mcustomize=multimessages_view.jsp&dataserno=97472&t=Publicize&mserno=201801260139。

臺中市政府警察局第五分局（2021年12月12日）。**犯罪預防**。上網日期：2022年9月26日，檢索自 https://www.police.taichung.gov.tw/precinct5/home.jsp?id=27&parentpath=0,2,18&mcustomize=multimessages_view.jsp&dataserno=2021121200001&t=Publicize&mserno=201801260286。

臺北市立大學性別平等教育委員會。**防暴守則**。上網日期：2022 年 9 月 26 日，檢索自 https://gender.utaipei.edu.tw/p/412-1039-39.php?Lang=zh-tw。

臺北市政府警察局（2019 年 11 月 25 日）。**犯罪預防專區**。上網日期：2022 年 9 月 26 日，檢索自 https://rtd.police.gov.taipei/News_Content.aspx?n=C3B9862EF630498F&s=0F5D0F4B69DE1A11。

臺北市政府警察局（2021 年 10 月 6 日）。**如何防止遭受性侵害？**。上網日期：2022 年 9 月 26 日，檢索自 https://police.gov.taipei/News_Content.aspx?n=8D43510FCC9EE11C&sms=87415A8B9CE81B16&s=43E2E138CB476852。

臺北市政府警察局婦幼警察隊（2013 年 10 月 2 日）。**如果遭遇家庭暴力應如何求助？家暴被害人又如何預防自身安全？**。上網日期：2022 年 9 月 26 日，檢索自 https://wcp.police.gov.taipei/News_Content.aspx?n=574E51BEBA2E10EF&sms=B55AF7B902AD7D66&s=DF3B0E6008ABF029。

臺北市政府警察局婦幼警察隊。**跟蹤騷擾案件安全提醒**。上網日期：2022 年 9 月 26 日，檢索自 https://wpd.police.gov.taipei/cp.aspx?n=7A73E440AE7D3DEB。

劉京定（1996）。現代警察的起源、警政模式及角色爭議。載於許春金主編。**警察行政概論**。台北：三民書局。

劉擇昌、黃俊能（2011）。運用地理資訊系統與犯罪製圖提升警政執法效能之探究。**執法新知論衡**，7（2），55-86。

劉耀欽（2011）。**赴澳考察社區警政暨都會區交通執法管理報告書**。高雄市政府警察局出國考察報告。高雄市：高雄市政府警察局。

數位新知（2020）。2021 **超新版計算機概論：邁向資訊新世代**。台北：深石數位科技。

潘志成（2019）。**我國警察機關情資整合中心成效指標之研究**。中央警察大學警察政策研究所博士論文。桃園：未出版。

潘昱萱（2000）。**理性選擇對竊盜行爲解釋效力之考驗**。中正大學犯罪防治研究所碩士論文。嘉義：未出版。

澎湖縣警察局（2006）。**澎湖地區設置觀光博弈事業對治安影響與對策之研究**。澎湖縣政府委託研究報告。

蔡志和（2004）。**問題導向警察執勤模式及其可行性之研究──以國道公路警察爲例**。國立台北大學公共行政暨政策學系碩士在職專班碩士論文。台北：未出版。

蔡敏琪（2009）。**觀光賭場管理機制之研究──以美國、新加坡、澳門、澳洲爲**

例。國立東華大學公共行政研究所碩士論文。花蓮：未出版。

蔡德輝、楊士隆（2019）。**犯罪學**。台北：五南圖書。

蔡震榮（2008）。德國與我國警察概念之發展。**警學叢刊**，39（1），1-20。

蔣基萍（1995）。論警察專業化。**警政學報**，26，163-192。

蔣基萍（1996）。美國警察發展沿革之研究。**警政學報**，28，1-25。

衛生福利部（2014年9月23日）。**向恐怖情人說不　別讓暴力傷害作為感情終局**。
　　上網日期：2022年9月26日，檢索自 https://www.mohw.gov.tw/cp-3205-21576-
　　1.html。

衛生福利部保護服務司（2013年7月2日）。**如何避免家庭暴力發生**。上網日期：
　　2022年9月26日，檢索自 https://dep.mohw.gov.tw/dops/cp-1160-7996-105.html。

鄧煌發、李修安（2015）。**犯罪預防**。台北：一品文化出版社。

鄭加仁（2010）。複製安全檢測成功經驗──提升業者自我防衛能力。**刑事雙月
　　刊**，34，9-14。

鄭善印（1999）。屏東縣警察局警政策略變革之我見。**警學叢刊**，30（3），1-17。

賴淑賢（2012）。**考察治安整合與智慧型影像鑑識系統**。內政部警政署出國考察報
　　告。台北：內政部警政署。

賴擁連（2005）。理性選擇理論與其犯罪防治對策之探討。**警學叢刊**，36（2），
　　191-208。

聯合新聞網（2020年11月20日）。**恐怖情人防不勝防！檢視枕邊人的情緒行為
　　讓自己免於受害**。上網日期：2022年9月26日，檢索自 https://udn.com/news/
　　story/7272/5027506。

謝秀能（2006）。情境犯罪預防策略在警察實務上的運用──以「全民拼治安行動
　　方案」內涵為例。**警學叢刊**，36（4），1-50。

謝瑞智（1996）。**犯罪與刑事政策**。台北：文笙書局。

韓延龍、蘇亦工等（2000）。**中國近代警察史**。北京：社會科學文獻出版社。

關鍵評論網（2014年10月13日）。**五個分辨「恐怖情人」的徵兆和分手方法**。
　　上網日期：2022年9月26日，檢索自 https://www.thenewslens.com/feature/
　　sinister-lover/7814。

蘇郁玫（2017年10月17日）。**如何從一段危險關係中撤退！**。上網日期：2022
　　年9月26日，檢索自 http://www.inark.feu.edu.tw/feucgc/article.php?id=117。

國家圖書館出版品預行編目資料

當代犯罪預防與警政策略／孫義雄著. -- 二
版. -- 臺北市：五南圖書出版股份有限公
司, 2023.02
　　面；　公分
　　ISBN 978-626-343-685-5（平裝）

1.CST: 犯罪防制　2.CST: 警政

548.56　　　　　　　　　111021743

1V27

當代犯罪預防與警政策略

作　　　者 ― 孫義雄（176.8）

發 行 人 ― 楊榮川

總 經 理 ― 楊士清

總 編 輯 ― 楊秀麗

副總編輯 ― 劉靜芬

責任編輯 ― 林佳瑩

封面設計 ― 王麗娟

出 版 者 ― 五南圖書出版股份有限公司

地　　　址：106台北市大安區和平東路二段339號4樓

電　　　話：(02)2705-5066　傳　　　真：(02)2706-6100

網　　　址：https://www.wunan.com.tw

電子郵件：wunan@wunan.com.tw

劃撥帳號：01068953

戶　　　名：五南圖書出版股份有限公司

法律顧問　林勝安律師

出版日期　2021年1月初版一刷
　　　　　2023年2月二版一刷

定　　　價　新臺幣480元

經典永恆・名著常在

五十週年的獻禮——經典名著文庫

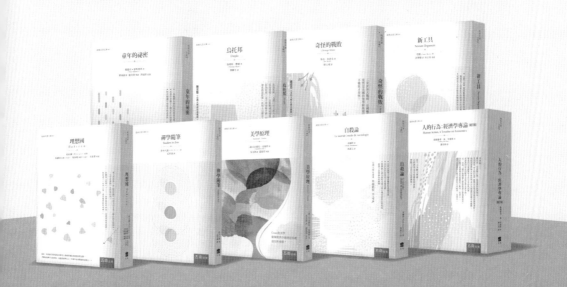

五南，五十年了，半個世紀，人生旅程的一大半，走過來了。

思索著，邁向百年的未來歷程，能為知識界、文化學術界作些什麼？

在速食文化的生態下，有什麼值得讓人雋永品味的？

歷代經典・當今名著，經過時間的洗禮，千錘百鍊，流傳至今，光芒耀人；

不僅使我們能領悟前人的智慧，同時也增深加廣我們思考的深度與視野。

我們決心投入巨資，有計畫的系統梳選，成立「經典名著文庫」，

希望收入古今中外思想性的、充滿睿智與獨見的經典、名著。

這是一項理想性的、永續性的巨大出版工程。

不在意讀者的眾寡，只考慮它的學術價值，力求完整展現先哲思想的軌跡；

為知識界開啟一片智慧之窗，營造一座百花綻放的世界文明公園，

任君遨遊、取菁吸蜜、嘉惠學子！